怪異の民俗学 7

異人・生贄

小松和彦［責任編集］

河出書房新社

異人・生贄

目次

収録論文解題

怪異の民俗学⑦

異人・生贄

I　生贄の民俗学

人柱と松浦佐用媛

柳田國男

化粧坂の故跡

美女を水の神の牲とした話は、数多く東北地方にも行われて居るが、近い頃まで職業として之を語った者があったと見えて、一つの型から出たらしい共通の点が多い。例えば最近に一読した登米《とよま》郡史の中にも、(1)今の登米町川面の若狭土手を築き固める際に、お鶴という女を人柱に立てたと称して、今もお鶴明神を鎮守の神に祀り、其傍にはもとお鶴の涙池というものがあったことを記して居る。鶴女は南部の生れとも云い、或は駿河から買うて来た女ともいう。彦惣長者なるものゝ下女であったなどゝ伝え、北上川の堤が毎度切れる故に、生土手《いきどて》を築くの他は無いと評定して居る処へ、ちょうど昼飯を運んで来たから、捉えて生埋めにしたと謂って居る。(2)其霊を慰める為に社に斎いてから、此土地のみは洪水の災いが無いということで、今尚信心をする者があるそうである。

陸中金ヶ崎の千貫堤の人柱は、近く天和年間の実事であったように、土地の人は語り伝えて居るが、爰でも其女を釜石の浜から買って来たことになって居る。(3)但しこれは至って不器量な女で、男を持たせる望みもなかった故に、もしや外へ出したら仕合せな事でもあろうかと思って、二親が売渡したというのである。横穴を穿って埋める仕度をした後に、穴の奥に仏像を掛けて、家々の女たちに代る〲礼拝せしめ、最終にこの女の入って居るところを見すまして、土をかけて其穴を塞いでしまったというのは、単なる昔話としては稍ゝ物々し過ぎるが、自分はまだ之を以て此土地限りの語り継ぎと見ることが出来ない。それには同じ胆沢《いさわ》郡《ぐん》葉場《はば》の心月寺の古伝、潟岸の薬師堂の由来と称するものが、余りにも此地方には有力であって、特にこの千貫堤の話にばかり、何等影響する所が無かったとは想像することが出来ぬからである。恐らく是も亦女の名を尋ねたならば、やはりお鶴であり或はおさよであったろうかと考えて居る。

所謂胆沢の掃部《かもん》長者の物語は、今日残って居る部分は主として栄華末期の哀史ではあるが、久しく座頭などの管掌に属したと見えて、幾つかの段落が次々の場面を開展して居る。松浦佐用媛の人身御供は、要するに其最期の一齣に他ならぬのである。(4)入用な点ばかり簡単に叙べるならば、長者の女房は禁断の魚を食うて蛇身を受け、水の神に祀られて尚三年に一度の生牲を求めて居た。郡司兵衛義実という者、娘をその神の課役にさゝれて身代りを探し、遥々京に上っておさよという美女を購い還った。京の君又は京の女と呼んで居たにも拘らず、生国は肥前などゝ称して、どこ迄も松浦佐用媛の名を保持しようとして居るのが、此話の最も注意すべき一つの特徴であった。

それから今一つ、是は佐用媛人柱の場合のみに限ったことで無いが、他の多くの東北文学の類例も同様に、物語の土著力とも名づくべきものが、殊に強盛であった痕跡が見られる。即ち長い旅路を歌になり舞になって、久しく流伝した説話なることは疑い無きにも拘らず、一たび此地方に入って来て僅かなる窪みに淀めば、忽ち根をさして新たなる沢山の故跡を残し、爰に第二次の伝説化が行われる。是はその最も顕著なる一例として、考えて見るによい話なのである。何故に奥羽方面の説話ばかりが、特にそうした傾向を多く具えて居たかということは、理論として興味ある題目に相違ない。例えば此地方の住民に歴史が乏しく、如何にもして過去の事跡の信じ得べきものを捉えたいと思う執心が、自然に此類の浮説を誘うて、反証なく又故障なき空間を充さしめたのでは無かろうか。人間の信仰にはいつの世にも実証の根拠を必要とし、歌謡暗誦の如き異常言詞だけは、其内容以上に人の情緒を動かすの力を持って居たのではあるまいか。仮定は幾らでも成立つようだが、不幸にしてまだ証明の安全なる方法を得ない。兎に角に伝説は早晩発生の土地を離れて、たゞの民間の説話となって浮遊するのが普通であるにも拘らず、日本だけではそれが何度でも地上に落ちて、或は為にする所ある寺々の縁起に採用せられ、或は郷土を愛する人々の手に栽培せられて一処の土に成長し、終には我を信じ他を疑い、之を歴史と認めてくれなければ、承知をせぬ者を作ったのである。此混乱と誤解とは、恐らく今暫らく続くことゝ思う。それも文書に恵まれなかった遠方の県に行くほど、次第に面倒になるのは自然であるが、この佐用媛の一條だけは、ほんの偶然の端緒から、幾分か他の場合よりも真相が知れ易くなって居るようである。

胆沢の掃部長者を囲繞した現在の遺跡は無数である。長者の屋敷迹だと伝うる上葉場《かみはば》の稲荷山からは、近年多量の焼米を発掘し(5)、北葉場の蛇の池には、今でも片葉の芦が生ずる。四本の柳に材木を渡して、水上に桟敷を架けたという故跡は四本柱と名づけられ、悪蛇の角を埋めたる角塚一名蛇塚と共に、都鳥《とどり》という部落に今でも遺って居る。考えて見ると之を証拠ということは逆さまのようだが、少なくとも付近の住民は是あるが為に、他処から来た話とは思うことが出来ぬのである。しかも巧んで設けるような者は居なかった筈だから、誤解にもせよ必ず何等かの原因が無ければならなかった。

それを一つ〳〵考えて見ることは不可能だが、是だけは看過するわけに行かぬと思う話が、化粧坂《けわいざか》の薬師堂に伴なうて語られて居る。佐用媛は遥々の旅の末に、愈〻身の終りの地に入ろうとして、先ずつかいの森に来て昼餉《ひるげ》をつかい、次に化粧坂に於て最後の化粧をしたと称する。ボサマの曲ならば最も合の手の多い場面は是であるが、注意すべきことには独り北上川の平野に限らず、化粧坂という地名は全国に亘って分布し、それ〴〵美しい伝説を以て装飾せられて居るのである。中に就て二三の稍〻縁の遠い例を挙げて見るならば、一番有名なのは鎌倉に一つ、以前遊女が住んだとも謂い、もしくは平家の大将の首を化粧したともいう。何れにしても往還の側であった。(6) 同じ相州にはなお大磯の高麗寺山下に化粧坂、又程ヶ谷から南へ行く路の近くにも化粧水があって、前者は大磯の虎に、後者は政子御前に、何れも有名なる女性の伝記に托してある。(7) ずっと離れた土地では豊後玖珠郡瀧神社の粧の井、小松女院という貴女十二人の侍婢をつれて、笛の名手少納言正高のあとを慕って都より下り、身を投げて後神に祀られたという縁起がある。出雲海上の化粧島では、十羅刹女日毎に此島に渡り来って、粉黛を施したまうと伝え、(8) 播州網干町の小学校の脇の坂には、かねつけ石一名明神石があって、大昔加茂明神此地に現われて化粧なされたという口碑があり、しかも里人が御教に背いた故に室の港に御遷りなされたのが、彼地繁昌の根元だとも謂って居る。(9) 備前瑜珈《ゆうが》山《さん》中の化粧池は、往昔この地に鬼賊住み、此水で化粧をして婦人の姿をなし人を害した。権現は即ち其霊を祀るものだと伝えて居る。(10) なお此以外にも国々の鉄漿付岩《かねつけいわ》、又は傾城石と称する遺跡は、付近に泉があり又坂路の側であって、同じ系統の口碑を保存して居るものが多い。

所謂紅《べに》鉄漿《かね》白粉《おしろい》の一番最初の用途は何であったか。日本にはこの興味ある問題を考察する為に、有用なる資料はまだ幾らでも残って居るのだが、之を顧みようとした人は無かった。諸国の化粧坂に共通した口碑は、少なくともそれが信仰に関係し、且つ歌舞に関係して居たことを暗示する。然らば其双方に参与したという上臈は、果して如何なる種類の女性であったろうかは、容易に推測し得られるわけである。信州西北隅の山村などにも、やはり一処の廓屋敷《くるわやしき》と傾城清水とがあった。其泉の水は化粧には散りがよいと謂って、村芝居の役者が之を化粧の水に汲んだという話も残って居る。[11] 特に一定の泉の水を以て、化粧をしなければならぬ慣例が、恐らくは昔から守られて居たのである。東京の近くには橘樹郡下作延《さくのべ》村の円福寺の弁天さまに、炎暑にも涸れずという清水があって、其洞を女郎洞又は鉄漿洞と名づけて居た。[12] 相州中郡比々多村神戸の化粧塚は、三宮明神祭礼の時に、神輿を此上にすえて修飾を加えたと伝えて居り、[13] 化粧は要するに祭の式の準備であったことが想像せられる。野州日光の奥、金剛山という山の中にも、化粧の宿という峰入山伏の宿泊地があった。秘密勤行の道場であって、常人は此処へは行かずとある。修験者と化粧と、一見最も縁の遠いものゝようであるが、彼等も亦其神祭の為に、いつも優れたる美少人を選抜して、之を山入の一行に加えて居たのである。

　奥羽地方に入っても無論数多き化粧坂化粧水の故跡はある。平泉中尊寺の八幡社址の西方に在る粧坂などは、昔正月の摩多羅神《またらじん》の祭の日に、田楽をする者の楽屋が此坂の上にあった故に、其名を生じたと伝えて居て、[14] 自分の推測を少しばかり強めてくれる。つまり人身御供の為に買われて来た女の故跡としては、少しく同名の場処が多過ぎるのである。福島県の方では安積《あさか》郡八幡の化粧坂、是も八幡社の北方に在って、祭の日の神楽男がこゝで支度をしたという。[15] それが信夫郡山田村の大清水に行けば、欽明天皇の皇后石姫尊《いわのひめのみこと》、来って此水に手洗いたまうなどゝ称し、[16] 更に北して陸前名取郡岩切の化粧坂鏡の池の跡をとぶらえば、早又小鶴ヶ池に身を投げた小鶴女が、此坂の上にて化粧し、此水を鏡として容色を整えたなどゝ謂う。[17] それから奥へ行けば大抵は皆松浦佐用媛のものになって居るのだが、そう誤らなければならぬ原因は、必ずしも発見するに困難でない。つまりは此水で女が化粧する日に限って、此物語が歌われ又は演ぜられたからであろう。[18]

旅人の拝む神

今ある人柱の物語の何れの部分までが、他所から雇い入れてもてはやしたものであり、どれだけが土地で供給した種であったかは、尚面倒な比較を重ねた上でないと、推断し得ないのは固よりのことだが、少なくとも奥州でいう松浦佐用媛ばかりは、借物の証拠が歴然であった。察するに害も利生も共に力強い池や沼又水の流などがあって、住民之を神と崇めて年々の祭を仕えた場合に、昔は物の命を召したまう畏こき神であったが、今は和らぎなごみ恵み深くおわしますと、特に言い立てゝ御威徳を讃えることが、其祭の例式であったのであろう。(19)法師が社務を管掌すれば、本地仏の力を説かずんば止まなかった如く、歌舞の徒が其神事に参与するならば、兼て知り学び持伝えて居る所の、水の神の生牲の物語を演ずるのも亦自然である。しかも低湿の地を耕して稲を作る人民が、次々に移って村を開く限り、乏しいにつけ多いにつけて、何処へ行っても田の水の不安は一様であった故に、同じ一つの秘曲は弘く全国の版図に向って流通し得たのである。只その物語を運搬するに適した者の、其後を追うて移って来ることを必要としただけである。

それ故にこそ同じ一人の松浦佐用媛が、名も姿も改めずして処々の清水に、其面影を留めて居るのである。掃部長者の故郷の如きは、是程にも遺跡を以て充ちて居るけれども、尚心月寺と潟岸の薬師堂とに由って、地方の伝説を統一することは出来なかった。例えば江刺郡の角懸《つのかけ》観音に於ては、蒲生《かもう》長者の妻大蛇となり、松浦佐用媛を取って食おうとしたが、法華経の功力によって忽然として得脱し、月山に向って飛び去ったと謂って居る。(20)同じ胆沢郡でも塩竃村の虚空蔵堂に伝うる所は、又少しばかり話が別であって、是には水の神がもと長者の女房なりしことを語らず、単に沼の上に牀を構えて姫を坐せしめて牲としたと称し、しかも大蛇を折伏したという姫の護持仏は、此御堂の虚空蔵尊であったという。(21)

それから県境を越えて宮城の管内に入ると、先ず栗原郡の小野村にも佐用媛の化粧水がある。一名は箱清水、昔此女性が牲に胆沢に赴かんとして、よそおいを此泉の辺に凝らし、其姿を水に映した後に、化粧道具を投込んで去ったというそうだが(22)、それでは胆沢のほうの化粧坂が無用に帰するのみならず、実は此郡小林村の虚空蔵の由来として、女の奇計を以て大蛇を退治し、之を瘞《うず》めて堂を建てたという口碑もあるから、本来は二処別々の話であったのを、何とか合同させて見ようとした結果ということがわかる。併しそれは到底不可能の話であった。現に隣の玉造郡の柿沼を始めとして、佐用媛冒険の故迹は二つも三つもあって、それにはたゞ掃部長者の背景を欠くだけである。此序に注意して置きたいことは、栗原玉造の二郡は美女の物語、殊に小野小町の話の多い土地だということである。義経記以来著名なる姉歯の松は、栗原郡の梨崎という村に在る。アネハは最も古い土語かと思うにも拘らず、或は気仙の高田長者の姉の娘、召されて都に登らんとして爰に身まかり、後に其妹の采女《うねめ》が此地を過ぎて、歎き歌よみし故迹と称し、其以前には亦松浦佐用媛の姉が墓とも謂い、一説には小野小町の姉だとも謂ったそうで、小町が建てたと称する松語山龕龍寺という寺もあった(23)。旅の上臈の名が松浦であり、さよ姫で無ければならなかった何かの理由が此辺にもあったのである。

風土記の編者などは、一つの伝説が処々の池や清水を支配すべき道理を信じ得なかった故に、最も有名なる胆沢の人柱を中心に立てゝ、統一を試みんとしたのであるが、其努力は結局失敗に終った。遠田郡の休塚村には、村の名の起源という柳塚があって、是も佐用媛の遺跡の一つに算えられて居る。所謂紛々たる所伝も是くらいで止まって居れば、まだ幾分か始末はよかったろうが、それから尚後戻りをして、今の仙台市の北五番町のあたり、西性院の前に在る衣紋坂という小さな坂にも、松浦佐用媛こゝに休息して衣紋をつくろうと伝えて、寺の門前には其腰掛石が現存したのみならず、同じ宮城郡岩切村の化粧坂鏡の池なども、そこに化粧をして水鏡を見たのは、小鶴子では無くして佐用媛であったという説がある。[24] 斯うなるともう早掃部長者の没落の言い伝えと、結び付けて見ることは困難になるのである。

奥は奥南部の末の松山、波打峠の北の麓にも、一処の松浦佐用媛堂のあることを聴いたが、是はまだ確めて見ることが出来ぬ。之に反して仙台から更に南すれば、争うべからざる又一つの故跡が、安積郡片平村の附近にあって、往来の旅客は屢〻その口碑を耳にした。東国旅行談には単に長者のまな娘、浅香の沼の人身御供にさゝれ、さよという孤女を買って身代りにした。さよは生前にその金を以て、観音の尊像を作って供養したところ、大蛇忽ち大慈悲の力に由って得脱し、人の牲の古例は止んだというのみであるが、[25] 仮石略談という物語に至っては、はや若干近世風の潤飾を試みて居る。是も必要があるからあら〳〵と紹介すれば、浅香玄蕃という憎らしそうな名前の武士、主人の姫に横恋慕の末、之を沼に投込んで殺したところ、怨霊は大蛇となって一族の末にまで祟りをした。後に神の告あって毎年三月の二十四日、二八の少女を牲として其怒りを和ぐることゝなり、その三十三人目に片平村の権賀大夫なる者の娘が鬮《くじ》に当った。そこで大夫は人買いに出かけ、大和の壺坂の松浦長者金任《かねとう》の一女、作用姫を以て身替りとしたとある。それから姫の提婆品《だいばぼん》読誦の力を以て、大蛇が解脱成仏することは型の如く、その跡に三十三所の観世音、棚木の桜・蛇冠石を伝えたゞけでも十分であるのに、更に其蛇骨を以て刻んだという五寸五分の地蔵尊を安置し、なお佐用姫は神女に伴われて奈良に還り、後に大伴狭手彦《さでひこ》の妻になったと迄書いてあるのは、それこそ文字通りの蛇足であった。[26]

しかも斯ういう読み本体の小冊子も、作者は決して一人の空想家ではなかったので、或は案外に大真面目で、土地の伝えのまゝを書取って置いたのかとも思われる節もある。うそをつくならば今一段と面白く、真似るならもっと上手に真似たらよかろうと思うにも拘らず、昔の人たちは決してそうはしなかった。此話なども室町時代に行われた多くの孝女談の一つ、「さよひめ」と題する草子と半分以上同じで、彼女の父の名は大和壺坂の松浦長者、単に母の貧苦を救わんがために身を売って、大蛇の人身御供に上げられて助かったという場処を、近江の勢多の橋から奥州の安積沼まで、移して来たというに過ぎなかった。(27) 人によっては斯ういう我々の目に触れ難い写本の草子が、中古東奥に流伝して居たのを、剽窃して伝説をこしらえたように速断するかも知らぬが、それは偶〻今残ったものを唯一の正本とし少しも背後の事情を考えて見ない話である。和州壺坂の観音と松浦の姫とを、結び付けるに至った原因も単簡で無いが、是は寧ろ胆沢栗原の薬師や虚空蔵が、此物語に参与するに至った原因と比較せられてよいものかと思う。別の語で言うならば、佐用媛水の神の牲となる物語が、久しく世に流れて偶然に大和に来て滞って変化したのかも知れぬ。仮にそうだとすれば既に肥前の古風土記の中にも一つの例はある。後年「遠つ人松浦さよ姫」を以て擬せられたる狭手彦将軍の思い者、即ち峰に登って領布《ひれ》を振ったという篠原の弟日姫子《おとひひめこ》が、三輪の少女の如く媼嶽《うばたけ》の花の本の如く、蛇の神に誘われて山頂の沼に入ったというだけの話ならば、夙に其歌と共に伝わって居たのである。

峰相記《みねあいき》という書物はまだ年代の確かめられないものであるが、その文体から見ても少なくとも御伽の「さよひめ」よりは古い。それには播州佐与姫明神の由来として、領布振山《ひれふるやま》の少女が諸国を漂遊し、後に此国に来って神と為ったことを説いて居る。佐提彦《さでひこ》異郷に死して永く帰らず、之を聞いて愁吟に堪えかね走り立って東国の方を指し行きけるが、別れの涙血と流れ恋慕身を焦がし、悲嘆限り無くして此地にて死去し畢んぬ。是を崇めて佐与姫明神と号し、此地を佐与郡と名づけたりとあるのは、壺坂の松浦長者よりも今一段と自然なる附会であった。但しそれが果して水の神の牲であったということは、到底推断を許さぬ所であるが、一方には又佐用媛人柱の民間説話が、頗る有名であったかと思う証拠もある。例えば謡の「生贄《いけにえ》」という一曲には、父と娘と二人の旅人、東海道を旅して駿州の吉原に泊った日に、富士の御池の贄に娘を取られて、父

独り歎き悲しむことを叙してある。其文句の中に殆と何のつきも無しに、

姫も互ひに名残を惜み、
招けば招く風情はさながら、
松浦佐用媛かくやらんと、
汀にひれ伏し泣き居たり。

とあるなどは、単に上代の肥前の女が、つま恋いの船の影を見送るというだけの、聯想でなかったことを意味するかと思われる。[28]

胆沢郡の生牲物語に於ても、佐用媛の父は掃部長者であったという異伝があったらしい。[29] それが如何なる変化を示したかは興味多き問題である。自分がさよ女説話の一分派と認めて居る九州地方の多くの例では、何れも皆父と娘との二人の旅人を説き、父が同行の娘を殺して死んだという類の悲惨なる結末を伝えて居る。しかもそれが必ず路の側、坂の辻の石の神の由来であり、且つ猥雑にして説くに忍びざる情事譚であるのを知って、[30] 自分は此おさよが本来道祖《さえ》の信仰に出たことを推測せんとする者である。但し此点は尚他日の細説を要するは勿論であるが、少なくとも遠く離れた西国の人柱伝説に於ても、やはり牲の娘の名はサヨであった。享保五年の史実と称する、筑後三井郡床島の堰の工事に際し、俵につめて水底に沈めたという九歳の女も、やはり貧の為に売られたおさよであり、其父の名は吉兵衛であった。[31] 是だけでも自分は説話の影響を疑い得ないのに、なお白髪の異人来って娘の屍を引上げ、神の思し召しによって蘇生したというに至っては、いよ〱東北の松浦佐用媛の長途の旅を信ぜざるを得ぬのである。

姫が遊女であり又上臈であり、又長者のまな娘であったというのも、結局するところは一つ事である。村の祭に化粧して現われ来り、神の故事を演ずる者は、昔も今も一階級しか無い。此徒が道の神なる道祖に奉

仕し、歌舞を以て民と神との仲居をしたことは、文献の之を明証するものがある。道祖は即ち情欲の神であり、仏者も象頭神を以て此に擬した如く、之を邑落の境に於て饗し且つ祭却する場合に、美女を供して其心を取ったという想像は容易で、即ち人身御供が必ず年若き娘であったという所以である。但し之を説いて何人も曾て怪しまなかった事実、昔の世ならば其様な事もあったろうかと信じ得た社会相の背後に、或は国民信仰の古い世の特質が、人知れず潜んで動いて居たと迄は想像してもよかろうが、其都度一人の松浦佐用媛が殺されんとし、水の神の兇悪なる角が眼前にほっきと折れたものと解することは、多くの事例を比較し得た後の、我々の常識が之を許さないのである。

芝居を過去の事実の再現と解して、感動して居た人は近い頃まであった。作者とか趣向とかいう言葉を、知ってから後でさえ此通りである。況や台帳も無く又新しい注文も無く、祭の日毎に古式の神事舞を繰返して居たとすれば、年経て物語の主人公と演奏者とが、混同して記憶せらるるのは当然である。但し陸中の有名な一例に於ては、どれ迄が上代の神話で、どれからが中古の附加えかを、明瞭に判別し得ないけれども、少なくともサヨは曲中の御霊神、即ち人が死してなった神だということは、その名前からも認められる。(32)松《まつ》王小児《おうこんでい》の松王の如きも、恐らく幽かに残った人神の信仰と相生いのものであり、つる女も亦同様であって、後年この単簡な一語から、却って旧伝の正しい形を論定せしめるものかも知れぬ。伎芸に携わる女子童男には、字《あざな》はあっても本名は無かったらしい。字ならば観音とか地蔵とか、大抵は室の遊女が普賢菩薩を演じたと同じく、自分が得意とする仏たちの名を以て呼ばれて居る。然らば奥州方面へは佐用媛と名づけても良い女性が、実際に旅をして毎度遣って来たので、しかも其女の「わざをぎ」の力によって、間違いながらも古い世の言い伝えが、可なり鮮明に保存せらるることになったのである。(33)

小松大夫の土著

又々話が長くなったから、仮に自分の計画だけを、爰には書留めて置こうと思う。松王人柱の由来を考えて見た時から、残されてあった一つの問題は、何故に其童児の名が松王であるかという点に在ったが、更に松浦佐用媛のサヨは道祖神を意味するらしいことを説くに至って、この奈良朝以来の民間説話に、必ず附纏うて居た松浦という苗字見たようなものが、亦一緒に解説せられねばならぬ必要を生じた。蓋し自分の仮定した如く、五畿以東の地に広汎に流布した一段の語りものが、曾て伎女の演奏する舞の曲であったとすれば、彼等果して何れより来り、亦何れに向って去ったかは、当然に第二の問題でなければならぬ。物の根源は往々にして究むべからずとしても、少なくとも中世あれ程迄に栄え時めいた旅の神部の末が、漫然として常民に混じてしまうわけが無いから、どこかの山の渓か海の隈に、其痕跡を留めて居なければならぬ。それを指示して見よと言われた場合に、若干の答が入用になって来るのだが、ちょうど都合のよいことには或程度まで松浦松王のマツという名称が、その説明を援助してくれるように思うのである。

自分が心づいた松王という語の意味は、同時に健児《こんでい》即ち侍僮ということでもあった。古くは臣と書き又は大夫とも書いて、朝家に仕えた者をもマウチギミ、又マチキムダチなどゝ呼んでいたのだが、漢語の音が流行するに至って、それは次第に固有宗教の方面にばかり、限局せられることになった。動詞としてはマタスとなり、祭祀のマツリも亦、今尚「申し」と唱える土地などもあるから、同じ語であるに相異ない。即ち神人を松王丸と名づけ、亦松若という美少人が屢〻出でて舞った所以であろう。八幡に在っては特に松童《まつわらわ》と呼び、北野天神には老松《おいまつ》の末社があって、之に関しては色々の古伝が存するのである。古今集の中に既に名を留めた三国の町、小野の小町などゝいう女性の境遇も、斯うして新たに闡明せられ得るかと思う。そういう町君の中の若干の者が、遠く遊行して諸国の神の祭に参与し、時としては土地の人の信仰がまだ散漫の状に在る場合などは、兼て親しみ習う所の我神の教に、彼等を導くことも困難でなかったことは、以前の神道が決して筧君等の如き哲理を説かず、必ず過去の事蹟と由来談との、最も具体的なる例証を叙説するに在ったことを認むれば、いと容易に想像のつくことである。その仮説の歴史の全部を信じて、定まった日の晴の式に、目に見るように語らせたのが神話である。その中には凡人の最も怖るゝ小さい神々、殊に人の霊の化してなるものを、何等か特殊の方法を以て鎮撫したというなどが、古くから伝わり且つ一番に有用であった。即ち記紀にも反面から注意してある所の、兇神治平の物語である。そのわざをぎの主要なる部分を演ずる者がマツワラハであり、従って次第に神を代表して実力を養ったことも怪しむに足らぬ。即ち彼等は去って再び来なかったのでは無く、多くは一定の土地に神話と共に根を下して、いつと無く古風の祭を続け営む必要を見なくなっただけである。

　陸前栗原の小林の虚空蔵堂などで、小野小町が佐用媛の任務に代って居るのも、自分にとっては些かも偶然で無い。小町は一人に非ずと謂い、或は山城の京の初期には数十人の釆女が皆小町であったなどゝ謂うのも、奇説のようではあるが、要は全国にあまりに其遺跡が多く且つ鮮明であるからである。そうして小野という一族が近江の西隅から出て、母と子の神の教を宣伝して東西の諸国に入込んだという事実は[34]、到底各地方の小町塚小町誕生地の口碑と、没交渉ではあり得ないのである。小町に関する様々の民間説話は、如何に永い年月の力でも、よく此ほど迄に発達したと思うばかりである。それが単純に或女性の旅行く姿をながめて、外間から添附したもので無いことも疑いが無いとすれば、今ある多くの小野氏の言い伝えも、最初は人を信ぜしめんとしたものが、今は却って自分の家を約束したことになるのである。

　それから今一つは国々の平家谷が、大抵は世の同情を集めた小松氏の系統を引き、殊に東国では重盛の女維盛の妹、何とか比丘尼の子だ孫だという例があるのも、今のように平民の史学が進んでからは、全然分離して別の物になったけれども、やはり小野氏の小町と根源を同じくするものと考えられる。此意見は現在の地方旧家の家伝を批判することにもなるから、殊に戒慎して確かなる材料を提出しなければならぬが、少なくとも地理から見又記録から推して、平家の到底入り得なかった方面に、小松氏の世を避け且つ栄えて居るものは、其生活の根拠が神に在り、彼等の祖先は即ち之に随従し奉仕した神人に過ぎなかった為ということは出来る。それが同時に又伊予の上浮穴《かみうけな》郡の山村などに、松王小児と田井民部と、親子の由緒を伝うる所以であり、今一つ遡れば豊後や肥前の或旧家が、大和の三輪・山城の賀茂、摂津の三島・播磨の多可などの例を追うて、神に嫁入した美しい女性の、我家から出たことを誇り得た理由であろうと思う。そうしてもし東北日本に限って、何か地方的の異色があったとすれば、それは開発が稍〻おくれて此事情が永く存続し、従って又近世人の眼にも尚著しい伝説の共通類似が、認められたという点であるわけだが、今日までの地方誌の研究では、多くは一方を模倣とし虚誕として排擠するに非ざれば、到底他の一方が成立たぬというような、解説を以て甘んじて居るのである。それでは永遠に松浦佐用媛は謎として残るの他は無い。

人がそう矢鱈に知りつゝうそをつくもので無く、ついても一同が之を裏書する筈が無いとすれば、兎に角にこの平家谷系統の勧請伝説の分布及び一致は、重要なる現象と称すべきである。殊に之に携わった最初の童児又は女性の名が、概ねマツであったことを注意しなかったのは誤まって居る。但し今は是以上に細論をする余裕が無いから、さしあたり手近に在る下越後の二つの例を挙げて、松童《まつどう》研究との聯絡だけを取って置きたい。越後では北蒲原郡天神堂村字唐著《からつき》の菅原神社の由来記に、延喜三年二月菅公筑紫に在って病重く、述懐の詩を書し自画の像に副えて、之を出雲の国の某なる者に送ったところ、その船難破して越後の海辺に漂著した。使者は菅公の侍者松丸、止むことを得ずして此地に上陸し、田束覚之進なる者の庇護を受けて其女を娶って妻とした。もたらす所の像は二つあり、一は田東家に伝え、他は此社に安置したのを、後に恵心僧都が遣って来て別に今の木造を刻み、以前の御姿は其腹籠りにしてあるという。(35)今一つは岩船郡上海府の馬下《まおろし》村の八幡神社、是は八幡太郎の奥州征伐に際して、勝を石清水に禱って分霊を奉持して来たのが、夷賊平定の後従者の某と云う者、之を守護して還ろうとして途に病み、当村井上小松太夫の家に宿して久しうして終に歿した。仍て社殿を建てゝその分霊を祀るというので、武蔵相模辺の多くの八幡社と、半分以上其説明を共にして居る。是を若干の誤謬にもせよ、少しは似よった事蹟が曾てあったからだと解することは、まあ大抵の人には出来まいと思う。

最後に不必要かも知れぬが、一言だけ附加えて置きたいことは、所謂京の君の社会上の地位である。君といい上臈といい姥といい比丘尼と謂ったところが、つまりは遊行の女婦に相違はなかったが、彼等の主なる任務は宗教であって、今日の物知りが喋々して居るが如く、媚を粥《ひさ》ぎ人に弄ばるゝを以て活計のたよりとはして居なかった。殊に常民の妻娘と明瞭に差別せられたのは、その装束であり化粧であった。仮面や烏帽子舞衣が俗界を遮断したのは固よりだが、更に扇とか笠とかの、神に接し得る者のみが許された特権は多かった。そうして又其為に、言説する所は信じられたのであるから、其勢力の最初から小さいもので無かったことは想像し得られるのである。二三の貴族たちが既に信仰を失いつゝも、その歌舞のあでやかさを賞して軽薄に相挑んだということが、たま〳〵後代の弊風を誘致したことはあっても、それは寧ろ解体であり堕落であった。(36)売春を以て数千年来の由緒ある職業なりと解するが如きは、名称に囚われて内容の変遷を顧みない誤謬である。従って仮に祖先は遊女であったということが明白になっても、其為に旧家の名誉を累わすことは些しも無い。少なくとも彼等は神の奉侍者として、来って土地の信仰を統一した功労を独占して居るのである。

注

(1) 大正十二年刊登米郡史下巻九一三頁にある。なお此書には母と子との二人が、田植の日に死んだという話も別に採集せられて居る。中道等君の最近の見聞によれば、同じ郡浅水村の白鳥沼も、同じ北上の古川跡であるが、そこの白鳥明神の祭神はお鶴さまである。同じ郡の佐沼町に近いはざま川の「一のはざま」という処にも、亦一つのお鶴明神があって、七草の菜を供え祭るということである。つまり此地方の水の神は、弘くオツルの名を以て祀られて居るので、一人の人柱の名では無いのである。

(2) 昼飯を運ぶという点では、下総印旛郡宗像村の水の神の縁起と共通して居る。中世には田植の時より外は、昼飯という食事は無かった。昼間持の女の殺されたという話は亦肥後にもある。

(3) 金ヶ崎の渡邊武君より報告せられた。金ヶ崎村誌の抄録であるそうだが、此話の注意すべき一点は、一頭の牛を共に生き埋めにしたということである。

(4) 文書以外に此土地に保存せられて居た物語の大要は、郷土研究二巻一一号に、高橋鳥畑二氏の報告が載って居る。しかも今少しく此類の口碑を採集して見る必要はあると思う。

(5) 雑誌「考古界」の一巻三号に、大槻先生の掃部長者の膳椀の話が出て居る。稲荷山心月寺の什宝である。かの焼米も無論此寺に在り。尚長者の女房がなったという大蛇の、牙と骨とさえあったことが、封内風土記巻一九に記してある。聞老誌以下此事を誌さぬ地誌は無いといってよい。

(6) 詳しく説く余裕が無いから、参考した書物の名だけ挙げておく。新編鎌倉志巻四。鎌倉攬勝考巻一。鎌倉旧蹟地誌。鎌倉物語巻一等。

(7) 改元紀行上巻、及び十万菴遊歴雑記三篇下巻。

(8) 出雲国懐橘談下巻

(9) 郷土研究四巻三号

(10) 成島柳北の航薇日記に引用した瑜珈権現の縁起。

(11) 小谷口碑集六二頁。北安曇郡中土村清水山上区の高町という処。此地はもと平倉城の城下町であったといって、僅かな平坦地がある。

(12) 新編武蔵風土記稿巻一八。其名の起りを詳にせずとある。
(13) 新編相模風土記。
(14) 平泉志。囊塵埃捨録巻五等。
(15) 相生集巻七。
(16) 信達二郡村誌巻一の上。
(17) 封内風土記巻四。尚新撰陸奥風土記巻九にも、岩瀬郡化粧ヶ原鏡池の話があって、荘柄平太の女房の最後を伝えて居る。
(18) 或は神の舞の詞の中に、必ず化粧坂で化粧して来たことを述べる習わしがあったのかも知らぬ。栗田寛翁の古謡集の中に採集せられた、大和石上神宮所伝の雨乞躍の歌にも、次のようなのがある。

　山伏が、宿とりかねて歌をよむ。
　何とよむ、何とよむ
　茶屋の前なるけはひ坂
　松にさくらは散りかゝる
　松より桜はおゝもしろ云々

日光山中の化粧宿などにも、此類の「なれこまひ」が行われて居たものと思う。
(19) 雨乞いに天神記の芝居をさせるなどゝいう例は近い頃まであった。作り話と知りつゝも尚感応を予期した者が居たのである。
(20) 埃捨録巻五。但し西国から女を買入れたという武士を、清水軍次兵衛と伝えたのを見ると、二処の口碑は接近しかゝっては居る。次の話では群司右兵衛尉となって居る。どうして此点ばかりに此様に忠実であったものか。
(21) 封内風土記巻一九。
(22) 同上巻一八下。
(23) 同じ書に名跡誌と聞老誌とを引用して比較を試みて居る。固有名詞の極めて移りやすかったことを感ぜしめる。
(24) 埃捨録巻一及び二。

(25) 巌谷氏の東洋口碑大全九一九頁に、其大要を抄録してある。
(26) 相生集巻一九の引用する所である。
(27) 鎌倉室町時代文学史三六二頁。尚此書の著者はこの物語が「法妙童子」の草子に近いということを記して居るが、それもまだ見ぬ書物だから何とも言われぬ。
(28) 謡曲には折々此例の如く、或は当時の聴衆の知識に訴えたか、そうでなければ昔からあった舞の歌章を、たゞ引継いだかと思うものがある。「船橋」なども其顕著なる一例で、一篇の趣向は恋に命を棄てた男女の霊が出て舞うというだけであるのに、

柱をいたゞく磐石の苦患、
これ〳〵見たまへ浅ましや
執心の鬼となつて、
共に三途の川橋の、
橋柱に立てられて云々

などの文句が幾つも残って居る。即ちもとは是も一種の松王健児の物語であったのだ。
(29) 例えば前掲大槻翁の論文など。
(30) 本山桂川君甲斐直人君等何れも此事をよく知ると答えられた。少なくとも肥前肥後には此例が多いのである。奄美大島の古見、沖縄の国頭の源河などで、「恥おそひびら」という名を以て伝えられるものは、これは相愛した男女の死であって、北九州のサヨ女の話ほどには醜悪でない。
(31) 及川儀右衛門の筑紫野民譚集一五三頁。
(32) 会津地方には鬼一法眼の娘皆鶴姫、義経を慕うて下って来たといって、やはり身を投げて死んだ池が残っている。つる女物語の比較の余地は、まだ幾らでも残って居るのである。
(33) ボサマの語りものは大抵の場合に根源があった。伎女の曲から採用したかと思う例は、平家にも義経記にも段々ある。小督局でも仏御前でも静御前でも、盲人に引継いだものは単なる噂話だけではなかったと思う。
(34) 自分の旧著「神を助けた話」では、猿丸大夫の物語が彼等旅の語部の手で運搬せられたことを述べ、又「史料とし

ての伝説」の中には、小野宮惟喬親王を木地屋の祖神とするのも、亦彼等の太子神話から由来して居ることを説いて置いた。勿論それだけでは説明が不十分であることを認めるから、機会があったら再び之を細論したいと願って居る。

(35) 北野誌首巻附録八七頁に依る。天神社の由来記には船で運ばれたものが至って多い。次の話も同書から。

(36) 芸者というものは二百年前迄壮男であり且つ多くは座頭盲人であった。もし何人かゞ彼等を今日の待合生活の祖神だと言ったら滑稽であろう。

肥後和男

八岐の大蛇（抄）

序説に述べたる如き意味に於いて、神話研究の方法として民俗学が重要なる位置を占むるであろうことは、今日もはやこれを否定し得ない。素戔嗚尊に関する神話についてもそれは同様であるが、その中でも大蛇に関するものは、特に顕著である様に思われる。それは我が国に於いて、蛇に関する信仰並に儀礼が甚だ多く、それと八岐大蛇の物語とが、密接に関聯するものありと認められるからである。私は固よりその全部にわたって調査し研究したものではないが、管見に入ったものでも、その数は二三に止まらない。そこで次に之を叙述して聊の研究を加えたいと思う。要するに、そうした伝承は、単に言語による伝承に止まらずして、屢儀礼の形に於いて伝えられ、そこに伝誦されるものと儀礼との密接なる関係を表示するからである。私はその意味で蛇に関する儀礼を少しあつめて見た。これを一々列挙することは煩雑にすぎる嫌があるけれども、この種の事例は従来比較的閑却されていたように思われるので、集め得ただけをここに列挙するつもりである。煩を厭わるる諸賢はその一二例について眼を通して頂けばよい。

一　大津市南滋賀町字正光寺の山の神　この地は天智天皇の大津宮の置かれたる故地であり土地としても

古いところであるが、ここに蛇を作って山の神を祭ることが行われている。正光寺は字新在家と共同で南滋賀公会堂をもっているが、正月七日ここに藁をもちより午前中に蛇形を作る。それは角があり目を入れ舌を出し竜の形とする。それと共に木を削って鋤、唐鋤、万鍬、山刀、鎌等の農具の小模型と共に松丸太を以て長さ一尺五六寸の男根を作るのである。その外に青竹を切って酒筒とし、又鰯を二枚の土器を合せてはさみ藁をもって括って置く。夕刻に近づけば神職、区長、総代それに蛇を荷う役に当った袢をつけた二人の当番が公会所の一室に参集し床に榊を立て神酒を頂きたる後、出発の用意にかかり農具、男根、竹筒、鰯等を蛇体に結びつけ、更に頸部より背筋にかけて十二本の小さな幣束を挿し、これを袢をつけた男が身に捲くようにして荷い、参集者一同と共に山の神の森に運ぶのである。そこは村社福王子社の境内ともいうべき林の中にあって古くは桜の巨木を神木としていたが、今はそれが枯れて若木の桜がその後にのびている。それに蛇頭を明《あき》の方に向けて捲きつけ神職祝詞を奏し式を了るのである。これは正光寺の方であるがそれとほんの少し離れて字新在家の山の神があり同じく公会所から蛇がそこに運ばれるので神職は歩を移してそこに赴き同様の式を行う。これは余が実見した現在の行事であるが以前は各字の寺に於いて蛇が作られたということである。この日字中の子供が各戸より藁を集めて正光寺ならば正興寺という寺に集り、青年がこれを蛇形に作り頭より尾端に至り了ると一人がその尾をもって一散にかけ出す。すると他のものがこれにとりつき年長者は頭部に年少者は尾部にそれぞれ分れて互に引き合う。それを了ると蛇は本堂内に吊り上げられ住職が心経一巻をあげる。そこから山の神に運んだということである。これを思えば今の行事で会所に於いて蛇がその土間に放置せられたまま一室で神酒が頂かれるのも実は古い精神を失った仕方で本来はこの蛇を正面に飾りそこで神酒を頂くべきであったと思う。

二　大津市滋賀里町の山の神　滋賀里は南滋賀と共に古の滋賀郷をなしていたと考えられる。その山の神祭は南滋賀と略同様であるが、この方が一層厳粛に行われる。蛇を公会所で作り座敷に安置し区長がこれより式を始めますといえば列座の人は凡て無言となり神職の祝詞がある。それより当番は蛇を荷い字赤塚字見世のそれぞれの山の神に運ばれる。赤塚の山の神は山際の田に囲まれたささやかの森であり、見世のは村社八幡神社の境内にある。この蛇を運ぶ時先触れが先頭に立ち「出なよ」と叫びつつ行く。これは若し誤ってこの時蛇の姿を見たものはその命を失うとされているからである。これを聞くと人々は今更の如く恐怖心を発して家に閉じこもるのであるが、これについては嘗てこの禁を破って命をおとした人があったことが伝えられて一層そのタブーの厳重さが証明せられている。先触も後をふりむかないで山の神に達すれば別の道を通って帰途につく。当番は蛇を神木の前に横たえ、枕と称して竹を交叉させたものの上に頭を載せ、而もそれをあきの方に向けて去る。これは今神職によって行われるが以前はやはり僧が行ったので彼は蛇体の後より心経を誦しながら従ったと云われる。

三　大津市山中樹下神社　これは賀茂伝説考の中にも紹介したところであるが正月十五日に鳥居前に二本の松を相対して立てこれに藁の蛇をはりわたしその頭を社殿の方に向ける。胴から的を吊りさげ二人の射手が吉田流射法を以て之を射る。この時矢が的に的中することはあまり問題とされないで、矢を落すことが最大の戒とされている。それが了ると蛇を馬場に横えて部落中の男女が相混じてこれを引きあうのである。祭で酒をのみ酔っているので頗る陽気である。そして三回位引きあうが勝負を以て年占をすることはないようである。(挿図参照〔本書では省略した〕)

四　滋賀県滋賀郡坂本村大字坂本の日吉御田神社　氏子現在四十三戸あり。元来上、中、下三組に分れ三年に一度の宮番を勤めていたが維新後北組、南組を新設して五組とし五年に一度宮番組がまわることとした。その宮番組の中の一戸が当屋となるがこれは四十三年目に廻る次第である。この当屋に宮番が集り手伝うわけである。一月十五日がそれでこの日「ヤシヤ子入り」と称し一年間に生れた子供が長男は一升、二男以下並に女児は五合、養子は二升、嫁は一升の酒を出していわば氏子入りをするのである。それは元来当屋でしたようであるが、今は神社の境内に会所が出来てそこでする。当屋はその料理をするのである。午前中にそれが了ると午後に蛇を作る。藁が大体百束ほど要るが各戸一束を出し不足分は宮番として購入し二時頃作り始める。まず三縄組の大縄を三本作るので三時半頃それが了ると沢庵を肴に御酒が出る。この大綱を作る時盛んに藁屑を頭からかけあうのである。四時になるとこの三本を社前の道路にもち出して一本にぬいあげる。その頭部を折り返して特に太くして頭の形に作る。それが出来あがると社殿の前にこれを運びとぐろをまかせその頭を屋根棟にのせかける。これがなかなか容易なことではなく、積んでは崩れ崩れては積み何回も失敗した後漸く積みあげられるのである。すると巫女がその前で神楽を奏する。奏し了るとこれを道路に引き出して東西に分れて綱引をするのであるが、何分巨大なものであるから所謂蟻集して之を引く。そして東が勝てば米があたり西が勝てば不作だなどという。これは坂本の地が周知の如く東に水田連り西に山が聳えているところより云うのであろう。明治十年五月製作の御田神社御祭事幷年中行事に

一御綱打　定例之事　毎歳一月十五日

但シ十五日早天ヨリ宮番江集リ氏子入之人有之候事　尤夫ニ付次第有之左ニ印

献立　氷魚ノ生姜酢　凡四升程　長漬　浸シ物酒

右氏子入相済候上ハ休番町ヨリ罷出御綱打相初候事

但し宮ノばんニ而神酒・長漬・浸し物ニ而御綱打半打位之処ニ差出シ可申候事

（中略）

一歳々一月十五日綱引之神事坂本惣中参勤シテ執行

俗ニ日吉ノ神々集会有之云々

とあるものがその文献的記述である。

五　滋賀県栗太郡下田上村大字石居の山の神祭

この土地は石山寺の少しく下手に当り、瀬田川の左岸でその支流大戸川を南に控えた山麓の地である。そこは白鳳期の古瓦を出すことによって中央にもその名を知られた石居廃寺の所在地であるから、古い歴史を有する聚落であることは明である。正月五日この村に山の神祭が行われる。当日午後三時頃から区内の青年数人各戸より藁を集め来り、区長の庭でそれを蛇形にしあげる。それは二本の角を立て口を開き舌を出した姿で、その頭が出来ると庭にたてた杭にそれを縛りつけ順次藁を加えて蛇身より尾に至り次第に細く全長は二間余となる。胴には四本の脚を附ける。出来あがると区内の少年十二三四位のものが集り、その最も強いものが蛇の頭を縄で我が腰にくくりつけ次に強いものがその尾をもち、その他は胴の部につかまり、或は別に縄をとって我が腰を蛇身にくくるとかする。そして道々出来るだけあばれながら山の神に向う。それはまことに蛇が生きて動く形である。その後に青年達が青竹のさきを割って紙の幣を挟んだものと、青竹の酒筒をさげてつづき、その後に区長の娘が手籠に鰯を入れてつづく、その他は多勢の子供達が竹の先端を割ったもの、或は針金の先きを曲げて輪にしたものを手にもち肩にかつぎとりどりの恰好で従って行く。而も先頭に出た蛇はあばれにあばれて道が少しも捗らないから、従者達の方が却ってこれを追いこし山の神に先着する。そこは村から数町はなれ大戸川に臨んだ山腹の密林中にあって二股に分れた檜を神木とするもの、それには年来の蛇身が半ば朽ちて捲かれている。その前に青年は捧げて来た幣を立て竹の酒筒をかける。なお持参した藁の大束を神木の少し前方に積んで火をつける。すると子供達は銘々ふところから薄く切った餅を出して例の割竹や針金のさきに載せたり刺したりして炙り始める。区長の娘は鰯を火の中へ押しこんで焼く。その頃漸く蛇が到着すると、これを神木に捲きつけてしまう。間もなく火の方では鰯が焼けるとそれを肴に青年達は一同冷酒を頂き子供等は餅を嚙る。これで祭を終り火を消して帰途につくので、その時刻になると冬の日は殆ど暮れかかり林中はもはや薄暗くなる。この行事は固より最初は藁の蛇が先頭に立ち、一同これを送って山に至り幣を供え酒を進め一同これを戴いて帰ったのであろう。区長の娘が従ったものに何か意味があるらしくもある。

六　滋賀県栗太郡老上《おいのかみ》村大字南笠治田神社　正月五日に藁の蛇を祭る行事がある。それは三日に当番の家でこれを作るので長さ二間位周囲二尺ばかり。目を黒く塗り赤紙にて舌を作る。五日にこれを治田神社に運び神前に供え神職これに神うつしの作法をする。そして子供達にかつがせて五町程離れた弁天池にもって行き池中の中島にある弁天祠前に供え白酒——今は酒粕を水にといて作る——白豆、大根の角切、飯等を薦めて拝祀する。それが了るとこれを子供達に担わせ

山の神の恵みとひきよせて　チヨサ
　西の国のぜにかね東の国の豆米よ

と歌いはやして治田神社の旅所である一本松のところに運びそこで神職の祈禱がある。蛇はその松の木の前にとぐろを捲かせられその頭から幣がさされて永く安置せられる。かの供物をここで各町の当番が分配して帰り、町の人に集って頂いて貰い当渡しなどがある。丁度その周囲は田になっていて穀神たる性格に適わしき姿を示す。

七　滋賀県栗太郡笠縫村大字下笠老杉神社の行い　これは古くは正月十五日の行事であったが今は二月十五日に行っている。まず二月十日が口明で当屋では家内を清め門口に七五三縄を張る。十二日は神職並に両老長——本老長・脇老長即一老・二老——及六人——これは老長の次の年長者——それに諸人《もろと》——今では一般氏子——が当屋に集り、神事用の道具を点検し、清拭し併せて蛇綱を作る。長さは一年十二ケ月に象って

十二尺、廻りは一尺八寸、十三日に神職は本殿東方の御幣を撤してその御幣串を当屋に持参する。この幣は大辰紙四枚を重ね、四ツに折って作りしものである。この夕方こしき取二人夷子川に行き水垢離をとる。また赤人形九体・青人形九体を色紙にて作り牛蒡に挿す。四色の幟四十六本を作り長さ一尺二寸の竹の桿につける。その他銀葉とか、大根・牛蒡・若目・めすし雀・鯛・鮓・柳箸その他を作る。なお御供を蒸す為に竈を新造するのも此日で、それには蒸桶に七五三縄を巻き八垂の幣をつけ神職の修祓を受ける。十四日は朝から御供を蒸し始め蒸しあがる頃神職・老長当屋に出張して加減見をする。また赤飯を盤二枚に盛って御幣の前に供えるがその一盤は神主へ他は老長に下行される。この御供蒸する者をこしきとりと云い志望してなるのであるが十二日夷子川で身を清め、その川の水で米をとぎ清桶に入れ、十三日竈を造り、十四日は夷子川の水を釜に入れて御供を蒸すが、その火は新造の火打箱に入った火打石と金とで新に切り出した火を用うる。そして御供を作るがそれは藁の苞に入れなければならぬ。神社の方ではこの日本社以下を掃除し清浄にする。

十五日朝当番の村の両長老諸人等当屋へ集り行列を作って社参するがその順序は

一　本老長　新調の鋤を持つ
二　次老長　御幣を持つ
三　御苧桶　白米二合・苧三結・クダ三本・土器三枚
四　粕酒肴　本来濁酒
五　御　供　こもつつみ
六　御　供　山盛形
七　御　供　箸隠し
八　御　饌　初ノ膳

九　御　饌　弐ノ膳
十　幟（四色）　白幟十四本・赤幟九本・青幟十四本・黄幟九本
十一　人形（十八人）　青人形ニ赤色紙ノ裾九人・赤人形ニ青色紙ノ裾九人
十二　八岐大蛇
十三　八ケ村本次老長十六名
十四　当番諸人　御供仕る
十五　諸道具

神社に到着の上神供をそれぞれ本社末社に供えると神職は祝詞を奏し了って帰宅す。その後当番の村より蛇縄を鳥居にまきあげつるす。これに竹の輪を四つ吊し榊を附ける。そして老長達は拝殿に列座して神酒を戴き撤饌を分配するのである。

八　滋賀県甲賀郡雲井村大字牧の山の神祭　雲井村は聖武天皇の信楽宮阯の存するところで、村としても恐らく古い起源をもつであろう。その大字牧字漆原では正月四日青年が各自藁を持って集り長さ四間ばかりの蛇体を作り山の神にもって行くが、この神は大きな檜として示されている。この神木に蛇頭を恵方に向けて蛇体を捲きつける。すると年行事たる老人が心経を誦じ了ると一同声をあげ櫨の木で作った紙羽の矢を一斉に蛇めがけて投げつける。悪戯するものは年行事の頭を覘って投げたりする。

九　滋賀県愛知郡角井村大字大萩の山の神祭　一月七日に長さ五六間、ふとさ一尺四五寸の藁の大蛇を作り村社白髭神社の拝殿に座を設け、そこにとぐろをまいた形にして安置し、そこに藁の舟を作り御供を入れて供える。又櫨の木で作った男女の人形を傍に置きて祭典を行い、了ればこれらを山の神の社に運びその附近に杭を打ち棚を作りその中央に大蛇を祭りその下に人形を置く。そして藁舟に入れたる御供を持ち帰り、神社に於いて神酒を頂くのである。

一〇　滋賀県愛知郡東小椋村大字箕川の八坂神社　正月三日藁を持ち寄り大蛇を作り、氏神たる八坂神社の神前に奉安し神酒を供える。六日に神主を先頭とし若衆がこの蛇を打ち再び神前に供える。十四日の夜更にこれをなぶるが、これを「いさめる」という。十五日には遂に之を退治したと称し川に流す。この行事を「綱うち」という。

一一　滋賀県伊香郡南富永村大字森本の森本神社　十二月二十六日拝殿の前にて弓の神事あり。子供神主二人即前年の神主と当年の神主と二人が一人十二本宛の矢を射る。それが了ると蛇の形のしめなわをさきに境内に置いたものをとりおろして男女入り乱れ互に引きあいをする。了ればそれを樹木にかけわたして朽る迄保存する。

一二　奈良県山辺郡東里村大字深野の神明神社の山の神祭　この神社に宮座があり満十八歳になると加入する。これを末座という。末座より上に数えて下三人、上三人合せて六人が正月七日の山の神祭に長さ四五間の藁蛇を作る。その間に寺（宝泉寺）の和尚が来て読経をするが作り了る迄に約三時間を要する。座内の大人や子供は藁苞に小餅を五箇入れて持参し、又藤蔓の長さ二尺ばかりのものを男子は各人一本宛持参する。そして読経の間にナンキヤウと云う文句が二度出ることがあるがそれを聞くと一斉に藤蔓で社殿の縁を叩く。そうしたことが済むと更めて蛇を祈禱して貰い、初めて嫁をとった若者を真中に入れて蛇身を以てこれを捲く。それをといて道路の上にこの蛇を張り渡し、高く吊って神酒を頂いて帰る。なおこの時山ぶしの木に寺の判を捺した紙を捲き各自に頒つのは、いうまでもなく午王であり、後に苗代を作るやそこに挿すことは他に同じい。

一三　奈良県高市郡真菅村大字北妙法寺　この村では旧正月七日夕刻より若衆が各戸一名宛藁一束を持っ

て当屋に集り、大きな蛇を作りこの村に始めて来た人、例えば花嫁或は女中などでもよい。そうした人の宅へこれを担ぎこみその人に見て貰う。その蛇の頭には鋤・鍬・鎌その他の農具を絵いたものをつける。そして深夜この村の南西角にある大木にこれを掛けるがその途中人に見られると、直にこれを元のところにかつぎかえり、神酒並に洗米を供して祓い清め再び出かけてかの大木にかけ頭を明の方に向けて置き、了れば後を見ずに走りかえる。

一四　奈良県南葛城郡御所《ごせ》町大字蛇穴《さらき》の野口神社　御所町は鴨都波神社鎮座の土地で神代以来の名跡である。この神社は徳川時代には御所村・蛇穴村・松本村・南十三村・竹田村の五ケ村をその氏子区域としていた。この中蛇穴村といういかにも異様な地名に惹かれて私はその地を訪れたが、果してそこにはこの地名に関係ありと見らるる蛇祭が現行せられている。即この村の西端に野口神社があり、今は神八井耳命を祀っているが、その五月五日の祭が即蛇祭なのである。それには年番当屋があり、三月三日に三斗三升三合の味噌をつきこみ、なおこの月中にハツ（鮪）を一尾買い求めて塩漬にして置く。五月は四日より準備にかかり、五日は朝の太鼓を合図に村中が当屋に集合、若い衆はその味噌をすり、わかめを入れて汁を作る。その間、外では藁を以て三縄組の蛇を作る。それには「チヨウサイ、チヨウサイ」の掛声をかけ頭より尾端に至るが長さは大体五間半。それが略出来あがるころ座敷では床の間に草苅籠、木製の鋤、万鍬、唐鋤、麦糠だらけの粽を供え、村中の子供が、その前に両側に対座する。床の間正面に長老が一人坐し膝の前に置かれた摺鉢を打ち割る。それを合図に子供達は自分達の前に折敷に入れておかれたわかめの束を投げ合う。これで儀式がすむがそうすると若衆と子供達が例の蛇を引いて村中を巡り遂に野口神社に至り社殿の側の木にこれを捲きつけて歓呼して解散する。

一五　大阪市浪花区元町の八阪神社の綱引　これは摂陽奇観や摂津名所図会などにも出て、古来難波の名物であったようである。正月十四日に行われるが、その由来、概況を「上方」の第六十二号に載せられた樋口車童氏の文によって記すと「網の由来、八阪神社の祭神、素戔嗚尊は諾冊二尊の御子におわし、海原を治めらるるとありしが、暴戻命を奉ぜられなかったので高天原より根国に追放に遇われたが、途、出雲簸川上にて古志の八岐の大蛇を退治せられて奇稲田姫を救い又三種の神器の一なる叢雲剣を得られし後稲田姫と婚し給いし故事により、祭神を頂く氏子の若者等が難波八丁各町きそいて大綱（おろち即大蛇）を作り、身を清めたるつもりの裸身となり、紙幣をふり〳〵大蛇をこらしめる体にて綱曳をせるよし、あとの縄は家々の護符ともし、いろ〳〵の目出度き事にも使用せられ、翌日の「とんど」に焼きては、灰を畑にまきて、害虫をのぞきしものなりと聞く。現今では早朝より掃除められし八阪神社境内で、縄束を積みあげ、祭典が行われ、世話方であり崇敬者である五十人許りの奈良朝風の服装した人が青年団とまじり、縄をえいやえいやとくり始めらるる。八十貫からなる大綱と三十貫からなる小綱が作られ、その先頭を八つに綯い分ける。出来上った二種の縄を神前に供え、神官の祈禱を受けた後、曳き始め、小綱は子供連、大綱は世話方大勢に守られて行列を整えて、氏地を経て御旅所（立葉町）へ渡御し、日暮本社へ帰着して終る」とあり、なおその挿図によると大綱を神前に供え巫女が御湯を献ずるところがあり、江州坂本のそれと殆ど同一であることを知る。大綱を引出して氏子区域をあるくなどは、この縄が即神であることを示すもので奈良県御所の野口神社と同じである。

一六　大阪府三島郡玉櫛村大字真砂の佐奈部神社の氏子は旱魃に際し藁で大蛇を作り大木にかけ雨乞をする。これは佐奈部神社の境内ではなく字水尾というところに俗に楠木さんと称せられる楠の古木があり、これに白光大明神《はくみつ》というのを祀っている。そこでこの雨乞が行われる。各戸一人を出し小麦稈を持ちよるのであるが今では纏めて購入することが普通である。作る場所は字の事務所で長さは大体二、三十尺、枇杷の葉を以て鱗を作り茄子を以て鼻とするが耳もあり足さえも添えて所謂竜の形に出来あがる。神職来りてこれを祭り背に幣をさす。これを楠のまたに頭をのせかけて安置し附近の酒屋の半切桶をもって行って水を張りそれに尾をひたして置き更に柄杓で水をかける。そして雨が降ればおろして傍の小川にこれを流すのである。この雨乞は一週間を一期として行われ六の垣内が一垣内ずつ昼夜交代で水をかけるのであるがそれで大抵降雨を見るとされる。この附近は一体水利の不便なところであるためにかかる現象を見るのであるが時には効験がすぎて洪水となることがあり、為に下流の人達はこれを迷惑がることが多い。この楠木は頗る古木であり中に蛇が住んでいると信ぜられているのである。

一七　大阪府三島郡島本村大字広瀬字小島神社の御頭祭《おとうさい》　一月八日が祭日でその午前中に四人の座人と神職と当屋の親類が当屋に集り長さ五間ほどの藁の蛇を作り午後これを鳥居に張り渡し弓を以てこれを射る。矢は十二本あり。葭を以て作り一老が射る。二老これが介添をなし一老に故障あればそれと交代する。この矢を拾うと一年間の魔よけになると云いまだ弓につがえてある中に争ってこれを取り式を了る。その夜氏子より大体の年齢により十四五名の候補者をたててその中より抽籤にて次の当人を決定するのである。

一八　大阪府三島郡島本村大字見代の諏訪神社の御頭上祭　この祭には四人の当人がある。年齢順に廻り任期二年で一年に二人ずつなるから併せて四人となるのであるが大抵一生に一度これを勤めるのである。この祭は一月六日であるが四日の晩当人は親戚或は近所などを廻って手伝を頼み三日の朝より藁の蛇を作る。その頭は径七八寸で長さは三四十尺。これを作り終れば手伝の人々に饗応するが、嘗ては村人全体を招待し夜十二時頃より膳を出して饗応し夜明に宴が了る例であった。そして本膳に焼物をつけて振舞った。なおこの日神饌物を準備し当屋に安置し六日になればその家の嫁が頭にのせて神社に運ぶ。又息子は弓もちとして弓を持って社に参る。若し嫁がなければ兄弟の嫁、息子が無ければ兄弟の息子を借りる。神職はこの当屋の神饌を供え祭典をする。了れば神酒を頂き御物を頒つ。その次に弓を引くがこれは例の蛇を親戚たちが担って運んで来ているのを土塀の上に銜わせその中央に的をつるすがその的は裏に鬼と書いてある。射手は当屋四人で紋付麻上下、矢は年々二本ずつ新調するのがたまって数十本あり、それを分けて引く。これをすませば蛇を下し東西に分れ引きあうこと三回、女子供も加わる。皆一杯機嫌であるからよい加減ではあるが勝った方がその年中よいとしてある。

一九　大阪府三島郡高槻町大字原の八坂神社　これは清水村の中であったが近年合併して高槻町の一部となったところ氏子は約二百五十戸で上條・東條・下條・西條・中村の五垣内に分れ、各垣内がこの順に従い年番で当を勤める。祭礼は旧は二月八日、当番垣内は祭の前に長さ十八間周囲三尺の蛇に象れる大綱を準備し、祭の当日行列を作って神社に運ぶ。この為に屈強の者五十人を要するという。そして予め的場にたてられた二本の松にこの大綱をかけ渡す。この間神殿では祭典を行い弓矢と的を拝殿に飾りその前に村長以下左右に分れて着座し三献の神酒あり。かくて神職より弓矢を射手に授与し的を出してかの蛇より吊りさげ二本宛三回射るのである。

二〇　和歌山県西牟婁郡朝来村大字朝来字上通の梅田神社　これは明治四十一年櫟原神社に合併せられ、今日は独立を失っているがここに蛇を祭ることがあった。朝来村報にそのことが見えている。

其祭神は武速須佐之男命、大穴貴命なり。縁起の詳細は知るべからざるも明応年間村民協力して勧請せりと云ふ。或は云ふ、慶長十三年御造営安移すと。蓋しこは恐らく改築正遷宮のことならんか。氏子は下字民にして祭式は九月初午なり。祭典の儀式としては獅子舞を使用せしも、其旧式は村内より一名の小童女を選み盛装せしめ伴ひ参詣し拝殿に進め、祭典終りて後連れ帰るを例とす。之を一時女郎と称す。境内に虫逐社を祀る。楠の大木を神体とす。此社元本村字下内代にありしを明治十年頃当境内に移し祀る。農民は虫除の神として尊崇せり、今は無し。祭日は正月七日、其祭典式としては藁縄にて大蛇の形を作り之を神前に据ゑ、神官の代りに円鏡寺住職を迎ふ。同住職は最も厳に構へて容易に参拝せず、信者より七度半の使を受けて初めて出発し、厳に社前に立ちて先づ礼拝し土器にて一握の豆をいり、之を神に供して祈禱をなし、次に「天よし地よし云々」の語を唱へつつ弓を鳴し豆を散し礼拝して式を終る。それより梅田神社に参拝して帰るを例とす。次に各字民は此大蛇を引出して綱引を為し、引勝ちし字の其年の稲の豊作を期し祝福せりと。近時は寺僧を迎へる事を廃し、神官代つて之を行ひたりしも其後全く止む。其真意は知るべからざるも、梅田神社の祭神須佐之男命同祭式の一時女郎等と相関連して太古命が出雲国ヒノ川上に於る大蛇退治の状態を写出せるものに非ざるなきか。伝へ云ふ梅田附近は前古は大なる深淵にして大蛇潜み害をなす。一名僧来りて之を禱伏せりと。又云ふ太古青淵なりしを川改修の後山を崩して埋め立てを為し良田を得たり。依て此地名を埋田と云ふと。真偽は知らず、記して考古者の批正を俟つ。

とあるのである。この行事は明治時代もなお行われ、現にその事に当った人の話によると、この蛇の藁をとって苗をしばると豊年であると信ぜられていたと云う。この村報によればこの蛇祭は畢竟虫逐社の祭儀であり梅田社とは本来の関係なきが如く見えるが、私がその地を訪れた時人々は概ねこれが梅田社の行事であったことを話してくれた。その真偽を今明にすることは出来ないが、この附近が嘗て大きな沼地であったことは確実であるらしい。それでこの蛇神は恐らくこの沼地と関係あり、この沼地は又いくらか用水の意味もあって、そうしたところにこの行事の持続される理由があったかと考えられるので単なる虫逐の行事としては理解し得ないものがある。

二一 石川県江沼郡福田村大字菅生字敷地 国幣小社菅生石部神社 昭和七年五月一日発行の同社由緒記

七頁に特殊神事として次の如き記載がある。

一、御願神事　毎年二月十日の例祭に行はる。抑この神事は天武天皇の御宇、宝祚長久国家安全を当社に禱らせ給ひ、皇国の民をして治世尚武を忘れざらしめんとの御立願により行はせられたるに始まれりと、当日氏及崇敬者より奉納せる数千の青竹を六七尺位に伐りて、庭上に備へ置き、祭式中神職の合図によりて、予て潔斎せる氏子の青年四五十名（服装白衣一枚白鉢巻）手に手に此の竹を取上げ、一斉に喊声を揚げて拝殿に上り互に入り乱れて相打合ふ。其物音耳を聾せん許にして尚も拝殿前に焚ける斎火は焰々として燃え上り其の様実に壮絶なり。かくすること凡そ一時間許にして竹は悉く打砕かる。而して更に青年は大蛇に擬したる大縄を拝殿より持ち出して境内を駈け廻り、エイエイ声して互に曳き合ふこと数度にして（蛇退治に擬す）神事終る。かくて前記の破れ竹は悪事災難を除かれ病を免る霊験ありとて多数の参拝者は何れも皆其の頒賜を受けて帰る。仍て当社にては此の竹を以て箸を作り「御願箸」と名づけ崇敬者に授与せり。

と。更に社司の語るところによればこの大縄は長さ八間半直径一尺位で字敷地と字岡の青年が修祓を受けて祭の前に合同してこれを作り拝殿に運び捲いた形に安置する。これらの青年は九日より神社に近い柴氏の家の座敷に入り七五三縄を張って斎戒し十日の祭に出るのである。竹を割った後にこの縄引をなし最後に境内をぐるぐる廻り川の中に流す。すると村人が川に入りこれを小さく切って流れ易くする。それが海に出るところに塩屋という村があるが、そこの人達がこれを拾い網の一部に用いて豊漁を祈願するということである。

二二　島根県能義郡広瀬町　この町に鎮座し給う**富田八幡宮**を訪れたところ、石階を登って拝殿に至る参道の側近に杉の巨木に藁の蛇を捲きつけたのが残っていた。これ即荒神様で八幡社の氏子中に荒神講が組織されその一組が作りしものである。社司の言によれば十一月中の適宜の日を選んでこれを作るので三ッ縄で組み長さ七尋半あり、これを神木に捲きつけその前面に十二本の幣を一束ねにして立てるが、その一本を主《ぬし》幣として長さ三尺二寸とし他を一尺八寸とする。十二は勿論一年十二月を意味する。この幣の前に洗米・鏡餅・小豆飯・シトギ――米を搗いて粉とし水で捏ねて団子にしたものを供えるがこの中小豆飯は参詣の子供達に分ち与えられる。この祭が了れば帰って酒宴をするとのことである。大体荒神講は八幡宮の氏子を五・六戸乃至十五・六戸毎に区割するもので、一種の最小氏子集団とも称すべきものを形成し、冠婚葬祭につき協同するものとなっている様である。この各講より一人の委員が出て、それが八幡社に関する協議をなすのであり、その点でこれらの荒神講は八幡社氏子の下級氏子団体ともいうべきものを為すことは明であるが、この上に総荒神ともいうべきものがあり、それは約百戸を単位にして組織されているとの事である。

なおこの際八幡宮司の言によってこの附近に於ける荒神信仰の一般状況を附記しよう。この信仰は附近に於いて最も一般的であり、広瀬町の内なる宇川手の如きは全戸数十六戸なるに荒神十九ケ所あるを以て川手荒神と云えば物の多い譬えに用いらるる程である。これは荒神が山の神として山林毎に祀られることから自然に多数となるのであるが、かかる荒神の中には総荒神と何某ウケの荒神と二種類に分たれる。ウケは勧請の意味に外ならないから、何某ウケの荒神は個人的祭祀の対象たるものであり、その上に集団の祭祀を受くる総荒神があるのである。そして蛇の作られるのは概ね総荒神とよばれるものに限るのであるが、大なる蛇を作れば翌年は豊年であるとして競って大蛇を作る風がある。祭了れば大に酒宴をなし前後二日ほど遊ぶのが慣例である。なお広瀬町牧谷の例では、蛇神の前に壺を埋め、その中に酒と小豆飯とを入れ石蓋をして置き、翌年の祭にこれを開き、乾いていれば凶作、湿気が残っていれば豊作と考える年占的思想が行われている。この祭には一般に藁火を焚くことが行われ、これに当れば風を引かぬとか腰が痛まぬという。概ね十一月か十二月に行う。

二三　**島根県八束郡忌部村の荒神**　この村には**忌部神社**があり、古来忌部郷として風土記にも載せられたる古地である。この村に荒神の祭られたるものが甚だ多い。忌部村志によってその所在と祭日と蛇を作る例とを再記すれば次の如き多数のものがある。

字名	祭日（月日）	
宮内総荒神	一一、一	
御崎	一一、二	
沼	一一、一	藁の蛇を作る
正田	一一、一	
天名	一一、一	
中戸総荒神	一一、一三	藁の蛇を作る
大崎	一二、二五	
一丁田	一一、二五	
一谷総荒神	一一、三〇	
千本	三、六	
紙谷	三、六	
寺下	不定	
曲り屋	一二、九	藁の蛇を作る
中垣	一二、九	藁の蛇を作る

大下	一二、九	
下忌部総荒神	一二、九	
割《われ》総荒神	一二、九	藁の蛇を作る
一崎総荒神	三、五	村中最大の藁蛇を作り二人して運ぶ
須谷	三、五	
堀越	一〇、二三	
五反田	一〇、二三	
溝手	一〇、二三	
堂迫総荒神	一〇、二三	
入料免	三、二〇	
タングワ	三、二	
向神田	三、二	
半場	三、二	
隠居屋敷	不定	
大日	三、一八	
ゴジジリ	三、一八	
屋敷	不定	
竹山	不定	
山本	不定	

城越　一二、一　藁の蛇を作る
間野　不定
清水　不定
大向総荒神　九、二一
小林　九、二一
自在　九、二一

これを統計すれば総荒神が九、普通の荒神が三十一合せて四十社に及ぶのである。社と云っても祠堂を有するものは無く、概ね榊・椎・杉等を神木とするものであり、それには藤が絡みつき文字通りの藪祠をなしている次第である。これに捲かれる蛇は十二本の幣をその背に刺されることがいわば原則であり、それにアラクサ、小豆飯、シトギ及幣を供えることが通常である。なおその際竹筒に酒を入れて供えることもある。また大きな火をその傍で焚くことは極めて普通である。

又この忌部村には熊山荒神並に岡畑荒神の二大荒神がありそれぞれ三十三年毎に大祭を行うのであるが、それは極めて森厳であり、且華麗である。然しそれは今の問題とは多く関するところがないので、ここには省略する。

二四　島根県八束郡玉湯村大字玉造の荒神　ここは有名な玉造温泉の所在地でその温泉の事は既に風土記に特筆されている。今は**県社玉造湯神社**があって社司遠藤貴愛氏がこれに奉仕している。氏の談話によればこの玉造には約五十ケ所の荒神あり、忌部村のそれと同じく多数聯合の総荒神と個人の勧請せる個々の荒神とがあって、毎年或は隔年にこれを崇祀することが行われる。その中には蛇を作るものがあるし、またたといそれを作らなくてもその思想だけはこれをもっている。なおこれには竹を曲げて掛樽を作りそれに酒を入れて供えることが必ず行われるし、それを用いなければ通常の徳利で神酒を供えるということである。これらの諸例の中特に顕著なるものとして氏が語られたのは同字の佐々木忠平氏が願主たる荒神でこれは旧十一月一日を祭日としている。その神体は藤蔓の絡みついた榊で祭の日には長さ二間ばかりの藁の蛇を作りてこの神木に捲き、その前に十二本の幣を供え又神木の根本に径五・六寸、高さ七・八寸の甕に麴と粥とを約七分目に入れて周囲を土にて埋め、蓋だけ地表に露出せしめ置く。又シトギ十二重、あらくさ（籾）、小豆飯、玄米、神酒を供え、蠟燭を献じ神職遠藤氏の祝詞奏上があり、家内安全・五穀成就・牛馬繁栄が祈念せられる。この間傍では大きな火を焚くのである。これで祭式を了るが一年を経て翌年の祭の前日に再びかの甕を掘り出して新に内容を入れ換えるということである。

二五　島根県八束郡来待村の荒神　同村大字東来待に**日吉神社**があり、その所蔵する徳川時代末期の記録に末社として

一、荒神四拾六ケ所

内、浜分十七山、山王社中一山、弘長寺六山、多井分七山、鏡分十五山

とある。社掌遠藤年郎氏の語るところに従えばこれらの中には若干廃絶したものもあるが、大体は旧態を存し、その中には藁の蛇を作るのもあって、それらは概ね神木を二捲半にする長さにしてその頭を向って左より出すことが普通であるという。私はこの中、久戸の荒神を一見したが、これは民家の背後の林叢中にあり、タブの大木に古き藤がまつわりその附近には竹が簇生していた。その神木と藤蔓をかけて蛇を捲いてあったが比較的細いものであった。ここは十一月二十四日がその祭日で当家があり、その家でこれを作ったが近年は行わないとか云って私が見たのも既に腐朽しかけているものであった。

二六　同村西来待には**郷社来待神社**がある。風土記に見ゆる古社であるがその境内に荒神が祀られている。

社殿に向って左方の背後に椎の古木があって、それに藁の大蛇約三間ほどの長さのものを捲いてあった。角あり目あり口あり、背には十二本の幣を負い頭は東方に向いていたがそれは祭場に面しているのである。これは大体二月一日に氏子中が集って作るところであり、それを捲いた後神職が祝詞を奏して式を了るとの事である。

二七　島根県簸川郡宍道村白石の荒神　これは松の巨木を神木とし十二月中に日を選んで之を祭るが、それは藁の蛇を作りて神木に捲きつけ松の根本に甕を据えて水と麴と粥とを入れて蓋をして埋むる事他の例と同じく、十二本の幣を供えることも行われている。尤その外に各戸一本の幣をこれに奉献することが行われている。

かくの如く蛇を祭る儀礼についての採集は主として近畿地方並に出雲の一部に例を求め、他に及ぶことが無かった。これは私の採集がなお他地方に及び得なかった為ではあるが、一面より見るならば、この地方は古代文化の中枢たるところであり、神話の如きもそこを舞台として成長し発展したであろうことは、略疑がないところである。従って神話の解釈に関係づけられる民間の儀礼としては、これをその地方に採集すれば、大略の目的を達し得ると考えられるのである。従って乏しい乍らも如上の例に基いて若干の考察を試ることにしよう。

これらの儀礼に於いて蛇は山の神、又は荒神或は八坂神、田の神等と断ちがたき関係に結ばれていることが注目せられる。この場合蛇が直に山の神、又は荒神、又は八坂神、田の神等なのであるか、それともそうした神に仕える下級な存在なのであるか、その当事者達はそれについて格別考えてはいない。けれども書紀にいう胆吹山の神が蛇となった話や、書紀に見ゆる大物主神が小蛇となった話などから考えると、この蛇と山の神乃至荒神、八坂神等が同一の存在であることが、暗黙の間に認められているとしなければならぬ。即彼等は巨木や叢林に神のあらわれを見たと同様に、蛇に於いて神を見ているのであり、その神は山の神或は荒神或は八坂神等として観念せらるるものに外ならないのである。それらはいかなる内容を有する神であろうか。

山の神という名称そのものを考えるならば、それは山嶽の神、換言すれば山嶽そのものの神格乃至は山嶽を掌る神格ということである。そこで山とは何ぞやという問題が起るが、それは山嶽の自然科学的な性質を当面の問題とするのではない。寧ろ山嶽が人間の生活についていかなる意味を有するかという、謂わば山の人生的意味乃至その社会的性格如何が問題とされているのである。従ってその性格を山の自然科学的性格から解明することは、必しも今の問題に答うる所以ではない。却って民俗現像そのものからこれに答えなければならぬ。そこで、この方法によれば第一それが蛇を以て表現さるるところに、その大なる意義があるとしなければならぬ、蛇とは何であるか。それを我々は前述の章に於いて文献的に帰納し穀(財)神・水神・淫神等の諸面を有することを明にした。これらの諸性格の中いずれがその原始的なものであるか、又いずれが最も主要なものであるかを決することは困難であるが、山の神の場合に於いては要するに穀神か水神の二つの意味を止揚した年神的なるものと考えられると思う。

元来蛇体を山の神とすることは、管見では、現今特に近江に残っているのであるが、前引の神代巻研究書に、八岐大蛇を以て山の神と解しているものが多いところから見ると、これは却ってもっと広い分布を有した思想かも知れない。固より神道家達がこれを山の神と解したことは、その直接の理由として書紀に見る胆吹山の神が大蛇となったとする伝承に基くのであるが、彼等がそうしたことを直に信じた雰囲気的理由として、徳川時代頃には山の神の姿を蛇と考えることが、比較的広く行われたのであるまいか。とにかく蛇が山の神の姿である時、その蛇の性格は山の神によって規定され、また山の神は蛇の性格から規定されるという相互の関係があるであろう。古事記にもあるように胆吹の山の神はまた猪としても表現されたのであり、蛇だけが山の神の姿ではない。だから蛇として表現された場合の山の神は山の神としての特殊態といわねばならぬ。その特殊態は大体に於いて水神的意味を基礎とする穀神、或は水神と穀神との二つの意味を含む年神と云ったようなものであることが考えられるのである。近江には山の神の祭らるるものが甚だ多いのであり、正月その他にその祭が行われるが、それは常に蛇体を示すのではない。けれども豊饒を掌るものであるという意識はそのあらゆる場合を通じて働いていると云ってもよい。勿論山嶽神としては樹林を掌るものたる意識はあるが、それよりも寧ろ年神的な色彩が強いかに思われるのである。蒲生郡中野村大字今堀の日吉神社の一年神主が保管するものに「山神祝詞」がある。その紙質墨色共に徳川時代の初期を下らないと思われるが、その内容は「早稲なかておくて大麦小麦大豆小豆二十四のつくりものたけたかう実まったう五こく成就ウワア　正月六日　神主」と云うものである。これは最もよく山の神の本質を示すもので、近江の山の神は概ねこれと同一の性格を有するところである。それらに在っては祭の日に木の枝をとって男体女体を作り、交会の神事をなすものであるので、それが五穀豊穣を祈求する行事であることは明白である。従ってこの神が蛇体として表現される場合にあっても、その意味は殆ど同一であると見なければならない。大津市南滋賀の例が示すものの如きは、全くそれが農神たる意味を具象するもので、如上の考説を証明するのである。これは蛇体がそうした機能の表現たるべき理由をもつからに外ならない。その理由は何であろうか。それについては前章既に考えたところであるがなお一言しよう。

一体蛇が信仰と崇拝の対象となることについては、既に我々は多くの研究を有して居り、今更これを繰返す必要を認めないのであるが、要するにそれは世界に極めて広く分布する共通の思想であるということが出来る。而もそれは種々の意味に於いて信仰されるのである。今、ウイルフリド・デー・ハムブリイ氏の「アフリカに於ける蛇の崇拝」という研究を見ると、氏はアフリカの大蛇崇拝について次の諸項をあげその内容としている。

多産力の象徴、亡魂の転生、生魂の変形としなお「アフリカに於けるあらゆる種類の蛇の信仰について、最も根本的な観念は霊魂の変形ということと多産力ということである」と云っている。これは我が国に於けるものと相通ずる思想であるといわなければならぬが、我が国の民俗信仰に於いては寧ろ水神或は雨神とするものが一般的であるかに見えるのである。そしてこの事は恐らく極東諸民族の間に相当広く分布せる思想であるだろう。先ず我々は支那に於いてその適例を見出すのである。今日支那に於いて旱魃に際し竜を作って雨を祈る風習の存することは周知の事実である。これを文献に徴するに春秋繁露の巻十六求雨第七十四に

甲乙日を以て大蒼竜一を為る。長さ八丈中央に居う。小竜七を為る。各長さ四丈、東方に於て皆東に向く。其間相去る八尺。小童八人皆斎すること三日。青衣を服して舞ふ。田嗇夫も亦斎すること三日。青衣を服して立つ。諸里社之に閭外の溝を通ず。五蝦蟇を取り、秘中に錯へ置く。池方八尺深さ二尺、水蝦蟇を置く。……

とあるが如きはその一例であり、漢代既にこの習俗を見るのである。尤ここに記されたのは所謂緯書の記事であって、民間の習俗をそのままに記載したというよりも、民間習俗に根拠を置きながら、これを観念的に整正したる観がある。これと殆ど同文なるものが夏に秋に冬に記されているので、果してそうしたことが季節に配して行われたか否かは疑問とするに足りるであろうが、とにかく竜の形を作り少年がこれに舞をなして慰め、更に嗇夫これが傍に立ち諸里社には部落の外をめぐる溝が通ずる池か何かあるというのは、之にその竜を流すのであろうか。我が国に於ける前記大阪府三島郡玉櫛村大字真砂の楠さんの行事や、石川県江沼郡菅生村菅生石辺神社の行事などと相通ずるものであるといわなければならぬ。なお私は昭和十年四月福岡

県を旅行して大宰府の前面を扼する大野城址に登った際、その山頂にある一小池に藁を以て蛇身を作り紙を用いてその玉を作った竜の長さ二間ばかりのものが投げこまれていたのを見たことがある。それも山麓の人々が雨乞に作ったことを聞いたのである。現今の支那の民俗として天津附近の農村の話を聞くと旱魃に際し竜を作り一週間の中に雨を降らせなければ焼いてしまうと脅かし、その間に降ればこれを川か溝に流し、若し降らなければあと一週間内に降らなければ本当に焼くという様に云って雨を乞うということであり、いたるところに竜王廟が存するとのことである。又「中国現象」（九・一八以後之中国画史）（民国二十四年上海発行）と題するマガジンによれば、民国二十三年の夏に於ける「浙江各地旱災的情形」と題する多くの写真を収めている。それによるとこの地方では現在もなお泥を以て竜を作りこれに雨を祈ることが行われている。挿図はその状況であるが、そこには「比他処更形厳重、郷民遷怒於青竜王、便做了泥塑的神像、杷牠曝烈日底下」という説明があって、竜を日ぼしにする思想が示されている。傍にあるところの人像は即竜王の形であろう。支那に於ける竜神信仰が古往今来一貫して水神たることをその主要性格とすることを之を以て略察し得るところである。

この事は恐らく支那人が農業民族特に水稲の耕作者であることに深き関係を有するであろう。元来水神が祀られることは水稲を主とする農作物の育成に最も必要深きものあるが故である。従って水稲の耕作の分布に伴って水神としての蛇神の信仰が拡大したのであろう。今、水稲は印度方面の原産とせられるが印度は竜蛇の信仰について古き歴史を有すること、既に人々の早く指摘せるところである。支那に於けるこの種の信仰恐らく水稲の栽培と共に印度乃至一般西南アジアの文化に関係するところが深いであろう。それは古典にあらわるる竜蛇が、殆ど請雨に関係することより考えられるのである。この請雨はその目的が単一でないとしても、その主要なるものは水稲の成育であることは疑わないからである。淮南子墜形訓には

磁石は上に飛び、雲母は水を来し、土竜は雨を致し、燕と鴈とは代り飛ぶ

と云うを高誘は註して

　湯旱に遭ひ、土竜を作り以て竜に像る、雲従つて上る、故に雨を致すなり

と云っているのは前記春秋繁露の文章などと相応じて、漢代に土竜を作り祈雨することが、普く行われたことを知るのである。同書説林訓には「旱則修二土竜一」或は「旱歳之土竜」とあるものなどは、炎旱と土竜とが常に聯想されたことを物語るものでなければならぬ。又後漢書志第五礼儀中には

　其旱するや、公卿官長次を以て雩礼を行ひ雨を求む、諸陽を閉ぢ、皀を衣、土竜を興す

というもそれである。かくて支那に於いては竜蛇の形を作って雨を祈ることが、少くとも漢代以来今に至るまで継続せる慣行なることは最も明瞭である。それは水稲を主とする農作物の成育のためなるは、これ亦察するに難くない。

　これが前にあげた我が国の諸例と、いかに関係するかは固より議論の存するところであろうが、両者がかなり深い関係にあることは全く疑ない。大胆なる推測を試むれば我が国のこの種の習俗は、大体に於いて海外のそれに関係づけられるであろう。この事は我が国農業の起源に関することが大である。我が国の神話が経済史的には農業生活を基礎として展開せることは周知の事実である。従って農業の発達を明にすることは、また我が神話の発展を解明すべき基礎的作業となるのである。而して我が国の農業の起源について、最近顕著なる功績を示されたのは、故森本六爾氏であったことは、諸人の等しく認むるところである。氏は昭和八年刊行の「日本原始農業」の中に、弥生式土器をその象徴とする文化こそ、農業文化に外ならないことを明にすべく、籾殻の圧痕を有するこの種土器の出土例を蒐集し、それに基いて、我が原始農業と弥生式土器文化との不可離なる関係を明にした。氏はいう「以上に依つて西は九州から東は（今迄の所関東まで即今日までの弥生式系遺物の分布と大体一致して）弥生式文化は穀物としての稲を伴つたことが知られる。しかも、

最も注意すべきことは、其の稲が陸稲でなく、水稲であると云ふことであらう。此の事実は稲の渡来といふ問題を含んでゐる。かの南朝鮮金海貝塚発見炭化米粒塊の存在と併せ考へて見るだけでも、意味深い暗示が与へられるのである」と。そして更に「弥生式文化が農業を伴つたのに反し縄紋文化は拾集経済及び狩猟経済をもつて生活の土台とし、其の文化本来としては農業との関係が見出されない」という重要な提言を試み、更に昭和九年十二月発行の「日本原始農業新論」に於いても引つづき論証するところがあった。これらの主張に対しては、若干の異論もあった様であるが、大体に於いては氏の考えが現今の学界を支配し、縄文式文化と狩猟、弥生式文化と農業とは併行の関聯にあること今日の通説とさるるに至った。従って問題は弥生式文化と農業とがいかにして結合したかに係る。

弥生式文化が歴史的にいかなる位置を占むるかは、今日なお十分に究明されてはいないのであるが、それが支那文化と深き関係にあることは略想像された点である。即それが支那に起源する青銅器に伴って出土することは、その有力な支証である。支那起源たること疑なき青銅の鉾乃至剣が屢弥生式土器に伴出する事実は、もはや疑うべからざるところである。この銅剣が、楽浪古墳より出土せざるの事実は、その年代が寧ろ漢代以前に在るべきを推測せしむるかに見ゆるが、楽浪古墳がその上限を何時に置かるべきかが明にされない以上、この点は未だ究められたりとは云われぬであろう。恐らくこの種の遺物が周末漢初の時代に、海東諸国に伝えられたことは、種々の考古学的資料より推定されるところよりも、略明であると考えるのである。それらの点に於いて、弥生式土器の年代が大体前漢代と一致すべき部分を有することは、略確実であると考えられる。而して水稲耕作がこの土器と相伴うとすれば、その伝来の年代も大体これを推すことが出来るのである。仮にいうならば、それは周末漢初頃の時代ではないかと思う。問題はそれがどこからいかなる径路により渡来したかに係る。これについては自ら二の説が生ずべきである。即北方説南方説これである。

稲の原産地が印度を中心とする西南アジアであることは、当然日本水稲の起源をその方面に求めしむることになるのであって、例えば宇野円空博士が「日本民間宗教の民族学的性格」（思想、日本文化号）の中に弥生式土器と農耕文化の関係に言及せられたところがそれである。博士は日本民族の成立が弥生式文化をもたらした人種を根幹とし、それが大体に於いて農耕文化の類型に属することは、考古学的人種学的資料から略推定されているが、この人種と文化との出発点及び移動の径路は未だ確定せられないとし、後代の文献に何ほどか残されたるその原始的な文化様相は、現在東南アジア、殊にその海上にあるマライシア、フィリッピン諸島に於いて、比較的純粋に農耕文化の旧態を保存している諸民族のそれと、全体として非常に近似している。もっとも、この種の民族文化の我が国への渡来は、より多く南部支那からであったとも考えられ、ことにその一部は朝鮮半島に於いて北部アジアの牧畜文化と接触して来たらしく、やがて第二世紀頃から牧畜文化を基調に発展した漢代文化との直接交渉によって、その農耕社会に特有な本来の性格は著しく歪められたと述べられている。

　これは誠に我が古代文化の歴史的位置に関する広大なる鳥瞰図とも云うべきものであるが、民族そのものについては暫く措き、農耕文化流入の径路についてはなお疑問とすべきものがあろう。尤これは研究の現在到達した程度では何人も確言し得ないところであるが、私の想像するところでは、我が国の農耕文化は寧ろ支那を経由せるものであり、それも南部支那と限るべきではなく、却って中支或は北支より朝鮮半島を経て来れるものではないかと思う。それは本来として銅鉾銅剣に同伴せるものとすら考えられるのであって、農耕文化は南より北上し青銅器文化は北より南下し、偶然朝鮮辺で結合したものという風には考え難いかに見えるのである。台湾琉球に於ける考古学的調査がなお不十分なる今日、その地に於ける農耕文化の足跡について云々することは勿論危険であるが、少くとも後世の状態より推すならばこの地方に於ける水稲の栽培は必しも甚しく古いとは云い得ないのではあるまいか。固より天武天皇紀十年八月の條に多禰島の事を記し粳稲常に豊かなり、一たび菹えて再び収むと云いて、南島に早くも水稲耕作の発達せることを記しているが、沖縄本島或は台湾などは、却って粟の栽培こそあったであろうが、水稲の殖栽せられたりしや否かは疑問としなければならぬ。その点に於いて朝鮮は早くこれに習熟したりしこと、前記金海貝塚の例よりも之を知ることが出来るのであって魏志の東夷伝の韓伝にもその農業の行われたる記事を収むること例えば「五月下種」云々とあるが如きである。それに伴う竜蛇の信仰も亦早く開けたことは古典がこれを明記するところ、即三国志記新羅本紀第一に始祖赫居世居西干の后妃は竜の娘であるとしている。即

五年春正月、竜、閼英井に見る。右脇女児を誕生す。老嫗見て之を異とし、之を収養し、井の名を以之に名づく。長ずるに及び徳容在り。始祖之を聞き、納れて以て妃と為す。賢行有り。能く内を輔く。

時人之を二聖と謂ふ。

とあるものは赫居世の妻閼英夫人が竜女なることを語るものである。これは神武天皇の皇后が大物主神の大女である物語に近い意味のものであると考えられる。そしてこの始祖赫居世は在位六十一年にして升遐し蛇陵に葬られたと云われる。その蛇陵というのも、何等か竜蛇に関係があるであろう。二代南解王三代儒理王も皆この虵陵に葬られたと伝えている。これ古くは古昔の王は竜身であったことが伝えられていた結果ではあるまいか。なお儒理王三十三年夏四月の條には

竜、金城井に見る。頃にして暴雨有り。

とあるのも竜と暴雨との関係についての思想を含んでいる。その他竜の見ゆる記事は少くない。而もそれらは古朝鮮の宗教思想にとっては、真の片鱗に過ぎないものであり、現実には更に一層盛んな竜蛇神の信仰が行われたことを察すべきである。それらは固より単に農耕生活にのみ伴うものと為し得ないにしても主たる

理由はそこに在ったに相違ない。

かく我々は南朝鮮に於ける農業の早い展開と竜蛇信仰の年代的併存を考え得るのであるが、これは偶然なる同時代性ではなく、寧ろ必然的不可離の関係であったことを想像するのである。それが更に溯って支那文化といかに関係するかは、固より文献的に明瞭ではないが形式的には略相似であり、ここに一聯の脈絡を考え得るものがあろう。次にこの朝鮮の思想と習俗と、日本のそれとの関係も同様に、文献的証明は不可能であるが、型式的相似を以てその古代的相関を推測せざるを得ない。

さてこのようにして蛇神の信仰が我が国に入って来たのであり、それが水稲の耕殖と共に大に普及したことと察せられるのである。この事は軈て蛇への祭祀となったのであるが、その場合に現実の蛇よりも寧ろ想念せられたものが、その礼拝の対象となったのであろう。樹木の崇拝などの場合では、その巨木或は霊木が直接礼拝崇敬されるであろうが、動物の場合ではどうであろうか、臨時にその神聖なる動物を見つけて祭るのはとにかく、定期的な祭などでは却ってその動物のシムボルなどが用いられたのではないかという気がする。かくいうことは結局常に現存する民俗を我が脳裏に描いている結果であるといわれるであろうが、この水神乃至農神としての蛇神に関する儀礼に於いて、今日藁を用いてその姿を作ることが広く行われていることは、決して後世新に始められたものではなく、極めて古い起源を有する如く想像せられるのである。支那では専ら土竜が行われた様であるが我が国に於いては藁蛇であったことを想像する。土竜の習俗は未だ我が民俗の中にその例を聞かないところである。尤、菅家文章巻第一詩一に菅公のこれに関する詩を収めているがそこに土竜のことが見えている。即

喜レ雨詩 以レ龍爲韵限二八十字一毎句用二漢代良吏名一

傳レ號雩二千里一　宣レ恩出二九重一、　雨寛何雩澤、　雲黯幾奇峯

暗記年豊瑞　先知井邑雍　令辰成二徳政一　旁午育二耕農一
歩武甘膏滿　含弘渙汗濃　延年秋可レ待　廣漢霽猶慷
欲三遂聴二銅雀一　誰尊醮二土龍一　田翁歸去處　佇立盛二時邕一

というものでこれは土竜について管見に入った唯一の例である。然しこれは公が支那の文献より獲られた知識に基いて詠ぜられたところであり、日本の民俗ではないであろう。日本では寧ろ藁蛇であったと思う。

かかる考証は到底今日の程度では、我々を満足せしむるだけの根拠を示し得ないので、結局我が国の竜蛇信仰が海外のそれとかなり深き関係にあるであろうことを推測するにとどめざるを得ない。然し少くとも、我が原始農業とそれとが密接に結合したことは、想像して差支えないことであり、そこから広く民間に行われることになったのであるが、それが山の神といかにして結合したかが問題である。これは固より蛇が山に住むと云う自然の関係より来るものがあるであろう。然しもっと重大なことは、むしろ山が本来として神の住地であるべきであったからであると思う。拙稿建御名方神についての中に「私は嘗て山の神の本質を考へ、日本の地形が山国であり、山によつてその生活地域が決定さるると共に、その生活も亦山によつて率ゐらるる傾向ありしことを原因とし、これを象徴として神を定立したものに外ならないことを想つた。例へば大和の三輪神社丹波の出雲神社の如き古来の大社が、今日なほ山を祀りし形式を社殿の形にとどめてゐることは、これらの神の原初的な形が何であつたかを示すものである。思ふに古代人がかかる山麓にその生を営むや彼等の日夕仰ぐものは山であり、山は崇高と森厳とを以て人に迫つた。人のみではない。その眼前に展開する自然そのものも山の威重の下にひれ伏して居るかに見える。この事は自ら山をして最も高大なる神たらしめ人々はその恩寵を願ふと共にその権威を懼れざるを得なかつたのである。それは主宰者である」と論じた。今グラネー氏の「支那古代の祭礼と歌謡」（内田智雄氏訳二七〇頁）によると氏は支那古代社会に於いては山川が「自然界に於いて恰も人間社会に於ける王侯の如き役割を演じて居るのである」として居るのは傾聴すべき見解であると思われる。支那にあっては悠々たる江河も正に王者であったろうが、日本では特に山が神聖であり、川はそれに従属していたように思われる。いずれにせよ山が神聖なる世界と考えられたことはこれを種々の方面より例証し得ることは、私が嘗て屢これを試みたところであるから、今はそれを省略し、蛇がもし神的なものであるならば、それは山を住地とすべき理由が一つはそこに見出されるであろうことを指摘するのである。

そして山は本来神的なものであったとしても、その性格内容はこれを神として戴く集団の生活によって変ずるはずである。従って水神の象徴として蛇を信仰することが、その生活の一の内容をなすに至った集団に於ける山の神も亦それに従って変じ、ここに山の神をして水神的なもの、更に云えば年穀の保証者として年神的なものにして行ったことも想察するに難くない。我々が近江の山の神として列挙した諸例は正にその意味に解せられるので、これはその地が大湖を中に挟んで耕地に富み、穀物の有力な供給地であった事実に第一の根拠を有するものである。かくて私は粗雑ではあるが山の神としての蛇神の姿を社会的に描くことが出来た。日吉御田神社に於いてそれがいわば田の神として祭られることの理由も格別の説明を必要としないであろう。京都府久世郡小倉村の作田神社でもその祭にお綱さんというものをかついであるくことが嘗て行われたのは同じ意味である。八岐の大蛇の原始的な意味が一つここにあることを私は考えるのである。

近江の山の神に対して大阪府には八坂神に関聯して蛇神の行事を見る。そこで八坂神もこの儀礼による解釈が許されるならば、これも蛇の神であることになる。果してそうしたことが云い得るかどうかをここに検討しなければならぬ。先ず八坂という言葉から考えよう。この名は普通に地名として受けとられる。例えば釈日本記巻六には「蓋し、是れ地名なり。此地美玉を出す。之を採つて以て御統《みすまる》を作る。故に遠く本地を尋ねて八坂瓊と云ふなり。八尺の勾玉を謂ふに非るなり」としている。するとこの地名は坂に関係した言葉であろうと推測される。まことに今、八坂とよばれる京都祇園の地は傾斜地でもあり坂もあって、この解釈の妥当なることを立証するものの如くである。私は敢てこれを否定するものではないが、釈日本記に一説としてある八尺説も全くこれを否定し得ないのではなかろうか。即纂疏に一応地名説をとりながらも「或は坂尺、倭訓同じ、連珠の長さ八尺なるを謂ふなり」とする解釈をあげているのに従いたいと思う。これは軈て三種の神器の一にまします八尺勾玉《やさかのまがたま》（古事記）となるのであろうが書紀はそれを八坂瓊曲玉《やさかにのまがたま》と記し、八尺と八坂と相通ずることを示していることは云うまでもない。そのヤサカが何であるかは解釈家の相違によって諸説を生ずるのであり口訣の如くこれを「弥栄《いやさか》の言《ことば》」とすれば別であるが、これを地名としても必しも不当とは言えない。然し頸飾としての曲玉はそれが長いことに勝れた価値があるとされるであろうから、寧ろ八尺と解する方がより妥当であるまいか。もしそれを地名とするならば、それは例えば支那に於ける崑崙の如く、よほど有名な玉の産地でなければならぬであろう。それに適合するが如き地名は不幸にして内地には伝えられていない。その故に私はそれを以て、長さを示すものとし、十掬剣などと同一の用語例であるかに思うのである。

然しこれだけでは八尺神の意味は明にならぬ。八尺の八は実は弥である。大変長いということだと説明されても長い神とは何かとの反問を免れないであろう。そこに私は甚だ臆測に過ぎると云う批評を覚悟しつつ、これによって実は蛇神又は竜神が意味されているのだと云いたいのである。蛇を称して〔長虫〕とよんだことを辞書にも見ゆるところである。前にも列挙した蛇神を祭る儀礼に於いてその蛇縄は十二間位あるのが普通であって、それはいかにも長虫の表象に適わしきものといわねばならぬ。その意味で私はこれを蛇神の形容であると推測するのである。数多い八坂神社の中心と考えられる京都祇園の八坂神社には、現に蛇神が祭られていたと推測すべき理由がある。即扶桑略記の延久二年十月十四日の條に「戌の時、感神院大回廊・舞殿・鐘楼・皆悉く焼亡す。但し天神御体は之を取出し奉る」とあって火災の由が見えるが、それについて同十一月十八日の條に「官使を以て感神院八王子四体幷蛇毒気神・大将軍御体焼失実否を検録す」ということがあって、当時この社に天神・八王子・蛇毒気神・大将軍等の諸神が奉祀されていたことを知る、この事はひとり扶桑略記のみならず諸書に見ゆるところであり、例えば小朝熊社神鏡沙汰文には、此の延久の祇園社を引例して、延久三年七月二十九日の「宣旨に称《いわ》く、権少僧都良秀をして、浄行有智十口を率ゐ、七ケ日の間、大般若経を転読し、蛇毒気神を造り奉るべきの由を祈請し、必ず冥感を致さしむ」と記している。これによると前年の火災によって蛇毒気神の神体が焼失したが、それはこの神がもはやこの地に住むことを欲しないという意志表示をせられたものと解し、その神意を畏《かしこ》んで、浄行僧を撰び、読経の功徳を奉ることによって、その再住を祈願せしめたのであった。ところがその験が無かったと見え、「同四年二月廿八日、宣旨に云く、権少僧都公範をして、彼院に籠り、七ケ日、蛇毒気神造否の由を祈らしむといへり。去年権少僧都良秀を以て、祈請せらる。然れども其験無きに依つて、重ねて差遣せらるゝ所なり」と記している。又同年五月十七日の事として「蛇毒気神造らるべきや否やの由祈請の間夢想の事を註進す。三月十日夜の夢想に云く、冠弁に赤色に金箔を押せる衣を着けたる俗、其体甚だ大なるもの、感神院宝前に顕現す。童子一人を以て侍者と為す。其の髪左右相分れ、手に白杖を捧ぐ。又他夜夢想に云く、紺青色に坐し忿れる尊、足を申ねて臥し給ふ。公範申して云ふ。是は仏初めて成道の時、障碍を作すの輩、落形歟。布衣を着せる僧答へて云ふ。問ふ所の魔形に非ず。是は此れ変貌なりと。爾後夢覚め了んぬ」と。これによると蛇毒気神は赤色の着物を着せる点に行疫神の意味が示され、極めて忿怒の心が強く、容易に朝廷の緩和策にも応じない恐るべき神格であったことが考えられるのである。そして祇園の祭が貞観五年に御霊会として疫疾祈禱の目的の下に初められたことを考えると、この蛇毒気神こそ本来の八坂神であったと想察される。かくて八坂の神は蛇神たることをその古い姿とするもので、このことは永く人々の記憶を去らなかったところである。例えば廿二社注式に八坂神社の神は三柱であるとして

西間　本御前、奇稲田姫垂跡、一名婆利女一名少将井、脚摩乳手摩乳女

中間　牛頭天皇、大政所と号す。進雄尊垂跡

東間　蛇毒気神、竜王女、今御前也

としている。即、東の間に祀られているものは恐らく本来蛇神なのであるから、私がここに如上の一説を提出したとしても、全く無稽ということは出来ないであろう。かの高槻町大字原の八坂神社や島本村大字八坂神社の如く又大阪市浪速区元町のそれの如く、八坂神社の名を称する社にして、現に蛇を祭る儀礼を保存しているものがあるのであるから、この推測は却って有力な根拠をも有するとしてよい。私はさきに三輪の大物主神を考え、その三輪というのも結局は蛇の姿を輪として表象したことから出た名であることを推測した。固よりこれには異論もあるであろうが、これ亦全く無根拠とも云い難い。要するに絶対的所拠を以て主張し得ないところではあるが、所謂有り得べき考察たることはこれを認めて戴けると思うのである。恐らくこの附近には古くこの種の信仰が広く分布したのであろう。八坂の神はその中で最も顕著なる存在となるに至ったものに外ならず、その性格それ自体は一般的なものに過ぎなかったと信ずる。かくて八坂神も本来は八尺神として蛇神を祭祀せるものに外ならなかったことが考えられたのであり、これまた八岐の大蛇的性質のものであったことを示し、その八岐ということが八尺ということと言語上の心理的聯関あることは想わしむるのである。

次は荒神であるが、これはその神威のいかに顕著であったかを示す言葉であり、神の形態乃至居住に拘わ

るものではない。この荒ぶる神については既に前述したところであるから、ここに再説することはしないが、あらゆる場合に、荒神が蛇神であったのではなかろう。そこには種々の形態が考えられたと思うのであるが、出雲を始め山陰の地方に於いて、荒神が屢蛇体として考えられていることは、彼等の生活が特に水神の支配を受けることが大であったからである。

さてかかる民俗と八岐大蛇との関係であるが、これは最も密接なものであることを想定せざるを得ない。八岐の大蛇の伝承は実にこうした民俗を基礎とし、その間から生れたものに外ならないのであって、それが極めて巨大であるのは前にも一言した通り、これが国家的神話にまで成長したからに外ならないので、その原始的な姿は山の神や八坂の神や荒神などのそれと異ることがなかったと考えるのである。

然しこれらの民俗にあっては、そうした大蛇を必しも退治するという意味を示すことなく、却ってこれと宥和する形をとれるものが多いことは注意さるべき点である。この事も実は甚だ古い意識を伝うるものではないであろうか。山の神乃至荒神は今日に於いてもなお恐るべき限りであるとせられ、日常、人はその祭らるる場所に近づくことすらこれを憚るところである。そこにはいうまでもなく、人間の無力とそれに対する神の絶対的優勢とが意味されている。

古代に於いて人々は深く神威を畏れた。それは人間が自己の力倆について機能について十分の自信を持ち得なかったからである。即、彼等の生活は彼等以外の力によって左右されることが、多大であったからである。例えば稲を栽培し成長せしむるに当って暴風、大雨、大旱等の自然力は容赦なく人々の努力を無にすることがあった。亦悪疫が流行すれば人々は殆ど施すべき術を知らなかった。そこに示されるものは、人間の無力と神の絶対的優勢の外には何もないのである。かかる状態に於いて人が神に対して為し得ることは、それと宥和すること以外には有り得ない。即いかにしてその怒りを宥め、いかにしてその歓心を買わんかが問題のすべてである。供犠は大体に於いてその目的を達すべき最も普通の手段であった。従って供犠を主とする祭は要するに神との宥和を図ることがその第一の目的であったと云ってよい。現今蛇を祭る民俗に見らるる酒肴を供え餅を献ずるのも、要はその意味を主にして発生せる形態であると思う。この酒や肴や餅やなどは、而も人がこれを悦びとするものである。神は人を超絶するものでありながら、実は最も人間的なものであるが故に、その悦ぶところは人間に均しきものがある。されば人々は神に献ずるに自己が好むものを以てする。かの美女を供えて神の歓心を買ったという伝説の如きもその意味は畢竟それである。

かくて蛇神に対する祭儀の古い形は専らその威力をかしこみ、種々のよき物を捧げてこれを宥和するものにあったことが考えられるのである。そしてこの事は現今の民俗に見るところと相通ずるものといわなければならぬ。そうした仮説が許されるならば素戔嗚尊の大蛇退治の物語は、その一段と古い形に於いては、単に大蛇神を祭るということであったように想察せられるのである。そしてこの大蛇が年々に来て少女を啖うというところまでが、更に古い話であってそこには少女を犠牲として供したという物語があったのであろう。我が国に於いて真に人身供犠が行われたか否かは嘗て高木敏雄氏等によって論争せられたところであるが、私としては、そうした慣行は現実には存しなかったと思う。勿論人が犠牲に供せられた例が全然一つも無かったと迄云うのではない。ただ年々の慣行として行われるという様なことはまず無かったであろう。そうした慣行が無いにしてもそうした話が発生することは十分可能であると思う。その事は神話の一般的構造を見ればすぐ知られるのであり、例えば鼻を濯って神を生むという事実は決して現象として有り得べきことではないのである。然しそれは人の思想としては十分に成立するものである。即、蛇神と宥和するためには、人間に於いて最も尊重せらるるもの、愛憐せらるるものをすら惜まないとする強き願望は成立するであろう。そうした意志を具体的に表現するものとして、若く美しき娘を神に奉仕せしむる慣行を発生せしめ得ると考えられる。

　この種の伝説について早く学者の注意にのぼったものは遠江国小笠郡見付町の矢奈比売《やなひめ》天神のそれであり、これを中心として、我が国に於ける人身供犠の存在が熱心に論争せられたのであるが、固より決着するところがなかった。実証ということがかかる問題についても第一の決定力を有するとなれば、そうしたことは到底不可能だからである。いかなる手段いかなる方法を以てしても人身御供が年中行事として行われたという証拠をあげることは困難であろう。然し、人々の思想の上には歴然として存している。私が偶採集したものにも一二あるからそれを紹介しよう。滋賀県野洲郡御上村三上神社できいた話がその一つである。昔は二月の巳、午の日にこの事が行われた。先ず神前に米をひとつかみ供え、それを二粒ずつとって行く。そして若しちゃんと最後まで二粒とれればよいが、もし最後に一粒残りし場合には人身御供をあげねばならぬ。これはこの三上神社の社人であった平野家及中村家の中より出たのである。勿論娘でこれを長持に入れ神殿にあげる。ある年中村家の娘がそれに当った時、ひそかに金胎両部の曼荼羅をしのばせて行った。夜更けて怪しいものがかかって来たので、この曼荼羅でうちふせると、それが大蛇で遂に角を落して天上した。其後この人身御供が廃されたと。これを記録について見ると「近州野洲郡三上大明神年中行事並社務勤行之略記」という徳川時代のものに「二・八月の二季に御籠りと云事有二番ノ巳日也於二神館鬼間一祭並対米とて人代を造り祭事を成て、人代を鬼間に納む。是を鬼の間の祭と云鬼間ハ神館。屋敷ニ有之又対米と云ハ米を一つかみ取て社家の女子不残二粒宛是を取て、重なれば女子の親宮へ籠り、半なる時ハ籠らず。重は吉半ハ不吉口伝。有之往昔ハ半なる時ハ社家の女子を贄に身遣殿へ備由申伝。扨翌午日より二夜三日籠て申日卯刻粢を調、宮の仮屋の上に神館備え奉る。即時に烏来て是を取ハ吉、不取之ハ不吉也。若巳刻迄不取シ時ハ籠直して粢を可備哉又八月まで備間敷哉と神館於神前鬮を伺ふ。籠直して可備との神鬮の時ハ亦両夜三日参籠して粢を調備レ之。烏即時に取レ之。亦八月可レ備との神鬮の時ハ八月迄待レ之奉る是ハ不吉也。此儀にレ今至奇特多し」とあるものがそれである。もとより伝説のことであるが、女子を犠牲にしたとする思想がそこに存したことは明である。身遺殿というのがどこにあったのか知らないが、身遺という言葉は注意すべきものであろう。そこで神がこのいけにえを受取ったのである。尤、ここでは神でなく鬼となっている。それは然し後世の考えであり、本来は神そのものが、このいけにえを要求したことは疑ない。それはいかなる神であったかと云えば大蛇であったのだ。二月八月の籠りが、巳の日に行われたのも、その為であろう。それは角を落して行ったと伝えられるところより見れば、蛇よりも寧ろ竜であったとすべきであろう。中世以降三上山の頂には八大竜王が祀られていたようであり、それとこの伝説とに密接な関係があるに相違ない。

こうした伝説が、今日諸社の祭に見る少女をして神饌を捧げしめる慣習と関係づけらるべき性質を有することは、これを想察して差支えがなかろう。それは前掲諸例の中で大津市山中樹下神社、坂本の日吉御田神社などがそれであるが、なおそうした例は更に多い。例えば滋賀県蒲生郡市辺村市辺の若宮神社では正月に宮座の行事があり、その神事頭人の娘が一人と親戚の娘一人とが御供掛として選ばれる。いずれも十二三歳迄のもので、頭に紅絹で鉢巻をし、手には供物を頭上にのせる意味で藁であんだ円い輪をもち行列に従って社参する。これは同郡鏡山村の諸部落にも行われるところである。亦同県野洲郡中里村大字八夫の高木神社に於いても、二月八日の神事には当屋より御供掛の少女が出るのである。その姿は市辺などのそれに同じい。更に京都市上京区西賀茂町大将軍社にもそれがある。ここでは氏子が田尻町・鎮守庵・今原・惣門町の四つに分れこの順序に年番に当を勤める。当屋は年番組の中で一戸を定めるが惣門町の例によると年齢順に廻る。十月二十三日が祭で、その前二十日の晩に「前口明」として氏子総代以下当屋に集り準備をする。昔は白酒を作ったのでそれをこの時に調べたという。この時定められる役割の中に「ゴリヨウ」というものがある。

十二、三の女の子七人がそれで、これは大体当番組の中から選ばれるのであるがそれが二十三日の午後五時頃に神饌を本社に運ぶのである。それは鯛、鯖、剣先鯣、鰹節、御所柿、大栗、頭芋、大根、御飯等でいずれも舟に入れ頭に頂いて参進する。それを供え了ればこれらの女児は帰り、後のものは拝殿に並んで頭芋の合物によって三献の神酒を交すのである。このゴリヨウを勤める女の子はいずれも盛装でありこれを無事に勤めるとお産が軽いと云って親達からこれに出る様に頼みこむことが普通である。土地の人の言葉によると、前はもっと大きな娘がこれを勤めたともいうのである。ゴリヨウは蓋しヨメゴリヨウなどと同じく女子に対する美称であろう。また同市左京区北白川の天神の祭にも御供掛の女性が出るのである。これらは格別人身御供の伝説を伴ってはいない。然しそうした解釈を発生せしむべき形ではあると思う。又滋賀県滋賀郡下坂本村の両所神社の「おこぼう祭」を見たことがあるがこれは昔人身御供があがったといい、正月四日の夜社務所に神饌をかざって氏子が夜を徹して野を之し、翌朝神前に供えるのであるが、その神饌は樽に餅をまきつけてこれをしばり樽の中央の孔に松竹を立て、その前に五月人形風のものを飾ったものであるが、これは本来はむしろ女性の意味であったろうかと思うのである。そしてこの夜は瀬田より竜が湖上を走ってやって来ると云い、人々は一切戸を閉じて外を見ないことにしているので、もし誤って之を見たものは命を失うとされる。それと人身御供との関係については確たることが分らない。この神社は大体松尾神とされるので大山咋神を祀るわけであるが、それは山の神であるから蛇と関係が深いわけである。それでこの山の神としての蛇神が後に大湖の竜神に圧倒されてしまったので、本来この供犠を受けると考えられたものは山の神としての蛇神ではなかったかと推測せられるのである。

そして八岐の大蛇の話で、大蛇が年々に来て娘を噉うということ、或は稲田姫をこれに捧げるということも畢竟これと同質の伝承に外ならないことはもはや云う必要もないであろう。それは神であるこの大蛇を宥和すべく古代人が一方ならぬ苦辛したその心のあらわれである。その際現実に美しい少女を犠牲に供したか否かは、もとより証明の方法を欠くところであるが、そこまで思いつめた古代人の心は十分に我々の胸に通うものをもっている。それは恐らく古い庶民の心であろう。彼等は直接にその収穫に依存するものであり、それなしにはその生命を維持することが出来なかった。貴族たちは広く世を治むるものであったから、たとい天災にあい水旱を見たとしても、直に飢ゆることは無いのであるが、庶民は直に飢えなければならなかった。従って水神の威力を畏み、穀神の霊威を仰ぐ心は特に痛切なものがあったと思われるのである。その為には最愛の少女すら神に捧げようとする決心をも厭わなかった。ここに少女供犠の説話が成立し伝承される理由がある。その最も古いものが八岐大蛇の物語であり、その怪奇なる巨姿は実に古代の日本農民が、水旱に対する異常なる関心の深さの具象的な表現であったといい得る。

それにも拘らず大蛇はここに退治される。それは一体何故であったか。それは既に先覚も之を指摘せる如く結局は人間自覚の発達の結果である。即動物神の支配に対する人間の抗議であり、人間による動物の否定である。そこに大蛇退治の物語が展開し、それに伴う行事が始められるべきである。そしてこの大蛇退治の物語が文献に多く、行事に少いことは、実に退治ということが主としては貴族社会に係るからであろう。即人間的自覚は一般庶民の間に起るよりも高い文化階級に発達するものである。従って一般庶民の間に在っては、大蛇は専ら宥和さるべきものとして存すべき傾向を有したるに反し、文化社会に於いては、それは否定せらるべきものであった。そして文献や記録は大体この文化階級に直接するものであるが故に、文献に伝えられるものは退治を主とする物語となるべき傾向をもつことが当然であったと思う。ここに行事の世界と物語の世界はその社会的基礎を異にすることを考えるので、我々が現在の民間の行事から直に退治の物語に対応すべきものを発見することが稀であるのは、そのためである。つまりそこに庶民なるものは、その社会的地位が、常に他によって支配されるものとしてあることから来るところの人生観が働いているのであり、それに反抗するよりもそれを宥和することに全力が注がれなければならなかったのである。それに対して高き文化階級はその社会的位置が他を支配するものである点に、自己の力を信じ人間の威力を自ら感ずるものがあって、庶民とは寧ろ反対の精神的傾向を有すべきであり、そのことが動物神の否定となって現われるのであった。前章に述べた様にその物語が常に貴族の祖先に拘る事実として伝えられるのは全くその為である。祖先とは結局本質の如きものであり、その子孫の存在を決定するものだからである。祖先は古代に於いて常に神であった。それが何であったかによって子孫の位置と職能とが決定されたのである。それが大蛇を退治したことは実にその子孫たる当時の貴族の存在理由となるところであり、それは彼等が支配する階級であったことの歴史的根拠たると共に現に彼等が有する支配力の根源そのものであった。我々はそこに大蛇退治の物語のもつ深い歴史的社会的意義を知ることが出来るのである。

さてこの退治する英雄と退治される大蛇とは一体いかなる関係にあるかについて、私はそれが本来同一のものであったことを嘗て論じたことがある。然しもとよりそれは私の創見というのではない。

素戔嗚尊と八岐大蛇とが本来同一の存在であるという解釈は日本書紀纂疏などに始源するのではあるまいか。それに「此一段の因縁、神道不測の妙用より出づと雖も、其の理に至っては、則、仏教により解説すべし。夫れ大蛇は無明の体也。根本無明といふは是れ不覚の一念なり。転じて八識と為る。八識各々能変所変あり。故名けて八岐大蛇と曰ふ。素戔嗚尊、八大罪有り。其能作は心に在り。所作は事に在り。能・所を合せて首尾各八の大蛇となる者也。八箇少女は是れ八正道なり。無明の蔽ふ所と為り其の智を失ふ。是れ大蛇のために呑まるる八女也。山河大地、明暗色空は皆無明の所変第八識の相分なり。故に松栢脊に生ずと曰ふ。酒を飲んで酔睡すとは味欲に耽着して心身を忘るる也。進雄尊一たび少女蛇のために呑まると聞き、忽ち悲心を起し其苦を救はんと欲す。是れ則悲増菩薩の心也。是より次第に増進し、漸く四十二品の塵労を断ず。故に其蛇を寸斬すと曰ふ。頭より尾に至り最後即一宝剣を得たり。是れ根本智の喩なり。蛇尾剣有るは無明即法性なり。剣を以て剣を得るは、始覚本覚の義也。素戔、神に至る也」とのべている。これは固より仏教理論を以て説明するものであるが、その根本にあるものは古伝承の精神史的解釈であって、これを人間自覚成立の過程と見るものである。従って大蛇と神明とは結局その根源に於いて同一であり、神が自己の中にある無明を機縁とし、それを克服することによって神明を成就するというものである。この考えは徳川時代に至り斎藤斉延の古語拾遺句解（元禄十一年刊）に継承せられ「是実事にあらず、素戔嗚尊を以て正陰と為し、大蛇を以て邪陰とす。抑も正陰其処に位すれば、邪陰是が為に滅する他。是れ此を謂ふなり。八岐とは四方四維なり。なほ八方の邪陰といはんが如し」と述べられている。この種の見解はかなり広く行われたと見え、前引吉見幸和の述ぶるところにもそれがあり、神代巻の解釈には屢見るところで、多田義俊などもその一人であった。

これらは素戔嗚尊と八岐大蛇とが、その内面に於いて同一なることに著眼したものであり、興味ある見解である。近来の解釈家もこれと同一の立場にあるものがあり、私も亦大物主神に関する旧稿の中に之に言及した。大物主神は一面に於いて顔姿世に類いなき神壮夫としてその神妻たる倭迹迹日百襲姫命の許に通い給うたが、その一面にはまた蛇の形を示されることもあった。即神壮夫と蛇形とは大物主神の両面をなしたところである。そしてこの三輪の神は永く蛇形に考えられたことは歴史がこれを示すところで、雄略天皇紀の七年秋七月の條にそのことが見える。即天皇は小子部連螺蠃に詔して、三諸岳の神の形を見むと欲うと仰せられたので、螺蠃が三諸岳に登って大きな蛇を捉えて来たことを記している。そこの註に「或は云ふ、此の山の神は大物主神と為す」とあって、大物主神即大蛇という思想がここに歴然としているのである。私はこの大物主神は素戔嗚尊と同質の神であることを今もなお考えているのである。そのことは前記の研究に譲ろうと思うが、とにかくそうした推定が許されるならば、素戔嗚尊も亦その一の形として蛇形を示されたことは十分に有り得べきことであって、その点は一條兼良が考えたように、この大蛇を以て神がその自己の中に含むいわば無明と云ったようなものを析出したものに外ならないとも思う。即最初神は動物の形に考えられたとしても人間の自覚の展開に伴うてその一面に神壮夫たる姿を獲得する。それは前掲浙江地方に於ける雨乞の儀に見ゆる青竜と竜王との関係とも一致するものである。神が何等かのものに化《な》るという思想がそこに成立するので、その場合に神は究極は人間の形であるが、人間は凡て同一の姿態を有し、単にそれだけでは、その有する機能をあらわし得ないから、ここに蛇なり狐なりの形を現じて、その働くべき能力を示すという考えが出て来るのである。その意味では大物主神が神壮夫たると共に、蛇形を示されたとする伝承には、極めて興味ある古代人の思想が含まれて居り、これはひとりこの神の場合のみではなく、広く同種の事態に適応する典型的性質を有すると見てよいのである。従って八岐大蛇と素戔嗚尊との原始的関係を追尋するならば、後者は前者より展開せるものであると考え得る。換言すれば素戔嗚尊は先ず八岐大蛇として、その姿を示されたであろうということである。この神の名義がスサブと形容される恐るべき威力にあったとすれば、その威力は具象的には先ず蛇神の姿に於いて示されたであろう。それが軈て人間的自覚の発達に伴って人格的形姿をすすめて来て遂に素戔嗚尊として独立するに至ったと思う。

　然しそれなら何故にこの神が高天原から天降るとされたのか。伝承の舞台たる出雲の地について云えば、この神は外来者として考えられている。そのことはこの神を原始的動物神の自然なる展開とする考え方を否定するのに十分ではないかという反問が提起されるであろう。それは更に我が古代社会成立の順序について人々の有する推想からも支持され得べき疑問でもある。即人々は古代の先住民社会に対して、新しき秩序の制定者が外から来たと考えているかに見えるからである。大蛇退治の物語を歴史的に解釈しようとした人々は、殆どすべてこの考えであったと云ってよい。私も亦そうした推測がある程度可能であることを信ずる。そこに素戔嗚尊のもつ一種の二重性格ともいうべきものがある。古代日本国家の統一は、正に大和朝廷が天津神の言よさしのままに、まつろわぬ国々を従えて行った結果成立したところである。その具体的な手続としては四道将軍や日本武尊の伝承が告げているように朝廷から武力を遣して之を討平されたことがあるので、古事記によると倭建命は出雲国に入りまして、その出雲建を打ち殺したとあり書紀によっても崇神天皇の六十年に出雲振根を誅したことが記されている。即そうした倭建命的な性格が素戔嗚尊に含まれていることは、これを十分肯定し得ると思う。その場合では素戔嗚尊は高天原より遣わされたものであり、出雲にとっては外より来れるものとなる。そして素戔嗚尊のもつ猛威は自ら出雲の人々が感じた高天原そのものの威力に外ならなかった。素戔嗚尊が天降れるものと伝えられる直接の理由はここにあったとすることは固より不当ではない。それと同質と考えられる大物主神の如きは、太初より三輪山に鎮まりますものの如くであり、嘗て天降ったことを聞かないのである。従って天降れりとされる素戔嗚尊の伝承には大和の勢力の地方に対する浸透発展の事実が基礎を為していると考えられるものがあり、単に原始的神格自身の内面的発展より、蛇神が人格神に展開したとのみいうことは困難であろう。ここでは素戔嗚尊は出雲社会の祖神であるよりも、特にその支配者の意味となる。そしてかかる解釈は古来極めて多かったところであり、そうした考え方が一面の根拠をもつことは確である。ただそうした推測にのみ固執することは、却って事実の全面的な姿を明にする所以とは考えられないものがある。村人の間から村長《むらおさ》が出るように一つの集団自体が、その中から秩序を展開せしめ、その秩序の究極の根拠づけをこうした伝承に求むることは十分に可能であると考えるので、その点より見て神の姿態の発展を外から来る刺戟よりも、神自身の内面的に有する展開力に基くことをも云わんとするのである。殊に素戔嗚尊の場合では、スサブという形容それ自身が、最もよく動物神に対する人々の感情を表示していると思うことから、動物神より人格神への展開が、外来的刺戟に基くのではなく、それ自体の内面的な展開であったことも考えられるのである。これは大物主神の場合でも全く同一である。とにかく全体の感じとしてこの神が出雲社会の外より来れるものであるよりも、始よりその内にもてる神であったという印象が強いと思う。

然し、少しでもそれが外より来たものとする解釈が成立するならば、それと内部的展開より来れるものとが、いかにして結合し得たかの問題が当然起って来る。これを解釈することは、現実の歴史の研究に基かなければならないので困難である。殊に私の如く出雲を以てある特定の地域と見ることなく、大和に対する服属国の観念的綜合なりとするものにとってはこの事は一層困難である。然し想像するところによればそれらの原始的諸国の世襲的君長は大和に服することによって旧来の位置を承認して貰ったか、亦は反抗を試みたためにその家を失い、代って他から――その多くは大和から新しい支配者が来任したか、でなかったらその土地の他の旧族がこれに代ったかというようないくつかの場合をもったであろう。その場合にこの地域に於ける信仰乃至神話の世界はいかなる影響を蒙ったであろうか。そこで旧来の君長を維持したところでもその祖神を特に猛威あるものとして表象することによって素戔嗚尊的な神をもち得たであろう。又新しき外来の君長を迎えたところでは、その神を特に至高のものとして強調しそこに猛威の源泉を求め得たであろうから、共に猛威といったようなものについて、この内外の二の源流が統一される傾向をもち得たと思うが如何であろうか。然しそれによって互に少しずつの変容が行われたであろうことは、これを考えなければならぬ。そして外来者としての素戔嗚尊が強調されているのは記・紀の中央的性格によるであろう。とにかく今は衆説の如く外来的関係を強調することのみが全部ではないことを指摘して次に進みたいのである。

その立場から云えば、要するに素戔嗚尊は八岐大蛇から発展せるものであり、それが却って大蛇を退治することは動物的なるものより人格的なるものへの飛躍を完成せんとするものに外ならずして、そこには古代日本民族の高い人間意識の発展があると考えるのである。ヤコブ・ベーメは「あらゆるものは自らに逆うものに自らに伴う」と云ったと云うが、この場合も正にそれであり、八岐大蛇を悪む心の深さは神の恩寵を仰ぐ心の高さに外ならない。その点で一條兼良の解釈はその仏教的な形式に拘らず妥当である。然しこのことは物語を専ら自覚の面、意識の相に於いて見たものであり。それの含む意味は独りこれに止まるものではない。

今これを政治の面について云えばこれによって君主の本質が示されている。即生活的害悪を除き、庶民の生活を保護することが、君主の本質であり、素戔嗚尊はそうした君主の祖先として子孫にその本質を伝うべき始源となっていたことは、私が嘗てこれを論考したところである（日本神話に於ける国家起源の問題）。その生活上の害悪は自然より来る洪水の如きものが、特に強く意味されていたことは人も推測せるところであるし、それは敢て異を挟むべきことではない。むしろそこにこの物語が農民の生活に深く結合し、全国的に素戔嗚尊が祭らるるに至る理由を保っている。八岐大蛇も確にそこから出て来たのであった。即それは農民的起源を社会的には有するのである。

然しこう云っても農民達が、永久にこの大蛇を跋扈させて置いたのではなかった。彼等もそれを魔として否定することになったのである。大津山中の例で見る蛇的を射る正月の式はその一の現われである。そしてこの年頭に於いて射礼を行い四方の悪魔を退散させる儀式は、実に極めて広く行われているので、近畿地方などでは社毎にそれを見るのであり、その近江に関するものは拙著「近江に於ける宮座の研究」の中に、かなり多数採録して置いた。この風習は我が国に於いて極めて古い起源を有し、北史の倭伝には「正月一日に至る毎に必ず射戯飲酒す」とあることから、それを知るのである。そうした射戯の宗教的意味は結局悪魔を斥け、境地の清浄を致さんとするものであった。その魔の表象としては蛇などが自ら撰ばるべきものであったと考えられるので、今日弓を以て蛇を射る仕方が、相当古い起源を有することを推測してもよいと思う。そこからまた八岐大蛇退治の話を発生せしむべきであるが、弓矢と剣との相違がそこにあることは、少しく注意しなければならぬところであろう。炉辺叢書の口丹波口碑集に収められた、北桑田郡の八岐頭の巨鹿を退治した話でも、勇士香賀三郎は強弓を以て一矢にこれを射殺したとされる。これは弓矢というものが農民達の手製で事も足るところの一般的なものであったからであろう。それに対する金属製の剣は実は高い身分を示すものであった。そこに神話のもつ一つの貴族性があるのかも知れない。それはとにかくとして大蛇神に対する思想は神としてこれを崇めるものと、魔としてこれを斥けるものと二の気持が現今の民俗の間にも錯雑して動いていると思われるが、素戔嗚尊の伝承に於いては明にそれは魔として斥けられている。そこに高い人間的自覚があり、前記の錯雑した気持にある民衆に対してなお指導力を有する所以である。とにかくこの伝承が、如上の民俗乃至は伝説の広き分布と永き持続との上に成立し且維持されたことは疑ないのであって、そこにこの伝承が神話として日本民族の間に保持された十分の根拠があるのである。

さて然しかかる解釈の外になお考えられることがあるのではなかろうか。蛇を退治する話には魔を退けるという外に穀神を殺すということがあるであろう。これは書紀の一書にある保食神《うけもち》の話から考えられる。即

既にして天照大神天上にまし〳〵て曰《のたまわ》く、葦原中国に保食神《うけもち》ありと聞く、宜しく爾《いまし》月夜見尊就きて候《みさ》せ。月夜見尊勅を受けて降ります。已にして保食神の許《もと》に到りたまふ。保食神乃ち首《こうべ》を廻らして国に嚮ひしかば、則ち口より飯《いい》出づ、又海《うなばら》に嚮ひしかば、則ち鰭《はた》の広もの、鰭の狭もの、亦口より出づ、又山に嚮ひしかば、則ち毛の麁《あら》もの、毛の柔《にこ》もの、亦口より出づ。夫れ品物《くさぐさの》悉く備へて、百机《ももとりのつくえ》に貯《あさ》

> へて饗《みあえ》たてまつる。是の時に月夜見尊忿然作色《いかりおもほてり》して曰《のたまわ》く、穢らはしきかも、鄙しきかも、寧ろ口より吐《たぐ》れる物を以て敢て我れに養ふべけんやとのたまひて、廼ち剣を抜いて保食神を撃殺したまひき。然して後に復命《かえりこともう》して、具に其の事を言《もう》したまふ、時に天照大神怒りますこと甚だしうして曰く、汝《いまし》は是れ悪しき神たり。相見じとのたまひて、乃ち月夜見尊と一日一夜を離れて住みたまふ。是の後に　天照大神復《また》天熊大人《あめのくまうし》を遣して往いて看せたまふ。是の時に保食神　実《まこと》に已に死《みまか》れり、唯し其の神の頂《いただき》に牛馬化《な》為れり、顱《ひたい》の上に粟生《な》れり、眉の上に蠒《かいこ》生れり、眼の中に稗《ひえ》生れり、腹の中に稲生れり、陰の中に麦及び大豆《まめ》、小豆《あずき》生れり。天熊大人悉く取持ち去《ゆ》いて奉進《たてまつ》る。時に天照大神喜びて曰く、是の物は則ち顕見蒼生《うつしきあおひとぐさ》の食ひて活くべきものなりとのたまひて、乃ち粟、稗、麦、豆を以て陸田種子《はたけつもの》と為し、稲を以て水田種子《たなつもの》と為す、又因て天邑君《あまのむらぎみ》を定む。即ち其の稲種を以て始めて天狭田《あめのさた》及び長田に殖る。其の秋の垂穎《たりほ》、八握《やつかほ》に莫莫然《したいて》甚だ快し。又口の裏《うち》に蠒を含み。便ち糸を抽くことを得たり。此より始めて養蠶《こかい》の道あり

というものがそれである。この記事は古事記によると全く須佐之男命のなしたまえることとされ、命が高天原を追放されて、出雲に至る途上の出来事としている。その点から須佐之男命と月夜見尊が同神であると云う解釈が屢提出されるところである。その関係について研究する遑を有しなかったが、この物語は或る意味で素戔嗚尊が八岐大蛇を退治した話と相通ずるものである。それは所謂化生神話で穀神を殺すものとは異った性質であるかに見える。然しウケモチノカミという言葉は、明に本来の穀神たることを示している。それが始め国に向って飯を吐き山に向って獣を吐き海に向って魚を吐いたということは、ケを広く食物の義に解したので本来の解釈ではなく、最初は全くの穀神であったのであろう。従ってそうした穀物以外のものを吐いたということも、話の初からのモティフであったかどうかは疑わるべきものがある。そうすると吐いたの

がきたないから殺すと云った解釈も実は何程の根拠があるか問題があって、そこにはフレーザーなどが力説した穀霊を殺すことによって、却って豊穣を祈るという呪術的意味が認められるのではないかということも考えられる。彼は「我々は穀霊がある場合には人間の形に、ある場合では動物の形に表現されることを見た。そしてそのいずれの場合でも彼はそれを表現するものの形のままで殺され且聖餐的に食われるのである」といい、ヨオロッパではそうした慣習をその原始的な形で見ることは出来ないが、なおとり入れの際の晩餐では何か動物を食ってそうした遺制を示すし、新穀それ自体が穀霊の化生として宗教的精神の下に食用せられると云っている。然し我が国にそうした思想があるかどうかは私としては未だ研究していないからいうことが出来ない。ただ私が感じているところではそうした気持は一体に稀薄であると考えるので、ここに穀霊を殺すという立場を以て大蛇退治を解釈することはしばらくこれを保留したい。然し年穀を掌るものの観念に於いて保食神と八岐大蛇が共通な性格を有することはこれを否定し得ない。この事は併せて素戔嗚尊自身の年神的性格を明にするものである。

宮田登

献身のフォルク

1 生贄

(1)供犠とは

人が、我と我が身を捧げる行為の基本的な意味を、民俗的次元の中に採り出そうとすることは、決して無意味なものではない。人類文化の歴史は、大きな広がりをもって、複雑化する一方であるが、その展開する根元の部分には、かならず文化形成の核にあたるものが存在する。それは原初的な型といってよいものであり、その部分の摘出に人類学は大きな精力を注いできたのであるし、その部分に民族性の枠をあてはめることによって、民俗学からの意味づけもなされてきているのである。

ここでは、人が命を捧げて尽した行為、つまり自己犠牲の問題を主として、日本の民俗の世界の中にとらえ、その民俗的意味を把握したいと思う。これを学術用語で規定すれば、供犠として包括されるが、供犠は、犠牲（victim）、あるいは、いけにえを殺して神に供える行為と解されており、人類文化に共通の儀礼であった。供犠の内容には、人身供犠と動物供犠とがみられ、古く人身供犠であったものが動物供犠に変ったとするのが一般的理解である。

供犠には、元来神に供えられると同時に、共食する目的がある。いわゆる神人共食であり、日本でも祭りの直会《なおらい》がこれにあたろう。人身供犠は当然食人を前提に成り立つ習俗になるだろうから、供物として殺害される人間にとっては、もっとも衝撃的な犠牲である。

未開民族にみられる供犠の問題は、従来人類学上の多くの蓄積があるが、その中で有力な学説として挙げられているのは、ロバートソン・スミスの考えである。彼は、もっとも原始的な宗教的供犠の形態というものは、人間と神とが、供犠になったものの肉を食べる共食の習慣であるとした。この際、供犠となったものは、いろいろな人や動物に姿をかえた神であるとされている〔Smith, R. 1956〕。

さらにフレーザーは、供犠を農耕儀礼と結びつけ、植物霊を儀礼的に殺すことを、トーテムの供犠としてとらえ、植物霊が毎年毎年生命の消滅に際し、殺されて食べられることによって、世界のさまざまな罪悪が浄められると説明している。つまり供犠にスケープゴートの意味を付しているのである〔Frazer, J. 1922〕。

エヴァンス－プリチャードは、供犠の諸儀礼を、単独に孤立した事実としてみるのではなく、広い展望に立ってとらえ、かつその意味を知るべきだと説いた。他のあらゆる社会的諸関係のもとでとらえると、そこにさまざまな意味が発見できるのである。人や動物をいけにえにする儀礼ならば、それを行なう人々の道徳的・宗教的観念の全体的体系に関連づけていくべきだというのである〔Evans-Prichard, E. E. 1962〕。

(2) 牛殺し

日本の供犠儀礼については、古文献で生贄の語があり、生きている贄《にえ》を神に献上したことはよく知られていた。『今昔物語』や『宇治拾遺物語』には、三河国で、「風祭ト云フ事ヲシテ、猪ヲ挿テ、生ケ乍ラ下シ（中略）亦雉ヲ生ケ乍ラ挿テ、人ノ持来レルヲ（中略）、去来此鳥ヲ生乍ラ造テ食ム（中略）、雉ヲ生乍ラ持来テ、揃《ムシリ》ニタルニ（下略）」という記載があって、平安時代の頃に、生きたままの贄として、動物供犠があり、生きながら料理され、祭りに参加した者たちの間で共食した事実を知ることができる。

生贄は一般に、鳥獣魚貝の類であり、その際殺害したものよりも、生きた新鮮な食物であることが大きな前提だったとされている。しかし、長野県の諏訪神社の御頭祭の供物には、以前鹿の頭七五個がかならず用意されていたことや、愛媛県三島神社でも以前、生贄毎日鹿一頭と称されていた事実や、先の三河国の風祭りに、猪が料理されたことからも、生贄が殺された形であったことがとくに異常な形ではなかった。ただ伊勢神宮は、血穢の忌を重んじていたから、神前で血を流すことはありえないという観念が固定化していたことも明らかであり、「伊勢の皇太神の御物にも生贄あることは儀式帳等に見ゆれど、此等の大なる動物を屠るが如き惨酷なる慣習は少くとも我々が浸染したる日本の神道とは相容れず」〔柳田国男　1911：307〕という考えはかなり強いものだった。鳥獣殺戮の神事は、食人習俗の名残りだとする考えもあったのである。

だが、『日本書紀』皇極天皇元年（六四二）六月二五日の祭りに、「村村の祝部の所教の随に、或は牛馬を殺して諸社の神を祭ひ、或は頻に市を移し、或は河伯に禱るも、既に所効無しと」とある。これは雨乞い神事に牛馬を殺して生贄としたことを記しており、供犠にはかならず血穢を嫌っていたことを確証することはできない。

また『続日本記』延暦一〇年九月（七九一）の詔に、「甲戌仰二越前丹波但馬播磨美作備前阿波伊予等国一、壊二運平城宮諸門一、以移二作長岡宮一矣。断三伊勢尾張近江美濃若狭越前紀伊等国百姓、殺レ牛祭二漢神一」と

あるのは、殺牛して供犠をしたことを示しているのは明らかだ。漢神とあるのは、外来神あるいは異神という意味だから、当時も、きわめて変ったことと記録されたものだろう。ただ遷都に際して、殺牛ということが結びつくと別な意味が付せられるだろう。

ところで奄美諸島などの調査報告では、いずれも動物供犠で、牛殺しをしたことが顕著だった。それは、毎年六月初のカノエの日であり、部落の広場で牛を殺し、肉を共食し頭骨または肩骨、肉などを部落の入口、広場に吊り下げたという。一例をあげよう。喜界島の手久津久部落では、旧六月カノエの日に、ヤンメンツジ（広場）に子牛（部落費用で購入したもの）を引き出し、首を切って血を出し、広場を引きまわす。この時子牛の首からしたたる血をウムニーという木の枝につけて、各家の石垣にさす。殺した牛の肉は、広場で分けて、牛の血のスープを皆で食べる。これには部落の厄払いの意味があったという。調査時点（昭和四八年）から約四二年以前まで、この行事はあったが、牛は高価であるため、仮に山羊を代用とさせた。この行事は青年団がしばしば反対したのであるが、部落でやらないと不幸がくると信じられて、継続されていたようだが、昭和初年に廃止となったという〔山下欣一　1974：24〕。

牛の代りに豚を用いた部落もあった。やはり豚を殺して肉を食べて、その後豚の頭蓋骨を入口に吊したという。厄払いの意では共通するものだった。

山下欣一は、また奄美の巫女であるユタが病気治しの祈禱の際に、動物供犠で血を流したことを記している。まず牛や山羊、鶏を病人の寝ている庭先に引き出し、左縄で牛の足をくくり、この縄を病人ににぎらせる。そして病人の枕許に米とろうそくと線香を置く。牛に草を食べさせながら、ユタは祝詞を唱え、牛の首を切って殺す。芭蕉の葉を広げて、牛の内臓を置き、ナナキンジンという牛の肉七片をこれに包む。次に榕樹の枝七本と肉をつめた芭蕉の包みを一緒にむしろにくくる。これを左へぐるりとまわし、南の海岸に行き、呪詞を唱えつつ、海岸線に直角に投げて、後を振り向かないで帰ってくる。これを土地の言葉でウフユーワーエーと呼んでいる。

ユタによる動物供犠の由来について、興味深い説が伝えられている。それはギンヨウなる男が畑仕事をしているとき、ギンヨウの寿命がつき、グショの人々がギンヨウを迎えにくる準備をしているという話を耳にした。そこで驚いて、死なないための方法を聞くと、牛を殺して、部落の人たちにご馳走する一方、男は鍋ぶたをかぶって、火の神様の後に隠れたらよいと教えてくれる者があった。その通りにしたらば、ギンヨウは命が助かったという。しかしギンヨウと同年者の者が、グショからの使いにつれられていったという〔三井 1965：230–232〕。

幽冥界と交流するユタが関与した作り話ではあるが、この中で、男が牛を供犠として殺したことによって命を救われ、別人が身代りになったことが指摘できる。牛の犠牲は、牛が身代りになることによって災厄を浄めるという意味がうかがえるのである。

もう一つ重要な資料に、次のような話があった。それは飼っている家畜のうち、豚は女性、馬は男性とみなし、飼っている豚が死ぬとその家の女性の身代りと考え、馬が死ぬと男性の身代りと考えたという。この場合、部落の人々を招待して、死んだ豚や馬の肉を共食したというのである〔山下欣一 1974：29〕。

ここでも明らかに動物を殺すことが、人間の身代りであったという意識を知ることができるだろう。もっとも馬の前は牛であったことが予想されるから、多く用いられた殺牛の供犠のもつ側面が、人を供犠としたことの代行であったといってもよいわけである。

神に人間を供えて供犠とする観念が、こうした動物供犠の背景に潜むのだと、にわかに判断するには性急であるが、右の諸事例はそうした一面をものがたるものといえるだろう。

2　人身御供

⑴ 猿神への生贄

人間を生きながら神に捧げる行為は、いわゆる人身御供として日本の伝説の中でもしばしば語られている。『今昔物語』にのせられた「飛驒《ひだ》国《のくにの》猿神《さるがみに》止生贄《いけにえをとどめる》語《はなし》」は、一般に流布されたものだった。荒筋をかいつまんでみると、昔一人の修行僧が、道に迷い、滝口を通って、異郷にたどりついた。そこに村があり、大家の老翁に歓待され、その家の一人娘を妻とするが、実は妻は里の主である神に捧げられる身であって、その身代りに旅僧が選ばれていたのであった。旅僧は人身御供としてその家に留められ、約一年間、たいへんなもてなしを受けてきたのである。さて祭りの七日前になると、男のいる家に注連縄が引かれ、男は精進潔斎の生活に入る。当日は斎戒沐浴して、髪を削り、装束を改めて、馬にのり山中の社殿に行った。村人もその後を行列をなして行く。社殿の前に村人が着座して、飲み食いの酒盛があり、舞ったり踊ったりする。男だけは、高い座にあって酒宴には加わっていない。さて宴が終ると、男は裸となり、瑞籬の中に入れられ、村人たちは家に帰ってしまう。男の周囲には、四角に榊を立て、注連木綿をかけた区画があって、俎・刀・魚箸などが置かれてある。神が出現すると、この道具を使って、生贄を料理して食べるわけだ。

さて件の男は、ひそかに刀をもって身を横たえていると、明方ごろ大猿が現われた。身の丈八尺ほどで、大勢の猿を連れている。この大猿は、近くの刀で男を切ろうとした、そこで男は立ち上がり、隠し持っていた刀で猿にとびかかり、ついに猿を降参させてしまい、以後生贄を出させないことを誓わせたというのである。

同様のモチーフをもっているのは、「美作国《みまさかのくに》神《がみ》依猟師《りょうしにより》謀止生贄《いけにえをはかりとどめる》語《はなし》」の話である。美作国の式内社である中参神社の猿神に対する生贄の話であり、この場合は、「国人ノ娘ノ未ダ嫁」るという条件の女で、祭りに際して、長櫃に入れられ生贄となるのだが、やはり身代りの男によって助けられ、以後生贄を立てなくなったという筋である。

(2)神への奉仕

この二つの話からは、本来人身御供として生贄になる人間が女性であったことが分かる。そしてこの話が語られている段階では、すでに生贄に人間を立てることの無用となったことが常識と解されている一般の風潮をうかがうことができる。

上井久義は、右の説話から、娘を神に供えるという神事は、年に一度、村人の中から一人の娘を巫女にして神社に奉仕させたことを意味すると指摘している。巫女となれば、すでに俗界の人間ではなく、神に近い存在として扱われた形跡は明らかである。とりわけ女の身代りに男が登場して、人身御供をなくしたという結末は、巫女に代って男性が司祭することになったことを示すのだとものべている。ちょうど伊勢に斎く斎王に、皇女が選ばれて奉仕したことと同様だということになる〔上井久義 1974：112〕。

女性を人身御供にしたという話は、神話の中でも知られる八岐大蛇と奇稲田《くしなだ》姫の場合にも通じている。簸《ひ》の川上にすくう蛇神のために、川下の村々で毎年処女が捧げられたが、素盞鳥命《すさのおのみこと》が大蛇を殺して、供犠となっていた奇稲田姫を救って、妻に迎えたというものである。また、日本武尊の東夷征伐の際、暴風雨にあい、海中に弟橘姫が入水することによって、海神への供犠が成立し、水難を免れたのも一般にいう人身御供伝説である。

女の生贄が、斎女・巫女の神への奉仕を意味するのだという考え方は、現在の学界の通説となっている。

たしかに人身御供に選定され、一年間にわたる精進潔斎があり、供犠として社殿に赴く行列、そしてそこで扱われる神器との関連からみると、神事における巫女の機能の一面をものがたるものといえるだろう。

そこで男が身代りになったということが男性司祭者に転化したというように推論されうるかは一つの問題だろう。専門神主以外に村から選ばれる神主・祭主は、いわゆる頭屋《とうや》神主にあたるものであり、現在でも認められる宮座の中心神役である。これらが以前、女性のつとめる役であったということは、民俗の上では明確ではない。

また逆に南島の祭りの中心である祝女やユタの存在は、言うまでもなく、女性神役の典型であるが、男性神役との機能上の差異は明らかであって、容易に交代が可能というわけではないのである。

男が身代りに立ち、人身御供を中止させたという話の基本には、元来人身供犠は、日本には存在しなかったという前提があり、人身御供は、巫女の神への奉仕のための聖化というプロセスに対する説明なのだという考えが、いわば柳田民俗学の確たる主張でもあった。

3　人柱伝説

(1)白馬にのって

右の主張を積極的に適用しうるのは、人身御供の中でも、特徴的な人柱に関する伝説に対してであった。人柱は、基本的には、神に対する供犠であるが、そこに二つの特性がある。一は、供犠の目的が明確に位置づけられていること、二は供犠となる人間が、自からの意志で生贄となっていること、である。しかも人柱伝説は、日本の民間社会にきわめて流布したものであり、かなり類型的である。

次に柳田国男『遠野物語』からの一節を引用しておこう。

松崎村の字矢崎に母也堂（ぼなりどう）という小さな祠《ほこら》がある。昔この地に綾織村字宮ノ目から来ていた巫女があった。一人娘に聟を取ったが気に入らず、さりとて夫婦仲はよいので、ひそかに何とかしたいものだと思って機会を待っていた。その頃猿ケ石川から引いていた用水の取入れ口が、毎年三、四間程が必ず崩れるので、村の人は困り抜いて色々評定したがよい分別も無く、結局物知りの巫女に伺いを立てると、明後日の夜明け頃に、白い衣物を着て白い馬に乗って通る者があるから、その人をつかまえて堰口に沈め、堰の主になって貰うより他にはしようも無いと教えてくれた。そこで村中の男女が総出で要所要所に番をして、その白衣白馬の者の来るのを待っていた。一方巫女の方では気に入らぬ聟を無き者にするはこの時だと思って、その朝早く聟に白い衣物を著せ白い馬に乗せて、隣村の附馬牛《つくもうし》へ使に出した。それがちょうど託宣の時刻にここを通ったので、一同がこの白衣の聟をつかまえて、堰の主になってくれと頼んだ。神の御告げならばと聟は快く承知したが、昔から人身御供は男蝶女蝶《おちょうめちょう》の揃うべきものであるから、私の妻も一緒に沈もうと言って、そこに来合せている妻を呼ぶと、妻もそれでは私も共にと夫と同じ白装束になり、二人でその白い馬に乗って、川に駆け込んで水の底に沈んでしまった。そうするとにわかに空が曇り雷が鳴り轟き、大雨が三日三夜降り続いた。四日目にようやく川の出水が引いてから行って見ると、淵が瀬に変って堰口に大きな岩が現われていた。その岩を足場にして新たに堰を築き上げたので、もうそれからは幾百年でも安全となった。それで人柱の夫婦と馬とを、新堰のほとりに堰神様《せきがみさま》と崇《あが》めて、今でも毎年の祭を営んでいる。母の巫女はせっかくの計らいがくいちがって、可愛い娘までも殺してしまうことになったので、自分も悲しんで同じ処に入水して死んだ。母也《ぼなり》明神というのは即ちこの母巫女の霊を祀った祠であるという〔柳田国男　1910〕。

この話では、⑴堰をどうしても作らねばならない。⑵そのために人柱が必要となる。⑶巫女が託宣をしたが、これが奸計であり、(4)娘の夫を人柱の生贄に仕立てる。(5)巫女の娘の夫は白衣で白馬にのり、村の危機を救うということを理解して人柱となる。(6)その時、巫女の娘も名のり出て生贄となり、そのことによって人柱は強化される。(7)巫女は奸計が破れたことを知り、自分もまた自殺する。(8)その結果、人柱は神化して代々祀られるようになる。(9)巫女もまた神となり祀られる、といった経過をたどっている。巫女の介在が顕著であるが、村落共同体全体を救うために人柱となり、その結果神となったというのが基本的なモチーフだと考えられる。

(2)長柄の人柱

次に『神道集』にのせられた、長柄の人柱について考えてみよう。これは「橋姫明神事」として記されているもので、橋を守る女神の縁起由来を説いたものである。大きな橋にはかならず神が祝られている。その理由はというと、人柱がたてられ、人柱が神化したためであると説かれるわけだ。その概略はこうである。

(1)長柄橋は架橋の際、大変難工事となり、なかなか成功せず、人柱をたてることになる。(2)たまたま白い布で袴を継ぎはぎした男が妻と子を連れて、架橋工事の近くを通りかかる。(3)雉の鳴声がして射られるのを男は目撃し、鳴声をたてなければ打たれまいものをと独白する。(4)また架橋の難工事の現場を見て、男は白布で継ぎをしている者を人柱に立てればよいと、うっかり口走ってしまう。(5)橋奉行は、そのせりふを聞いて、人柱になるのはその男だとして捕えて人柱にする。(6)男の妻も、子を背負い、入水する。(7)入水の際、「物言へは長柄の橋のはし柱、泣すは雉のとられさらまし」と一首詠んだ。(8)この女性がのちに橋姫明神として神になった、というのである。

ここで特徴的なのは、橋の上での独言が一種の占い・託宣と思われたことである。男が思わず発した言葉がきわめて重視され、形は男が自から進んで人柱になるということに受けとめられた。人柱をすすめた者が、人柱となったわけだが、ここにも女性が介在している。『神道集』では、一見主役は、袴に白布を貼った男のようにみえるが、一緒に連れそって入水した子連れの女性の位置は無視できない。むしろこの女性が辞世の一首を詠んだところに一つの意味があったのだろう。橋姫明神となったのは、女性の方であるから、女が橋上で歌を詠んだことが、託宣に通ずるだろう。ここでは男の無駄口を戒めるような教訓めいた内容になっているが、女が人柱を説き、人柱となって、神化したのが本筋のようだ。

(3)茨田の堤の人柱

文献の上で、最古の人柱の記事は、『日本書紀』仁徳天皇十年の条にある茨田《まんだ》の堤築造で人柱をたてた話である。大阪の河内平野には、現在も五つの河川が流れているが、このうちで長瀬川が本流にあたる。この川の水害は、古代社会においてははなはだしく、仁徳天皇が堤防工事をはじめるに至ったという。そこで出来上ったのが、難波の堀江で、ここにたまった水を、北方の淀川を迂回させずに、直接海の方へ流すことにする。仁徳朝には、難波の堀江の工事のあと、淀川の洪水を防ぐため茨田の堤が築かれることになったが、これがまた難工事で、堤防を築きあげても、すぐ流されてしまう。仁徳天皇はある夜夢をみて、河の神に生贄を捧げることになった。選ばれた人間は、武蔵の人強頸《こわくび》と、河内の人茨田連衫子《ころものこ》の二人である。二人のうち、強頸は、泣きながら、人柱として川中にとびこむが、衫子の方は、ひょうたんを川中に投げ入れ、河神の力を試し、もしひょうたんを沈めるならば生贄となるが、駄目ならば拒否すると主張した。その結果、衫子の高姿勢が成功し、人柱に成らないで済み、また堤も完成したという話になっている。

この話では、(1)巫女の代りに、天皇が人柱を夢中で感知して、実行に移すが、自分では人柱にはならず、別人を選定する。(2)神に挑戦した人間の力で、生贄を中止させた。という二点が特徴的である。人柱が天皇によって、すすめられたのは、民間説話の方では見あたらない。しかし巫女の介在ではないが、天皇にも、巫女と同質の力があたえられていたことがわかる。しかも茨田堤は、人柱なしで完成したわけで、人柱の無意味性を強調する記事ともなっている。人柱は拒否されてはいるが、人柱がこうした工事には、是非とも必要であったことが、当時の人々の意識裡にあったことは否定できないだろう。

(4)子連れの女

柳田国男が、人柱伝説の中でもっとも注目したのは、子連れの女性が、なんらかの形でそこに関与している点であった。大分県中津市に鎮座する八幡鶴市明神社の縁起の「由来根元記」は、そうした柳田の意図に適切な内容をもつものである。

崇徳天皇のころ、水害を防ぐために大堰を築造することになった。領主湯屋弾正基信がそのために人柱を立てるべきだと進言し、自分をふくめ、七人の地頭が、それぞれの袴を川に投げ入れ、そのうち沈んだ袴の持主が人柱になろうと、言い出した。人々が袴を川の中へ投げ入れると、その案を主張した弾正の袴が最初に沈んだので、弾正が人柱となることになった。

弾正の家臣に布留野六兵衛重定という者がおり、その娘に鶴という三五歳の女がいて、彼女は一子市太郎一三歳の母でもあった。鶴は主君の身代りに人柱になろうと決意して申し出る。母と子は人柱として水底に沈み、大堰は完成した。母子の霊が祀られたのが、この八幡鶴市神社なのだという由来譚が語られている。

母と子が人柱を申し出て、人身供犠となり、ついに神に祀られたというモチーフは、他の事例と類似している。柳田が注目した点は、鶴市の名称であった。鶴は神の依代であり、市はイチつまり神に仕える斎《いつき》女を意味する。子は霊童であり、神霊の発現によって、神の子が誕生したという信仰的事実を背景に、右の縁起が語られたのではないかということだった。

母と子が万人救済を意図して、水神の供犠となることを表明したわけだが、柳田はこれを水神に奉仕する巫女が、神霊と交接して、霊童を誕生させたという信仰の表われとみなしている。母親のツルの名称にこだわると、人柱になった女性には、ツルの名が冠せられる類例が多かった。静岡県伊東市対馬《たじま》の若宮八幡の祭神は、千鶴御前であり、頼朝が伊東氏の娘八重姫と交って生ましめた子であった。それを轟淵に沈め殺したとき、千鶴御前は手に橘の枝を持っており、遺骸が八幡の岸に漂着した折にもその枝を持ったままだったので、その枝をさしたところ、それが成長して、大きな樹木になった。宮城県名取郡の小鶴の池の伝説もこれと類似する。村の長者の下女で小鶴という美女があるが、千刈田という大きな田を一日で植えるよう、長者から命令される。下女は子連れであり、背に子を負って働くうちに、乳を飲ますことができず、幼児は飢えて死んでしまう。小鶴も悲しみのあまりに死んでしまった。のちに千刈田の真中の丘に幼児の墓をつくり祀ったと伝えている。

ツルの子供をイチと称したことについても関心が寄せられていた。イチは先述のように、神に仕える女性を意味したが、幼童に対する名称でもあった。たとえば大分県国東半島には、小一郎神信仰が普及しているが、伝承には旧家の先祖、イットウの本家の開発神だと信じられている。総じて小一郎神はよく祟る神であるといわれているが、屋敷の一角にあるこんもり繁った藪の聖地で、社地を動かしたり、森の木を伐ったりしてはいけないし、奉仕を怠ると家族の者に病気をもたらし、家運を衰えさせたりする〔桜井　1974：226-233〕。いわゆる御霊信仰の範疇に入るようだ。柳田はこの神格が、現在は祇園の午頭天王《ごず》の系統に入っているにしても、元は八幡の御霊の童子神、つまり若宮八幡であったと考えている〔柳田　1946：111〕。

このように、柳田の人柱論は、母と子がセットになる形で説かれている点に注目し、原初的には母子神の信仰、とりわけ巫女が神と交わって、御子を誕生させるという観念であることを仮説として提示したのであった。

そこでツルやイチと並んで、マツという名称も注目された。人柱伝説の中で、長柄の橋姫と並んで人口に膾炙されている築島の由来譚において、人柱になった幼童を松王というからである。これは平清盛が兵庫に経が島を築いた故事から語られている。

西成資の『南海治乱記』には、

平相国清盛、天下を制し給ふ時、帝都を福原に移し奉らんとて、兵庫の経が島を築く。其時波濤あらくして土功成りがたし。陰陽ノ博士相して曰く、三十人の人柱を植《た》てずんば事成就すべからずとなり。即ち事定まって人柱を求む。ここに讃州河辺司が児、容貌端正にして智才英敏の聞へあり。清盛これを召し上げさせて、十四歳より昵近《じっこん》せしむ。名づけて松王小児《こんでい》と云ふ。此小児謂く、罪なくして三十人の命を損ずること、聞くに忍びず、我が一身を以て三十人に代へんと思ひ定めて、清盛に申して曰く、我に今夜不思議の神託あり、我が一身を以て三十人の身に代へんといふ。清盛これを感じて、即ち許し給ふ。松王其志を遂げて柱となる。築島成就せしかば、清盛これがために一宅を立て供養せしめ、今に兵庫の築島に存せり。其時松王十六歳なり

とあるような話であった。

松王小児（健児とも）と名のる童子が身代りとして人柱に立ったという話は、舞の本『築島』によるところが多いと指摘されている。『築島』は主として名月姫について語った部分が多く、その内容は、例の長柄橋のモチーフと類似すると柳田は指摘している。

平清盛が、築島の工事にいどみ、五万人の人夫を使い、十日間かけても海が埋まらないので、陰陽師阿倍泰氏の進言により三〇人の人柱を埋めることになる。人柱には、生田・昆陽に関所を設け、通りがかりの旅人を捕えることになった。三〇人目に捕えられたのが能勢刑部左衛門国春という武士であった。国春には名月姫という娘がいた。娘は父親が捕えられたことを知り、父の命乞いに来る。ちょうど人柱が沈められる六月二三日のことで、名月姫は、自分もともに人柱として沈みたいと泣き叫ぶ。そこで国春だけが命が助けられ、残り二九人が埋められようとする。その時現われたのが松王であり、結局松王のみ人柱となった。この筋からも分るように、人柱になることを、自から表明しているのは、名月姫という女性と、松王という童子なのであった。実際に松王が人柱となったというのは、諸説あり、『平家物語』巻六などでは、「阿部の民部重能を奉行にて築かれけるに、人柱立てらるべきなんど、公卿会議ありしかども、それはなかなか罪業なるべしとて、石の面に一切経を書いて築かれける故にこそ、経が島とは名づけけれ」と記してあり、松王の人柱の一件はない。ただ人柱を立てねばならぬほどの難工事であって、人柱の代りに一切経を埋めたとしている。ところが近世初期の語り物などでは、松王人柱がまことしやかに説かれ、流布されていたわけだ。

松王が人口に膾炙せられたのは、幼童であったためであるが、本来は名月姫とセットになって語られるべきものだったろう。ここで注目されるのは、松王という名前である。何王というのは、幼童が特別な神霊と関連している際に命名されるもので、神子《みこ》と同義だというのが柳田説である。神の子という考えは、複雑な要素があろうが、基本には人の母と神である父との間に生まれた童子に対する信仰であり、日本では八幡信仰の体系に位置づけられるべき性格があった。幼童の誕生は、若宮八幡信仰として、各地に分布する八幡社の縁起にいわれるようになる。松王も、人柱として死んで、その霊が神化して若宮八幡になるというのが、一つの型を形成すると考えられたのであった。

さて次のような伝説がある。秋田県仙北郡西明寺で、元和四年（一六一五）に大洪水があり、大野堰が決潰し、稲田が流失した。そこで村人は神社にこもって、二一日間の祈願をこめるといよいよ満願の日に、大日如来の託宣があった。大洪水は竜神の祟りだから、三歳の牝牛に若い巫女をのせて、竜神の生贄とせよ、というのである。牝牛はすぐ見つかったけれど、巫女はなかなか見出せない。当時、小白川という村に長兵衛という家があり、そこに、お小夜《さよ》という娘が奉公していた。お小夜は巫女でもあったが、ある飢饉の年に、母親とともにさすらってきて住みつき、奉公人として働いていたのである。母親も前年死に一人身であった。村人はお小夜に目をつけて頼みこんだ。お小夜は村人の願いを聞き入れ、人身御供になることを決心し、牝牛に乗ったまま、槽の中に入り、川底に沈められた。村人は、その上に頑丈な堰堤を築いた。またお小夜の守り本尊である大日如来を祀る大日堂をたてて、お小夜の霊を慰めた〔石川純一郎　1974：151〕。

ここに出てくるお小夜という名は意外と人柱になった女性に多いという。先のお鶴と同様である。

⑸嫁殺し

松王のマツの意味は、臣とか大夫と同じで仕える人であり、厳密にいうなら神祭りに際し神霊に仕えるということだった。祭りのマツにも通ずる意だ。有名な小野小町のマチにも、同じ意味があるのだろう。小町と称する女性が、各地を遊行して神参りに参加したことの痕跡は、さまざまな形で散在していることを、柳田国男はつとに指摘している。

お小夜は、小町の一人だろうとの推察がある。サヨ姫と称する旅の巫女だというのである。サヨ姫は、下女であったり、長者の娘であったり、遊女であったりするが、旅の女性で、村の祭りに化粧して現われ、舞い踊る。とりわけ柳田が着目したのは、サヨがサエつまり道祖からきた言葉ではないかと推量したことだった。「此の徒が道の神なる道祖に奉仕し、歌舞を以て民と神との仲居をしたことは、文献の之を明証するものがある。道祖は即ち情欲の神であり、仏者も象頭神を以て此に擬した如く、之を邑落の境に於て饗し且つ祭祀する場合に、美女を供して其心を取ったといふ想像は容易で、即ち人身御供が必ず年若き娘であったといふ所以である」〔柳田国男　1927b : 125–126〕。

佐用媛《きよひめ》の化粧水という伝説が、東北地方に多く分布していることから、この女性が、泉の辺で、姿を映して化粧をし、神事にたずさわったのではないかという類推もなされている。水神が祟って、災厄をもたらした際、若き巫女であるサヨ姫が選ばれて、生贄に立ったことが伝承されてきたのだろう。

『播磨風土記』讃容郡の条に、「讃容と云ふ所以は、大神妹妹《いも》二柱、各競ひて国を占めたまひし時、妹玉津《たまつ》日女命《ひめのみこと》、生きたる鹿を捕り臥せて、其の腹を割きて、稲を其の血に植えき。仍て一夜の間に苗生ひかしば、即ち取り殖《う》えしめたまひき。爾《ここ》に大神、勅したまはく、汝妹は、五月夜《さよ》に殖えつるかもとのりたまひて、即ち他処に去りたまひしかば、五月夜《さよ》郡と号け、神を賛用都比売命《さよつひめ》と名づく。今に讃容の町田有り。即ち鹿を殺しし山を鹿庭山と号く（下略）」とある。姉妹二神が争った話だが、文中に鹿の血中に稲種子を蒔いて、一夜のうちに苗が成長した話をのせている。サヨツヒメは、ここでは五月夜と表現されている。つまり田植えの夜ということで、サヨであり、この女神は、水田の稲の豊饒を促進させたのである。鹿を生贄に田の神を祀った女神であるから、明らかにこの土地の農耕儀礼の一環としてとらえられるだろう。その神事に携わった女神をサヨと称した。したがって、サヨは五月夜、田植の夜という意味からきたと説く研究者もいる〔石川純一郎　1974 : 153〕。サヨ姫が、水神だけでなく田の神にも仕えていたことを表わしている。

田の神と水神は、農業神という包括的神格の下では合一の性格をになった存在といえるだろう。ただとくに田の神と表現される神格との関連で、人柱のことを考えさせる民俗はいくつか指摘されうる。そのうちの一つは、田植えの最中に、若い女が死ぬという論であった。事例をあげてみよう。足利市内の五十部にある水使《みずし》神社の縁起によると、祭神は、長者の水使《みずし》女であり、乳呑児をかかえて働いていた。ある年の田植えに、昼飯をもって田へ行ったが、その留守の間に、主人が、女の愛児を殺してしまった。水使女は気が狂って、池に身を投げて自殺してしまった。以来、この女の怨霊が祟るので、神に祀った、神に祀りこめたのが、水使神社である。祭神は水速女命《みずはやめ》であるが、そのご神体といわれるものは、左手に飯櫃をかかえ、右手に飯匙を持ち、水中の岩上に立つ木像と言われている。

この女は田植の際、昼飯を運ぶ役をもっていた。がいしてこの女は子連れの母とか子守娘であり、弁当を男たちに運ぶ。ところがなんらかのアクシデントがあって、この世に生きられないという状況に追いつめられ、命を断つ。池や泉・淵に身を投ずるが、その事件は田植えの最中にということわりがある。

この女性の姿が面白い。杓子と飯鉢を持っているのもあるという。そこで水神と表現しながらも米の飯を豊かにしてくれる田の神でもある。

ヨメ殺し田についての伝説もある。田植女が、一日千把の苗を植えるよう命ぜられ、それができず、恥として死んでしまった、その埋められた跡が、祭りの対象となっている。ヨメが姑にいじめられて死ぬというモチーフは、もちろん新しいものだろうが、ヨメが嫁という、家の主婦を表わす語に定まった以前には、たんに若い女性を指していた。もちろん一家に帰属はしていた。そしてその存在は、なかなかあなどりがたいものがあった。とりわけ田植え時になると、その霊力がいっそう要求されたのだろう。一生懸命に働いた最中、とくに田植えの最中に死ぬとされるわけである。そこでは、かならずしも女性が神の忌諱に触れているわけではない。

千葉県印旛郡船穂村松崎（現、印西町）にある千把ケ池の畔に大きな松の木がある。この木は昔、田植え女が一日千把の苗を植えよと命じられたが、目的を果たせず死んでしまったのを埋め、その墓碑として松を植えたのだと伝えられている。田植え女が嫁であり、いじめたのが姑で、嫁を虐待して、無理な量の田を植えよと命じ、その結果嫁が死んでしまう。こういう田を嫁殺しの田として人々は記憶していたのであった。足利の水使神社は、水神であり、女神である。現在では、婦人病や妊娠祈願の対象となっている。だがその前身は、田植えの最中に死んだ女であった。このことを、人柱の問題と結びつけるのは、性急かもしれないが、先の『播磨風土記』にのせられたサヨツヒメが鹿を供犠とし、その流れる血で田植えを行なった伝説と比較すればやはり、共通する意識を否定できない。嫁殺しは動物供犠とはちがって、田の神に対する生贄として女性が措定されたことにある。

人柱に立つ者の名に、ツル、イチ、マツ、サヨが冠せられることの特徴は、いずれも神に仕える女性、神霊の化現としての幼童にあり、柳田国男はこれを人類に普遍的な母子神信仰に結びつけ、とくに日本においては八幡信仰の体系に位置づけた。

人柱伝説は、決して史実ではないというのが柳田の結論の一つだった。しかし、説話・伝説の中で、かつて人間が供犠となったことを語る事例はきわめて多い。したがって、それにはかならず理由があるはずだ。多くの人柱伝説が、水神への生贄を語る。そのことは物語の上では前半の部分にあたる。重要なことは、人柱になった、とりわけ母と子、女と幼童が神化することだった。そして神に祀られた人柱の霊は、大洪水から村人を守り、田畑を豊饒にしてくれる守護神なのである。

柳田国男の次の指摘は重要である。

「何故に彼等に水土を守護するの力が有るのみか、予め未来の安全を洞察して、自ら進んでこの重い責任を負はうとさえしたと伝へるのであるか。普通の道理では之を説明することがむつかしいのを見ると、人柱の思想は時代と共に変化して居るのである。某変化の跡を究めても見ずに、此慣習の曾て存せしや否やを、論じて見ようとした人があつたのは甚だをかしかつた」という〔柳田国男　1911 : 111〕。

人柱伝説が流布するについて、その背景には、時代社会の思想があるにちがいない。伝説として普及するについては、それを受容する側に、それを信ずる要素が用意されていなければならない。「本質の奇怪を極むるにも拘らず、近世の初め頃になるまで、なほ我が国では頗る民衆に信じられ易かつた事情があつたらしいのである」〔柳田国男　1927b : 354〕。

したがって柳田民俗学の関心は、日本の文化史的事実として、人柱が存在したか、しなかったかという点にはなかったようだ。むしろ人柱伝説というものは、時代的な思想変化の反映したものであるはずだという認識があった。そういう変化をまず確認すべきだというのである。

4　人柱の思想

(1)人柱の有無

大正初年に『人身御供論』を著わした高木敏雄は、柳田国男との交流の中で、人柱の問題の考察を進めていた。高木は人身御供という語は、伝説上の用語として用い、あくまでモチーフとしての意味だとした。人身供犠とは異なるとする考え方には、元来人身御供は現実として存在しなかったという前提にもとづいている。

人身供犠という行為は、未開民族の宗教生活に普遍的にみられたものだが、日本には存在しなかったという考え方をはっきりさせていた。だから古代日本にその存在を認め、現行の民俗にその痕跡を求めようとした加藤玄智とは正面から対立している。

古代の人身供犠として、しばしば引用される茨田堤や、弟橘姫の入水のことなどは、いずれもそうだが、水に関係していることは一つの特徴である。ところが世界の諸民族にみられる人身供犠はかならずしも水とは関係していないということも明らかである。高木はまた次のように言っている。「人身御供というようなことは、人文の進歩発展とともに段々衰微して行くべき性質の現象であるのに、古代に関してはその事の証拠となるべき何物もなくして、人文のはるかに進んだ後世に関して種々の伝説があるのは、第一怪しいではないか」〔高木敏雄 1973：27〕。そういう理由で、人身御供は、日本に存在しなかったというのである。

ただ人柱伝説が、水神祭祀と関連するにせよ、人柱をたてることにより、難しい土木工事の基盤が固められるという効用を説いていることは確かであった。その工事は河川が多く、水害の甚だしかった日本には、数多くあったわけで、人柱の話は、それに比例して流布されてきたこともたしかである。土木工事の完成を祈って、水神を祭る巫女の存在を予想し、そうした宗教行為を一種の呪術としてとらえる。人柱の場合、水中に身を投ずる話が多いわけだが、本来は工事の土台に生埋めになる点に効果がある。埋められた人間の霊魂で、工事が強固になるという呪術にもとづくものである。これが普遍的思考ならば、日本の水神祭祀に関わる人柱は、ある変化をとげた結果によるものなのだろうか。ドイツ語教師であった高木敏雄は、民族的な諸文献をふまえた上で日本で語られる人柱伝説の特異性に注目していたのである。そして柳田国男の方は、その特異性を日本人の神観念に結びつけて議論を展開させていたのであった。

⑵ 築城伝説

諸民族の間で行なわれた人柱の事例について、早くから注目したのは南方熊楠である〔1925：421-438〕。

その中で日本の長柄の人柱に類した事例のあることに気づかれる。たとえば、エジプト王ブーシーリスの代に、九年の飢饉があった。その折キプルス人フラシウスが、毎年外国生まれの者一人を生贄にしたらよいと勧めたところ、この者が外国生まれのゆえ、一番最初の人柱にされたという話。中国の『左伝』に「むかし賈《こ》の大夫悪《みにく》し、妻を娶って美なり。三年、言《ものい》わず。笑わず。御してもって皐《さわ》に如《ゆ》き、雉を射てこれを獲。その妻始めて笑いて言《ものい》う」とある。つまり、ものをまったく言わなかった妻が、雉を射取ってみせたらば、はじめて物を言うようになったという話である。朝鮮の例で、鳴鶴里《めいかくり》の土堤を築いてもなかなか完成しない。そこで人柱を立てよとすすめたが、誰も人柱になる者がいないので、一人の小僧が人柱にさせられて、ようやく工事が完成したというのである〔南方　1925：425〕。

日本との奇妙な一致については、南方はそれ以上説明をほどこしていないが、日本の人柱は元来実在したものだという考えを強くもっていたことはたしかであった。大正一四年（一九二五）に宮城の二重橋際の櫓の下から多数の人骨が出土したことがある。この人骨がなぜそこにあったのか話題となった。黒板勝美は、調査の結果、築城の際の事故で死んだ者の遺骨を一ケ所に埋めたのだと指摘した。昭和九年（一九三四）に今度は坂下門から五体の人骨が出土した。それに伴って土器の破片や、永楽通宝も出てきた。調査の結果では、いずれも中年の男の白骨で、時代は、太田道灌の頃のものである。場所は沼地か、濠底で、遺体を投げ入れた形跡があるという。鈴木尚の説明では、この辺りがかつて墓地だった痕跡があり、近世初頭に江戸城拡張工事が行なわれた際、その墓地を移転した折に、とり残した遺骨ではないかと推察している〔鈴木尚　1969：182–194〕。いずれも共通して、宮城つまり江戸城築城の際に立てられた人柱という考え方をとっていない。柳田国男は、これに対して「旧江戸城の土工の一角から、特に埋めたかと思はれる完全な人骨が、二、三の祭具らしきものと共に発掘せられ、当時人柱の名残であろうといふ説が唱へられたが、場所が禁域に接しているために、十分の踏査が行はれなかつた」〔柳田　1932：353〕と人柱論との関連について慎重な構えをみせている。

しかし南方はかなり積極的だった。「本邦の学者、今度の櫓下の白骨一件などにあうと、すぐ書籍を調べて書籍に見えぬから人柱などまつたく知らなかったなどというが、これは日記にみえぬから、わが子か自分の子でないというに近い。大抵マジナイごとは秘密に行なうもので、人に知れるときかぬというが定則だ。それを鰻屋の出前のごとく、今何人人柱に立つたなど書きつくべきや（下略）」と論じ、人柱が呪術として、江戸城築城にも適用されたのだと考えている。南方の言うように、築城において人柱が記録されるべきものではない。秘かに儀礼として実修されるわけだろう。

日本の築城における人柱伝説は、これまた豊富である。伊予大洲城は、石垣が何度築いても完成せず、そこで領内の美女一人をくじ引で人柱に立てた。オヒジと名づくる姫があたって生埋めにされ、それ以後石垣は崩れなかったと伝えている。雲州松江城の場合も、難工事で成功せず、毎晩その近辺を美声で歌をうたいながら通る娘を人柱にしたという。

有名な姫路城のオサカベ姫と称される妖女の伝説は、人柱に立てられた女の霊ではないかとも考えられている。『甲子夜話』巻三〇に「世に言う。姫路の城中にオサカべという妖魅あり、城中に年久しく住めり、と。あるいは言う。天守櫓の上層にいて常に人の入るを嫌う。年に一度その城主のみこれに対面する。その余は人懼れて登らず。城主対面する時、妖その形を現わすに老婆なり（下略）」。このオサカベ姫に対するに猪苗代城に亀姫と称する主がいたといい、これも人柱になった女人の霊だと南方は指摘している〔南方　1925：435〕。

オサカベやお亀など人柱になった霊は、後に城の守護神として崇められる存在になっている。いわゆる人柱として神化するプロセスをたどっている。天守閣を伴う城郭を築くのは、中世以降のことだから、時代的には堰や橋を作る際に人柱を必要とした時点より新しいわけである。先の江戸城の人骨を人柱とみるならば、人柱の事実はさらに時代が下って行なわれていたことになる。一方文献上では、古代にはすでに人柱の存在が否定されかかっていたし、伝説上の問題として把握すると、柳田の水神祭祀説に位置づけられてくる。

だが南方は、時間・空間を超えて、人柱が人類普遍の原理として成り立つことを主張しようとしていた。東南アジア、インドさらにヨーロッパ各地の伝承記録の上で、人柱がごくあたり前の事実として存在するのだということを証明しようとしたのである。

南方は、当時としては能うる限りの文献資料を引用して傍証につとめたが、これを比較民俗学上のテーマにするのに、やや未整理であったようだ。日本の人柱伝説についていえば、柳田の触れなかった築城との関係について言及したが、これを民俗的儀礼・習俗として把握することはしなかった。少なくとも人柱の問題は、多くの事例から察するところ、新築儀礼と結びつく点がある。そこで南方が引用したタイラーの『原始人文篇』一巻にある「大工が家を建て初めるに、まず近処の地と木との神に牲を供うべし。その家が倒れぬよう願わば、柱を立てるに何か活きた物を下におきその上に柱を下す。さて邪気を除くため斧で柱を打ちつつ、よしよしこの内に住む人々はいつも温かで食事足るべし、と唱える」〔南方 1925：424〕という民俗事例が一つの示唆を与えているだろう。

(3) 新築儀礼と人柱

家を新築する際、とりわけ中心になる柱の礎に生贄を捧げるのである。日本の民俗からいえば、大黒柱を立てて行なう祭りが注意されるだろう。現在ではこれは棟上げ、建て前にあたるものだ。大工が神に祈ってから、棟木を槌で打つのである。各地では棟の上に幣を立てて扇子や酒や餅とともに祀る。その際矢立とか魔脅《まおど》しといって、弓矢を棟に飾ったりする。その中で女の髪や髪道具を供えることが多いのである。その由来については、昔神社の建築を請負った大工が、あやまって柱を三寸短く切ってしまった。困りはてていると娘がそれでは柱に袴をはかせたらよいと告げた。その通りにしてうまく工事を終らせることができたが、その秘密がばれるのを恐れて、大工は娘を殺してしまう。その供犠の意味で女の髪や道具を飾るのだという言い伝えがある。明らかにこの話は、人柱の痕跡をしのばせている。民俗学ではこの話は、先に棟上げに髪を供える習俗があり、それに人柱伝説が結びついたのだと説明している。

髪はカミであり、これにさす髪道具のくしは霊《く》しを表わすといわれる。したがって髪の毛は身体の部分の中でも、霊力のもっともこもる箇所と信じられた。髪の毛を切って神社に奉納するというのは、そういう意味で身体の大切な部分を神に供えることになった。

船の新造の場合も、家の新築と同様の儀礼を伴っていることが指摘されている。日本船には守護霊として船霊《ふなだま》が祀られており、そのご神体は一般に、男女一体の人形、女の髪の毛、お金、さいころなど多様であるが、とくにこの場合女の髪の毛は、霊魂のこもったものと神聖視されている。

比較民族学的見地に立った近年の成果である高山純の論は、右の民俗学的立場の批判にはじまる〔高山純 1972：108-144〕。高山は、棟上げの場合も、造船儀礼の場合もともに人身供犠があったと考えている。南方がかつて論じていたように、多くの比較民族学上の諸資料の伝承のモチーフからいえば、日本の場合もその中で十分位置づけられるべき性格がある。ただ女の髪の毛を供えることとの前型が人身供犠であったとは簡単に断定できないし、船霊に髪の毛を用いることが、人柱と結びつく必然性も薄いようだ。しかしそうは言っても髪の毛を供える由来に、娘殺しがあった点を見過ごすわけにはいかない。従来のようにこの話が後からつけられたのだといってしまえばそれまでであるが、それとて確証があるわけではない。興味深い例として、南方が幼時に記憶していた話であるが、その頃和歌山に橋本という士族がおり、その家の屋根に白くなった馬のどくろが置いてあったという。それは昔その家の先祖が敵に殺されたと聞き、奥方が長刀を持って駆けつけたが、すでに敵の姿はなく、せめてもの腹いせにと、残っていた馬を殺し、その首を持ち帰って屋根に置いたのだという。これは馬のどくろを柱にかけたり、家の入口にかけて魔除けにしたという柳田国男の『山島民譚集』の報告に似ているという〔南方 1925：436〕。馬の首のどくろということが、かつての馬の生贄を意味するかはわからない。だが首にこだわるならば、人身供犠との関連は濃い。スマトラ西部の島々でたとえばニィアス島で家を新築する際、柱をたてる時、人柱をたてた。空の神ロワランギの像の前に首を吊し、竣工の時にさらに沢山の首を供えた。またメンタウェイ諸島で共同家屋を作る時、祖先テテウを大黒柱の下に入れ、柱を彼の頭の上に下したという。シルベート島では首を大黒柱の下に置くという。こうした首そのものを用いるのは、とりわけメラネシアに多いという報告がなされている。それは首狩りと関係するらしい。首を新築儀礼とか、新造船の進水式に捧げ物として使うのである〔高山 1972：114–117〕。

日本でも首塚の伝説があり、首そのものが儀礼の対象となっていたことが類推できる。蘇我入鹿の首塚や、将門の首塚など有名であろう。斬り落された首が宙天を飛んで落下した地点に祀られたという伝説になっている。武士たちの戦いで、相手の首を奪うことが最大の成果だったわけで、戦死者の首だけそろえて祀った首塚もある。殺された首には怨念がこもるという信仰が基本にあるが、首のうち頭蓋骨にあたる部分が、霊をとどめると考えられたのであろう。だから身体の他の部分は死んでも首は生命力を持続させている。

この首を生贄に用いることはきわめて効果的だったろう。日本の首塚が、供養のために作られたことは確かであるが、いわゆる人身供犠と結びつけられるかはわからない。

高山の論で、日本の人柱について新しい仮説が提示されたことは評価されよう。一つは、埴輪の出土状態からみて、それが低温地水田周辺の地形から発見される例が多いという考古学上の知見から、河川沿いや河口から埴輪が出土する必然性は、河川の氾濫を鎮めるために人柱を用いた痕跡を示すのではないかという点を指摘したことである。そして先の茨田堤の人柱の一件は、人柱の多い古代中国の影響を受けたのではないかとする。そこで問題となるのは、人柱儀礼がいつどこから日本に渡来したかということだが、人柱の習俗が焼畑耕作文化に伴ったものと考え、「日本に焼畑耕作がインドシナ方面から入ってきた時期としては、縄文中期ないし後期が想定されている。いずれにしてもそのどちらかの時期に入ってきた可能性があるということを述べておきたい」〔高山　1972：139〕という。しかしまた人柱は稲作文化にも伴うもので、それは水田耕作にとって必須の水の利用において行なわれたことは、柳田説の水神祭祀説との関連からも言えることだ。高山はこの種の人柱は、弥生時代に稲作文化とともに中国南部から入ってきたのではないかという。したがって日本の人柱には二段階あり、焼畑―稲作のそれぞれの次元で性格が異なって表出したとみるのである。

⑷人柱の信仰

水田耕作が順調に進められるように、堰を作る大土木工事がなされる。その折に人柱が立てられた。人柱には、神の託宣を聞いた子連れの女性が選ばれる場合が多かった。人柱になると母と子は神となり、後世にわたって祀られるようになる。人神が成立する条件として人柱が語られたが、柳田はこれを神と司祭者の相関関係を、一般俗人が人柱と意識したのだと考えた。この説明は、日本の人柱伝説の基本的性格を規定した。柳田の論は、人柱の有無とは直接関わりを持たないようである。人柱が現実にあろうがあるまいが、かつて人柱をしたという記憶が牢固として、民衆の間にあって信じられていたことを重視したのである。

のちにⅢ章・Ⅳ章でしばしば素材としてとり上げる特攻隊の死について柳田は、「この曠古の大時局に当面して目ざましく発露した国民の精神力、殊に生死を超越した殉国の至情には、種子とか特質とかの根本的なるもの以外に、是を年久しく培ひ育てて来た社会制、わけても常民の常識と名づくべきものが、隠れて大きな働らきをして居るのだといふことである。……人をなんじて邦家の為に死なしめる道徳に、信仰の基底が無かつたといふことは考へられない。さうして以前にはそれが有つたといふことが、我々には、ほぼ確かめ得られるのである」〔柳田国男 1927b：118〕と語っている。つまり特攻隊の自殺行為には、明らかに民俗的基盤があるはずで、それは信仰体系のうちにある、いわば民族性に類するものであった。言葉にして表現してはいないが、人柱伝説に象徴される自己犠牲によって命を捨てる思想と行動が、一つの民族性として、日本人の精神構造の底流にあることを述べようとしていたのである。

⑸祓浄としての人柱

この点と関連して、もう一つ見落してはならないのは、人身供犠にみる祓浄《ふつじょう》の要素である。つまり人柱が立つことによって、災難が消去されるという思考である。民俗儀礼として把握するならば、年の暮から正月にかけて集中する儀礼で、よく知られるものに、追儺《ついな》や鬼やらいがある。その際、この世の悪を背負って追放される役は鬼とか儺負《なお》い人である。罪の穢れを鬼や儺負いにふりつけてしまう。したがって、追放される役にあたった者は、散々追われて、打たれたり、儀礼上では殺されたりする。これはスケープゴートであって、それ自身は生贄の役をになっている。『日本書紀』天武一〇年七月三〇日に、「天下の命《のりご》ちて悉く大解《おおはら》除《え》せしむ。此の時に当り、国造等、各祓柱《はらへつも》奴婢一口を出して解除す」とある。祓柱の名で奴婢一人を献上することになっていた。祓柱は、意味深い語である。災難を除くために人身供犠をしたことも推察されなくもない。一考の余地があるやにみえる。また神話の上で、スサノオノ命が天津罪を一身に背負って、追放される運命にあることは知られている。スサノオノ命がスケープゴートであるとも解釈されているわけだ。

堀一郎は、祓浄儀礼の中に人身供犠の痕跡を見出している。それは名古屋市の西方にある稲沢市の国府宮（尾張大国魂神社）で、旧正月一三日に行なわれる儀礼である。中心は儺負人で心男《しんおとこ》とよばれ、昼の裸祭りのときは、裸の若者たちに追いまわされ、こづかれる。夜祭りのときになると、土餅といわれる灰と土を混ぜてついた大きな鏡餅に一個の人形をそえ、ろうそくを何本かつけたものを、背中に背負わされる。こうした異様な風体にされた心男はふたたび大勢の参詣人たちに追いまわされる。この心男になる者は、近世の段階では、通りすがりの旅人だったという。社家と若者たちが武器をもって待ちかまえ、旅人をとらえて精進を強要して、儺負人に仕立てたという〔堀一郎　1975：83-87〕。

近くの伊勢の津には、明治五年（一八七二）まで鬼押えの行事があったが、これも同様のモチーフをもったものだった。近世の菊岡沾涼の『諸国里人談』によると、「勢洲津の観音堂に、毎年二月朔日修法あつて、鬼押えといふことあり（中略）赤青の面つけたる者二人、異形の装束をきて、左右に手引とて究竟の力者二人宛相従ひ、各手木をたずさへたり。後に又一人赭熊を被たる者一人づつ帯にすがりて、両鬼前後に連り、堂の外を巡ること三遍なり。浦方浜方の者ども数百人樫の棒を手口に持て三度めぐるうちに、彼鬼を打事なり。左右の手引、尻付等はうつ事をいましめ、鬼ばかりをうつ掟なり（下略）」。このように鬼は追われて打たれる前の心男と同様である。こうした儀礼は、多くの民俗行事に残されているものである。

本来祓浄は、共同体全体の行為だった。そこであらゆる災厄を追放するために、形代《かたしろ》が立つ必要がある。形代になるのは、人形《ひとがた》の場合が一般的であるけれど、生身の人間がそれにあたる。これが人身供犠とみなされるケースである。未開民族の事例であると、共同体の首長が、その役割を果たしたことは、すでにフレーザーの指摘をまつまでもない。司祭者であり呪術師である王が、毎年蓄積される災厄を祓浄するのは、当然の義務とされた。王みずからが、生贄となることによって、次代の王位継承が約束される。そこで偽王をたてて、偽王を追放することによって、真の王位が成立するという王権継承の原理もある。スサノオノ命の追放は、そうした意味で真王アマテラスの王位を保証した儀式とも解されるのである。

だが王の身替りに生贄を立てることの方がはるかに一般的になっており、王の近くにはかならず生贄となるべき存在が置かれ、王権の危機に際して、迫りくる災厄を祓浄させる役割をになわされたのである。

こうした王権論は、当然日本の天皇制にも適用さるべきものである。日本の王には依然として司祭者としての神聖王の性格が農耕に残されているゆえに、祓浄の機能の所在が明らかにされねばならないだろう。たとえば日本の古代王権においては、『隋書』倭人伝の記事で、「倭王は元を以て兄と為し、日を以て弟と為す、天未だ明けざる時、出でて政を聴き跏趺して坐し、日出づれば便ち現務を停め云ふ、我が弟に委ねん」とあるのは、夜中に忌籠りをして神事に仕える王があり、白昼は、俗事にたずさわる王が想定されている。具体的には、大化前代の推古女帝と聖徳太子の関係であろう。

ここで注目されるのは、夜忌籠りする必然性である。予想されることは、俗界に生ずる穢れや災厄を祓浄する役割を、夜つとめる王が持っていたのではないかということだ。ちょうど『魏志』倭人伝にのせられている持衰《ちさい》と同じ意味がある。すなわち持衰は、中国への渡航の際、船にありひたすら物忌みに服する存在で、「若有疾病、遭暴害、便欲殺之、謂持衰不謹」ということになる。つまり災厄は持衰の謹慎によって除去されるのである。

夜につとめる王が、夜明けまで持衰のごとき役割を果たすことによって、天皇のまつりごと=政治が順調にすすむというように解されよう。

天皇が贖穢をする意味で、穢れを祓う存在が必要なのである。日本の天皇制もそういう視点から分析の対象となるべきなのであろう。大地震が起こると、年号が改定したりする。また大火災が京都に起こったりすると天皇は、自分の身代りの神主を縛につかせて閉門させたことが、江戸時代にみられた。流行病がはやると、天皇が病いを軽くさせるために、比叡山の猿が病気になったという言い伝えもある。天皇の身代り、形代の機能が強ければ、王権の継承もより可能となった。こうなると人柱の概念は大幅に広げられてくるが、人柱に立つという献身の精神が、王権とのからみ合いの中で議論される必然性がある。

次章以下では、日本の王権との関係で表出した献身の主題が、特攻隊のモチーフとなる点を明らかにしていきたいと考える。

参考文献

Smith, Robertson
1956 *Religion of the Semites*, New York.
ジェームズ・フレーザー
一九二二『金枝篇』1〜5（永橋卓介訳、一九五一―五二、岩波文庫）
エヴァンス‐プリチャード
一九六二「未開人の宗教」（吉田禎吾訳『人類学入門』一九七〇、弘文堂）
柳田国男
一九二七ａ「松王健児の物語」（『定本柳田国男集』９、一九六二、筑摩書房）
一九二七ｂ「人柱と杉浦佐用媛」（『定本柳田国男集』９）

一九四六『先祖の話』(『定本柳田国男集』10)
一九一〇『遠野物語』(一九七二、大和書房)
一九一一「掛神の信仰に就て」(『定本柳田国男集』27、一九五九)
一九一三「巫女考」(『定本柳田国男集』9)
一九三二「人柱」(『定本柳田国男集』26、一九五九)
中山太郎
一九三〇『日本巫女史』(一九七三、八木書店)
南方熊楠
一九二五「人柱の話」(『南方熊楠全集』2、一九七三、平凡社)
高木敏雄
一九七三『人身御供論』(宝文館出版)
堀　一郎
一九七五『聖と俗との葛藤』(平凡社)
遠藤秀男
一九七三『日本の首塚』(雄山閣)
石川純一郎
一九七四『河童の世界』(時事通信社)
千葉徳爾
一九七三『切腹の話』(講談社現代新書)
牧村史陽
一九六八『大阪の伝説』三—長柄の人柱(史陽選集刊行会)
小野重朗
一九七〇『農耕儀礼の研究』(弘文堂)

上井久義
一九七四『民俗社会人類学』（創元社）
桜井徳太郎
一九七四『日本のシャマニズム』（吉川弘文館）
高山　純
一九七二「我国の人柱に関する民間信仰の起源についての比較民族学的研究」（『民族学研究』三七巻二号）
山下欣一
一九七四「喜界島の日光感精説話と動物供犠」（『南日本文化』第六号）
三井喜禎
一九六五『喜界島古今物語』
鈴木　尚
一九六九『骨――日本人の祖先はよみがえる――』（学生社）

西郷信綱

イケニヘについて
——神話と象徴——

一　辞書の解釈

『広辞苑』はイケニヘ（生贄）につき、「生物を生きたまま、贄として神に供えること。またその生物」と記している。これは変だなと訝って、『大日本国語辞典』や『大言海』、その他手もとの平素頼りにしている古語辞典の類にあれこれ当ってみたが、どれも大同小異の解を下している。しかし常識で考えても、生きたままのニヘならイキニヘというはずで、イケニヘになるはずがない。イケニヘというからには、生きたままのニヘでなく活かしておいたニヘであろうと思われる。イケス（生簀）、イケバナ（生花）、イケビ（埋火）等、みな同じ語構成をもつ。

その点、『日本国語大辞典』が、「生きものを生きたまま神に供えること。またその供え物」としながらも、参考として折口信夫の、「イケニヘ（生贄）で犠牲の意ではない。イケは活け飼いする意。いつでも神の贄に供えることのできるように飼っている動物を、植物性の贄と区別する語」（信太妻の話）という見解を付け加えているのは、一歩進んだものといえる。ただ、そうなると「生きものを生きたまま」という語釈と、ちぐはぐになってしまう。まして「イケは生かしておく意のイケルから」の派生とわざわざ注した上で「生きたまま」云々と来るのだから、これは一種のはぐらかしである。参考に引いた折口信夫の見解が充全であるか否かも検討の余地がある。「イケは活け飼いする意」というのは動かぬとしても、イケニヘを犠牲の意でないと果していいきれるかどうか。最古の辞書和名抄に「犠牲　イケニヘ」と訓んでいるのは、後に見るとおり、やはりそう簡単にやりすごすことはできそうにない。

（一言弁じておくが、折口信夫は「犠牲をイケニヘと訓むのは、一部分当って、大体に於て外れてゐる」といっているのであって、「犠牲の意でない」とはしていない。ただ私が問題としたいのは、全体の論旨にかんしているから、今この点にあまりこだわらぬことにする）。

　辞書にけちをつけようとしているのだと思われたら困る。どんなに完全な辞書でも、ある語が担っている意味の充満を汲みつくすことはできない。これは辞書というものにつきまとう宿命で、したがって辞書で以て何かを片づけようとするのが、どだい心得違いなのである。ある語がある意味をもつのは、タバコの箱にタバコが入っているのと同じでない。ある語のある文脈における意味は、中性的に平準化された辞書的解釈を常にこえ出ているであろう。そうかといって、辞書というものが有難くないわけでは決してない。実はかくいう私などもそれに並々ならぬ愛着を抱いており、何かの辞書に相談せぬ日はないといっていいくらい、その恩恵に浴している。が、それにつけても辞書はやはりまずできるだけ記述的で、かつ慎ましく正確でなければならぬと思う。たとえば事例をあげた後、不確かな場合には、断定せずに「……という意か」と書いてほしい気がする。辞書が言葉にたいし君臨し、権威をもちすぎると、それは一つの抑制に転化する。

　ともあれ、イケニヘを「生きたまま」神に供えること（またはその生物）の意とする解は誤っていると思う。活かしておいたニへを殺して神に捧げるのがイケニへの本義であったはずである。具体例にそくし、そのへんのことを以下少し考えてみよう。

二　今昔物語の例

今昔物語巻二六に、「美作国神ノ、依㆓猟師㆒止㆓生贄㆒語」という話を載せている。次にその書き出しのところを引用する。

今ハ昔、美作《ミマサカ》国ニ中参・高野ト申ス神在《マシ》マス。其ノ神ノ体《カタチ》ハ、中参ハ猿、高野ハ蛇《クチナハ》ニテゾ在マシケル。毎年《トシゴト》ニ一度其ヲ祭リケルニ、生贄ヲゾ備ヘケル。其ノ生贄ニハ国人ノ娘ノ未ダ嫁ガヌヲゾ立テケル。此ハ昔ヨリ近ウ成マデ、怠ズシテ久ク成ニケリ。／而ル間、其ノ国ニ何《イカナル》人ナラネドモ、年十六七バカリナル娘ノ、形清ゲナル、持《モ》タル人有ケリ。父母、此ヲ愛シテ、身ニ替テ悲ク思ヒケルニ、此ノ娘ノ、彼ノ生贄ニ差サレニケリ。此ハ今年ノ祭ノ日差サレヌレバ、其ノ日ヨリ一年ノ間ニ養ヒ肥《コヤ》シテゾ、次ノ年ノ祭ニハ立テケル。此ノ娘、差サレテ後、父母限ナク歎キ悲ビケレドモ、遁ル可キ様ナキ事ナレバ、月日ノ過ルニ随ヒテ、祖子《オヤコ》ノ相見ム事ノ残リ少ク成リ行ケバ、日ヲ計ヘテ、互ニ泣悲ムヨリ外ノ事ナシ……。

そこに東国から一人の猟師がやって来、娘の身代りにイケニへに立ち、計略をめぐらして逆に猿どもを打ち殺し、めでたく娘と添いとげたという後日譚がこれに続く。話の型としては別に珍しくもないが、イケニへの語義の考察には逸することのできぬ好事例といえるだろう。右の一節中、私は、それが年ごとに一度の祭りであること、イケニへに差されるのが眉目うるわしい娘であること、そしてその娘を一年間「養ヒ肥《コヤ》シテ」イケニへに立てようとしたこと、等々の点をとりあげたい。ちなみに、中参（中山）と高野は式内社で、とくに前者は美作国の一宮である。宇治拾遺物語も同じ話を伝えるが、そこではもう「養ヒ肥シテ」といった語りくちは消えていっている。今昔物語にくらべ文筆化の目立つ宇治拾遺は、ふつう考えられているよりずっと後期の作ではないかと思う。イケニへになるべき娘をかく養い太らせるのは、もとより神様にたっぷり御馳走するためで、必ずしも、話を面白くするための筋立てではない。少くともこの一句があるとなしとでは、話のなまなましさにかなり差が出てくる。

さいわい今昔物語には右の話に続いて「飛驒国猿神、止二生贄一語」というのが載っている。村びとが山中深く迷った僧を手に入れ、彼をイケニへに差された村の娘の身代りにしたてようとするのだが、しかじかの経緯があって、これも首尾よく猿神を退治しその娘と末永く夫婦になったという話。しかしこの話の中心は、イケニへの身代りになった僧を魚よ鳥よと御馳走攻めにし、彼をいやが上にも太らせるという点にある。もとより僧は殺生戒は破るし、自分がなぜこんなもてなしを受けるのかさっぱりわけが分らず、ただ訝しげに暮しているのだが、ようやく祭りも近づいたある日、すでにこの男に睦んでいる娘が泣く泣く打ちあけていうには「この国にはゆゆしい神がいて、年に一人ずつイケニへを食うのです。家人がそなたをかくもてなすのもそのイケニへにあてがうためで、もしそなたがいらっしゃらなかったら、私がイケニへに出されるはずだったのです」と。さらに娘は、このイケニへの顚末について次のように語る。

生贄ヲバ裸ニ成シテ、俎《マナイタ》ノ上ニ直《タダ》シク臥セテ、端籬《ミツカキ》ノ内ニ播入レテ、人ハ皆去リヌレバ、神ノ造リテ食フトナム聞ク。瘦弊《ヤセツタナ》キ生贄ヲ出シツレバ、神ノ荒レテ、作物モ吉カラズ、人モ病ミ、郷《サト》モ静カナラズトテ、カク何度トナク、物ヲ食ハセテ、食ヒ太ラセムト為ルナリ。

イケニへを肥え太らせる点を、この話がいささか好奇心に媚び興味づくに語ろうとしているのは否めない。誰も知らぬ飛驒の山の中の話だからという安心感が、こうした傾向を助長したのだろう。しかし、それだけかえってイケニへの本義をよく見せている節があるともいえるわけで、少くともイケニへのイケが「活け飼いする意」でなかったならば、こういう話ぶりは出て来れなかっただろう。ここでは文字どおり「生きたまま」神に供えているではないかと反論するかも知れぬ。だがそれは棒読みというもので、そうした棒読みでは説話の構造や意味は解明できない。ここで「生きたまま」供えたのはイケニへが人であったからで、逆に言葉尻をとらえていえば、もし獣類を「生きたまま」供えたら、祭壇上で飛んだり跳ねたり暴れたりで、神様も召しあがるのに一苦労することになろう。というのは冗談だが、とにかくイケニへはそれを殺して捧げるのが本義であったと思う。

右の話から、イケニへは「いつでも神の贄に供えることのできるように飼う」のではなく、年毎の祭りの料として飼っておくものであることも判明する。「飼う」ことを「いつでも供えることのできるように」と結びつけるのは常識的短絡である。イケニへは年毎の祭りに差され、次の年の祭りが来るまで飼われるのだ。むろん臨時の用ということも考えていいが、やはり年毎の祭りが基本で、いつでも食えるように魚をイケスに飼っておくのとはわけが違うであろう。白羽の矢を立てられるとかクジに当るとかよくいうのも、次の祭りの料としてイケニへは卜定されるからである。右の二つの説話は、そのへんの消息を明瞭に語っていると思う。しかもこれはイケニへという日本語が記事中に用いられた、おそらくは最初の文献なのである。当然、イケニへの解釈はこの事例、それのもっている文脈に添ってなされなければならない。

それにしてもなぜ眉目美わしい娘に白羽の矢は立てられるのか。説話の解釈としては、これこそがいちばん肝心な点だといえる。この疑問に答えるには、いささか回り道する必要がある。イケニへの真髄は獣類にあり、人身御供はその説話的転調であるらしく思われるからだ。

(因みに附言する。イケニへの初出は今昔物語だとしたが、実はそれより早く、皇太神宮儀式帳に志摩国の神戸の百姓が「生贄」を進上するという記事が見えている。これは何れ魚介類であろう。そして生贄を「植物性の贄と区別する語」とする折口信夫の定義も、この記事あたりを念頭においたものかと推測される。しかしこの「生贄」を果たしてイケニヘと訓んだかどうかには、疑わしい点がある。というのは、神宮祠官の注した太神宮儀式帳頭註なる本（『神祇全書』所収）には、これをナマナルニヘと訓ませているからだ。事実、神戸の貢した魚介類をイケニヘと呼ぶのは、どうもおかしいという気がする。）

三　イケニへと犠牲

まず、和名抄が「犠牲」をイケニへと訓んだゆえんから考えたい。国語を外国語にあてる場合、何ほどかのずれが生じてくるのは避けられない。イケニへもまた大陸風の犠牲とはやや趣を異にする。第一「牲」は牛のことだから、すでにして語の成りたちが違っている。その意味ではイケニへは犠牲でないといえる。しかし言葉の用法には、いくつかの水準がありうる。そしてある水準で犠牲とイケニへと一致する点があったればこそ、和名抄はそれをイケニへと訓んだはずである。イケニへという語を和名抄の発明と考えるのは浅薄だろう。今昔物語になってこの語が初めて出てきたのは、いわば偶然で、表にはあらわれぬがこれは久しい伝来をもつ語と思われる。イケニへの語感に一種無気味なむごたらしさと血の匂いが漂うのも、太古以来の生活史の印象がそこに沈殿しているからではなかろうか。

ただそれを証明する手だてがない。日本書紀に、雨を乞うため村々の祝部の教に従い牛馬を殺して諸社の神を祭ったと見える（皇極紀元年）。中国の風を移したものだが、これらの動物は当然イケニへと呼ばれたであろう。古語拾遺によると、白猪・白馬・白鶏を献じて御歳神《ミトシ》の怒りを解いたとあり、延喜式の四時祭式にもこの神にはこれらのものを供すと規定している。やはり大陸の習いの影響だが——太歳《タイサイ》とミトシが習合したものと思う——、これもイケニへと呼ぶ他なかっただろう。あるいは広瀬大忌祭・竜田風神祭・道饗祭等の祝詞に、甘菜・辛菜などと並べて野に住む「毛《ケ》の和物《ニコモノ》・毛の荒物」(獣)を供えるとあるのは、古いイケニへ祭りの痕跡ではあるまいか。が、とにかく古典の記載にかんするかぎり、証拠は甚だこころもとない。

後世のものでは、信州諏訪社の御頭祭・阿蘇神社の鹿猪の贄狩りなどが、よく知られている。前記の美作国中山社にも神鹿祭なるものがあったと旧記に見える。しかしそれらによってもイケニへの古い姿を知ることは、ほとんど不可能に近い。仏法の殺生戒がそれをすっかり変容してしまったからだ。伊予三嶋社縁起には書写山の性空上人がこの社の鹿の生贄をとどめたとあり、一遍絵伝にはさらに一遍が魚鳥の贄をもとどめたとある。この波は国中に行きわたり、古いイケニへの遺風をほぼ根こそぎにしたと考えられる。柳田国男が、片目の魚とか耳を切られた鹿とか、あちこちに伝わる説話や伝説の方からもっぱらイケニへの本義を追及しようと試みたのも、もはや大して見るべき古俗が存しなかったせいであろう。

さてその柳田国男が「一つ目小僧」という論文で、例のとおりえんえんと証拠をあげ、片目の魚の話をつらねたあげく導き出した大胆な結論に注目しよう。少し長くなるが、私のイケニへ考にはもってこいの援射撃ともいうべき一文なので、次に引用する。

「所謂放生会の御式の最も盛であつたのは、八月十五日の八幡様の祭であつた。是も男山の社僧たちに言はせると、神が仏教の感化を御受けなされて、慈悲の恵を非類の物に迄及ぼしたまふ也などと説くであらうが、亦明白に中古以来のこぢつけである。まこと其御趣意であつたならば、わざ〳〵江湖に悠遊して居る物を捉へて来て、窮屈千万なる小池の中に放せと仰せられる筈が無い。是は疑ひも無く生牲を屠るの行為のみは、僧徒の干渉に由つて廃止しても、之に供すべき魚類を一箇年前から用意して置く儀式の方は、害が無いから其儘残り、後に理由が不明になつて、右の様に有難がらせやうとしたのである。

石清水などでは、此日の祭の行列は喪を送るのによく似た出立ちであつたさうである。ずつと以前に魚よりも一段と重い生牲を捧げた痕跡と見なければ、恐らくは満足な説明をなし得る者は無いであらう。」（傍点引用者）

大正六年に書かれたものだが、ものに的中したときに感じられる確かな手ごたえがここにはある。それは、「実はあまり大胆な説であるから、反証が十分有つて打消されて見たいやうにも私は思ふのである」というしたたかな自信と、水ももらさぬ周到さを以て書かれた一文であるのにもとづくのであろうか。イケニへのことにはその後もずっと関心があったらしく、昭和の初めに「鹿の耳」というのを書き次のようにいっている。

「イケニへとは活かせて置く牲である。早くから神用に指定せられて、或るものは一年、あるものは特殊の必要を生ずる迄、これを世の常の使途から隔離して置く為に、其生存には信仰上の意義が出来たのである。諸処の神苑に鹿を養うたのも、恐らくはこれを起源として居る。八幡の放生会の如きも、仏者には別様の説明があるが、要するに彼等の教条と抵触せざる部分だけ、在来の牲祭《ニヘマツリ》の儀式を保存したものであらうと思ふ。」（傍点引用者）

これも見事な規定である。ただ柳田国男に感服してばかりもいられない。援護射撃をしてもらった以上、一歩でも前進し、それに報いるところがなければならぬ。私のとくに取りあげたいのは、イケニへはなぜ活かして飼っておく必要があるのかという点である。「いつでも神の御贄に供えることができるように」というのが短絡であることはすでにいったとおりだし、右の引用からもそれは納得されるはずである。この点につき柳田国男は、「これを世の常の使途から隔離して置く」ことによってイケニへに「信仰上の意義」が出てくるのだと説く。私が問いたいのは、この「信仰上の意義」とは具体的に何かということである。

隔離によってその動物は聖化され、神に供えるにふさわしい資格が身につくのは当然だが、その信仰はしかし、もっと社会的側面と包みあっている。特定の動物を活け飼いし、いつくしむことは、それを自然の状態から文化の状態へと転換させ、神との関係においてその動物を共同体の象徴たらしめるという意味をもつ。異質物の交感と同化を実現する象徴作用というものをぬきにしたら、神話や祭式の意味は解けないだろう。現実のさまざまな水準や、目に見えるものと目に見えないものとが、そこでは比喩的に結合される。アイヌの熊祭りの熊は、野性のものではなく、子熊を捕ってきて女の乳で育てた上、犠牲に供される。そして人々はその死を嘆き悲しむのである。これは犠牲というものの性格を典型的に示した例といえるだろう。漢語の「牲」も、家に養う時には畜といい、卜して祭りに用いる時に牲というのであり、辞書にも「牲、牛完全也」（説文）と見える。つまり、たんなる日常の牛ではなく、五体全くして神を祭るに用いる牛が「牲」なのである。「犠」もまた「宗廟之牲也」とある。こう見てくると「犠牲」がイケニへと同義化され、日本語のなかに定着するようになったのは、偶然でないことが分る。少くとも、そのへんに棲む鳥獣や魚を捕ってきて神に供えればすなわちそれがイケニへであり犠牲であるというようないい加減なものでなかったのは確かである。sacrifice（犠牲）が sacred（聖なる）という語をふくむのにも、ただならぬ因縁があるに相違ない。

　イケニへを供えることとは一つの祭式であって、そのときそれは人間の一部であり共同体のしるしでなければならなかった。イケニへだけでなくニへそのものについても、多かれ少かれ同じことがいえるだろう。ニへとは神や宮廷に献ずる食べ物をいう。大嘗祭もオホニヘマツリというのが本来で、「嘗」の字にひかれてオホナメなどと訛るに至ったものと思われる。スサノヲは、天照大神が「大嘗《オホニヘ》をきこしめす殿」（古事記）に屎まり散したとある。漢字「嘗」は秋祭りの意である。この大嘗祭に用いるニへ（稲）が悠紀田・主基田でいかに物忌みきびしく作られたものであるかは、すでに周知のところである。それは共同体そのものとして、ほとんど神として遇された。

しかしニヘのこうした性格がもっとも端的に、もっとも鋭くあらわれてくるのは、活け飼いした獣類をニヘに供する場合と見ていい。そのとき人びとは、みずから育てた獣類を殺して神にささげるのだ。右に引いた一文で柳田国男は、「此日の祭の行列は喪を送るのによく似た出立ちであつた」らしいという。それはこの祭式を通して共同体が劇的にひとたび死に、そして新たに蘇ることが期待されているからである。また人びとがそのニヘを共食することによって、共同体の力は更新されたのであろう。

四　人身御供のこと

さきに紹介した今昔物語の話は、いわゆる人身御供譚である。人身御供譚は世界大にひろがっており、日本にも例が多い。一つの問題は、これが事実譚か、それともフォークロアかという点にある。日本書紀仁徳天皇の条に、茨田の堤を築くにあたり人柱をたてた話を載せているのを始めとし、後世にも築城や築堤にさいし人を生き埋めにした話があちこちにある。しかも現に人骨の発見される例があるというから、まるまる作り話として片づけるわけにはゆかない。これは南方熊楠得意の話題の一つであるから、その「人柱の話」を読まれるといい。別の見地からさらに有名なところで拾うと、旧約聖書に、アブラハムの独り子イサクを燔祭としてささぐべきところ、これに代うるに雄牛を以てしたという話——これは神がアブラハムの信を試したのだが——その他、人身御供のことが何度か見えるし、ギリシャでは、戦争に勝利せんとアガメムノンはその娘イフィゲニアを犠牲に供した。海神の怒りをなごめようと海に入ったオトタチバナ姫なども、やはり人身御供と見ることができよう。これらにつき、最初に人身御供があり、動物のイケニへがそれにとって代り、さらに無血の供物になったと説をなす人もいるようだが、もっともらしすぎて、かえって信用できぬという気がする。

築城や築堤、あるいは戦争といった非常の場合と年毎の祭りとは区別せねばならぬ。年毎の祭りにかんする人身御供の話は、だいたい民間伝承の範疇にぞくし、そしてそれは獣類のイケニヘを核にして説話化されて来たものではなかろうか。前述したようにイケニヘの獣類は神にたいし共同体を象徴するのであるが、それはこのイケニヘと人間とが一体であり、両者が等価関係にあることを語っている。そうである以上、獣類のイケニヘが人間の娘の話へと一転したとしても、さして驚くにあたらない。親にいつかれた秘蔵娘は、活け飼いされた獣類、それと共同体との等価性をまさに説話的に純化し高めたものといえる。イケニヘを殺して神に供える祭式であるニヘマツリには、こうした説話的・想像的飛躍を可能にする劇的な契機が孕まれていたはずである。

スサノヲのヲロチ退治の話に出てくる櫛名田比売（奇稲田姫）のことをここに想い出すのも無駄でない。スサノヲ、「汝《ナ》が哭く由《ユエ》は何ぞ」ときけば、老夫《オキナ》答えていう、「我が女《ムスメ》は、もとより八稚女《ヤヲトメ》ありしを、是の高《コ》志《シ》の八俣の遠呂智《ヲロチ》、年毎に来て喫《クラ》へり。今其が来べき時なり。故、泣く」（古事記）と。この話全体の意味は、いま問うところでない。注目したいのは、老夫と老女つまり娘の親の名が足名椎《アシナヅチ》・手名椎——紀では脚摩乳・手摩乳——となっている点である。別途に述べたことがあるが、神話中の人物の名は小説の場合とちがって、物語の内容と不可分に結びついていることが多い。アシナヅチ・テナヅチもナヅ（撫）を語幹とした名で、娘を撫でいつくしむものという意に解すべきである。つまりクシナダ姫は親の秘蔵っ子であり、それを大蛇のイケニヘに供することによって稲田の豊饒が期待されていたわけである。今昔の美作国の神の話との構造的類似性は明白で、今昔の話は記紀の直伝ではないにしても一種の異伝だとはいえるであろう。

記紀では相手は宇宙的怪物であって、それを退治して娘を救うのもスサノヲという神的な英雄である。それにたいし今昔では、名もない猟師または修行僧が神を僭称する猿どもをやっつけてイケニへを止めさせたという話になっている点で、両者の質にはかなり違うものがある。しかし、イケニへの印象だけは、今昔物語にもまだ強く生きているといえる。直ぐにも思い合わされるのは、『神道集』所収の那波八郎大明神の縁起譚である。これも話の構造はほとんど変らない。ただ、宗光なるもの、イケニへとなるべき娘に代り、当日岩屋に入るのだが、法華経を一心に誦すれば大蛇は黄なる涙を流して調伏され、以後イケニへのことは止み、宗光も後、大明神となって示現したというのである。「贄ノ番」とか「贄棚」とかの語が用いられているのも注目される。おそらくこの種の話は、つい最近まで各地に語り伝えられていたはずで、前にふれたようにイケニへの語感に今なお独自のなまなましさがつきまとうのは、それがとくに人身御供の話と結びついて生きて来たからに相違ない。

もっとも、獣類のイケニへが説話的に転調して人身御供となったというだけでは、速断のそしりを免れまい。次の一文は暗示的である、「現在諸社の祭礼にしばしば見る稚児またはこれに類するものが、神への人身御供であると解され、かつ伝えられている場合も少くない。兵庫県養父郡建屋村船谷では、例祭の前日稚児は人身御供として神に供えられるため、葬儀に型どった行列を作って神前に到る。」そしてそれは、「当番を中心とする祭礼に、稚児が当番の家から出て神に直接奉仕する」ため、このような解釈が生じたのだろうという（原田俊明「いけにえ」、『日本社会民族辞典』）。私も、未婚の娘がイケニへに差されるのには巫女の問題がからんでいると考える。稲田姫などにも、怪しい水の神に仕える巫女の面影がちらついているし、物忌み厳しい伊勢斎宮に至っては、女としての一生をほとんど棒にふるわけだから、それこそ一種のイケニへであったとして過言でない。だから源氏物語を読めば分るように、平安朝になると天皇は、自分の娘が斎宮に卜定されるのをもう好ましくないと思うようになったのだ。村々でも頭屋にあたった家の娘が巫女になる以上、その娘が神に召されたものと解されるのは当然のなりゆきで、人身御供の話にこれが化けるのは今一歩だということが出来る。

だが、この一歩が問題である。いくら神が美女を欲するからといって、巫女がおのずからにしてイケニへに化けるとは、ちょっと考えにくい。特定の動物を聖別し、活け飼いし、それを殺して神に供えるのが、これまで見てきたとおりイケニへの本義であった。この殺すという点が肝心である。眉目うるわしい美女を神は何も眺めて楽しむわけではなく、それを俎にのせ肉を食うのである。だから、活け飼いした動物を殺して神にささげるという生活伝統がやはり核であり、人身御供の話はそれに媒介されることによって、かの一歩を踏み越えたのだと思う。

話は飛ぶが、後世、義民を神に祀ったりするようになるのも、イケニへの伝統と無縁ではあるまい。百姓に対する藩の苛殺誅求を将軍に直訴して磔刑に処せられた佐倉宗五郎が神になったのは、むろん御霊としてで、そこにはすでに説かれているように五郎と御霊との連想が働いているのではあるが、これをイケニへの伝統の歴史化として解することもできると思う。救世主イエス・キリストは、痛烈に歴史化されたイケニへであったとはいえないか。あらゆる宗教のうちキリスト教はもっとも歴史的な宗教とされるが、それは神話的思考のなかに歴史が一挙に突入してきたからである。

五　ハフリ（祝）について

が、ここまでいうのは、本稿としてはすでに埒を超えたことになる。私の関心はイケニへという語のなかにいかなる経験、いかなる生活が刻印されているかに向けられている。犠牲そのものの研究にはR・スミスの合一説（communion theory）、H・ユベールとM・モースの贈与説（gift theory）、近くはそれらを批判したエバンズ＝プリッチャードのものなどがあり、私もいちおう目は通したが、それにつけてもうっかり口出しできぬ、大きな複雑な主題がそこに横たわっていることが分る。その解明はやはり専門家をまつ他なく、私はやはりイケニへという語の意味の探究に甘んじ、その埒外にのこのこ出たりせぬ方が賢明であろう。しかしそうなると、ここに今一つ気になる言葉があるのに気づく。それはハフリ（祝・祝部）という語である。しかもこれはイケニへと大いに関係がありそうな語らしいから、素通りするわけにゆかない。

さてこのハフリの名義についてだが、古来いろいろの説がとなえられているのを、次田潤『祝詞新講』がうまく要約しているので、そっくり引用させてもらう。「『羽振』の義で、『袖振る』などといふのと同じく、起舞して神を楽しませる意であると云ひ、又『はらふ』の義で、災禍を払ひ幸福を祈る義であると云ひ、又匍匐《ハフリ》在の義であって、神前に侍る意であるとも云ふ。其の他塩尻には、神饌を供える人の事で、牲を屠る者であるから、ホフリと呼び始めたのが起源であると云ひ、喜田博士も、神饌に獣類を牲として献る風習があったから、ハフリは屠りと関係のある語であると云はれた」と。これは祈年祭祝詞の冒頭に「集侍《ウゴナ》はれる神主・祝部《ハフリ》等もろもろ聞し食《メ》せと宣る」とある部分の注釈だが、このうち私は最後のハフリ＝屠り説をとる。たんに私の考えに都合がいいからでなく、それがいちばん納得のゆく解釈だからである。さらに葬り・放りなども、もともと同じ語と思われる。（それらはすべてハフリではなくハブリであったかも知れないが、今はこだわらないでおく。）

語源は語の用法や意味の方から考えるべきで、語源の方から意味を推してはならない。そこでまず注目されるのは、日本書紀に「村村の祝部の所教《オシエ》の随に、或は牛馬を殺して、諸の社の神を祭る」（皇極紀元年）とある記事である。前にもふれたが牛馬を殺して神を祭るのは、日本の古俗ではなく大陸の風で、延暦一〇年には「応レ禁三制殺レ牛用レ祭二漢神一」（類聚三代格）という太政官符が出ている。だがそうかといって、ここに「村村の祝部」とあるのを見逃していいわけではなく、たとえばこの場合、語の働きとして「村村の神主」とはいえなかったのではなかろうか。

村々に居ついているのは、神主ではなくハフリであった。古事記や万葉集を見ても、「御上祝がもちいつく天之御影神」、「葦原色許男《シコヲ》大神をもちいつく祝」(記)、「住吉に、いつく祝が、神言《カムゴト》と」(一九・四二四三)「祝部《ハフリ》等が、いつく三諸の、まそ鏡」(一二・二九八一)といった具合にハフリはイツクという語と多く結びついている。そしてイツクとある場合には(万葉の用例にはイハフと訓めるものもある)、別途に述べたことがあるので再説はさけるが、神とそれを祀るものとが血縁的・土着的関係にあることを示すのである。あるいは神武紀に、「層富《ソホ》県の波哆《ハタ》丘岬に、新城戸畔《ニシキトベ》といふ者有り。又、和珥《ワニ》の坂下に、居勢祝《コセノハフリ》といふ者有り。臍見《ホソミ》の長柄丘岬に、猪祝《ヰノハフリ》といふ者有り。此の三処の土蜘蛛、……皆誅さしむ」と見え、ハフリなるものがかつては土酋に近い存在であった様子を知りうる。

ところがこのハフリが、律令制においては最下級の神人として、神祇官を頂点とする新たな宗教制度のなかに組織される。令義解に、「祝者、国司於二神戸ノ中一簡定、即申二太政官一、若無レバ二戸人一通二取庶人一」といっているのがつまりそれで、あちこちの大社でも、禰宜・祝、あるいは宮司・神主・禰宜・祝といった職階制をとるところがふえていった。当然ここで、ハフリという語は新旧二様に用いられるようになる。本稿で問題としているのは、もとより律令制的に制度化された祝ではない。村々の神をいつくハフリは、イケニへを屠り、神を饗し、神と交わる巫者であり、時にはそのことによって土酋でもあったのではなかろうか。彼を中心に人びとがイケニへを共食する図柄も、おのずと想い浮ぶ。それが最下級の神人の称に措定されたのは、右に引いた神武紀に「土蜘蛛」と卑しめているのからも分るごとく、律令制にとってハフリがすでに未開野蛮の伝統と映っていたためである。そうかといって、それを廃するわけにはゆかず、律令制は彼らを「祝」

として再組織し飼い馴らそうとしたわけで、令義解の右に引いた部分の冒頭に祝部とは、「謂為レ祭ル主ニ賛辞一者也」とある。これは説文の「祝」の解にもとづくものだが、何れにせよ、ここにハフリの歴史上の一つの画期があるといえる。祝詞にいわゆる「神主・祝部等もろもろ聞し食《メ》せと宣る」とあるハフリも、「唯《オオ》」と答えて宮廷からの班幣を地方に持ち帰って神にささげる下級の官員に他ならなかった。

　かくして律令制とともに、ハフリという名から次第に原始の刻印は薄れてゆく。仏教がさらにそれに追い討ちをかけたといっていい。それでもイケニへとの回路を復元してみると、ハフリという語にふたたび古い血の匂いが蘇って来るように感じるのは、私のひとり合点であろうか。今昔物語の美作国の話にも実はハフリが登場する。娘の身代りの猟師は、猿どもをやっつけたあと、社のハフリをも殺そうともしたのだが、今後一切かかることはせぬと誓言を立てたので赦してやったという結末になっている。これは、図らずもイケニへとハフリとの腐れ縁を見せたものといってよかろう。

　最後に大胆な思いつきを一つ書き添えておく。シュク（夙、宿）の者の研究はすでに何人かの学者によって手がけられ、それは日本の民間宗教史あるいは芸術史の一節に組みこまれさえしているのだが、さてその名義がまだ定かでない。私のいってみたいのは、シュクは「祝」の音読みではなかろうかという点、つまり「天つ神」が「天神《テンジン》様」となって意外な展開を見せたのと似て、シュクは祝《ハフリ》が中世的に変身を遂げたものではなかろうかという点である。ハフリの職能、その史的閲歴などからいって、神社隷属の神戸の民が屠人、乞人、神人、芸人といった諸側面をもつシュクの者に、律令制をくぐり、あるいはその崩壊のなかで落ち（？）てゆくのは、大いにありえたであろう。鎌倉初期に成った辞書である色葉字類抄に「祝シク　ハフリ祠官也」とあるのが、そのことを暗示しているように思う。

人柱と築堤工法

若尾五雄

柳田國男の人柱論

人柱伝説に関する柳田國男氏の代表的な研究は『妹の力』所収の「人柱と松浦佐用媛」であるが、立論の都合からここではまず『民俗学辞典』によって、人柱の解説からみていくことにする。

各地の水利土木に関して、人を犠牲にして埋めたという話は、これを現実の史実と思っている者が今でも多い。全国に分布するこの種人柱伝説には一種共通の型がある。この共通はかなり顕著なもので、しかも余りに複雑なものであるから、偶然に相似たとはいいがたい。その中でも最も古く有名なのは、長柄の橋または築島の由来として、文芸の上に現われている袴の横継ぎの話である。ある一人のその場に来合わせた者の言に随って、人柱に立つべき者を物色すると、丁度これを提案した当人であったという奇譚で、これが九州の処々からも報告されている。特に多くの話では人柱を立てることを勧めたのが女性であり、それが小児をともなっている点は注目すべきで、その母子は通例その地に神として祭られている。大分県山国川の伝説として知られているものも、やはり万人を助けるために進んで水の神の犠牲になったというのは鶴市母子であり、この信仰は物語となって遠近に運ばれている。これが事実の記憶でないことは、内容の方からも証し得る。人柱の恐ろしい風習が、古く我々の社会にもあったか否かの問題とは離れて、水の神の祭祀に参与していた巫女が、かつて彼等の祖先に、甘んじてそうした尊い犠牲になった者のあることを、語り歩いていた時期が久しかったものと思われる。人柱の伝説は、奇怪を極むるにも拘らず、近世の初頭までなお我が国では頗る民衆に信じられ易かった伝説であった。

このように述べて、人柱の有無には触れず、こうした悲しい話を持ち廻った巫女があったのだとしている。

さらに、同じ辞典の「松浦佐用媛」は次のようになっている。

人柱伝説の一種。美女を水の神の牲とした話が、奥羽地方の各地に伝わっているが、その美女を松浦佐用媛とするものが多い。九州地方にもこの話の一分派と認められるものが分布している。父が同行の娘を殺して死んだという類の悲惨な結末を伝え、それが必ず路の側、坂の辻の石の神の由来として説かれている。筑後三井郡床島の堰の工事に際し、俵につめて水底に沈めたというのも、やはり貧のために身を売られた「おさよ」と呼ぶ九歳の少女であった。佐用媛人柱の物語が広く各地に分布していることは、この物語を運搬した者のあったことを推測せしめる。この伝説にともなって化粧坂や化粧水の故跡が残っている点は注意すべきである。化粧はかつては祭の式の準備であった。佐用媛のサヨは塞の神を意味し、松浦のマツは神あるいは貴人に対する奉仕を意味する言葉である。したがって松浦佐用媛は固有名詞ではなく、本来は遠く遊行して諸国の神の祭に参与した一群の女性を指す言葉であった。村の祭に化粧して現われ来り、神の故事を演ずる者は、昔も今も一階級しかない。この徒が神なる道祖に奉仕し、歌舞を以て民と神との仲居をしたことは文献にもこれを明証するものがある。道祖は即ち情欲の神であり、これを邑落の境に於いて饗しかつ祭る場合に美女を供してその心を慰めたという想像は容易で、すなわち奥州方面へは佐用媛と名づけてもよい女性が実際に旅し来り、しかもその女性のわざおぎの力によって、古い世の言伝えがかなり鮮明に保存せられたのである。

これらの二つからいえることは、人柱とは何であったかについては触れることなく、もっぱら松浦佐用という巫女が、松浦佐用の話を持ち廻ったという伝播面にのみ解説の記述を費していることである。もちろん遠い諸国で同一型式の話が伝わっているのは、誰かが持って廻ったか、中央にあった話をその国々の今でいう作家・郷土史家が伝えたものであろうが、柳田氏の人柱論を読むと、そこにはただ単に人柱になった人々の悲話が語られているだけであって、たとえそれが本当の人間でなかったにしても、何かの意味がそこに籠められているという事実の説明にはなっていない。それればかりか、東北地方の松浦佐用媛の話については、伝説としての事実があったことを否定するような書き方がされている。たとえば、柳田氏は次のように述べている。

東北文学の類例も同様に、物語の土著力とも名づくべきものが、殊に強盛であつた痕跡が見られる。即ち長い旅路を歌になり舞になつて、久しく流伝した説話なることは疑ひ無きにも拘らず、一たび此地方に入つて来て僅かなる窪みに淀めば、忽ち根をさして新たなる沢山の故跡を残し、爰に第二次の伝説化が行はれる。是はその最も顕著なる一例として、考へて見るによい話なのである。何故に奥羽方面の説話ばかりが、特にさうした傾向を多く具へて居たかといふことは、理論として興味ある題目に相違ない。例へば此地方の住民に歴史が乏しく、如何にもして過去の事跡の信じ得べきものを捉へたいと思ふ執心が、自然に此類の浮説を誘うて、反証なく又故障なき空間を充さしめたのでは無からうか。人間の信仰にはいつの世にも実証の根拠を必要とし、歌謡暗誦の如き異常言詞だけは、其内容以上に人の情緒を動かすの力を持つて居たのではあるまいか。仮定は幾らでも成立つやうだが、不幸にしてまだ証明の安全なる方法を得ない。兎に角に伝説は早晩発生の土地を離れて、ただの民間の説話となつて浮遊するのが普通であるにも拘らず、日本だけではそれが何度でも地上に落ちて、或は為にする所ある寺々の縁起に採用せられ、或は郷土を愛する人々の手に栽培せられて一処の土に成長し、終には我を信じ他を疑ひ、之を歴史と認めてくれなければ、承知をせぬ者を作つたのである（「人柱と松浦佐用媛」、『妹の力』所収）。

このように、柳田氏は、東北における松浦佐用の話は、全く意味のない作りごとだとし、これにつぐ化粧坂の話によってそれをさらに確認しようとしている。

築堤用語

はたして、東北人が先祖から受けついだこの松浦佐用についての伝説は、柳田國男氏のいうように根も葉もない、たわごとであったろうか。私はここに、自分に寄せられた一土木技官からのハガキを述べてみたい。

前略、御返事が大変おそくなりました事御ゆるし下さい。おたずねの「マツラ」とは造船用語の「竜骨」のことで別名「鶴市」と申し、これが築堤用語に転じ軟弱な地盤の上に「粗朶」を竜骨の如く縦に敷き、その上に石を捨てる工法で、現在児島湾の締切堤防を、この原理を用いて、非常に好成績をおさめております。また上記「マツラ」とは、松浦潟の佐用媛の古事からきているものと考えられる節もあります。次に「セコ」または「勢子」は無料の人夫、手伝人夫のことらしく、また、一つには籠に石を入れて捨石にすることともいわれ、この工法も、現在、締切工事に採用いたしております。以上は古事に詳しい方などに調査して頂きましたので、心ならずも御返事がおくれましたことをお詫びいたします。

なお、前記の築堤工法はいずれも当締切に採用し成功しましたので、今後の軟弱地盤上の堤防工法の参考となりましょう。とりあえず御返事まで。早々　（岡山市東古松農林省官舎　多久　博）

これは「岡山県の南方児島湾で締切工事が行われることになり、多久技官がそれを施行することになったが、その時、同技官は岡山市にある沖田神社所蔵の古文書に、江戸時代に同地で行われた締切工事のことが記されていることを聞き知った。その古文書を読んでみると、その方法で成功している。そのため、同技官は近代的な外国式の締切工法の代りに、古文書にある伝統的な工法を採用することにきめ、施工したところみごとに完成し終えた」という記事が朝日新聞に先年掲載された直後に私が出した質問への答である。つまり、以前より柳田氏の人柱論にものたりなさを感じ、その本質には技術的なことが含まれていると思っていた私は、その記事を見るやただちに児島湾締切工事事務所宛に、沖田神社の古文書には「松浦佐用」、「勢子石」という工法が記してあるのではないかという質問のハガキを出したのであった。

人柱の伝説は川や池の堤防に関するもので、その内容の要点は、何回造っても崩壊してしまう堤防が、こ、い、ん、人柱をたてた途端に、それ以後は完全に崩壊を防ぎ得たという点にある。しかも、これはほとんどすべての伝説に共通しているのである。人柱なるものが、いかに犠牲的精神という点において人の心を動かすに足る普遍性を備えたものであったとしても、堤防の崩壊を防ぐほど強い力を持つはずはない。こんなことは、現代人はもちろんのこと古代人といえども、水力という自然現象に対するとき、当然経験することであって、時代的相違のない自然の法則なのである。だから、こうしたことをありうるように伝えていること自体が、この伝説が文字どおりのものでないことを如実に示し、それでもなおそうした事実があったというならば、この人柱といわれる言葉はいわゆる人柱ではなく、「堤防構築法に画期的改良」を加えた事実があって、それを誤り伝えたものか、さもなければ人柱というものはもともと河川工事の技法の名称であったと考えざるをえない。

柳田氏は文化系統の学問を受け、御本人が詩的にできている詩人であり文人である。したがって物を視るときどうしても詩的に視る。それに反して自分のように医学に志した者は、人文科学的な心理現象も看過はしないが、一方医学の性質上、人間さえも物質として視ており、心的現象ばかりを視ようとはしない。いかに精神力が強いといえども人間も一生物に過ぎぬ。一本の注射液、一服の薬だけで、好むと好まざるとにかかわらず、これを殺すことができる。まして、土木工事という無生物の水力防止の技術は、自然の法則に従うよりほかに道はない。それは科学万能の今日ばかりでなく、果てしなき古代から同一の法則のままに動いてきた万古不易の事実である。

とうとうとしておしせまる水勢を一人の人柱などで抗することは不可能である。もし可能であるとすれば、この自然の法則に従った技術のみがこれを成しとげることが出来る。この点に関しては、柳田氏も暗々裡に知っておったからこそ、東北地方において、松浦佐用という人柱をたてたことによって、それ以来池の堤が切れなくなったということはありえないことだから、これは単に松浦佐用という巫女がはるばると東北地方に来て語ったのが土着して、そこに人柱伝説が出来あがったと考え、東北地方のいわゆる人柱伝説の事実を否定しているのかも知れない（ただしこれは善意に解釈した場合である）。

とにかく、松浦（まつら）という工法はあったのであって、この画期的な堤防構築法は諸国の築堤工事に一大進歩をもたらし堤防を安固にせしめたことは事実であったらしい。そのことがその土地土地の人に、父から子へ、子から孫へといい伝えられ、あるいはその技術が伝習されたものがこの人柱伝説の骨子であったに相違なく、まったく根も葉もない物語に過ぎないとは考えられないのである。

また、佐用も、柳田氏のいうように、サヨ—塞—障という点においては道祖神の意味もあるが松浦佐用の場合は「サヨ―塞《さえ》―障」だったのである。道祖を塞とするのも、もともとサエギルこと、つまりクナド神で、村の入り口に祀られるのも塞の意味である。その点、堤のように水を塞ぎり、堰《せ》くことと同一である。道祖神信仰を重視していた柳田氏は、その延長として、松浦佐用までも道祖神型の伝説にしてしまったのであった。もちろんこれは、松浦佐用の話の中に、道祖神的な内容があり、たとえば情欲的な要素がたくさんあったからこそであって、文芸面としては間違いではない。ただ、時代的変化や技術的なことへの配慮のなさが欠陥となって現われていることは否めない。ともあれ、松浦佐用は、技術面からすれば、〈松浦―マツラ―粗朶を敷き石をう工法〉で、文化の進んだ今日においても利用できる立派な築堤技術の名だったのである。

　しからば、何故、このように伝説は変形されて行くのだろうか。その理由は、一般に日本の技術名はアニミズムの形をとる傾向が強く、その呼称に人工の物の名や生物名などをあてはめることが多かったからである。たとえば、「霞　聖牛　鐙　鳥居　月の輪　地獄　鬼　大笈　百足　犬の子　五徳　勢子石　楯　合掌出　雲結　マツラ　竜骨　袴　備前様　巡礼」などという語を見て、これが河川工事の名であるとは、その道の人以外には想像もつかないであろう。柳田氏もその一人であった。

　一般に無名の者の論考などはあまり問題にもされないからいいが、一方の権威者の論考となるとその影響は大きい。私が、松浦佐用は築堤技術の名称だといったところで、これまでの松浦佐用論を変えることはなかなかむずかしいと思う。しかし、学問は学問、事実は事実である。私は一介の町医者だが、いいたいことはいわしてもらうことにする。

　柳田國男の民俗学は、その主となすものは農業であり、これに漁業、木地屋などが添えられているのだが、鉱業、土木業、商業などについてはあまり探究がなされていない。したがって、そうした方面から発した伝説なども、結局、農業とか、芸能宗教的な解釈に終始してしまう傾向が強く、それは依然として今でもつづいている。近年発行された『日本の民俗（大阪篇）』の前書で高谷重夫氏が述べているように、大阪府の民俗採集を編集するにあたり、ああした大都会であるのにもかかわらず、都会の民俗というものは全然集めることが出来なかったというのも、あまりにも農業民俗にそのフィールドをしぼり過ぎたがための一弊害である。昨今提唱されて来ている「都市民俗学」も、そうした反省の上に立ってのことだと思う。

柳田氏が掲げている人柱伝説には、この松浦佐用のほか、同系統の鶴市や松王健児などの伝説があり、さらにこれらとは別系統と考えられる長柄の人柱伝説として「袴の横継」というのがある。また、道心や巡礼などが登場する伝説もあるが、これも河川用語にある。

以上述べて来たように、松浦佐用が堤防構築法であるとすれば、他の人柱伝説も何らかの形で技術用語に関連があるに相違ない。こう考えて実際に調べてみると、やはりこれは事実であった。次に述べる「長柄の人柱」の伝説はその好例である。

長柄の人柱

長柄の人柱というのは、大阪の淀川にかかっている長柄橋と結びついている。この橋も御多分にもれず、よく流されて困っていた。ところが、ある長者が「袴に継ぎのある男を人柱にたてれば流れなくなる」といったので、そういう男をさがしたところ、果してその当人の袴に継ぎがあった。そこで、その男を人柱にしたというものである。

　もの言ひし父はながらの橋柱
　　なかずばきじも射られざらまし

というのは、この長者の娘がうたった歌だという。伝説によって、継ぎのある袴をはいていた人や、歌を詠んだ人（娘のほかに、妻だという場合もある）には種々の相違がみられるけれども、袴継ぎという点に変りはない。

この袴継ぎの伝説も、河川の堤防用語を知らない文人が読むと、松浦佐用のような柳田流の解釈法をとるかも知れない。しかし、土木用語を実際に調べてみると、やはり袴についての用語があるのである。それを述べる前に、一体袴というのはどういうものなのかを辞書で見ておこう。たとえば、『言泉』では次のように記している。

袴（ハカマ）（一）上古、脚部より腰の辺までに纏ひし短き衣、即ち今の猿股の如くなりしもの

（二）上衣の腰部に結び、腰より両脚へかけて被ふやうに造りたる、寛ぎ衣

（三）植物の茎をまとひ被ふ皮

（四）酒徳利を据え置くに用ふる、方形又は円形、多角形の小き箱形の台

このように袴には、武士がはいている袴だけではなく、（四）の如く、酒徳利を据え置くのに用いる方形または円形、多角形の小さな箱の台という意味もあるのである。これは上品な宴会などで誰しも見かけるものであるが、これと同様に、橋柱の裾のところを円形の土台石で丸くつつんでいるところを「袴の腰」という。また、堤防の両側がなだらかに坂になっているものも同様の呼び方をし、これらを簡単に「ハカマをツケル」という。このように、橋柱や堤防には「袴をつける」という工法が存在するのである。つまり、橋柱の基礎工法であり、

袴継ぎ―ハカマツギ

袴付き―ハカマツキ

というふうに、いずれも、接ぐことから来ていて、「継」「付」の如く清音と濁音の違いに過ぎぬ。だから文

人が、この言葉が土木用語とは知らずに文章を作ったのか、あるいは後述するように、もともと政策性のある人柱伝説のことだから、故意に曲げたか知らないが、とにかく袴付きという言葉を袴継ぎにして、長柄の人柱の話を作り出したものであると私は思っている。

こう書くと、『民俗学辞典』の「人柱」の解釈は「袴継ぎ」ではなく「袴の横継ぎ」となっているが……という人がいるかも知れない。むしろ土木用語としては、橋柱の場合には袴の横継ぎの方が正しい。これは図一の如く橋柱に支柱をつけることも袴であって、支柱は橋の方向に対して横にしないと、流木が支柱にかかることになるので、必然的にこうした袴の横継ぎが行われたわけである。

このように、長柄の橋の人柱というのは橋柱に袴型の支柱をつけることであって、人柱を志願したとか建議した人を人柱にしたというむごい話も、実は建議した人の意見が通り、工事が成功し再び流されることはなくなったというめでたい話なのである。したがって、この話を悲劇にしたのは、文人の悲しさであるか、堤上に祠を造り、参詣人に踏み固めさせる政策であるかである。

余談になるが、袴継ぎの話は大工にもある。

宮大工が柱を造るのに、大柱のうちの一つを間違えて寸法より短く切ってしまって当惑していたところ、娘が袴継ぎをすればよいと教えて、その危急の場をのがれた。

というものであり、図二のA、Bのようなことをいっているのである。この場合には、娘は、教わったことを他言されることをおそれた宮大工の父親に殺されたという話になっている。このようにして袴を付けると、Aは柱が底まで行っているのに対して、切っただけ短いBも、外から見るとまったく同じように見えるのである。

要するに、今でこそ、何んだこんなことかというほどのことでも、古代においては際立った補強工作であったから、このような伝説になったのである。
袴継ぎの工法は、このほかに井堰の場合にもあった。大分県の宇佐神領の例である。

宇佐の神領なる沖代千町の田地を、曾て七人の地頭で支配して居た時代に、高瀬川の水を引く大井手の堰が、屢々損壊して塞ぐことがむつかしかつた。そこで人柱を立てようといふ相談をした処、地頭の一人湯屋弾正基信、七人の袴を水に浮べ沈みたる者が人柱といふ案を出して、之を試みると発案者の袴が沈んだ。或は単に籤を引いて決したとも謂ひ、又は基信自ら進んで人柱に立たんとすと書いたものもある。何れにもせよ結局は鶴といふ三十五歳の女と、其子の市太郎十三歳とが、望んで湯屋弾正の身代りとなつて白木の板輿に乗つたまま、此川の中流に埋められることになつた。さうして万代の堰は其上に築き上げられ、母子は永久に水道の守護神として祀られたといふ（「松王健児の物語」、『妹の力』所収）。

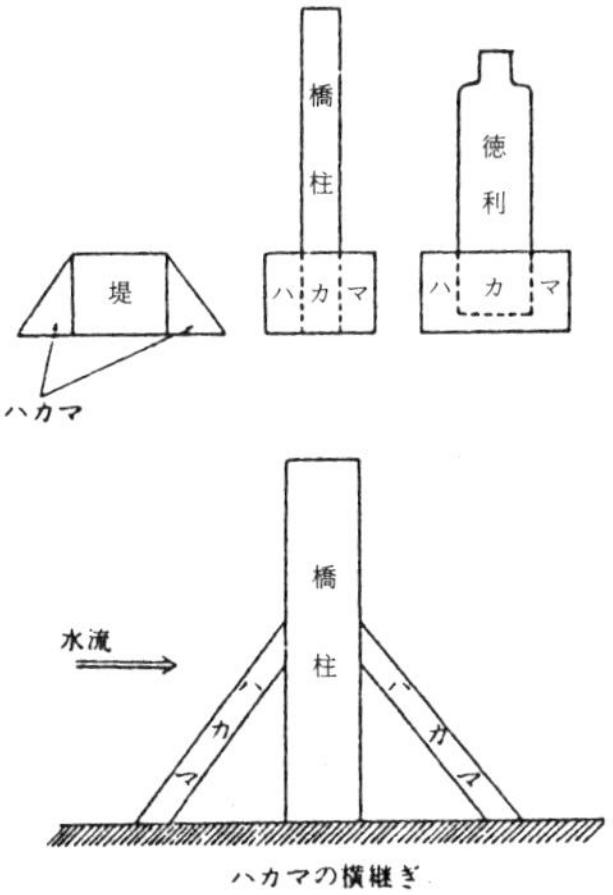

図1　各種のハカマ

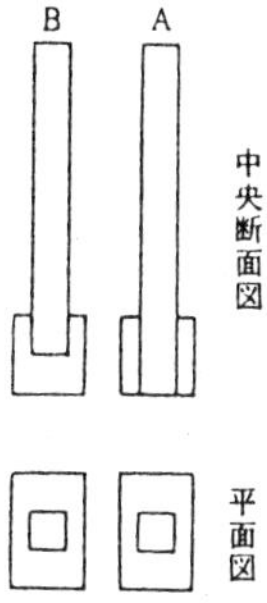

図2　柱の袴継ぎ

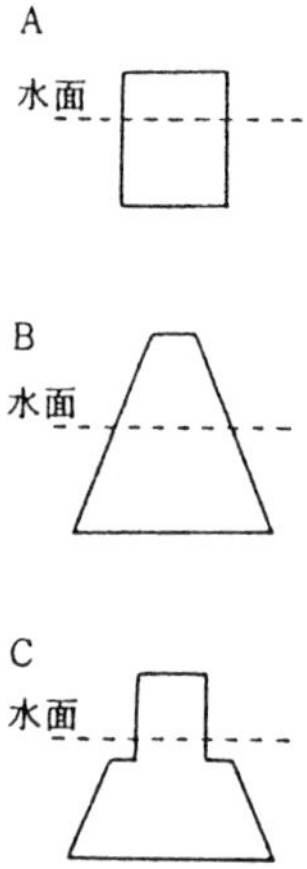

図3　梯型の袴

この伝説の前段は袴を沈めた話で、これもその話を建議した者が人柱に決まるという点は、長柄の橋の人柱と同様であるが、この場合は袴継ぎではなく、袴を沈めるとある。しかし、袴であることに変わりはない。土木建築の術語では、袴といえば図三の如く梯型のものをいうのである。

おそらく、この高瀬川の従来の井堰は、A図の如く横に張り出すこともなく造った簡単な石積みのもので、よく水に流されやすかったのであろう。それを改造して、横に大きく張り出した井堰を造ることを地頭たちが考え、その内で湯屋弾正の袴型、つまり梯型が採用されることになるのがこの伝説の前段の山と思われる。水に袴を沈めるとは、井堰の両側の張り出した部分が水の中でその裾を長くひいている型をいう。こうすることによって、井堰にあたる水勢が大いに弱まるのは、水利にかなっている。

ところで、この伝説は袴を沈めるという話では終っておらず、このあとに湯屋弾正に代って女とその子が板輿に乗せられて沈められるという後段がつづいている。したがって袴の工法とは異なった方法がきっとあったに相違ない。

袴の工法の欠点は、水中に横に張り出す部分が大きければ大きいほど効果が大きいのだが、それだけ工事が大きくなることになる。それに対して、女と子供を板輿に乗せて沈めるという方法は、次章の「勢子石―鶴市―マツラ―連枠」のことで、堰の下手はよく掘れて堰の崩壊を来たすので、沈床工法を行ったのだと思う（備前吉井川の石堰、『夢之代』所収）。

ともあれ、これが伝説に登場する鶴市や松浦佐用の実体なのである。文芸的にとらず工法と考えるべき問題なのである。このことを、柳田國男氏の『妹の力』所収の人柱論を引用しながら、次に述べてみたい。

勢子石

柳田國男氏は「松浦健児の物語」の中の〝母一人子一人〟と題した節の冒頭に次のような伝説を引用している。

諸国に分布する人柱伝説が、決して一つ一つの史実ではなかつたことは、話が互ひによく似て居るので、ごく簡単に之を証明することが出来る。例へば東上総の尾長堰を築くときに、捕へて人柱に立てたオナといふ女乞食は、梅の実を食べて居る所を活埋めにした。それで其地に梅の木が生えて、其実は悉く片側に肉の無いものであつた。下総印旛郡大竹の坂田池の堤にも、片多《かた》梅又は片端梅《かたふたのうめ》と名づくる名木があつて、同じ由来談を伝へて居る。以前此池の堤が幾ら築いても持たなかつた時に、一人の女が遣つて来て人橋を架けるより他は無いと教へたので、乃ち其女をそこへ沈めた。女は小さい児を背負うて居て、其子は手に食ひかけの梅を持つて居た。それを共々に埋めてしまつてから、其地に斯ういふ梅の木が生長したといふのである。

同じ例が只の二つだけなら、一方が窃《ひそ》かに真似したとも評せられようが、植物の特徴を亡霊の勢力に帰する説は、千方の逆さ柳、梶原源太が馬の矢筈《やはず》の笹葉、畠山重忠の馬の片割シドメの類、少しづつ形をかへて幾らでも世に知られている。現に同じ印旛沼沿岸の師戸《もろと》の金毘羅渕でも、片割シドメと称して実の半分しか無いものが今も生じ、昔子守の女が田人にいぢめられて、此崖から身を投げて死んだときに、半ば喰ひさしたシドメを幼児に持たせて置いたからと称し、又此あたりの藤は其女が児を負うて居た名残で、十字にあやどつて成長するとも謂つて居た。しかも其女の死んだといふ日は、田の仕事とは最も縁の少ない七月の十三日で、其女の奉公をして居た船尾村の宗像神社には、当日色々の奇瑞があり又祭があつた（「松王健児の物語」、『妹の力』所収）。

この文章を読むと、梅と、母と背中に負うた子供（背子）ということとが主題になっているのがわかる。実はこのことから、私は多久技官に「セコ石」という築堤工法がないかと質問したのであった。これに対して、同氏からの返信で「セコ石とは籠に石をつめて捨石にすること」という回答を得たわけである。また、佐藤信淵の著わした『内洋経緯記』という書物には、

勢子石の製法は、きはめて重き大石に枝葉のあるままなる松木を藤蔓を以てしばりつけたるを、なみあて（波当）の方に置き並べる也、しかして後に堤を築き立てるときは、絶えて波に崩壊のうれいあることなし、是れ古法なり、近来に至り我が祖父不昧軒翁の心計に、勢子石を置くべき場所も少なからず、しかれども大石の無き土地の多きを以て、勢子石を置くべき代りに、雑木の丸柱末口一尺以上、長さ五六間なるを地にふりこみ立て、勢子石を置きたる代りとなし、此れに松木のすこぶる成長して、板にひ

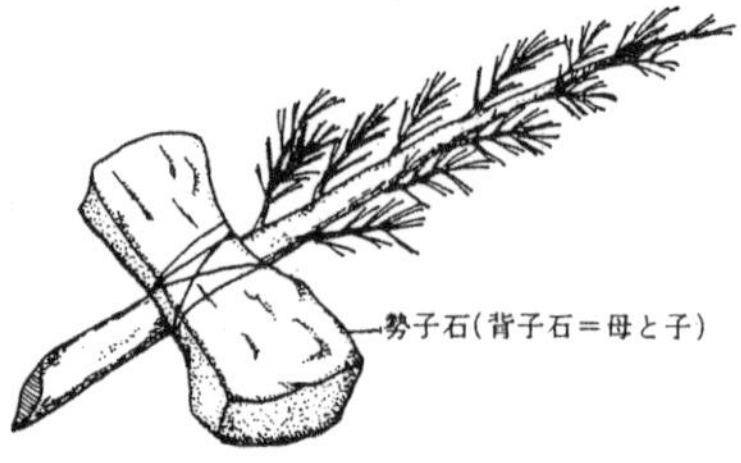

図４－Ａ　松と大石

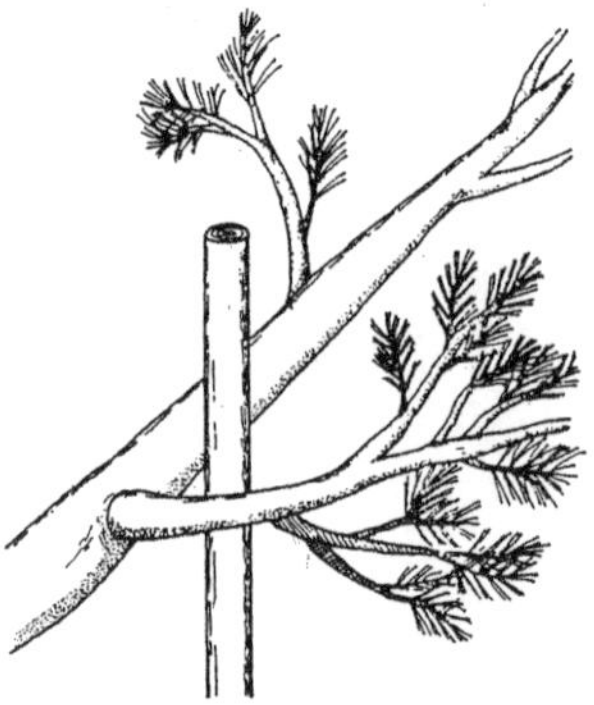

図４－Ｂ　杙掛け埋め

くべき枝下をば切りとりして、其の末の枝葉多き所の、切口一尺余りもある部より、末の方を枝葉のままにて、其の丸柱に切口を波当に向けて、引掛けおくこととなれり、此の仕方は大石を置くよりは甚だ無造作にして、且つ強く至極便利なる良法なり、その他雑木にても長さ五六間末口一尺以上なる丸木柱を、地中に一丈余りふりこみ立て、此れに其の松の木の丸柱を切取りて、末の枝葉の所をだき合して、波当の強き場所に数多立てならべて、五間おきに柱一本立てて、枝葉をしばりつけ置くときは、自然に荒波の力にて砂を打ちよせて、松の枝葉の内の方に山の如く、砂の集るものなり、故にまづ此の勢子石の丸柱を打ならべ、然して後に此の丸柱より十四五間ほども、堤防を築立てるときは、つなみありといへども、たえて崩るるうれいあること無し

とある。

これによると、勢子石《せこいし》というのは、多久技官のいう蛇籠に石をつめこんで、捨石にするのとは、異なっており、「先枝のついた松の幹を切って、それに大石をくくりつけたもの」が古法であるとされている。大石を松の木に背負わせた姿からすると勢子石は「勢子石―背子石」と考えられ、文人が物語を作るにはうってつけである。そして、『妹の力』に出ている下総印旛郡の片端の梅伝説で稚子を負うた女を人柱にしたとか、同印旛沼の金毘羅渕の子守りが身投げをしたという話や、また宇佐神領の高瀬川の母と子とを人柱にしたという話は、この勢子石を沈めたことから起きた人柱伝説に相違あるまい。このうち、印旛沼の二つの例において、「喰いかけの梅」を子供が持っていたというのもおそらく、『内洋経緯記』後段の、「杙《くい》に枝松をかけた」という工法＝「杙《くい》（喰）掛《か》けの埋《うめ》」であったと思う。

ただ、この話には「片割シドメ」、「片端梅」という変った名の名木もある。これらの内、梶原、畠山の馬具の名は堤に馬踏の用語があり、片割シドメは片端梅とともに護岸用具で、明らかに後者は堤に関係がある。

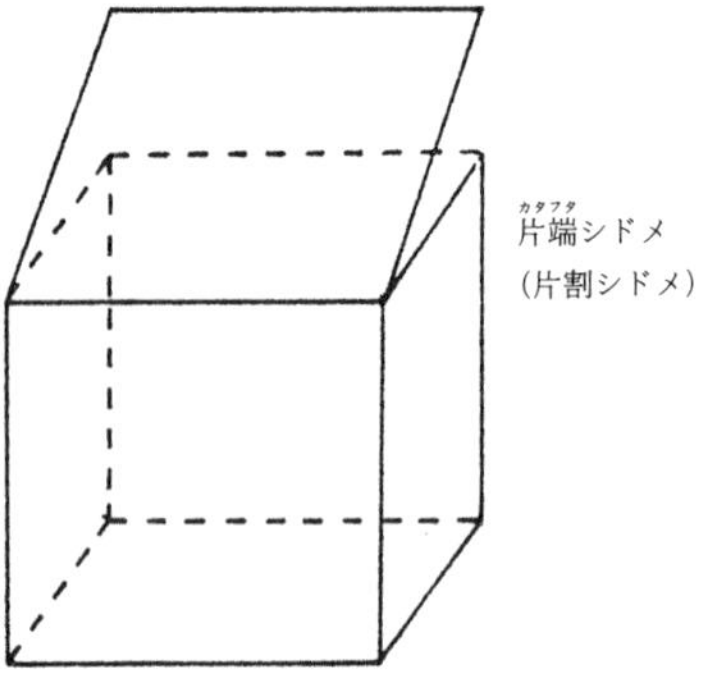

図4－C　沈枠の変型

「シドメ」は「沈め」、「梅」は「埋め」であろうが、片端という用具は箱形の枠で、三方は閉じているが、一方は開けどんどんになっている護岸工具である。こんなものが水勢をどうして防ぐかというであろうが、水の動きは微妙なもので、岡山市の児島湾に住む漁師の話では、密になったものより石と石の間があいている方が、護岸に役立つという。それは、テトラポットの形をみればよくわかるであろう。片端梅は水の本性を良く活かした方法である。

鶴市＝マツラ

柳田國男氏は、「松王健児の物語」の中で母一人子一人ということを強調して、宇佐神領の大井土堰の話に登場する鶴とその子市太郎、また九州の相原神社に祀られている鶴女市太郎などに盛んに言及し、それが水神に関係があるとしている。しかし、前述の多久技官のハガキのとおり、鶴市というのは松浦佐用にも通ずるマツラということである。マツラのはマツリ　マツワル　マツロウなどからもわかるように、今日でいうマブレックことで、纏綿とか纏繞などの意味がある。つまり、鶴などと書くからむずかしくなるのであって、蔓と考えればよく理解出来るのである。水中では「粗朶と石」とを結びつけて沈めておくと、それを中核として土砂が集まって来るという癖がある。これを利用することが松浦佐用であり鶴市なのである。それに対し「佐用」「サヨ」「道祖《さえ》」が同音のため、松浦佐用媛を道祖神信仰の方へと発展させて行ったのが柳田氏であった。しかし、それは余りにも文芸的な考えであって、伝説といっても何かそこに物的なものが含まれているものを取り扱う場合には、すべてを文芸の方向へもって行ってしまうことは許されない。

柳田氏が、『妹の力』の中でこの外に研究したものにマツがある。つまり松浦や松王健児を理解せんがための大努力であるが、このマツも、前述のマツワル　マツリ・マツラの問題である。松王健児が清盛の経ヶ島の築島にあたり、捕えられた人柱に代り蓮台に乗り、しずしずと水中に沈められて行った話も、本当の小姓のように書いてあるから大変なことになるが、蓮台というのは、江戸時代、川を渡るのに金のあるものがこれを雇用した乗物である。その絵はよく見かけるが、四角な板に棒を二本結いつけて、これを人夫が四人がかりでかつぐのである。

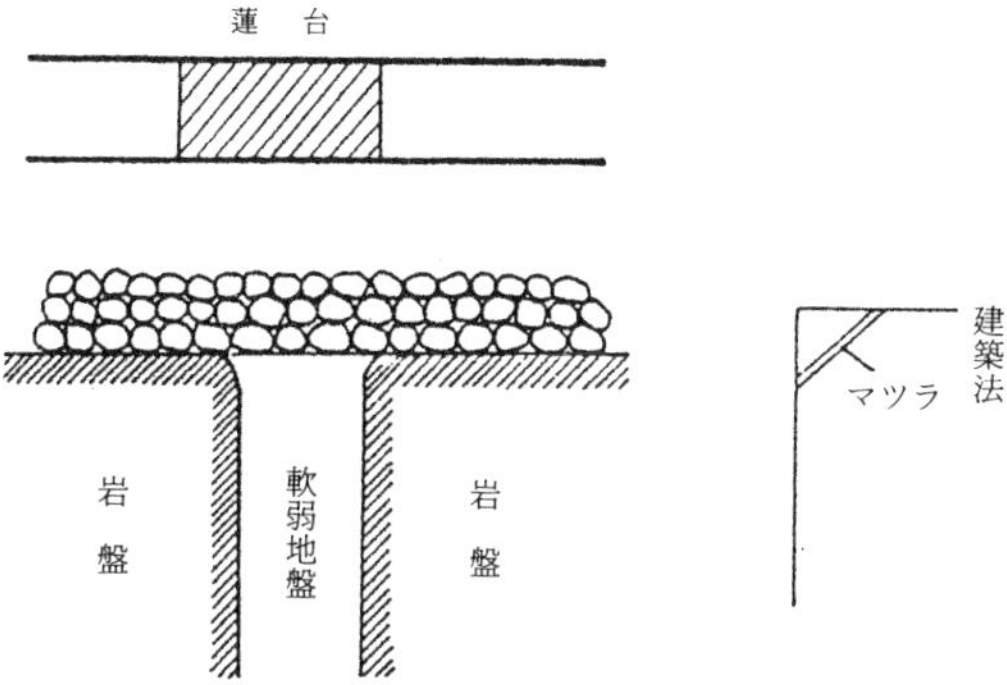

図5　蓮台とマツラ

こんなものがなぜ築島に必要かというに、水中には堅い地盤と弱い地盤とがあって、弱い地盤はいかに石を投げ込み砂を持ちこんでも、石をくうばかりでちっとも固まらないのである。川や池など陸地の場合にはある程度はこれでもよいが、しかし海中では、深さが何百メートルもあることがあり、投石だけではとても無理である。こうしたときに、両側の堅い地盤を利用して、弱い地盤の上にこの蓮台の棒をさし渡し、軟弱な地盤の上に蓮台の部分があたるようにする。わかりやすくいえば、穴の上に棒を二本渡しその上に板を置いて、その上に砂を盛るという方法である。この支えがマツラである。多久技官のいうマツラ（船の竜骨＝支柱のことをいう）と同一である。

このマツラを神々のマツリの方へ持って行くと、道祖神信仰となり、それで松浦佐用を説明するようなことになる。日本語は転意が容易なので、技術用の術語も神様用の言葉も同一の場合があるという奇怪な話にもなるが、良く考えればむずかしいことではない。

水沢の松浦佐用媛伝説

人柱の成り立つ経緯を長々と述べて来たが、ここで、岩手県水沢市附近の松浦佐用媛伝説地の採訪報告をし、しめくくりとしたい。その前に『封内風土記』の記事を述べて、採訪の手だすけとする。

『封内風土記』（意訳）

水沢というところは、名の示すとおり、古代は水が満々とみなぎっていた大きな沼沢地帯であった。ところで、この沼沢には大蛇が棲んでいて、ここを行き来する人を悩ました。そこで郡司や村長（ムラオサ）などが相計って、水神をまつることになった。三年目ごとに沼沢の上に床をつくり、美女を牲にすることによって、この禍いからまぬがれようとしたのである。ある年も美女を牲にしなければならぬ三年目になった。早くから郡司は村長たちと、今年はどの女に白羽の矢を立てようかとよりより協議していたが、生憎適当なミス水沢が見つからない。いろいろ思案していると、ある晩のこと郡司は一つの夢をみた。それは、肥前国松浦郡の松浦潟に生まれた松浦左与姫、長く京都にもおったことがあることからまたの名を京姫といい、幼少の頃から虚空蔵尊を尊敬していて、朝夕同尊を礼拝することを怠らないという世にも真面目な女、牲にはこれがよろしいとの夢。郡司は、これこそ領内の女に代り大蛇の牲にするのにうってつけと気がつき、この女を迎えることにした。

まつりの当日、松浦左与姫を沼の床の上に坐さしめると、姫はしずかに経をとなえ、前に安置した虚空蔵尊をしきりに礼拝している。時刻は刻々としてすすみ、やがて夜半、すると、この大沼がにわかに波立ちさわぎ、なまぐさい風が吹いて来たかと思うと、例の大蛇が忽然として波間からあらわれ、頭を振ってまさに左与姫を一呑みにしようとした。すると姫は立ちあがり、教本を振りあげて、コツンと大蛇の頭を叩いた。このために、経の功徳か大蛇の角も牙もたちまち折れとび、驚いた大蛇は雲を起こして天に逃げて行った。

これが『封内風土記』の左与姫に関する大要である。こうした文章を読んだときに誰もが面白いと思うのは、大蛇の頭を叩くと角が折れたり、牙がとれたりする大立廻りの部分で、その前文の方などは記憶にも残らぬものである。しかし、真実はむしろこうした中にあるのである。

つまり、水沢は水の沢で、水が所々にたたえられているという水だらけのところなのである。この水だらけのことを考えずに、ここに遊びごとである歌舞の女をつれて来て、なまめかしいお話で茶を濁そうという貴族的な発想をする点に、そもそもの間違いがある。このあたりの人々にとっては、歌舞どころのさわぎではない。まして政治家である郡司や村長にとっては、どのようにして村民を水害から守るかが大問題である。三年毎に美女を牲にしたというのも、文芸的な誇張であって、女の特徴すなわち子宮（包）—包—堤か、女を連想させる漢字の堰の存在が考えられる。また、沼のそばに住んでいない人にはわからないかと思うが、沼の水が大風にあおがれると、津波となって陸へあがって来るのである。このことは、採訪の際、四本柱遺跡のそばに住んでいる高橋さんからも聞いた。要するに、大蛇は沼の津波なのである。

だから実際には、この村では従来、三年毎に堤（堰）を改修して津波の難を防いで生活して来たが、郡司が、京都から来た官吏か諸国遍歴の僧からかは知らないが、とにかく、京都には松浦佐用という非常に進んだ築堤法があることを聞き知った。そこで、この方法を取り入れることになったが、それが松浦佐用を買って来た、という話に変わったのに違いない。つまり、松浦佐用工法を知っている技術者に、遠く奥羽の地まで来てもらい、完成した堤がこの伝説のデッサンであると私は考える。歌舞の遊女などとはとんでもない話である。

私が訪れた四年ばかり前でも、水沢市ならびにその附近では、この大沼の散在する胆沢平野の耕地整理をしていた。町長の話では、大古はこの胆沢平野（水沢市附近）は、胆沢川が氾濫してできた大小無数の沼であった。その姿はまるで鱗のようであったという。鱗というとわからぬかも知れぬが、魚のウロコのように円型の沼が連なりに連なっており、その間に人間が住んでいたのである。この「鱗のように」という語も、後世には「魚がいっぱいいた」という話にされかねないので、こうしてあらかじめ書いておくのである。

図6　**高橋家と沼跡**（高橋悦雄氏作図）

採訪した現代では、耕地整理が行われているから一般の平野と同じにしか見えないが、それにしても、沼だったところと、もとからの陸のところとでは地盤が違う。もと沼であったところには水が籠るため、今日でも水ヌキのための暗渠がたくさん地下に造られている。この水ヌキは、昔は溝を掘り、その中に粗朶を連ねて造られていたという。私は、町長にこの話を聞いて、一度は松浦佐用とはこのことかとも思ったが、とにかく、左与姫が大蛇を退治したという四本柱のあったところを訪れてみることにした。

「四本柱」はこの伝説のために地名として残しており、一丁ほどの丘があって、そこに高橋さんという家があった。立ち寄って話を聞くと、同家の裏が左与姫の四本柱があったところで、以前には潟岸の薬師堂があったという。裏へ廻ってみたが何もない。ただ、茂井羅堰の中流の溝川が丘に沿って流れているだけである。遺跡を示すものは何もなく、附近に家は二、三軒しかない。こんなところへ佐用という遊女が来ても、誰も歌舞など見に来ないであろう。仕方なく、先に聞いた水ヌキの話をすると、高橋さんは「大昔、自分の家の前から千刈田の方に大きい沼が広がっていて、ちょうど自分の家の辺りが岸にあたっていた」と教えてくれた。こう説明されるとよくわかる。大蛇＝津波が押し寄せて来た岸辺が、この潟岸といわれる場所だったのも無理はない。

化粧清水

四本柱を去って向かったのは、柳田國男氏が松浦佐用巫女説の有力な証拠とした化粧清水である。これは四本柱から見ると、かつて沼であったところをへだてたはるか南方の広岡の小山にある。ここには観音堂があり、その参道にあたる山裾に化粧清水はあった。大きい泉かと思ったが、どこにでもあるような湧水である。ただ、気がついたのは、この泉に箱枠がしてあったことである。これに注目したのは、化粧清水がところによっては箱清水といわれているためである。文人ならば化粧箱とでも考えるだろうが、私など理科系の者はそうは取らないのである。箱清水が化粧清水と共通するのは、もともと化粧というものが、人工を加えたものを意味している点にある。つまり自然のままに湧いている清水に、石垣なり箱なりの何んらかの人工を加え水を貯えること、それが化粧清水である。この場合は、箱枠が化粧なのだと考える。化粧坂も同様で、坂に手摺があるとか石畳があるとかが化粧なのである。

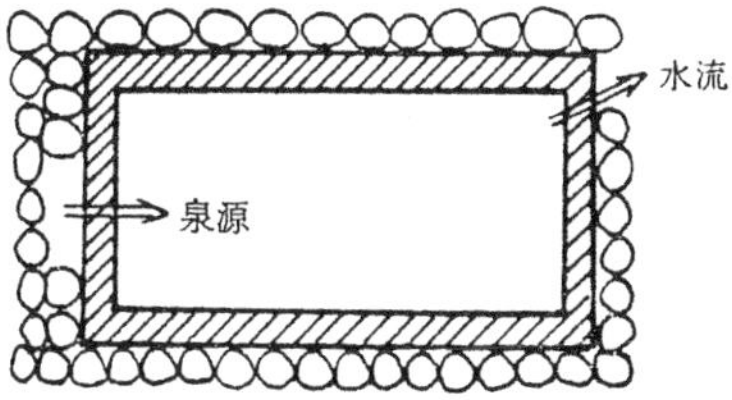

図７　広岡の化粧清水（胆沢）

吉原の衣紋坂も同様のものだったのではあるまいか。今日でも化粧煉瓦は女性の化粧には関係がない。

都の人が使った化粧という言葉が、清水にも適用されるとそれが珍しく、今日に至るまで伝説として残ることともなるのである。ともあれ、清水に箱枠を入れただけでも文化とされた、かつての庶民の質素で素朴な暮らしぶりが思いやられる。

松浦佐用の構床

この化粧清水は鉱泉ででもあるのか、そこを訪れた際、中風のような爺さんがその水を呑んでいた。化粧清水を見終えた私は、茂井羅堰とか寿安堰とかいう珍しい名につられて、胆沢川をさかのぼり上流に向かった。そして、現在は立派なコンクリート造りに変わった茂井羅堰を見た。それはそれだけのことだが、その上手の川岸に四本の杙によってヤグラを組み、中に石がたくさん入っている牀（井桁）のあるのを見つけたのである。「四本の杙―四本の柱」、これは面白い、私はこれこそ松浦佐用の四本柱ではないかと思った。その形はいわゆる沈枠（しずめわく）で、図のようなものであった。つまり、四本柱の中には粗朶と石塊がいっぱい詰めこまれており、ずっしりとして、いかなる水もこたえぬというように岸辺に並んでいる。私はこれこそ、松浦佐用の坐した牀だと思った。松浦佐用の基本は粗朶と石塊だが、海においては沈石になり、河川においては種々の変形が発達して、粗朶と石塊を四本の柱のある井桁に入れたものも発生したというわけである。水沢の松浦佐用媛伝説は、こうした防水工法が擬人化されたものと思うのである。

人柱は太古のことはともかく、その後においては真の人の柱ではなく、土木の工法のことであり、こうした技術用語が、日本語においては人間関係的な言葉で表現されることが多いため、文芸となり、マツラという語の連想から交、纏、祭など交を本質とする道祖神信仰に結びつき、この工法伝説も巫女や遊女たちの持ち廻ったものとされてしまったのである。都から地方へ伝わって行くものは話ばかりではない。技術もまた同様なのである。

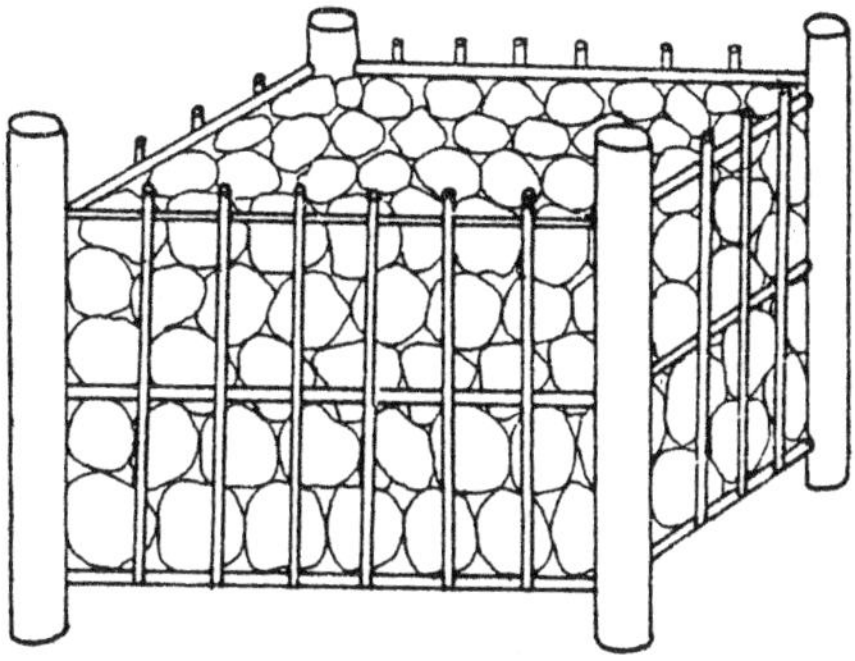

図8　松浦佐用の牀（沈枠）

赤坂憲雄

人身御供譚への序章

Ⅰ　人身御供・または供犠という名の原初のできごと

　はるかな遠い昔から、人身御供や人柱の伝説があかずくりかえし語り継がれてきたのは、なぜなのだろうか。年ごとにめぐりくる祭りの一日《いちじつ》、村はずれの沼や池に棲む大蛇に美しい処女をささげた、という人身御供譚。また、架橋や築堤にさいして、通りすがりの母と子を荒ぶる水の神にイケニエとして立てた、という人柱伝説。

　それら荒唐無稽でありながら、不可思議な生々しさに浸された伝承は、わたしたちの共同化された精神史の深みに、ある癒しがたい外傷として刻みこまれている気がする。歴史の闇、不可視のときのかなたに沈められた、原初のできごとをめぐるわたしたち自身の痛ましい記憶。原初のできごとを、いま・ここに不断に再生＝反復しつづけるための装置、それを仮りに〈神話〉とよぶならば、人身御供や人柱の伝承は〈神話〉である。〈神話〉として物語られつつ忘却されねばならぬ原初のできごとは、血まみれた供犠の光景であろうか。それはまた、内部と外部の分割をめぐる〈神話〉の変奏でもあるにちがいない。

人身御供譚とはなにか。

たとえば、『今昔物語集』巻二十六の七にみえる中山の猿神退治の話は、人身御供のひとつの定形をしめしている。

今は昔、美作国に中参（猿）・高野（蛇）という二神が鎮座し、年に一度のまつりには未婚の娘をイケニエにそなえる風習であった。指名されたイケニエは、その日から一年間よく肥い太らせて、翌年のまつりの日にささげられる。ある年、娘をイケニエに指名されて悲しみに暮れる家族の前に、ひとりの旅人があらわれる。東国出身の勇猛な猟師で、多くの犬を飼い、その犬に猿や鹿を喰い殺させて猟をすることを生業《なりわい》としていた。男はイケニエの話を聞くと、自分が娘の身代わりになることを申し出る。娘はこの東国の男と夫婦になり、月日が過ぎる。やがて、まつりの日、イケニエとして御社にはこばれた男は、飼い慣らした二匹の犬とともに猿神を退治する。こうしてイケニエの風習はやみ、男は末長く夫婦として娘と暮らした。

あきらかに、記紀の八岐大蛇《やまたのおろち》退治の話などとも通底する、ある説話の定型を踏んでいる。細部についてはさまざまな変奏を含むことはいうまでもないが、定型化された人身御供譚は以下のようなものである。（図1）

邪神は大蛇や大猿その他の異形の獣か、悪鬼夜叉のたぐいである。イケニエはたいてい未婚の美しい娘であるが、ときには男や、母と子が択ばれる。救済者として訪れる〈異人〉は、スサノヲのような神的英雄か、または名もない猟師・回国修行の僧・都の貴種などである。〈異人〉は娘と結婚するが、土地に居ついて長者として繁栄したり、死後土地の神に転成したりする。説経「まつら長者」のように、イケニエであると同時に救済者である〈異人〉が女性の場合には、結婚の主題が欠けていることはいうまでもない。

　ところで、人身御供譚が例外なしに、人身御供という風習がやんだ地点（時間的および空間的）から、風習そのものの終焉にいたる経緯を物語るという説話の形式《スタイル》を持つことは十分注目されてよい。それは過去の遺習としてか、あるいは、隠れ里といったある種の〈異界〉の奇習として物語られる。伝承の現在（いま・ここ）からは隔絶した、遠い異次元の空間が、人身御供譚の舞台として設定されているのである。

　そこから、高木敏雄『人身御供論』などは、つぎのように結論する。すなわち、〃人身御供の伝説の場合でも、単に人身御供そのものの話が目的でなくて、犬や勇士や長者の娘を引出して、その時から恐ろしい邪神が退治されて、忌むべき風習が止んだということを説くのが主眼になっているのは、すべて空想的産物たる証拠である〃（傍点引用者）と。

　たしかに、あらゆる人身御供譚は、その習俗の終焉というできごとを第一主題としているかにみえる。し

(A)　毎年、人身御供をもとめる［邪神］がいる。

↓

(B)　処女が［イケニエ］にささげられる。

↓

(C)　［異人］があらわれ、邪神を退治する。

↓

(D)　人身御供の風習はやみ、異人は処女と結婚する。

↓

(E)　邪神・イケニエ・異人は神となる。

図1　人身御供譚の定型〈1〉

かし、それ自体はすこしも、人身御供の〝空想的産物たる証拠〟とはならない。高木は人身御供の習俗としての史実性を否定するために、人身御供譚の分析をこころみたが、おそらくそれは方法的に第一歩から踏み誤まっている。人身御供譚を素材として、人身御供という習俗が史実であるか否かを判断することはできない、ととりあえずここでは指摘しておく。

あるいは、人身御供譚について、西郷信綱が卓抜な解釈をしめしている。最初に人身御供があり、動物がそれにとって代わり、さらに無血の供物になったとする説（人身御供譚自身が語るイケニエの歴史でもあるが——）を批判しつつ、西郷はこうのべている。

> 築城や築堤、あるいは戦争といった非常の場合と年毎の祭りとは区別せねばならぬ。年毎の祭りにかんする人身御供の話は、だいたい民間伝承の範疇にぞくし、そしてそれは獣類のイケニヘを核にして説話化されて来たものではなかろうか。……イケニヘの獣類は神にたいし共同体を象徴するのであるが、それはこのイケニヘと人間とが一体であり、両者が等価関係にあることを語っている。そうである以上、獣類のイケニヘが人間の娘の話へと一転したとしても、さして驚くにあたらない。親にいつかれた秘蔵娘は、活け飼いされた獣類、それと共同体との等価性をまさに説話的に純化し高めたものといえる。イケニヘを殺して神に供える祭式であるニヘマツリには、こうした説話的・想像的飛躍を可能にする劇的な契機が孕まれていたはずである。（「イケニヘについて」『神話と国家』）

獣類のイケニエを神に供える祭式＝ニエマツリを核として、それが説話化されることで人身御供譚が成立した、と西郷は推測する。人身御供をめぐる伝承は空想譚か事実譚か、という多くの研究者たちが踏み迷ったアポリアをたくみにすり抜けつつ、西郷は人身御供譚がみずから語りだすイケニエの歴史（人身御供から獣類のイケニエへ）を、みごとにひっくり返してみせる。つまり、獣類のイケニエから人身御供（譚）へ、と。それは、民譚から習俗（の実在性）へとあいまいに解釈の視点をずらしてゆく方法とは異なり、習俗から民譚へと逆に、解釈の方向性そのものを転倒させている。

しかし、この、獣類のイケニエから人身御供（譚）へ、という西郷の仮説は、はたして人身御供譚の解釈として有効であろうか。それはある意味では、伝承を習俗の位相に還元する、別種の実証主義に足をすくわれているように思える。言葉をかえれば、人身御供譚がひとつの例外もなくさししめす、人身御供から獣類のイケニエへ、という推移の方向性がまったく無化されている。

むしろ、人身御供をめぐる伝承がみずから語る物語にこそ、耳をそばだててみたい。人身御供譚に刻みこまれた民衆の記憶、それはいうまでもなく秘められた供犠の歴史の痕跡である。供犠という、人間とその形造る社会文化にとってもっとも根源的といえるメカニズムの理解なしには、人身御供譚の語る物語を読み解くことはできない。それゆえ、わたしたちはまず、供犠のメカニズムの考察から出発しなければならない。

II　秩序創成・または境界更新のメカニズムとしての供犠

供犠とはなにか。

レヴィ＝ストロースは『野生の思考』のなかで、ひとつの供犠論を提示している。レヴィ＝ストロースによれば、供犠の目的は関係の設定である。犠牲の神聖化によって人間と神との関係が確立されると、つぎに、供犠の儀礼はその同じ犠牲を破壊することで、関係を断ちきる。そうして連続性（自然）のなかに、非連続性（文化）は導入される。

供犠の庭にささげられる聖化されたイケニエは、象徴的には、人間／神・内部／外部あるいは〈俗〉／〈聖〉といった二元的にたてられた対立項をつなぐ媒介者である。人為的に設定された媒介的・中間的対象にたいして、ある極限的な操作としての供犠の暴力がくわえられる。この、犠牲の破壊をつうじて、仮構された内部（人間）／外部（神）という二元化された文化図式は再認され、生きられた現実として受容・更新される。供犠とはしたがって、連続性の切断のための暴力、あるいは連続性という名のカオスのなかに非連続性としてのコスモスを導きいれる装置である、といいかえることができる。

媒介者＝イケニエを供犠によって破壊（殺害）することで、内部／外部の分割はなしとげられる。それゆえ、供犠とは不断にくりかえされる境界更新のメカニズムでもある。供犠の象徴機能は、境界の設定・維持にかかわる共同体の儀礼メカニズム、としてとらえかえすことができる。

たとえば、道切《みちきり》とよばれる民俗がある。

疾病その他の村の平和を乱すものが、外部《よそ》から侵入するのを防ぐための呪術である。すでに発生している疾病を村のそとに送り出したあとに、道切をする場合もある。村もしくは部落が共同でおこなうのが普通であり、村境や村の入口の路上に注連《しめ》をはるのが、もっとも特徴的である。道切はつまり、そこで疾病や災厄を遮断しようとするもので、種々の呪術がともなっている（柳田国男監修『民俗学辞典』より）。

道切とは、境界鎮めの呪術儀礼の一種とかんがえてよい。注連縄《しめなわ》は標縄とも書かれるように、神々の鎮座する清浄の世界とその外部《そと》なる不浄の世界との、それゆえ、〈聖〉と〈俗〉との境界を可視化するための標識である。注連縄をはって道切をするという民俗は、レヴィ＝ストロースのいう供犠のメカニズムにささえられている。連続性の切断であり、内部／外部という空間の分節化である境界の画定とは、むしろ供犠そのものなのである。表層からは隠蔽されているが、わたしたちは注連縄をはるという呪的な行為がひとつの、根源的な暴力としての供犠であることを、指摘しておく必要がある。

辻・坂・橋・峠などの境界には、古来より道祖神・庚申塔・地蔵などが祀りおかれたが、それらの多くは念仏聖による大念仏・御霊供養の遺物といわれる。十世紀の史料に、木でつくられた人形《ヒトカタ》を御霊のヨリシロとして辻にまつり、その前で道餐・歌舞などの鎮送呪術がおこなわれたことがみえる。鎮送・祭却儀礼の対象となる御霊のヨリシロ（＝スケープ・ゴート）は、境界におかれたのである（兵藤裕己『語り物序説』）。逆にいえば、御霊の祀り棄てとしての供犠をつうじて、共同体は空間上の内部／外部の境界をくりかえし再認しつづけたわけである。

さらに、境界はしばしば〈異人〉殺害をめぐる伝承の舞台でもある。『遠野物語』から例をとろう。生まれてきた異形の子供を河童の子として、道の分岐点である追分に遺棄した（56）。ひとりの継子の少年を馬放しに山へやり、四方から火をつけて焼き殺してしまった。少年が火のなかで笛を吹きつつ死んだところが、いまの笛吹峠である（拾遺2）。また、遠野から釜石へ越える仙人峠には、昔千人の金掘りが一時に死んでから峠の名が起こった、という口碑がある（拾遺5）。

これらの〈異人〉の死にまつわる伝承は、事実譚として読まれるのではなく、追分や峠といった境界と供犠との濃密な関係を語ってくれる民譚として読まれねばならない。連続する切れめのない空間に境界標識をたてるということは、ある秘められた根源的な暴力、つまりは供犠であることを、あらためて確認しておきたい。

境界の設定とはまた、秩序《コスモス》の生成にほかならない。供犠論を第三項排除論として展開しつつある今村仁司によれば、供犠とは秩序創出のための暴力ないしメカニズムである。供犠それゆえ第三項排除の根本原理は、〝あらゆる「主」に対してただひとつの奴の下方排除〟（『暴力のオントロギー』）である。この下方排除の逆三角形的運動によって秩序システムは生成する。いわば、下方にむけた第三項排除こそが、あらゆる社会的秩序創出の暴力であり、メカニズムなのである。しかも、第三項排除としての供犠は、社会関

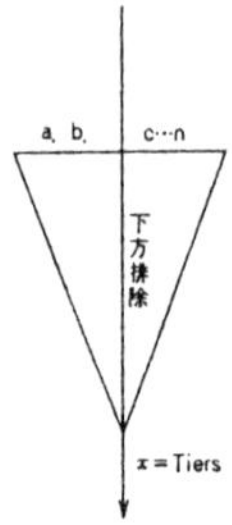

（今村『排除の構造』）

係の形成過程でそのつどあらたに実現される。

供犠 sacrifice という言葉には、殺し・聖別するという二重化された意味が孕まれている。それは今村によれば、第三項排除のメカニズムの二つの局面を同時に反映している。第一の局面は、第三項の形成と排除（→下方排除）である。ここで、原初の連続性、あるいは相互暴力のさかまく〈差異〉なきカオス状態がのりこえられ、秩序《コスモス》が創出される。ところが、周縁的・奴隷的であった第三項は、第二の局面では、反転して聖別された王＝主人としての第三項となる。排除された第三項が穢れた状態から〈聖〉なる状態へと、周縁から中心へと移行するのである。

　ここで、エリアーデの『大地・農耕・女性』の一節を想起してもよい。原初に巨人の儀礼的な死があり、その屍体からこの世界は造られ、植物や穀物が成長したことを語る創造神話を模倣しつつ、農耕と豊饒の儀礼にかかわる人身供犠や動物供犠が発生した、とエリアーデは推論している。この、原初の巨人の死と穀物の起源をめぐる神話、たとえば、記紀におけるオホゲツヒメという女神の殺害と五穀の起源にかんする神話伝承は、あきらかに第三項排除論、それゆえ供犠論の視角から読みかえされる必要がある。下方排除（＝殺害）と、その反転による聖別という供犠にのみ固有の主題が、そこにはよく透けてみえる。

III　原初の供犠の形象化・またはかすかな痕跡

『神道集』におさめられた那波八郎大明神の本地譚は、典型的な人身御供譚の構造をそなえている。伝承の冒頭で、蛇塚の岩屋の大蛇にイケニエをささげる習俗の由来が物語られる。そこには、原初の供犠のプロセスが鮮かに描かれている。『神道集』の成立は南北朝期といわれるが、伝承の舞台はそれより六・七百年も昔、光仁天皇の時代に設定されている。

秩序の崩壊	群馬郡の地頭・満行の死
〈差異〉の消滅	八人の男の子が、郡を八つに分割して支配
相互暴力＝カオス状態	（容貌美麗、才智・芸能・弓馬の術にすぐれた八郎満胤が、帝から目代の職をあたえられる）
第三項排除＝供犠（原初の供犠）	兄七人が共謀して、八郎を殺害
原初の供犠の反復・再生	八郎が大蛇と化し、七人の兄とその一族をイケニエにとって殺害
供犠の儀礼化	帝の命令により、一年に一回イケニエをそなえる風習となる。（毎年九月九日、当国で領地を支配する人々のあいだで、輪番制を守り、高井の岩山の大蛇にイケニエをささげる）

あるいは、説経「まつら長者」の大蛇はさよ姫にみずからの過去を物語る。それによれば大蛇は、人商人

に売りとばされ、池に架けられる橋の人柱として沈められた伊勢二見が浦の女であった。その時間《とき》は、千年の昔にさかのぼる。この人柱譚は、原初の供犠の痕跡ないしその神話的形象化とかんがえられる。大蛇と変じた女は、一年に一度のイケニエを喰らいつつ、みずからをイケニエとして果たされた原初の供犠を再現・反復しつつ、九百九十九年をへる。

この稿では触れることができないが、あらゆる人柱をめぐる民譚もやはり、供犠論の視角から読み解かれねばならない。人柱はたぶん「建築供犠」に分類できるが、エリアーデがこうのべている、〝建築供犠というものは根本において、この世界成立の起源をなす太初の供犠の——しばしば象徴的な——模倣にほかならない〟(『聖と俗』)。「まつら長者」の物語的時間の始源《はじまり》に人柱がおかれたことは、けっして偶然ではない。

東北の民話のひとつである、陸中胆沢《いさわ》の掃部《かもん》長者の物語のなかの大蛇は、屋敷のちかくの霊泉の、禁断の鮒をとって食べたために、生きながら大蛇に変化した長者の妻である。この、共同体の禁忌に触れた女の大蛇への変身も、原初の供犠の形象化であろう。

伝承の現在にとって、人身御供という習俗ないしそれを語る説話は、原初の供犠の儀礼化された再現装置となっている。共同体の秩序創出にかかわる供犠のプロセスが、神話的時間のかなたに象徴劇として設定される。共同体は以後、それを規模的なドラマとしてくりかえし模倣しつつ、秩序の再生・更新をはかる。こうして共同体によって受容=内面化された原初の供犠は、人身御供譚として語り継がれてゆくことになるのである。

ところで、原初の供犠によって排除・殺害された第三項=イケニエは、たいていの場合、人身御供譚のおわりに邪神から地主神へと転成をとげる。第三項の殺害とその聖別化、という供犠をめぐる主題がそこにうかがえる。

犠牲の死と神への転成。たとえば、M・モース／A・ユベール『供犠』に描かれた、古代ギリシアの女神の死は、この主題をきわめて凝縮されたかたちで表現している。

トロイゼーンでは、ヒッポリュトスの神殿の境内で行われる年次祭で女神ダミアーとアウクセーシアの死が祀られるのである。この二女神はクレタ島から来た処女で、外来の神であるが、伝説によると、反乱の際、石に打たれて死んだといわれる。この女神は外来の異国人で通過客だが、収穫の祭ではしばしば重要な役割を演じている。石を投げられて殺されたことは供犠の儀礼である。（小関藤一郎訳）

外来の〈異人〉である二人の処女が、反乱（相互暴力＝カオスの噴出）のさなか、石で打たれて殺害される。この〈異人〉殺しの供犠をつうじて、イケニエとされた女たちは土地の共同体の神へと転化する。今村のいう、排除された第三項の穢れから〈聖〉への、周縁から中心への移行である。そして、年ごとの収穫祭では、二人の〈異人〉の死と聖化がくりかえし儀礼として再演される。

石打ちの儀礼は刑罰の萌芽をおもわせるが、柳田の『妹の力』には、ギリシアの事例によく似た伝承が紹介されている。――〝駿州庵原《いはら》郡中河内の黄金権現の如き、村役人帯金甚蔵なる者、村民の怨みを受けて河原に引出され、石を以て打殺された。其女房は臨月であつたのを、同時に引出して殺した所が、其霊ばかり祟を為して、村内の婦女の産で死ぬ者が多くなつたので、怖れて之を祭つたと伝へて居る〟（全集9）。石で打ち殺された村役人自身ではなく、同時に殺害されたその女房のほうが神へと祀りあげられている。石打ちはここでも、供犠の儀礼であったとかんがえられる。

ところで、那波大明神の本地譚では、犠牲に供せられたイケニエは荒ぶる邪神と化して共同体を脅かしつづけた果てに、ひとりの外来の〈異人〉の呪術力によって救済され、共同体の地主神へと転身をとげる。人身御供譚の全体が、原初の供犠の庭にささげられたイケニエの死から神への転成のプロセスをたどっている。

物語のもっとも後景をなすのは、こうした犠牲の死↓邪神↓地主神という原初のイケニエの変身、換言すれば、共同体への受容＝内面化の過程なのである。

おそらく、供犠とそれをつうじての秩序創出にまつわる本地譚の成立は、村落共同体の発生そのものと表裏をなすとかんがえられる。『神道集』の成立は文和・延文年間（一三五〇〜一三六〇）とされるが、その南北朝期を大きな転換点として、地縁的な共同体（惣村）がうまれてきたことと照らしあわせるとき、中世に流布した人身御供譚の成立と村落の起源とがかさなっているという仮説も、あながち恣意とばかりはいえない。

Ⅳ　贖罪から儀礼へ・または共同体の内部から外部へ

供犠はつねに〈置き換え〉を本質とする。供犠のイケニエは、共同体の成員間にとびかう相互暴力を一身に負わされる第三項である。たった一人の犠牲者に加えられる破壊と殺害は、置き換えられた暴力なのである。原型的には王こそがそうした第三項の役割をになう存在であるが、多くそれは共同体内部の周縁性をおびた者に肩代わりさせられる。さらに、この役割は共同体の外部に転移される。供犠の暴力はひたすら遠くへ、外部へとさし向けられるのである。

紀元前五世紀のアテーナイには、パルマコスという名の人身供犠が存在した。都市はみずからの出費でパルマコスを養い、都市にふりかかる災厄や悪の贖罪のためにイケニエとしてささげた。〝活かしておいたニへを殺して神に捧げるのがイケニへの本義であった〟と西郷はのべているが、古代ギリシアのパルマコスはまさに、西郷のいうイケニエだったわけである。このパルマコスは、王の分身、裏返された分身である。王のイメージがおびる負性のすべてを転嫁された、さかしまの王・パルマコスは、王自身がになうべき供犠の死を背負わされたのである。

　フレイザー『金枝篇』の描く、チベットのラサの新年祭の後景は、たいへん刺戟的である。新年の二十三日間、首都ラサの政治を最高金額で買いとった僧侶は、ジャルノとよばれる。代理神としての特権を許された期間がすぎると、ジャルノは供犠による死の運命からのがれるために、代理の代理である「年の王」をたてる。「年の王」はほんの数日間の放埒とひきかえに、ラサの住民のいっさいの罪を負うイケニエとして神々に召されることにすすんで同意する。〝顔をまだらに塗って、黒いヤクの尾で災厄を掃きながら、ラサの市場で仮面劇を演じているこの道化役者のうちに、代理の代理、名代の名代、貴人たちの肩から取り去られた重荷をその背に負わされる代理人の姿をわれわれは判然と認める〟（永橋卓介訳）と、フレイザーは書きとめている。

「年の王」からジャルノへと逆に糸をたぐり寄せてゆくとき、ラサの法王・大ラマにいたる。いわば、供犠のイケニエの役割は、大ラマ→ジャルノ→「年の王」へと肩代わりさせられている。こうした〈置き換え〉はしかし、ラサの新年祭にだけみられるわけではない。むしろ、あらゆる供犠に普遍的に〈置き換え〉がともなっている。

　記紀には、渡の神が浪をおこして船が動かなくなったとき、橘姫がヤマトタケルに代わって海神に身を投げた話がみえる。そのとき、橘姫は「願わくは賤しき妾《やつこ》が身を、王《みこ》の命《おほみいのち》に贖《か》へて海に入らん」と、ヤマトタケルに語っている。海神を怒らせたのはヤマトタケルであるが、贖罪の役割は橘姫にゆだねられているわけである。ここにも、供犠は〈置き換え〉として顕在化している。

　また、『魏志倭人伝』によって知られる持衰の例も同様である。持衰は中国へ渡海する船にかならず乗せられ、航海にかんする安全の全責任を負って物忌みに服した、ある種の呪術宗教者であったと想像される。

もし航海中に疾病がおこったり、暴風雨になったりすると、責任を問われて殺害された。あきらかに供犠のイケニエとして、ほかの乗船者たちの罪＝穢れを肩代わりする存在であった。供犠はやはり〈置き換え〉なのである。

『捜神記』の湯王の雨乞いの話は興味深い。七年間も大ひでりが続いたために、湯王は桑林まで出かけて神を祀った。爪と髪をきり、みずからを犠牲《イケニエ》としてささげつつ上帝に祈願した、という。農耕民族の王は、おそらく湯王と同様の役割を古くは果たしたものにちがいない。

天皇にもその面影は残っている。京都に旱魃がつづいたとき、天皇を中心として雨乞いがおこなわれた様子を、宮田登が『譚海』によりつつ紹介している。天皇がみずから雨乞いをするかたちはとらず、一人の少女を身代わりにたてる。雨乞いの歌を書いた短冊を、笹竹につるし、潔斎のあと、少女を大文字山に連れてゆき、呪文を書かせて谷に投げこむという儀式をする。〝京都では大文字山が雨乞いの対象となっており、この山中に水神がいると信じられていたらしい。この神に天皇の代行者である一五、六歳の女子が立てられ、それが一種いけにえの機能を発揮するようだ。その女子が谷へ呪文を投入するというのは、いけにえとしての女性が水神に捧げられたことを象徴する儀礼だろうか〟（『民俗宗教論の課題』）。宮田の解釈にしたがうとすれば、この雨乞いの儀礼にあたって、天皇→少女→呪文という〈置き換え〉がおこなわれていたように思われる。

ルネ・ジラールはこうした供犠の〈置き換え〉について、こうのべている。

儀礼的供犠は、二重の身代わりに基礎づけられている。その一つは……、ただ一人の者による共同体全員の身代りである。その身代りは贖罪のいけにえのメカニズムに根拠を置いている。第二のものは、それだけが儀礼に独自のものであるが、原初のいけにえの身代りに、供犠し得る範疇に属するいけにえを選ぶことである。贖罪のいけにえは共同体の内部にあり、儀礼のいけにえは外部にある。（『暴力と聖なるもの』古田幸男訳・傍点引用者）

〈贖罪のいけにえ〉は、秩序創成メカニズムとしての原初の供犠の庭にささげられる。このイケニエは共同体の内部にあって、相互暴力（カオス）を一身にひきうけさせられる第三項である。〈贖罪のいけにえ〉はさらに、〈儀礼のいけにえ〉によって置き換えられる。供犠の暴力は遠くへ、外部へ放散されねばならない。外部にむけた暴力だけが、反作用によって共同体を汚染する危険がないからだ。こうして〈儀礼のいけにえ〉は、〝共同体の成員同士を結びつけている関係と同じ関係を共同体と結ぶことのできない外的カテゴリー、周縁的なカテゴリー〟（ジラール）から択ばれるのである。

たとえば、那波八郎大明神の本地譚の場合には、冒頭兄七人に殺害される八郎が〈贖罪のいけにえ〉に対応している。八郎はたった一人の第三項として、供犠の暴力の矛先を向けられたのである。しかし、八郎は荒らぶるカオスの象徴ともいうべき大蛇に変化して、今度はみずから共同体に〈贖罪のいけにえ〉を要求するにいたる。相互暴力状態はいまだのりこえられていない。〈贖罪のいけにえ〉は、〈儀礼のいけにえ〉によって置き換えられる必要がある。

一年に一度のイケニエが輪番制で出されることになる（供犠の儀礼化）が、共同体の内側から犠牲者が択ばれるかぎり、共同体に安寧はもたらされない。相互暴力の循環から脱しきれていないのである。海津《わたつ》姫の身代わりにたてられる、都からの訪れ人・宮内判官宗光の登場をまって初めて、循環は断ちきられる。宗光は〈儀礼のいけにえ〉の起源となる。しかも、宗光の呪的な力（説話中では法華経の功徳とされる）は、八郎を地主神つまり八郎大明神へと転成されることで、人身御供の習俗そのものを終焉にみちびく。と同時に、この〈儀礼のいけにえ〉としてささげられた宗光もまた、死後、鎮守辛科《からしな》大明神へと転身をとげた、と語られるのである。

あるいは、説経「まつら長者」。奥州陸奥の国安達の郡の大池に棲む大蛇にイケニエとして供されるのは、都から買われてきた奴隷・さよ姫である。ここではすでに、イケニエの当番にあたった者が自分の娘の代わりに、都から女奴隷を買ってくる習慣が定着しているようにみえる。贖罪から儀礼へと、イケニエの〈置き換え〉がなされている。

それゆえ、供犠はあたかも見世物のような光景を呈しさえする。

かの池のほとりに、桟敷《さんじき》を作り、小屋を掛け、上下万民ざざめきける。

〝非日常の祭式の世界であるとはいえ、大蛇の生贄となるさよ姫の様子を、桟敷を作り小屋を掛けて見物するという、この発想が生まれてくるのは、さよ姫が村落共同体の外の人間であり、都から贄として買取られた漂泊民であるからであろう〃とは、岩崎武夫『さんせう太夫考』の一節であるが、その指摘は正当である。〈儀礼のいけにえ〉のうえに置き換えられた供犠の暴力は、けっして共同体にはねかえって汚染することがない。

ところで、引用文中に「桟敷」という言葉がみえる。折口信夫がこうのべている、——〝屋根のない櫓を立てて、そこへ捧げ物を供えて神を迎える。これが桟敷の古い形である〃(全集ノート編第五巻)。説経のなかの桟敷が、どこまで折口のいう古い桟敷の面影を残しているかは知らない。とはいえ、桟敷の歴史と供犠とが密接な関わりをもつことは疑いない。

桟敷はもっとも古くは、八岐大蛇の伝説のなかに出てくる。「門毎《ごと》に八《や》桟敷《さずき》を結《ゆ》ひ、その桟敷毎に酒船を置きて」と、大蛇を迎えうつスサノヲがいっている。あるいは、百済の池津媛(采女か)が近臣石川楯と密通したので、「はたもの」にしたという、雄略紀の例はたいへん示唆に富んでいる。折口はのべている、〝百済の池津媛がほかに男をもったため、男とともに、仮庪《さずき》の上で磔刑《はりつけ》になった。磔刑は神に上げるのと同じである。贖罪のために、たまたまここに出たものをお目にかける。これが日本の古代の考え方である〟（同上）。刑罰の起源と供犠との表裏をなす関係が、桟敷（仮庪）という語を透かしてほのみえる気がする。折口の眼差しが、そこに届いていたことは、たとえばつぎのような叙述をみればあきらかである。

天の神の降りてくるようなところをこしらえて、そこへ捧げ物を捧げる。捧げる物は、天の神の指定したもの、すなわち、先天的に身体に特徴のあるもの、条件つきの病気にかかったもの、あるいは結婚法を誤ったもの（親子婚が代表になる）などである。誤って結婚をしたら、それはけがれであって、その蔭には神の使うている女を犯した者を同類とする考えがある。けがれとは、神の物として指定されたものので、そういう者を神に捧げる。それがしだいに刑罰の意味を生じてくる。（同上）

話がいささか脇道に逸れてしまった。折口の供犠論については、いずれ稿をあらためて語らねばなるまい。供犠の〈置き換え〉の例をさらに拾う。『今昔物語集』巻二十六の猿神退治譚二つ。「美作国神依猟師謀止生贄語第七」では、東国出身の勇ましい猟師がイケニエに指定された娘の身代わりにたつ。「飛騨国猿神止生贄語第八」では、身代わりにされるのは回国修行の僧である。いずれも共同体の外部にある〈異人〉が、〈儀礼のいけにえ〉として招《お》ぎ寄せられている。そして、この〈置き換え〉とともに、人身御供の習俗がやんだことを語るのが、この種の説話の定型をなしているのである。

〈置き換え〉はつねに矢印の方向であり、あらゆる人身御供譚にひとつの例外も見出されないことは、やはり見逃すわけにはゆかない。供犠の暴力はひたすら遠く、外部へむけて放出される、というわたしたちの叙述してきた供犠の構造は、あきらかに人身御供譚の定型と照応しあっているのである。

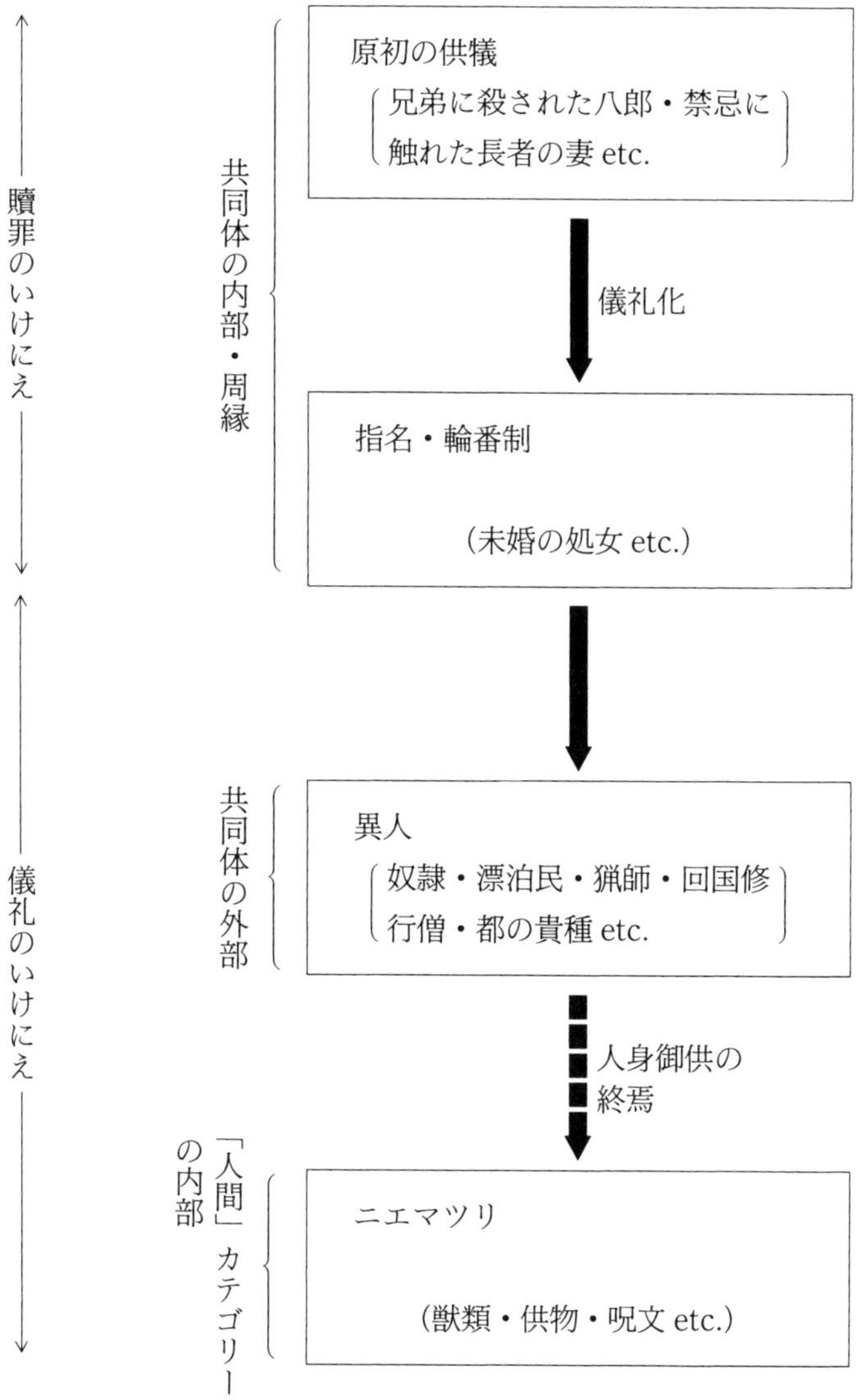

図2　人身御供譚の定型〈2〉

V　人身御供譚・または民衆の共同化された記憶

わたしたちはようやく、獣類のイケニエから人身御供（譚）へ、という西郷信綱の仮説を検討するべき地点にたどりついた。

西郷によれば、〝イケニへの獣類は神にたいし共同体を象徴する〟が、それはこの獣類と人間とは一体であり、等価関係にあることを語っている。そこから、西郷はニエマツリのときに殺して神に供えられる獣類のイケニエが、人間の娘の話（人身御供譚）へと説話的・想像的に飛躍したという仮説をたてる。

しかし、イケニエが共同体の象徴であるならば、供犠は論理の帰結としてイケニエ＝共同体の破壊ということになる。供犠は共同体の再生と更新のためのメカニズムであるが、そのとき、破壊されたイケニエ＝人間（の娘）＝共同体はどのように再生へと途をひらかれているか。供犠における死はつねに、再生と対の関係におかれていなければならない。

西郷はこう説明している、〝特定の動物を活け飼いし、いつくしむことは、それを自然の状態から文化の状態へと転換させ、神との関係においてその動物を共同体の象徴たらしめるという意味をもつ〟と。犠牲に択ばれた動物は、「自然」から「文化」へと転換させられるのだろうか。供犠の民族誌がわたしたちに教えてくれるのは、犠牲の獣の〈聖なるもの〉への移行、である。あらゆるイケニエは択ばれ、〈聖〉なる刻印（聖痕）をおびた存在と信じられている。すくなくとも、イケニエの獣類が「自然」から「文化」へ、したがって動物から人間へと位相上の象徴転換をとげるといった民族誌の事例は、知見のおよぶかぎり存在しない。

くりかえしになるが、わたしたちは供犠のイケニエを、人間／神・内部／外部・〈俗〉／〈聖〉の媒介項ととらえる。供犠はこの媒介項を破壊することによって、仮構されたそれらの二元分割を可視的な現実へとくみかえる。連続性（カオス）が切断され、境界が画定されるとき、非連続性としての秩序《コスモス》は創出されるのである。イケニエの位相を共同体（＝人間）の象徴とする視点からは、こうした供犠の秩序創成にまつわる死と再生のメカニズムはすこしも見えてこない。

たとえば、諏訪春雄が「供犠――日本的悲劇の成立と展開――」のなかでしめした供犠の理解は、比較的にわたしたちの理解に近いといってよい。

狩猟民と農耕民とを問わず、日本民族の支配的な死生観は一般的供犠の儀礼の原理に合致するものであった。聖的世界と俗的世界の二つの存在を想定し、その両世界の交流のために破壊され、殺害される犠牲を必要とすること、その犠牲を媒介として、俗的世界は聖的世界の霊力を受けて衰弱した生命の更新をはかるという構造である。（文学一九八五・二）

さらに、獣類のイケニエから人身御供（譚）へ、という西郷の仮説を検討してゆきたい。西郷はこの仮説を、巫女の問題にからめつつ補強している。〝未婚の娘がイケニへに差されるのには巫女の問題がからんでいる〟と。すなわち、村々の祭りの頭屋にあたった家の娘が巫女になるが、その娘は神に召されたものと解される。この巫女と神の関係が、活け飼いした動物を殺して神にささげる習俗に媒介されることによって、人身御供譚へと転換した、というのが西郷説の骨子である。

巫女の問題はたしかに、人身御供譚の理解にとって決定的な意味をもっているように思われる。たとえば、柳田国男『妹の力』におさめられた「松王健児の物語」「人柱と松浦佐用媛」などを有力な手がかりとして、水神と巫女の関係の考察が深められるはずである。西郷の人身御供譚が巫女の問題をより豊かに包摂しえたとき、興味深い展開が予想される。だが、そのときには、獣類のイケニエから人身御供（譚）へという命題は捨てられねばなるまい。
イケニエの本義が殺して神に供える点にある以上、簡単に同一視することはできない問題を含むとはいえ、巫女とイケニエは、神と人間の媒介者という位相では近接する。双面のヤヌスにも似て、象徴的には巫女とイケニエは、神につかえる〈聖なるもの〉の二つの貌《かお》（役割）であったのかもしれない。神の嫁としての巫女の全身が鹿や猪や魚であったとは、とうてい想像しがたいのと同時に、イケニエの初源のかたちを獣類とする説も首肯しがたい。それはやはり、人間だけがにないうる〈聖〉なる役割であった。

あらゆる人身御供にまつわる伝承は、人間をイケニエとして邪神にささげる風習の終焉を物語る。その後の供犠の変容といった主題は、説話の関心の圏外にある。ゆいいつ、わたしたちは『今昔』の中山の猿神退治譚と原拠を同じくするとされる、『宇治拾遺物語』一一九の「吾妻《あづま》生贄をとゞむること」の末尾に、それを見出す。

さてそれより後は、すべて、人を生贄にせずなりにけり。……其後は、その国に、猪、鹿をなん生贄にし侍《はべり》けるとぞ。

共同体の内部から外部へ、という人身御供譚が定型としてもつイケニエの〈置き換え〉の方向は、原理的には「人間」カテゴリーの外部、すなわち獣類や事物を指向するとかんがえられる（図2参照）。おそらく、人身御供の終焉を語る伝承はみな潜在的に、『宇治拾遺』と同様、人間のイケニエから獣類のイケニエの〈置き換え〉をさししめしている。

こうした人身御供から獣類のイケニエという〈置き換え〉は、実在の歴史過程としてではなく、供犠の深層構造を象徴的にあらわすものとして読まれねばならない。それぞれの共同体にとって、人身御供という習俗が史実であるかいなかは、偶然的な問題にすぎない。人身御供譚の分析から、習俗の史的実在性にかかわる議論をひき出そうとする方法自体が誤まりであることは、あらためて言うまでもない。西郷は、獣類のイケニエから人身御供譚への説話的転調をとく。なにゆえに、説話的・想像的な飛躍ないし転調は起こるのか。聴き手の興味をかきたて、面白さを増幅するためなのだろうか。西郷は無意識のうちに、この問題に触れることを避けているようにみえる。説話的転調は自然かつ自明な前提として、けっして問われることがない。西郷にとって〈置き換え〉の矢印はあくまで、獣類→人間なのである。始源の供犠の庭、その桟敷に、人間自身の血ぬられた肉塊をささげるわけにはゆかない。おそらく、西郷はここで、〝人間というある種のいけにえは供犠にまったく相応しくない、動物という別ないけにえこそ、すぐれて供犠に向いているという観念〞（ルネ・ジラール）に呪縛されている、とかんがえてよい。

　むしろ、人身御供をめぐる伝承は、供犠の本質をよく伝えている。供犠のイケニエは本来、共同体の内部の人間であった（そして、ある）という民衆の共同化された記憶こそが、人身御供譚をささえていたのである。伝承が指示する、人間から獣類へのイケニエの〈置き換え〉の方向は、供犠の象徴論的構造によくそくしている。説話そのものが例外なく、定型としてそれを物語るのである。否定するいかなる論拠も存在しない。ただ、人身御供ナドアッタハズガナイという、わたしたちの内側にひそむ頑くなな否認への衝動をのぞいては。人身御供譚はやはり、獣類のイケニエの説話的転調の所産ではない。

　柳田国男が一目小僧を論じたなかで、独特の供犠論を提示していることはよく知られている。

> ずつと昔の大昔には、祭の度ごとに一人づつの神主を殺す風習があつて、その用に宛てらるべき神主は前年度の祭の時から、籤または神託によつて定まつており、これを常の人と弁別せしむるために、片目だけを傷つけておいたのではないか。この神聖なる役を勤める人には、ある限りの款待と尊敬を尽し、

当人もまた心が純一になつてゐる為に、能く神意宣伝の任を果し得た所から、人智が進んで殺伐な祭式を廃して後までも、わざ〳〵片目にした人でなければ神の霊智を映出し得ぬものゝ如く、見られてゐたのではないか……（全集5・傍点引用者）

祭りのたびに神主（神のヨリマシ）を殺す風習があったことを、柳田はこのほかにも随所で指摘している。たとえば、〝大昔いつの代にか、神様の眷属にするつもりで、神様の祭の日に人を殺す風習があった〟（全集5）、〝いつか或昔の世に、人を殺して御霊を作る信仰の行はれて居たこと〟（全集9）など。おそらく、たんなる思いつきではない。はるかな昔に、人身御供が実際におこなわれていた時代があったことを、柳田は大胆にも確信していたのである。

所謂放生会の御式の最も盛であったのは、八月十五日の八幡様の祭であつた。……是は疑ひも無く生牲を屠るの行為のみは、僧徒の干渉に由つて廃止しても、之に供すべき魚類を一箇年前から用意して置く儀式の方は、害が無いから其儘残り、後に理由が不明になつて、右の様に有難がらせやうとしたのである。石清水などでは、此日の祭の行列は喪を送るの式によく似た出で立ちであつたさうである。ずつと以前に魚よりも一段と重い生牲を捧げた痕跡と見なければ、恐らくは満足な説明をなし得る者は無いであらう。（全集5・傍点引用者）

この箇所は、西郷信綱の前掲「イケニへについて」にも引かれている。西郷はそれを、イケニへの本義は活かしておいたニへを神にささげることである、とする自説への援護射撃としてたのんだ。それはたぶん適確に的を射ている。

ところが、〝此日の祭の行列は喪を送るの式によく似た出で立ちであつた〟という記述にたいする西郷の解釈は、あきらかに誤まりである。

それはこの祭式を通して共同体が劇的にひとたび死に、そして新たに蘇ることを期待されていたからである。また人びとがそのニヘを共食することによって、共同体の力は更新されたのであろう。柳田自身は、これを、〝ずつと以前に魚よりも一段と重い生牲を捧げた痕跡〟と見ている。いうまでもなく、人間をイケニエとした供犠の痕跡、である。「一目小僧」全体の文脈からかんがえても、そう読まれなければなるまい。西郷はそれを、共同体の死と再生の儀礼という文化人類学的な解釈の一般性へずらしている。こうした誤読は、西郷が無意識のうちに、柳田の供犠論との対決を回避していたからであるにちがいない。実際、西郷は人身御供を語るさいに、柳田を随所で引用しながら柳田のこの推論にはひと言も触れていない。それが、獣類のイケニエから人身御供（譚）へという西郷の仮説とは真っ向から対立するにもかかわらず、である。

VI 供犠の再認・または内面化としての人身御供譚

人身御供譚がいずれも、人身御供という風習がやんだ地点から、風習そのものの終焉にいたる経緯を物語るという形式《スタイル》を持つのは、いったいなぜか。すなわち、はるかな過去の遺習として、また、隠れ里などの〈異界〉の奇習として語られるのは、なぜか。わたしたちはむろん、高木敏雄のように、それを人身御供の〝空想的産物たる証拠〟とはかんがえない。

今村仁司が第三項排除それゆえ供犠の儀礼化について、たいへん示唆に富んだ、重要な指摘をおこなっている。

第三項（犠牲者）は、単に排除されたり殺害されたりすることで終るわけではない。排除された第三項は、何らかの形で、社会関係あるいは共同体のなかに「内面化」される必要がある。……第三項排除過程は、排除または禁止と同時に内面化と解除（共同体への受容）という相反する両極運動をつつみこんでいる。儀礼過程は、第三項の受容（内面化）の過程である。社会関係の秩序形成は、単に、禁止や排除のみでは不可能である。それは、必ず受容と内面化の儀礼過程を不可欠の条件とする。いかなる社会形態も、それぞれに特有な儀礼過程を伴なうゆえんである。（『排除の構造』）

第三項排除それゆえ供犠のプロセスは、儀礼をつうじて共同体に受容＝内面化される。儀礼は相互暴力に汚されたカオス的状況と、それをのりこえる排除の身振りを再演する。いわば、第三項排除の実践の限定された再現であり、再認である。と同時に、儀礼は第三項排除という現実そのものを隠蔽し否認する。しかも、この否認は同時に再認でもあるかぎり、儀礼の「起源」を全面的に隠蔽することも忘却することもできない、限定された否認とならざるをえない。〃儀礼の由来と存立理由を現実的に知ろうという動機を、他の方向にそらすことに、限定された否認の働きがみられる〃と、今村はのべている。儀礼とはこうして、第三項排除それゆえ供犠の再認―否認のメカニズムとしてとらえられる。

人身御供譚は〈神話〉の位相をかかえこんでいる。それは、共同体の起源に横たわる原初の供犠とそれをつうじての秩序の創出を、かすかな痕跡としてくりかえし物語る。人身御供譚はあきらかに、原初の供犠を再現しつつ隠蔽するメカニズムなのである。共同体は人身御供譚という装置に媒介されつつ、第三項排除それゆえ供犠の受容＝内面化をはたす。今村のいう儀礼の働きにかさなっている。

例外なしに、人身御供譚が伝承の現在からは隔絶した遠い異空間を舞台として、しかも習俗の終焉にいたるプロセスを物語る形式を踏むのは、なぜか。それはおそらく、〃限定された否認の働き〃のためである。供犠は再認されつつ、否認されなければならない。顕わされつつ隠される、という逆説的な光景。供犠は不可避に、この逆説を孕んでいる。

くりかえし語り継がれる、供犠という名の原初のできごと。口の端《は》にのぼせた瞬間には、はるかな時のかなたへと放逐され、隠れ里の奇譚へと墜としめられる宿命をおびた、この異教の森の物語を、わたしたちは人身御供譚とよびならわしてきた……。

〈後註〉起源・原初・祖型……とはいずれ、一個の、幻想にいろどられた物語である。あらゆる起源は、あらかじめ先行する起源の物語の模倣ないし反復である。あるいは、起源の物語をめぐる反復の構造そのものが起源である、といってもよい。いわば、〝初めに反復があった〟（J・デリダ）のである。

イケニへ譚の発生——縄文と弥生のはざまに——

三浦佑之

この原稿の締切り日に追われながら、中央自動車道沿いにある遺跡と博物館を巡ってみた。自動車道の建設工事にともなって発見された釈迦堂遺跡群は破壊されてパーキングエリアになってしまったが、そこで発掘された膨大な資料は釈迦堂遺跡博物館（山梨県一宮町）に収められている。そこから自動車道を下り小淵沢インターチェンジを降りると、八ケ岳南麓の縄文遺跡群から発掘された資料を収蔵する井戸尻考古館（長野県富士見町）があり、さらに北に向かうと、八ケ岳西麓一帯に広がる縄文遺跡群の象徴ともいえる尖石遺跡とその発掘品を展示する尖石考古館（長野県茅野市）を見学することができる。

いずれの遺跡も縄文時代中期を中心とした住居跡で、縄文時代の生活が山麓・丘陵を基盤として営まれていたということがよくわかる場所であった。そのことは、発掘された石鏃や石器類、イノシシやシカの骨・木の実などをみてもわかるように、縄文時代の人びとが狩猟採集の民であったということを示している。また、発掘された土器類に施されたヘビやイノシシやカエルなどの紋様や抽象的な図案は、彼らの生活が狩猟や採集に関わる信仰や神話に支えられたものであったに違いないと思わせる迫力をもっている。それは、釈迦堂遺跡から発掘された一〇〇〇個以上もの土偶の破片にみられる多くの顔面や、棚畑遺跡から完全なままの姿で発掘され、〝縄文のヴィーナス〟と呼ばれる見事な曲線をもった妊婦の土偶などを見ても感じられることである。

ただ残念ながら、祭祀用とされる装飾性のつよい土器類や土偶あるいはその他の発掘品から縄文時代の祭祀や信仰あるいは神話を具体的に想定することははなはだ困難な状況にあり、それゆえにかえって、縄文時代はわれわれにとって憧憬と幻想をかきたてる世界でもあり続ける。

弥生時代の到来が稲作に代表される穀物や芋の栽培をもたらし、それが現在のわれわれの文化の根源を形成しただろうという大まかな見取り図は認められるだろう。そして、狩猟採集を基盤として形成された縄文時代における生活や信仰が弥生以降のそれと大きく隔たっていただろうということも容易に想像してみることはできる。しかも、形質人類学的にみても、縄文と弥生との間には相当大きな落差があると言われている。(1) ただ、農耕や栽培という側面だけを取り出してみれば、縄文と弥生という区切りが不分明になってしまうということも、最近の考古学の指摘するところである。(2)

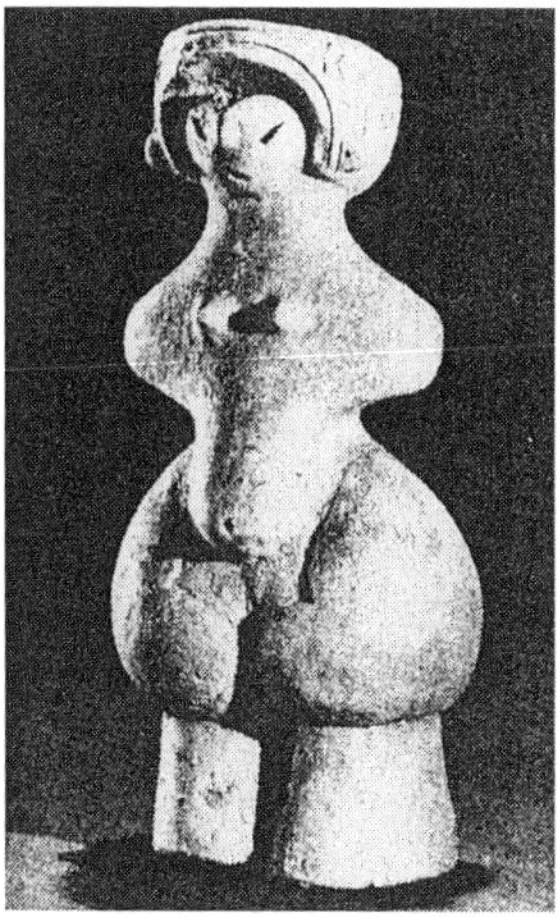
縄文のヴィーナス　(棚畑遺跡、中期、尖石考古館蔵)

博物館に並べられた縄文土器や土偶の魅力に圧倒されながら、私はイケニヘ(生贄)あるいは動物供犠について考えていた。その多くが壊された状態で出土する土偶は〝殺された女神〟なのか、それは栽培や農耕に繫がるのか、それとも狩猟や採集に遡るものなのか、再生のために犠牲となる女神と神に捧げられる少女は同じ存在なのか、動物たちはなぜ捧げられるのか。(3)

さまざまに語り継がれているイケニへ譚の発生について、どのような道筋を立てることができるのかということをここでは考えてみたいのである。それは私の予想では、縄文と弥生との隔たりと連続とに視座を据えることによって可能になりそうである。

1 話型と語義

イケニへには動物供犠に関わる伝承や習俗もあるが、それを除いて、生きた人間が神や魔物にイケニへとして捧げられるという伝承は、英雄神話や昔あった実話として今も各地にさまざまに伝えられている。そうした伝説や古代の神話・説話に語られるイケニへ譚をながめていて気づくのは、それらの伝承群が大きく二つのタイプに分類できるということである。

その一つのタイプは、おおよそ次のような内容で語られる話型である。ある村の山奥に恐ろしい魔物が棲んでおり、その魔物は毎年決まって村に住むヲトメ（少女）をイケニへとして要求してきた。村人たちは魔物を恐れ、その被害から村を守るために魔物の要求通りにヲトメを捧げていたが、ある時、その村を訪れた若者（宗教者）が魔物を退治することを約束し、自分がヲトメの代わりにイケニへとなって魔物がやってくるのを待ち受け、連れていた犬などの援助をえて勇敢に闘い（あるいは宗教者は呪術的な力を発揮して）、魔物を退治し、村人たちを長年の苦しみから解放するのである。宗教者の場合はそうではないが、魔物を退治した若者はイケニへから救出したヲトメと幸せな結婚をするという結末をもつ場合が多い。

これは、後に改めて分析することになる『古事記』のスサノヲによるヤマタノヲロチ退治をはじめ、古くから語り継がれている英雄神話の一類型である。伝説や昔話としても広く分布し、「猿神退治」[4]という呼称でよく知られている。この話型にイケニへとして登場するのは、いずれの場合も〈選ばれたヲトメ〉である。

そのヲトメはイケニヘに指名されながら犠牲になる直前に救出されるのであり、イケニヘ譚と呼んではいるが、イケニヘにならずにすんだヲトメの物語ということになる。

イケニヘ譚のもう一つのタイプは、イケニヘとして神に捧げられてしまった悲劇や犠牲的精神を称える話型である。いろいろなヴァリエーションをもつが、そのおおよその内容は次のようなものである。村の中を流れる暴れ川の堤防や橋が洪水のたびに流出して村人は困っている。あるいは城を築こうとするが難事業で工事が捗らない。困り果てた人びとは相談の結果（占い師や宗教者の助言によって）、川の神の怒りを鎮めるためにイケニヘを捧げて橋桁や堤防の底に埋めようということになる。そこで村のために自ら志願したり、占いに当たったりしたヲトメや村長《むらおさ》や通りかかった乞食の親子などが犠牲となって生き埋めになる。そして、そのお蔭で頑丈な橋や堤防や城を築くことができ、人びとの苦しみは救われたということである。

この系統の伝承も古くから伝えられており、『日本書紀』仁徳天皇条に記された河内国の「茨田《まむた》の堤」の記事や『古事記』のヤマトタケル説話において海峡の神に自ら身をまかせて波間に沈んでいったオトタチバナヒメの逸話などが有名である。伝説としても各地の橋や堤防の造営に関わる人身御供の話は枚挙にいとまがないといった状態だが、なかでも『神道集』以来の古さと広い伝承圏をもつ「長柄《ながら》の人柱」(5)はよく知られた伝説である。ここでは、前のタイプとは逆に、選ばれた主人公は必ずイケニヘ（人身御供・人柱）として神に捧げられてしまうのであり、その犠牲的な精神が讃め称えられ、残された者の嘆きが語られることになる。また、選ばれる人もヲトメとは限定されておらず、話の設定に応じていろいろな人物が人柱に指名されるという点でも前者とは違っている。

本稿では、動物供犠も含めて、イケニヘ譚の発生について考えようとするのだが、まずは、その前提となる「イケニヘ」という語の確認からはじめることにする。

現存する文献のなかで、イケニへという語の初出例は十世紀前半に源順《みなもとのしたごう》によって編纂された『和名類聚抄』（十巻本、巻五）で、そこには「犠牲」という漢語に「伊介邇倍（いけにへ）」という和語が記されている。この和語イケニへについては、折口信夫や柳田国男などの発言を踏まえながら、西郷信綱が詳細に論じている。[6] 結論だけをいえば、イケニへとは、生きた贄（ニへとは神に供えるごちそう）という意味ではなく、「年毎の祭りに差され、次の年の祭りが来るまで」大切に「活け飼い」し、祭りになると神の贄として、「殺して捧げる」もの、それがイケニへであり、それはもともと獣類をさすものであって、「人身御供はその説話的転調である」と西郷はいう。そして、『和名類聚抄』で「犠牲」という漢語にイケニへという訓が与えられるのは、それらの漢字が「たんなる日常の牛ではなく、五体全くして神を祭るに用いる牛」を表わしているからであり、犠牲という漢語とイケニへという和語が同義化されるのは偶然ではないとも述べている。

イケニへ（生贄）という語が説話に登場するのは、西郷の指摘にもあるように『今昔物語集』が上限であり、[7] 上代の文献にはイケニへという語が用いられた例はない。ただし、ヤマタノヲロチは捧げられたクシナダヒメを「喫《く》」うためにやって来るのだし、両親の名前「足ナヅチ・手ナヅチ」は西郷の指摘するように「娘を撫でいつくしむものという意」とみるべきだろうから、クシナダヒメはまさしく〈生け贄〉の典型とみてよく、「表にはあらわれぬがこれは久しい伝来をもつ語と思われる」という西郷の指摘は認めてよい。しかし、そこにイケニへという語が用いられていないということは確認しておきたい。なぜなら、始源的にいえば、クシナダヒメは「贄＝御馳走」としてあったのではないからである。

また、「特定の動物を活け飼いし、いつくしむことは、それを自然の状態から文化の状態へと転換させ、神との関係においてその動物を共同体の象徴たらしめるという意味をもつ」という西郷の発言はイケニへの本質を考える上できわめて重要な示唆を含んでいるが、「犠牲というものの性格を典型的に示した例」として、子グマの飼育をともなうアイヌの熊祭りを取り上げているのは、この祭儀（イヨマンテ）[8]の本質を誤解しており、新たな検討なしに従うことはできないのである（この点については後述する）。

神に捧げられるヲトメたちのなかでもっともよく知られているのは、先にもふれたスサノヲのヤマタノヲロチ退治神話に登場するクシナダヒメであろう。その神話の前半部分は『古事記』では次のように語られている[9]。

2　捧げられるヲトメ

故《かれ》、避《さ》り追はえて、出雲の国の肥《ひ》の河上、名は鳥髪《とりがみ》といふ地に降りましき。この時、箸その河より流れ下りき。ここに須佐之男《すさのを》命、人その河上にありと思ほして、尋ね覓《ま》ぎ上り往《い》でませば、老夫《おきな》と老女《おみな》と二人在りて、童女《をとめ》を中に置きて泣けり。

しかして、問ひ賜はく、「汝等《いましたち》は誰ぞ」と。故、その老夫答へて言さく、「僕《あ》は国つ神大山津見《おほやまつみ》の神の子ぞ。僕が名は足名椎《あしなづち》と謂ひ、妻《め》が名は手名椎《てなづち》と謂ひ、女《むすめ》が名は櫛名田比売《くしなだひめ》と謂ふ」と。また問ひたまはく、「汝の哭《な》く由は何ぞ」と。答へて白言《まを》さく、「我が女は、本《もと》より八稚女《やをとめ》在《あ》りしを、この高志《こし》の八《や》俣《また》の遠呂知《をろち》、年毎《としごと》に来て喫《く》ひき。今、そが来べき時なるが故に泣く」と。しかして、問ひたまはく、「その形は如何《いか》に」と。答へて白《まを》さく、「そが目は赤加賀智《あかかがち》（今のホオズキのこと）の如くして、身一つに八頭《やかしら》八尾《やを》有り。また、その身に蘿《ひかげ》と檜《ひ》・榲《すぎ》と生《お》ひ、その長《たけ》は渓八谷峡八尾《たにやたにをやを》に度《わた》りて、その腹を見れば、悉《ことごと》に常に血爛《ただ》れたり」と。

しかして、速須佐之男命、その老夫に詔《の》らさく、「この、汝の女《むすめ》は、吾に奉《まつ》らむや」と。答へて白さく、「恐《かしこ》し。また、御名を覚《さと》らず」と。しかして、答へて詔らさく、「吾は天照大御神の同母弟《いろせ》ぞ。故、今、天《あめ》より降り坐《ま》しぬ」と。しかして、足名椎・手名椎の神白さく、「然坐《しかま》さば恐し。立奉《たてまつ》らむ」と。

この後、スサノヲはクシナダヒメを櫛に変えて髪に刺し、老夫婦に強い酒を作らせてヲロチの登場を待ち、酒に酔って寝てしまったヲロチを切り裂いて殺し、約束通りにクシナダヒメと結婚するのである。この神話は、ヨーロッパから東アジアまで世界的に分布し、ペルセウス＝アンドロメダ型と名づけられた英雄神話の一類型である。大林太良によれば、それは、多頭の竜や大蛇が定期的に人身御供を要求し続けるのに悩まされる村人たちが、最後にのこった王の娘を捧げようとしていたちょうどその時、ひとりの若者が現われてその怪物を退治し、王の娘と結婚するという共通の内容をもって語られている神話である。[10] この内容はスサノヲのヲロチ退治神話ともほぼ一致するわけで、スサノヲは、知恵と勇気を兼ね備えた文化英雄の典型として地上での第一歩をしるすのである。

ところでそのスサノヲは、親であるイザナキからも姉アマテラスからも追放された神として、高天が原から地上に降りてきたと語られている。父親イザナキの海原を支配せよという命令を拒んで泣き続けることによって世界を混沌に陥れたスサノヲは、さまざまな乱暴によってアマテラスの支配する高天が原を汚し、天上と地上を無秩序な闇の世界にしてしまう。しかも、神々から楽園追放を命じられて地上に降りる途中ではオホゲツヒメという食物の女神まで殺してしまうのである。

そうした横溢する力を抑えきれない文化英雄スサノヲによって、ヲロチに喰われそうになっていたクシナダヒメは救われる。そして、その二人の結婚によって地上には新たな秩序がもたらされることになったのだが、そのスサノヲが、神の世界で犯した数々の罪を背負った存在として地上に降臨したと語られているということは記憶しておく必要がある。

この神話に登場する怪物の名ヲロチは、もともと「大蛇」という意味をもつことばではない。得体の知れない恐ろしい怪物がヲロチなのである。だから『古事記』ではずっとヲロチ（原文は遠呂知）という名称で語られ、切り殺される場面になってやっと正体がわかるから、そこにいたって「蛇」ということばが用いられるのである。(11) そのヲロチの語義だが、ロは格助詞ノ、チは霊格を示す語で、この神話の結末に「尾」から宝剣が出てきたと語られているところをみると、ヲロチの威力をもっとも象徴する部分が尾にあるとみてよいから、ヲは「尾」の意とみてよいだろう。つまり、ヲロチとは「尾の霊」という意味をもつ、正体不明の恐ろしいものの呼び名であったのである。

備中神楽「大蛇退治」の場面 （岡山県成羽町、備中神楽成羽保存会、1987年撮影）

その怪物ヲロチが何を象徴しているかということは、足ナヅチの語るヲロチの姿がどこから連想されているかということにかかわる。多頭の大蛇や竜がペルセウス＝アンドロメダ型神話に共通したイメージだというだけでは、ヲロチ像が構想される理由を説明することはできないだろう。そしてその姿は、ヲロチ退治神話の舞台になっている肥の河（出雲の国で最大の河川、斐伊川のこと）を象徴しているとみるのがもっとも理解しやすい。ホオズキのような真っ赤な目というのは恐ろしい怪物の無気味さを現わすものだが、それ以外の、八つの頭と八つの尾はたくさんの支流を加えてうねうねと流れる大河の姿を、体に生えた草や樹木は川をはさんだ両岸のさまを、たくさんの渓谷や尾根を越える巨大な姿は川そのものの雄大な流れを、腹から爛れる血は両岸が川に崩れ落ちた山肌の状態を、それぞれ象徴化しているとみれば、ヲロチのイメージは明らかに斐伊川そのものの姿を写しているのだということが納得できるはずである。

ヲロチは、毎年老夫婦のもとにやってきて娘を一人ずつ喰ってゆく（原文では「年毎に来て喫ひき（毎レ年来喫）」と語られている。そこから言えることは、足ナヅチ・手ナヅチに象徴された共同体の側と異境のヲロチとは、ヲトメを差し出すことによって契約関係を結んでいるということである。つまり、足ナヅチの側は年毎にヲロチに娘を捧げることによって、ヲロチ（川）の被害から免れヲロチの力を授けられているのである。これは、両者の間に神と人との契約関係があったこと、ヲロチに対する祭祀が行なわれていたということを示している。こうした点から、人びとに恐れられ退治されるヲロチとは、水の恵みをもたらしてくれる川と、洪水によって命や財産を奪う川との、川という自然のもつ威力の二面性を抱えこんだ〈自然神〉の姿だということがわかる。そして、それを退治するスサノヲは、そうした自然神に対立するもうひとつの神としてここに登場してくるのである。

図式的にいえば、〈自然〉を象徴したヲロチに対して、スサノヲは〈文化〉を象徴する神である。それは、混沌に対する秩序というふうに言い換えてみてもよい。たとえばスサノヲが自らをアマテラスの弟だと名告るのも、〈越〉という渾沌の異境(12)に本拠を置くヲロチに対して、スサノヲが秩序化された世界（高天が原）から来訪した高貴な神であることを明かすためである。自然の力とは別の、もうひとつの力としての〈文化〉をもつ神というのが、ヲロチ退治神話においてスサノヲに与えられた役割なのである。

また、そのことは次のように説明することもできる。足ナヅチの側からいえば、スサノヲに娘を奉ったということは、スサノヲの正体を知ることによってヲロチからスサノヲに祭祀対象を移したのだということになる。異境から訪れる者に娘を与えてしまうという点からみれば、ヲロチに喰われるのもスサノヲに与えるのも同じことなのである。しかしスサノヲの登場によって、両者はイケニヘとして喰われてしまうことと結婚という人の側の秩序（文化）に組みこまれることとの違いとして認識されることになったのである。たぶん、スサノヲの登場する以前、クシナダヒメをヲロチのごちそう（贄）として捧げられるかわいそうなイケニへとみる認識はもっていなかったはずである。スサノヲという新しい神の登場が、「ヲロチに喰われる足ナヅチのむすめ」＝「〈生贄〉として捧げられるかわいそうなヲトメ」を誕生させたのである。

足ナヅチは、新しく登場した新たな神との契約関係を選んだ。それを可能にしたのは文化英雄スサノヲの正体であった。だからそのスサノヲの姿は、奇怪なヲロチに対して人間と変わらない姿をもつ神としてイメージされているのである。この神話は、結婚して子を生むことこそが人間の文化を生み出す根源であるという意味において、人間の結婚の起源神話だというふうに読める。[13] しかし、考えてみれば、ヲロチに捧げられることとスサノヲの求めに応じて差し出すこととの間に本質的な差異はないということからいえば、ヲロチと捧げられるヲトメとの関係もまた、ひとつの〈結婚〉として神と人とを繋ぐものだということができるのである。

地上に秩序をもたらしたスサノヲは、その横溢する力と過去に犯した罪とを秘めたままにクシナダヒメと結婚し、共同体を護る神として祀られることになった。クシナダヒメの名前は物語的なクシ（櫛）から連想されているとともに、クシ（奇し＝霊妙な力をもつ）イナダ（稲田）の女神、つまり農耕神を祀る巫女という性格をもっている。そうした巫女とスサノヲが結婚するのは、スサノヲが農耕神的な側面をもっているからである。それは、後にふれるように、スサノヲがオホゲツヒメ殺しによって五穀を誕生させた神であったという神話にも示されているだろう。スサノヲの地上への降臨は、農耕の起源に関わっているのである。だからこそ稲田の女神クシナダヒメとの結婚が、農耕の始まりとして語られる必要があった。スサノヲのもつ〈文化〉こそ稲作をはじめとした農耕の力であり、同様に彼のもつ罪や凶暴性もまた、農耕が始源的に抱え込まなければならなかった〈負性〉に発していたに違いないのである。

ここに語られているヲロチからスサノヲへの共同体の祭祀対象の移行を、自然神から文化神（人文神）への転換として位置づけることができるとすれば、ヲロチに喰われるヲトメについても、説明し直すことができる。それは、喰うことの神話的な意味とは何かという問題である。

「クフ（食）」の尊敬語「ヲス（食）」は、周知のとおり天皇の天下（地上世界）の支配を表わすことばである。[14] それは、食べるという行為が外部をもっとも確かに所有することとして認識されるからである。ヲロチがヲトメを「喰ふ」のは、ヲトメを自己のものとして所有することにほかならない。したがってそれは、スサノヲがクシナダヒメを妻として所有することと等しい行為なのである。ところが、そのヲロチと足ナヅチ・手ナヅチとの間の契約関係は、スサノヲのクシナダヒメへの求婚によって断たれてしまった。そこでは、ヲトメ（人の側）とヲロチ（自然神）との間に交わされていた従来の関係性が、蛮行としての「喰ふ」行為となって〈文化〉の外に追い遣られることになったのである。

これと同様の関係は、他にも見出せる。たとえば、『出雲国風土記』意宇郡安来郷で伝えられている語《かたりの》臣猪麻呂《おみゐまろ》のワニ退治の伝承もそのひとつである。猪麻呂の娘は毘売《ひめ》崎と呼ばれる神を迎える場所でワニ（鱶や鮫をいう）に出会い、喰い殺されてしまった。この伝承は、父の猪麻呂が神に祈願し、呪術者的な能力を発揮して娘を殺したワニを見つけて殺すという父親の敵討ちの伝承になっているのだが、別に論じたように、その伝承の基層には、ワニを自分たちの始祖神として祀る漁撈の民の、神とヲトメとの神婚を語る始祖神話が存在したと考えるべきである。[15] それは、同じく『出雲国風土記』仁多郡に伝えられる恋山《したひやま》の、ワニが玉《たま》日女《ひめ》命という女神を慕って川を遡って来訪したけれども、玉日女は石を積んでワニの遡上を拒んだという伝承や、『備前国風土記』松浦郡の、弟日姫子《おとひひめこ》と呼ばれるヲトメが山の上にある沼の神（蛇）に魅入られ、沼に引き込まれて死んだという伝承など、さまざまに語られている。それらはいずれも神婚神話のヴァリエーションで、神の子の誕生を語る神話とともに、神に殺され、神を拒むヲトメたちの伝承はずっと語り継がれていくのである。(16)

神の妻になるべきヲトメ（巫女）は、一方で神に捧げられるヲトメだったのである。しかし、その両者の間には、大きな隔たりと落差を認めなければならない。

3 農耕と供犠

クシナダヒメがイケニへから救出されることによって、農耕（稲作）の繁栄は約束されることになった。そして矛盾しているようだが、それがイケニへ譚の発生である。イケニへが回避されたと語ることがイケニへ譚の発生なのである。この構造は、起源譚の問題としてみれば普遍的なことである。ある始まりを語る時、起源譚ではいつも、始まりの前の混沌あるいは無秩序から語り出されるのが常だからである。(17)

農耕ことに稲作は、はげしく自然と対立するものであった。それは『常陸国風土記』行方郡の、有名なヤトの神の伝承に象徴的に語られている。共同体と国家における稲作の始まりが二重化されて語られているヤトの神の伝承では、神の領域である湿地に棲む角のある蛇（ヤトの神）は、共同体の首領マタチによる稲作のための湿原の開墾とともに追い払われる。そして、天皇の霊威を振りかざした壬生連麿《みぶのむらじまろ》によって虫ケラのごとくに追討されてしまうのである。(18)このヤトの神も、スサノヲによって切り刻まれてしまうヤマタノヲロチと同じ運命を辿った自然神なのである。

稲作は人びとに文化をもたらした。そしてそれは、自然（異境）と対立し自然を破壊することによって成り立つものであった。ヲロチもヤトの神もその犠牲となって死んだ。だから、彼らの死こそが、農耕の始まりにあたって要請されたイケニへだったと見做すこともできるのである。

事実、稲作はイケニへを要求するものだったらしい。たとえば、次のような伝承がそのあたりの事情を語っている。

(1) 讃容《さよ》といふ所以《ゆゑ》は、大神妹妋《いもせ》二柱、各《おのおの》、競《きほ》ひて国占《し》めましし時、妹玉津日女命《いもたまつひめのみこと》、生ける鹿を捕《と》り臥《ふ》せて、その腹を割《さ》きて、その血に稲種《ま》きき。仍《よ》りて、一夜の間《ほど》に、苗生ひき。（『播磨国風土記』讃容郡）

(2) 右、雲潤《うるみ》と号《なづ》くるは、丹津日子《につひこ》の神、「法太《はふだ》の川底《かはじり》を、雲潤の方に越さむと欲《おも》ふ」と爾云《しかい》ひし時、その村に在《いま》せる太水《おほみづ》の神、辞《いな》びて云《の》りたまひしく、「吾は宍《しし》の血を以《も》ちて佃《たつく》る。故《かれ》、河の水を欲《ほ》りせず」と。……（同右、賀毛郡）

(3) 群臣相《あひ》語りて曰はく、「村村の祝部《はふりべ》の所教《をしへ》の随《まま》に、或いは牛馬を殺して、諸《もろもろ》の社《やしろ》の神を祀る。或いは頻《しき》りに市を移す。或いは河伯《かはのかみ》を禱《いの》る。既に所効《しるし》無し」と。蘇我大臣報《こた》へて曰はく、「寺寺にして大乗経典を転読《よ》みまつるべし。悔過《くゑくわ》すること、仏の説《と》きたまふ所の如くして、敬《ゐや》びて雨を祈《こ》はむ」と。（『日本書紀』皇極天皇元年七月条）

古代の日本ではイケニへの習俗は行なわれていず、これらの事例は中国の習俗が反映しているのだと言われることが多いようだが、稲作に関わる動物供犠を否定することはできないだろう。鹿や宍（鹿猪）を殺し、その血を撒いて稲を植えたり(1)(2)、雨乞い（これも稲作に関わる儀礼）において動物供犠が行なわれたりした(3)ということは、稲作が自然に立ち向かう営みであるかぎり、必然的なことであった。

稲作の起源神話にはいくつかのタイプがあるが、各地に残る鳥の穂落としや神の世界にあった稲種を盗んできたという伝承が象徴的に示しているように、稲種は神の世界からもたらされたものであった。そして、稲作が神＝異境への侵犯という根源的なタブーを抱え込んでいるものだから、「盗み」といった人間の側の負性を起源神話は抱え込まなければならなかったのである。[19] それゆえに、自然に対する稲作は、自然（神）をどのように和め、どのようにして自然の力を人間の側に引き入れるかということが問題となる。

　それは、具体的な祭祀の場では、自然と人間との相互補完的な関係性としてあらわれる。人は神に供え物を捧げ、神は人に実りを約束する。その関係が農耕の充足を保証するのであり、祭祀によってそれは果たされてゆく。ある場合に、祝詞の文句が条件句をともなった脅迫的な物言いになるのも、そうした神と人との関係性の本質を示しているだろう。そして、神のもっとも喜ぶ捧げ物として「生け贄」は準備されたのである。それは、人の側が農耕の始まりとともに抱え込んだ〈負性〉への代償でもあるだろう。それゆえに、神話ではそのもっとも高価な代償として、選ばれたヲトメがイケニへとして捧げられることにもなる。ヲトメたちの、神の妻から神の御馳走への変貌は、非農耕（狩猟採集）から農耕への過渡において生じたのである。

　スサノヲによって始源の稲作がもたらされたとする神話は、そうした根源的な神への犯しという負性を象徴的に語っているだろう。したがって、そのスサノヲが、オホゲツヒメ殺しという罪を犯すことによって〈文化〉としての稲作（農耕）をもたらす神となって地上に降臨したという神話は、本稿のテーマにとってきわめて興味深い出来事である。

　　また、食物を大気都比売神《おほげつひめ》に乞ひき。しかして、大気都比売、鼻口と尻とより、種々《くさぐさ》の味物《うまもの》取り出で
　　て、種々作り具へて進る《たてまつ》時、速須佐之男命、その態《わざ》を立ち伺ひ、穢汚《けが》して奉進る《たてまつ》と為《し》て、乃ちその大宜
　　津比売神を殺しき。故《かれ》、殺さえし神の身に生《な》れる物は、頭に蚕生《な》り、二つの目に稲種生り、二つの耳に
　　粟生り、鼻に小豆生り、陰《ほと》に麦生り、尻に大豆《まめ》生りき。故《かれ》、是《ここ》に、神産巣日《かみむすひ》の御祖《みおや》命、これを取らしめ
　　て、種と成しましき。（『古事記』[20] 上巻）

蚕と五穀の起源が、オホゲツヒメという食物の女神殺しによって語られている。『日本書紀』では、それ

が月夜見尊《つくよみのみこと》（月神）による保食神《うけもちのかみ》殺しとして語られており（神代巻、第五段一書一一）、五穀が食物を司る神を殺すことによって生じたという神話が普遍的な広がりをもっていたということを示している。そしてそこには、農耕のもつ負性が象徴的に描かれていると見なすことができるはずである。もちろん、死と再生という構造は起源神話の安定した語り口だということはできるが、神の殺害が五穀を誕生させたと語るところには、稲作に象徴される農耕が自然への犯しというタブーを背負っているということと結びあっているはずなのである。しかも、その役割を高天が原を追放されたスサノヲや夜の世界に置かれたツクヨミが担っているというのは象徴的なことである。

殺されたオホゲツヒメ（保食神）とはどのような存在なのか。起源神話の問題としていえば、始まりの前に位置づけられた混沌であり、自然である。五穀のように栽培し生み出されるものではなくて、排泄されるもの・湧き出してくるものである。向こう側から訪れる動物たちや大地から芽吹き実る植物たちを育む神、それがオホゲツヒメでありウケモチの神だったのではないか。

オホゲツヒメの死体から蚕や五穀の種は生まれた。『古事記』ではそれを、「神産巣日の御祖命、これを取らしめて（令レ取レ茲）、種と成し」たという。カミムスヒは誰に命じて種を取らせたのかが、この文脈では明確ではない。ここにカミムスヒが登場するのは、西郷信綱がいうように、「穀物の種が高天の原伝来であることを示そうとするもの」だというのは間違いない。[21]『日本書紀』一書では、ツクヨミが殺した地上のウケモチの神の体から生じた五穀の種はアマテラスが視察を命じた「天熊人《あめのくまひと》」によって天上に献上され、神の種になったと語っている。それに従えば、カミムスヒも誰かにそれをさせたはずである。そして、それが可能な神は、『古事記』の文脈のなかではスサノヲしかいない。たぶん、カミムスヒは女神を殺したスサノヲに命じて、死体から生じた種を取らせ、それを神の種として地上にもたらしたのである。だから、スサノヲはクシナダヒメ（奇し稲田ヒメ）と結婚することになった。『日本書紀』に登場するウケモチの神は葦原中国（地上）にいるが、オホゲツヒメは地上の存在ではなく、高天が原（神の側）の領域にいる神なのである。それゆえに『日本書紀』のように、五穀の種を地上からいったん高天が原に献上するというような手間を語る必要はなく、女神を殺したスサノヲ自身がカミムスヒの命令のままに種を取り、それを神のほどこし物として地上にもたらすことができたのである。

ことさら触れる必要がないほどによく知られていることだが、このオホゲツヒメ殺しの神話は、イェンゼンが『殺された女神』のなかでハイヌヴェレ神話素として紹介した世界的な分布を示す穀物起源神話に繋がっている。イェンゼンは、この神話を芋類の栽培民文化層に発生したものであるといい、そこに供犠がともなうのは、「最初の死が殺害であり、この最初の死が生殖を、したがって生命の持続をもたらしたのだから、あの最初の死を最も生き生きと〈想い出す〉ことが大切なのだ。だから、殺害が肝要な一連の祭儀が存在する」のであり、それは、「人が神を自分で体験」し、「神的性格を意識」することだと述べている。[22] これによれば、いかなる供犠（イケニヘ）も、農耕の始まりとともに生じたものであるということはあきらかである。そして、この認識はまちがっていない。

このイェンゼンの指摘を受けてオホゲツヒメ神話を分析した大林太良は、日本において、その起源が稲作にあるのではなく、粟など雑穀類と豆類の栽培を中心とした焼畑耕作文化にあることを主張し、「これらの神話は単に農耕の起源を語っているばかりでなく、宇宙の秩序の設定も語っており、文化と自然との関連についても発言している宇宙論的側面ももっているのである」と述べている。[23] この点については、本稿で述べてきたこととも重なることであり、起源神話を考える場合には重要な指摘だといえよう。ただし、オホゲツヒメ神話が焼畑に関わるのか稲作に関わるのかというのは、それほど大きな問題だとは考えられない。もちろん、縄文的な狩猟採集生活が、ある時いっきに稲作に転換したとは考えられないし、地域や環境によって栽培作物の種類に違いがあったのは当然だろう。

重要なことは、人びとの生活の狩猟生活から農耕栽培への転換とオホゲツヒメ神話の発生は関わっており、そこに供犠が必然として生じてきたということである。そのことは、根源的な、人と自然（神）との関係性の変貌と対応しているはずである。八ケ岳山麓の民でいえば、縄文中期において山麓一帯の丘陵地帯に濃密に居住した人びとが、後期になると急激に減少し、それにともなって低地における居住痕跡が多くなっていくといった考古学的な事実と見合っているだろう。

4　縄文の神話

縄文時代にはイケニヘ譚は存在しなかったし動物供犠も行なわれていなかったということは、断言してもよい。[24]もちろん、縄文も後期になれば、すでに稲作もふくめて雑穀類の栽培が行なわれていたというのは今や考古学の常識に属すことだし、野生植物を住居の近くに植えたり群落に手を入れたりするような半栽培をも視野に入れれば、その上限は縄文のそうとう古いところまで遡るだろうから、縄文時代をすべて均質に考えることは適切ではない。ここでいう縄文とは、狩猟採集によって生活する人びとの時代と限定しておかなければいけないし、そこでは縄文中期までを念頭において考えている。

イケニヘ譚は存在しないとして、では、どのような神話が存在したのかと問われても、今は答えようがない。ただ、イケニヘ譚との繫がりでいえば、間違いなく始祖神話は存在したとみてよい。それは、われわれが現在文献によって知ることのできる、縦に繫がる系譜をもった神婚型始祖神話とはちがう。系譜をもつのは、明らかに王権や氏族が意識された後のものだからである。縄文時代にありえた始祖神話は、動物（神）

と人間との繋がりを語る神話だろう。彼らは動物の子孫だったのである。

あくまでも想定するだけで、縄文時代の神話を示すことはできない。せいぜい、中期の装飾性のつよい土器類に描かれたヘビやイノシシなどの紋様が、そうした痕跡を示しているといえるくらいだろう。だからここでは、記録の残る狩猟採集民に伝えられた伝承を参照しながら想像力を働かせてみるしかない。

たとえばトーテム神話の強いオーストラリア原住民アボリジニーは、それぞれの氏族によってトーテムが決まっており、「カンガルー・トーテムの氏族の人々は、自分たちの魂がカンガルーの精霊から出ていると信じている。ゆえに、年に一度儀式としてカンガルーの肉を食べるほかは、決してカンガルーを殺さないし、その肉を食べない」という。[25] 逆にいえば、彼らは一年に一度カンガルーの肉を食べることによって自らがカンガルーになるのである。また、アメリカ・インディアンたちも、クマびと・シャチびと・サケびとなどさまざまなトーテムによるグループに分けられているというし、[26] オホーツク＝エベンキ人は自分たちを「クマと人間の女性との結婚から生まれてきた」と伝えているという。[27]

こうしたあり方は、アイヌの場合にも指摘できる。この種の伝承は語り手が話したがらないために採集されることは稀で、すでに忘れられてしまったものが多いが、藤村久和によれば、「男女両系を示す家紋と下紐は、血縁集団別に違った形をしており、その形ははるかに遠い昔に自分たちの祖先と婚姻関係を結んだとされる神に由来し、神の全体または特徴ある一部を抽象的に表現したものである」といい、ヒグマを祖先神にもつ由来譚をピウスツキの採集資料として紹介している。[28] アイヌの男たちが用いる祭具や道具類にほどこされた細かな彫刻の紋様に、クマやシャチなどの家紋（イトㇰパ＝家系を表わす刻印）が入れられるのはよく知られていることである。

アイヌは、自分たちが狩ったり採集したりする動物や植物はすべて神だというアニミズム信仰をもってい

アイヌのイクパスイ（捧酒箸）に彫られた家紋（上２本がクマ、下２本がシャチ。杉山寿栄男『北の工芸』より）

る。そして、その神々と自分たちとの関係は次のように認識されている。
たとえばヒグマでいえば、彼らはふだんは神の世界にいて、人間とまったく変わりない生活、男なら宝刀の鞘に彫刻をし女たちは縫い物をするといった生活をしている。そして、人間の世界を訪れて歓待してもらいたくなると、家の中に掛けられた毛皮をかぶり、肉を土産にもって（つまりヒグマの姿になって）、神の世界からやってくると考えるのである。アイヌはそれぞれ自分たちが狩りをすることのできる領域（神と人びととが共有する場で、イウォルと呼ばれる）をもっているが、ヒグマはそこに出てきて、人間に射られるのである。けっして人間がクマを射るのではなく、神が人間の家を訪れたいために射られるのだと考えている。そして、クマを射た人間は相手を神として丁重に扱い、土産の毛皮と肉をいただき、その代わりに神を酒食や踊りで歓待して喜ばせ、また来たいと思わせてから、準備した土産をもたせ、その魂を神の世界に送り返すのである。そうすると、神は自分の家に帰り、周りの者たちに土産を分け与え、人間の世界での楽しい出来事を語って聞かせ、また人間の村を訪れてみたいと思いながら、もと通りの生活をしているのだという[29]。

　こうした認識はかなり合理的すぎる説明のように聞こえるが、狩猟民にとってももっとも本質的な神と人との関係を表わしているとみなければならない。狩猟や採集による獲物や収穫はすべて神の側に委ねられているわけで、技術や知識が大きなウエートを占めるとしても、それは人間の側の主体的な営みとしては認識されないのである。彼らの生活そのものが神に委ねられているといったほうがよい。そのために、彼らは自ら

イヨマンテ①（作者未詳「蝦夷風俗図巻」ライデン民族学博物館蔵、リッカー美術館編『蝦夷風俗画展・図録』より）

が動物の子孫になることが必要だったのである。その象徴的な祭儀として子グマ飼育をともなうイヨマンテ（熊の霊送り）が存在するのではないか。

イヨマンテの語源は、「イ＝それ・オマンテ＝（神の国に）送る」で、イは、日本語の「もの」と同じように、貴く恐ろしい相手の名を直接呼ばずに敬い避ける表現で、ここは神である動物の魂をさす言葉である。その祭儀は、一定期間（ヒグマならふつう一年間）育てた動物の魂を神の世界に送り返す儀式なのだが、飼育している間は、「自ら母乳を与え」たりしながら家族のようにかわいがって育て、盛大にとり行なわれる送りの日には涙を流して別れを悲しむのである。[30]

動物の飼育をともなう霊送りは、北シベリアの原住民たちの間にも認められることだが、それがどういう意味をもつかという点については明確な説明がなされていないように思う。私は、今までの論述から考えて、飼育をともなうイヨマンテについて次のように認識している。

先に、西郷信綱の、「それを自然の状態から文化の状態へと転換させ、神との関係においてその動物を共同体の象徴たらしめる」という魅力的な発言に留保を表明したのは、西郷が文化（農耕的な神観念）の側からイヨマンテを認識しようとしているためである。そして、この見解はたぶん間違っている。動物の飼育は、動物を「文化の状態」にすることではなく、逆に、人間が「動物（自然）の状態」になることなのである。トーテム信仰のなかで自分たちを神の子孫とする始祖神話が語られるのと同様に、人は子グマを育てることによって〈クマ〉になるのである。それは、始祖神話の実習だといってもかまわないだろうし、オーストラリア

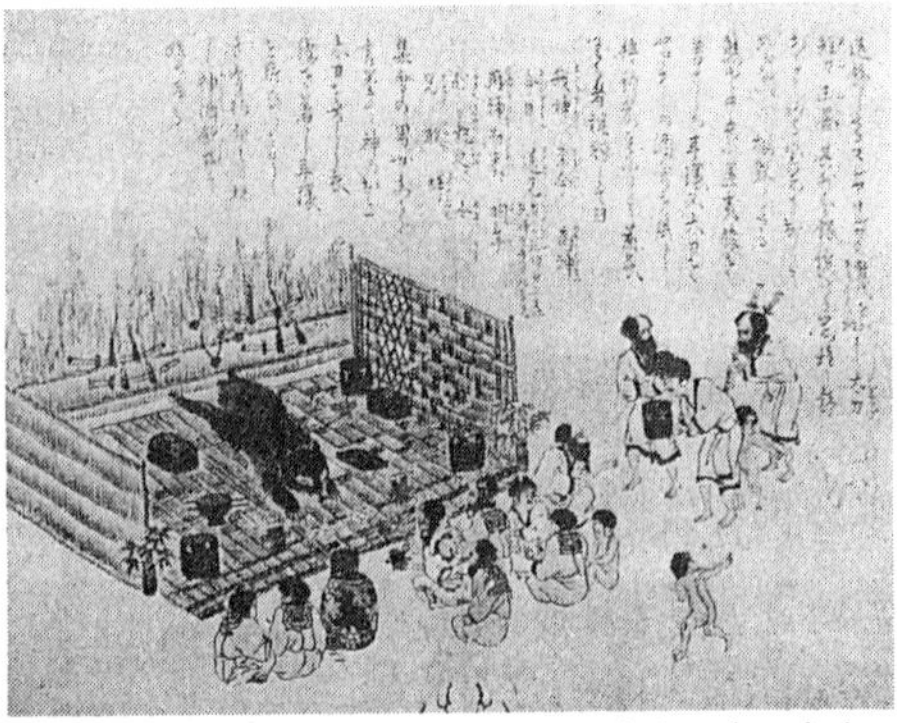

イヨマンテ②（村上島之丞「蝦夷奇観」寛政11〔1799〕年、東京国立博物館蔵、前掲図録より）

原住民アボリジニーにおける「カンガルー・トーテム」の一族が一年に一度だけカンガルーの肉を食べて自分たちが「カンガルー」として再生するのと等しい行為だとみなすこともできよう。

　厳重な手順のもとで執行される動物の解体は、それが狩猟によってえた動物であろうと儀礼的に行なわれる飼育された動物であろうと、農耕儀礼として行なわれる動物供犠とは本質的に別個の行為なのである。狩猟民にとって動物は神なのだから、動物神に動物を捧げ物として供えるなどということは生じるはずがない。また、ヲトメは始祖神（トーテム）の結婚相手なのであって、〈贄〉として捧げられる存在にはなりえない。もちろん、悪い神が人間の娘にちょっかいを出して懲らしめられるというふうな伝承はあるが、それは結婚（性）の対象であって、御馳走としての食べ物にはならないのである。もし、ヲトメが神の御馳走なら、神（動物）の子孫である人間自身がヲトメを食べなければならなくなってしまうだろう。そうした自己撞着的な神話や習俗をもつ人間などいつの時代にも存在するはずはないのである。

　共同体を象徴するヲトメは神と結婚し、そこに〈神の子〉が誕生する。その子を始祖として、共同体や氏族は自分たちの起源を語ることができるのである。起源をもつことは存在を保証することだから、始祖神話が彼らを存在させることになると言ってもかまわない。そして、時々に、彼らは自分たちの始まりを確認することによって、自分たちの〈現在〉を〈始源の時〉に回帰させ、それによって永遠の〈未来〉を確認し続ける。始祖神を迎え祀るのはそのためだし、始祖神と一体化するために動物を飼育し、儀礼的にその肉を食べなければならないのである。

そこに登場する神の嫁としてのヲトメは、神と人との関係性の変貌や歪みとともに、捧げられるヲトメへと姿を変え、神の御馳走になってゆくのだし、動物神は、人と区別されたただの動物になってしまうことによって、新たに登場した神に〈贄〉として捧げられるのである。動物たちが神としてあり、その神の子孫であることによって、人がその存在を保証されているという社会のなかでは、ヲトメや動物を〈贄〉とみる認識は生じようがないはずである。そして、縄文とはそういう、人と神（動物）とが一体として共存する社会だったのである。

縄文人の神話を想定しながら、アイヌの神話や儀礼をそこに重ねるというのは、たいへん危険で乱暴な方法であることは承知している。このように論じてきたからといって、アイヌを縄文人の末裔だと主張しようとしているのではない。ここでは、ともに狩猟採集を基層にもつ人びととして、両者をおなじレヴェルに置いてみた時、何が見えてくるかということを考えてみたかったのである。農耕栽培、ことに稲作以降の神話しかもたない古代大和の伝承の向こう側にある世界を窺うためのひとつの仮説として読んでもらいたい。

5　共同体の供犠

約束の紙幅も尽きかけてきて、イケニへ譚のもうひとつのタイプ、橋や堤防の築造に関わる人身御供（人柱）譚について詳しく論じる余裕はなくなってしまったから、簡単にふれるにとどめる。

その最古の事例は『日本書紀』仁徳天皇一一年に記された伝承である。河内の国にある茨田《まむた》の堤を築こうとするが二カ所だけすぐに決壊してしまう場所がある。困っていると天皇の夢に神が登場し、武蔵人強首《こはくび》と河内人茨田連衫子《ころものこ》という二人の人間を河の神に捧げたら堤は完成するだろうというお告げがあったので、この二人を捜し出し、まず強首を沈めたらお告げの通りに堤は完成した。次いで衫子を沈めようとすると、彼は瓢簞二つを河に投げ入れて、もしこれが沈んだらイケニへになろうと言う。すると神はつむじ風を起こして瓢簞を沈めようとしたが沈まず、瓢簞はそのまま流れていってしまった。[31] そのために、衫子は死をまぬかれ、堤も完成させることができたという伝承である。

この伝承が仁徳紀にあるということが象徴しているように、この種の人身御供譚は国家の成立に見合うかたちで生じたと見てよい。『古事記』や『日本書紀』における応神天皇と仁徳天皇に関わる記事には、池の築造や堤防の造営に関わるものが数多く見出される。そして、それらは国家の、あるいは天皇のもつ力＝文化を語ろうとする方向に収斂されている。古代王権にとって、それらの土木事業を語ることはすぐれた天皇の証しとして必要だったのであり、歴史的にみれば、こうした人身御供譚は、農耕の開始とともに語られるもうひとつのイケニへ譚、魔物に捧げられるヲトメたちの伝承に遅れて発生したものであることは明らかである。

しかし、仁徳紀の記事は、考えてみれば奇妙な伝承である。一方の男はイケニへになることで堤は完成し、一方はイケニへにならずに堤は完成したというのである。天皇の見た夢の権威はどうなるのだということにもなるが、そのことを措いていえば、堤の築造にとって、イケニへはあってもなくてもかまわないのだということをこの伝承は語っているように読める。だから堤を築く際にはイケニへを捧げるのだという起源譚でもあるし、だからイケニへはなくなったのだという起源譚でもあるという矛盾を抱え込んだ伝承が、人身御供譚の最古の伝承なのである。それは、この系統の伝承の曖昧さを象徴してもいるだろうし、国家の側の狡さを露呈しているともいえそうである。

伝説として各地にのこる人身御供譚は、多くの場合、人柱になった男や女たちの悲劇を事実として伝えている。本当に人柱に捧げられた人がいたと思わせるような語りぶりをとるものも多い。しかし、その人柱のお蔭で堤や橋が決壊することはなくなったのだから、その時から人身御供を捧げる必要はなくなったということになる。だから、伝説の人身御供譚も、実は人柱が行なわれなくなったことの起源を語る伝承だということもできるのである。また、共同体や国家は、そうした昔の犠牲に支えられて〈今〉を保証されているのだという点から見れば、魔物に捧げられるはずのヲトメが英雄の登場によって救われたと語る、もうひとつのイケニへ譚と同じ構造だとみることも可能になるだろう。そして、人身御供譚のもつ暗さは、人間が抱え続けなければならない〈負い目〉が蔭を落としているからだという気がする。

高木敏雄や柳田国男などイケニへ譚を論じた人たちに共通するのは、人柱など伝承の世界のものであって現実にはありえなかったという主張が鮮明だということである。[32]そして、確かにそれらは伝承論の問題であって事実の問題でないとみるのは正しい認識だろう。しかし気になるのは、それらの発言が外国にはあるが日本にはそんな残酷な行為など考えられないという捩じ曲げられた愛国心から発想されているという点である。逆に、外国にあるなら日本にもあっただろうし、日本にないなら外国にもなかっただろうと考えてみるべきだ。南方熊楠の「人柱の話」に示された事例はそのあたりの問題を明らかにしている。そこに引かれた外国の事例もありそうでなさそうな話ばかりである。[33]そして、そうした曖昧さが、イケニへ譚や人身御供譚のリアリティを保証しているのである。それらは、今は存在しないけれども、いつまた生じるかもしれないという恐怖心を人びとに与えることによって、お話のレヴェルを超えてゆくのである。

たしかに、イケニへ譚は農耕の始まりや国家の成立にかかわる伝承として発生した。とくにヲトメのイケニへ譚が「親棄て伝説」[34]と同様に、イケニへが行なわれなくなった起源を語るという共通性をもつことからみて、すでに述べてきたように、その発生はあくまでも起源神話の問題として説明することが可能である。ヲトメがイケニへから救出されるという出来事によって、〈今＝未来〉に続く共同体の秩序の始まりが神話的に保証されているのだから。

ところが人身御供譚の場合、そのあたりが曖昧なのである。もともと伝承として発生しながら、常に生じる自然の猛威によって堤防や橋が壊された時には、語り継がれている人柱（人身御供）が想い起こされ、そうした伝承があるために、逆に、現実の人柱を要求してしまい、ついには共同体の犠牲となって沈められる男や女たちが、ある時に生じたとしても、いっこうに不思議ではないという気がしてしまうのである。それが、この種の伝承のもつ曖昧さであり不気味さであるということができる。そして、それはどうやら、国家や共同体に対して誰もが感じるある種の残酷さや胡散臭さに支えられて、人びとの恐怖感やリアリティを増幅させてゆく装置だったのではなかろうか。

＊

まとまりのつかなくなった私のイケニへ譚の筆は、ここでひとまず置かれることになるが、最後にひとつだけ、壊された縄文の土偶が〝殺された女神〟ではなかったということだけは記しておこう。滅んでいった縄文への感傷的な憧憬をもっているわけではなく、縄文とはイケニへ譚を発想しえない時代だったのだということを確認しておきたいだけである。しかし、なぜ発掘された土偶が多く壊されているのかという確かな理由は、私にはわからない。

そもそも、バラバラになった状態を「壊された」というふうに認識してよいかどうかが問題であろう。現代のわれわれには壊されたと見えるが、実はそれは、「解体された」状態としてあるのかもしれない。土偶が何らかの意味で宗教的・信仰的な性格をもつものであるという点は動かないだろう。そして、そうした神像を、そのままの状態で人間の世界に置いておくのは恐ろしいことだったに違いない。だから、祭儀が終了すれば、神（土偶）は神の世界にもどす必要があり、そのために、動物神がそのようにして送られたのと同様に、神像は解体され、その魂は神の世界に送られたのではなかったか。[35]

土偶がバラバラにして埋められている理由を、今はそのように想像している。

注

（1） このあたりの問題については、埴原和郎ほか『〈シンポジウム〉アイヌ』北大図書刊行会、一九七二年、梅原猛・埴原和郎『アイヌは原日本人か』小学館、一九八二年、などにおける形質人類学者、埴原和郎の発言に詳しい。

（2） 縄文がいかなる時代であったかという点については、ごく最近刊行された佐々木高明『日本の歴史①日本史誕生』集英社、一九九一年、が最新の成果と数多くの図版や写真を使ってわかりやすく論じており、非常に興味深い書物である。

（3） （2）の著書において、佐々木高明は、後述する「ハイヌヴェレ型神話」における〝殺される女神〟の儀礼と土偶との関わりを指摘している。また、発掘された骨からイノシシを犠牲とした祭儀の存在などについても言及している。

（2）同書、二〇四頁。

（4） 関敬吾『日本昔話大成』では、「猿神退治」と題して本格昔話の〈愚かな動物〉に分類され（大成話型番号二五六）、全国の類話が紹介されている。また、伝説としても各地に伝えられており、その採集総数は百五十話をこえるという。そこで退治され正体を明かされる動物は、猿のほか蜘蛛・狼・古狸・狒々などさまざまである。

（5） この伝説の舞台となっている「長柄の橋」は、淀川の支流、長柄川に架けられていた橋で、古く弘仁三（八一二）年に築造されたと『日本後紀』に記されている。そして、この系統の人柱伝説には、「物言へば長柄の橋の橋柱鳴かずば雉のとられざらまし」（『神道集』）という類いの歌が一緒に伝えられている場合が多い。なお、『日本書紀』の茨田の堤も淀川にあり、こうした人柱伝説は淀川水系一帯に古くから伝えられていたものであったといえそうである。

(6) 西郷信綱「イケニへについて」『神話と国家』平凡社、一九七七年。

(7) 『今昔物語集』巻二六には、「美作国の神、猟師の謀によりて生贄を止めし事」(第七話)「飛驒国の猿神、生贄を止めし事」(第八話)という二つの「猿神退治」系のイケニへ譚が並べられている。

(8) イヨマンテという呼称は一定期間飼育した動物の霊を神の世界に送る場合に用いられる。飼育される動物はヒグマが有名だが、それ以外にも、コタンコルカムイ(村を守る神)と呼ばれるシマフクロウなど、アイヌの人々にとって重要な神がイヨマンテの対象となる。山で仕留めた獲物の場合にも霊送りはなされるが、それはイホプニレと呼んでイヨマンテとは区別されている。

(9) 以下のヲロチ退治神話の分析については、三浦佑之『昔話にみる悪と欲望』新曜社、一九九二年、で論じた内容と重複する点があることをお断りしておく。

(10) 大林太良『日本神話の起源』角川書店、一九七三年。この神話は、昔話や伝説として広く伝えられる「猿神退治」(〈4〉参照)と同一の話型に属している。

(11) このことを的確に指摘しているのは、西宮一民『古事記』新潮社、一九七九年、である。なお、ヲロチ(おろち)という語が「大蛇」という意味を表わす普通名詞として用いられるようになったのは、この神話が人々に周知のものとなって以後のことであり、もともとヲロチという語が「大蛇」という意味をもっていたわけではない。

(12) 八俣のヲロチは「高志の」と記されているが、コシは越の国をさすとみてよい。この神話の舞台である出雲にとって「越」は、共同体の外側の未開の地と認識される異境である。そのことは、『古事記』の出雲神話や『出雲国風土記』の各所から窺える。出雲を中心として日本海沿いの東の果てにある野蛮な異境が越であり、恐ろしいヲロチはそこから共同体を訪れると幻想される怪物でもあった。川を象徴する怪物と恐ろしい異境とが重層しているのである。

(13) ヲロチ退治のあと、『古事記』ではスサノヲとクシナダヒメの結婚と子孫の系譜が語られている。そこには、スサノヲが歌ったという祝婚歌「八雲立つ/出雲八重垣/妻隠みに/八重垣作る/その八重垣を」が伝えられており、地上(人々)における結婚の起源を語ろうとする意図は明らかである。

(14) 支配を表わすことは、「ヲス(食)」のほか、「シラス(知)」、「キコス(聞く)」という尊敬語がある。知ること、聞くことは、食べることと同様自己のものとして所有することをあらわす言葉なのである。

(15) 猪麻呂のワニ退治の話については、三浦佑之「古代説話論・試論――語臣猪麻呂の〈事実譚〉」(説話・伝承学会編『説話伝承の日本・アジア・世界』桜楓社、一九八三年)で論じているので参照願いたい。なお、この論文は改稿して、『古代叙事伝承の研究』勉誠社、一九九二年、に収めた。

(16) この問題は、たとえば『遠野物語』などにみられる里の娘たちの「神隠し譚」にも繋がっている。そうした伝承群については、三浦佑之『村落伝承論――遠野物語から』五柳書院、一九八七年、で論じた。

(17) 現在の状態とは逆の状態をはじめに設定し、それがある出来事によって現在の状態になったと語ることによって起源を語ることが可能になる。こうした起源神話の語り方については、三浦佑之『村落伝承論』第一章「村建て神話――始まりはどのように語られるか」で論じた。

(18) このヤト神の伝承が、前半部分を継体天皇の時代(六世紀前半)、後半の壬生連麿によるヤト神退治を孝徳天皇の時代に設定しているのは興味深い。孝徳天皇は、いわゆる「大化の改新」(六四五年)によって即位した天皇であり、それはまさに、〈文化〉の始まりの時として認識される時代なのである。

(19) 稲作のタブー性や抱え込まれた負性については、三浦佑之「生産・労働・交易」(古橋信孝編『ことばの古代生活誌』河出書房新社、一九八九年所収)を参照してほしい。

(20) オホゲツヒメという神名は「オホ(大=偉大な)ケ(食=食べ物)ツ(の)ヒメ」で、偉大なる食べ物の女神といった意味をもつ。また、『日本書紀』に登場するウケモチの神も同様に、「食べ物(ウケ・ウカ)を支配する(モチ=持ち)神」という名義をもつ神である。

(21) 西郷信綱『古事記注釈』第一巻、平凡社、一九七五年、三六一頁。それが神の世界からもたらされたものだと語ることによって、五穀が人のものとなったことを起源として語ることができるのである。

(22) アードルフ・E・イェンゼン『殺された女神』大林太良ほか訳、弘文堂、一九七七年、一六一頁。なお、ハイヌヴェレという名称はインドネシアのセラム島のヴェマーレ族の神話に登場する殺される女神の名前から付けられたものである。

(23) 大林太良『稲作の神話』弘文堂、一九七三年、四四頁。

(24) 縄文時代の遺跡から発掘される動物の骨の状態から、単に棄てたものではなく、儀礼的な行為の存在が指摘され、それを「動物供犠」として説明することが多い。たとえば、嶋崎弘之「縄文中期の動物供犠」(『どるめん』二七号、一九八〇年十一月)では、「イノシシを対象とした動物供犠＝生けにえの儀式」の存在を想定している。(3)に紹介した佐々木高明もそうした供犠を考えている一人だが、これらを「供犠」と呼ぶことは誤りであり、以下に述べるアイヌのイヨマンテ(霊送り)と同様の、狩猟民における「霊送り」の儀礼として考えるべきだろう。

(25) 新保満『野生と文明——オーストラリア原住民の間で』未来社、一九七九年、六九頁。

(26) C・バーランド『アメリカ・インディアン神話』松田幸雄訳、青土社、一九九〇年、四四頁。

(27) B・A・トゥゴルコフ『トナカイに乗った狩人たち——北方ツングース民族誌』斎藤晨二訳、刀水書房、一九八一年、一七四頁。

(28) 藤村久和「ヒグマを祖先神にもつ由来語——B・ピウスツキ/樺太アイヌの言語と民話についての研究資料〈8〉」(『創造の世界』五三号、一九八五年一月)。

(29) アイヌの信仰に関しては、アイヌ文化保存対策協議会編『アイヌ民族誌』下、第一法規出版、一九六九年、知里真志保『知里真志保著作集』3〈生活誌・民族学編〉、平凡社、一九七三年、藤村久和『アイヌ、神々と生きる人々』福武書店、一九八五年、アイヌ民族博物館編『アイヌ文化の基礎知識』白老民族文化伝承保存財団、一九八七年、などを参照した。

(30) 北海道白老町にある白老民族文化伝承保存財団(アイヌ民族博物館を併設する)では、イヨマンテを伝承してゆくために古老の指導を受けながら儀礼を実習し、あわせて記録を残そうという活動を行なっている。一九九〇年二月に実際にイヨマンテを見学させてもらったのだが、ヒグマに対する信仰と厳粛な気分が伝わってくる感動的な儀式であった。その前年の記録が『イヨマンテ—熊の霊送り—報告書』(アイヌ民族博物館、一九九〇年)と題して刊行されている。なお、イヨマンテについては、(29)の諸書のほか、伊福部宗夫『沙流アイヌの熊祭』みやま書房、一九六九年、宇田川洋『イヨマンテの考古学』東京大学出版会、一九八九年、などを参照した。

(31) ここと同様に瓢箪が水に沈まないというモチーフは、昔話「蛇婿入り・水乞い型」などにも用いられており、それは、人間の側の知恵を示すための類型的な語り口である。また、瓢箪は水にゆかりのある植物として民俗のなかで神聖視され、祭具などに用いられている。同様の形態をもつ瓜も、「瓜子姫」や「天人女房・七夕由来型」に語られているように水と因縁の深い植物である。

（32）高木敏雄『人身御供論』宝文館、一九七三年。柳田国男「松王健児の物語」、「人柱と松浦佐用媛」（ともに『妹の力』定本柳田国男集第九巻、筑摩書房、一九六九年、所収）。

（33）南方熊楠「人柱の話」『南方熊楠全集』第二巻、平凡社、一九七一年、所収。

（34）関敬吾『日本昔話大成』によれば、笑話の巧智譚に分類された昔話「親棄山」には四つのタイプが登録されているが、いずれの場合も、老人の知恵を必要としたり改心したりして、棄てた老人を連れ帰り、それ以来、親を棄てる習俗はなくなったと語られている。各地に残る伝説の場合には、昔それが行なわれていたと語るが、それは、イケニへ譚の場合と同様に、今はそうしたことが行なわれていないことを保証する語り口である。

（35）アイヌにおける「霊送り」では、クマやシマフクロウなどの動物神に限らず、あらゆる物の霊が神の世界に送られる。たとえば、椀や盆など日常の器物などにも霊はあり、使われなくなると、それらの霊も神の世界に送り返されるのだという（藤村久和『アイヌ、神々と生きる人々』）（（29）参照）。

中村生雄

イケニヘ祭祀の起源

——供犠論の日本的展開のために——

ある発心譚から

大江定基、出家して寂照の発心にいたる話として、次のような鬼気せまるエピソードが伝えられているのは誰もが知っていよう。すなわち、本妻を捨てて年若い女を任国三河へ連れていったはいいが、長患いのあげくに彼女に死なれ、あきらめきれない定基は女の遺骸に添い臥して嘆き悲しむ。そうこうするうち、さしもの女の美貌も日に日に醜くくずれていき、いたたまれぬ思いで女の口を吸うやいなや、そのあまりの悪臭に人の世のうとましさを感じ、たちまちに道心を起こしたというのである(1)。

人がその愛欲のきわみに生のむなしさを思い知らされるという、少々あざとさの目立つ発心譚ではある。そのあざとさを敬遠したのであろうか、『続本朝往生伝』や『発心集』は、若い愛人の死を人のいのちの定めなさという一般的テーマにしたがって定基の発心の経緯を語るにとどめ、女の口を吸ってその悪臭のあまり、という言わば説話の聞かせどころははぶいている。

それはともかく、今ここで注目してみたいのは、この著名なエピソードと並んで語られているもう一つの話のほうである。それによると、定基の任国三河には「風祭」と称する行事があったが、そのさい人びとが「猪ヲ捕リ、生ケ乍ラ下ロシテケルヲ見テ」、彼はいよいよ道心を堅固にしたというのである。しかし、話はそこで終わらない。猪を生きたまま下ろすという、この土俗的で残酷このうえない祭祀のありようを見て、定基は俄然、奇怪きわまる振る舞いに出たのであった。

というのも、三河を去るにあたって定基は、通りがかりのものから捕えたばかりのキジを譲り受け、これを「生ケ乍ラ造リテ」食えば味わいは格別だろうと言って、郎等たちがあやしむのも聞かずにキジの羽をむしり始める。キジは苦しがってばたばたし、目からは血の涙を流しているのに、定基はいっこうにやめる気配もなく、おもしろがって笑みさえ浮かべる始末。羽をむしり終わるや、今度は刀でキジの肉を下ろしにかかる。血がつぶつぶと吹き出し、切れ味がにぶった刀を度々ぬぐいながら下ろしていくと、とうとうキジは断末魔のあさましい声をあげて絶命する。定基がこれを煎《い》り焼きにするよう命じると、郎等たちは主の歓心を買おうとして、死んだキジを下ろして食うよりもずっといい味だ、と調子を合わせる。

ところがどうだろう。郎等たちの予想にたがい、定基はやおら目から大粒の涙をこぼし、声をあげておめき出したのである。呆気にとられた郎等たちを尻目に、定基はその日のうちに都にのぼり、髻を切って出家したということだ。『今昔物語集』のコメントによれば、定基はいったん固めた出家の決意をより確実なものにするため、あえてこのような「稀有ノ事」を行なったのだという。

ともあれ、これまた先の話にまさるとも劣らぬ、露悪趣味にみちた発心譚と言うほかなかろう。だがここには、みずから犯した罪業を深く悔やんで出家する、といったようなステレオタイプの遁世物語にはない凄味がある。山野の獣や魚鳥を捕えて殺す罪深い所行に慚愧の念を生じ、にわかに出家遁世したという話なら、源満仲とか讃岐の源太夫の例を筆頭に数え上げたらきりがない。[2] 満仲のような武者、源太夫のような猟師であれば、日ごろ積み重ねてきた殺生の数々に思いいたり、その応報のおそろしさに慄然とするのも無理はなかろう。

だが、都会育ちの貴族であれば、みずから手をくだして人をあやめることも、弓矢をもちいて鳥や獣を狩りとることも当然あるはずがない。そうであればなおのこと、鄙の任国で動物を生きたまま下ろすという殺生の業を目のあたりにしたときの定基の驚愕は察するにあまりある。己れの求めた愛欲のむなしさもさることながら、人間であれば誰しもが犯さねばならない殺生の現実を目前につきつけられ、一見、自暴自棄とも思えるパフォーマンスを意図的に演じることによって、定基はわが身を俗世から強引に断ち切ったのである。生きながらにキジを下ろして食うほどの「稀有ノ事」というのは、そうした定基の並々ならぬ決意のほどをあらわしていると考えるのが普通だろう。

なるほど、寂心(慶滋保胤)のもとで出家剃髪したのちには源信・仁海らにも師事して幅ひろく仏道をきわめ、はては入宋して数々の奇瑞につつまれた三河入道寂照の発心のドラマとして、これ以上に効果的な状況設定は存在しないにちがいない。いくたの文人を輩出した名門貴族には不釣合いな直情径行ぶりが、かえってその人間的な魅力を際立たせているように見える。もっともここでは、そのような定基の人物評価にも発心説話の技法上の考察にも関心はない。そうした関心はひとまず措いて、小論では殺生禁断・肉食忌避という宗教イデオロギー形成史上に配された一つの貴重な手がかりとして、定基の三河での経験に注目してみたいのである。

古代の風祭

そのような関心のもとにこの発心譚を読んで気づかされるのは、定基の遭遇した、今日ふうに言えば異文化経験であり強烈なカルチャーショックが、「風祭」という三河地方固有の祭祀を背景にしていることである。しかし、この風祭がどのような行事であり、三河のどの地域で行なわれていたのかなどについては、いっさい不明である。手近な古典文学大系本の注釈あたりでは、「風を鎮める為に風の神を祭る行事。茲では秋の収穫を祈る為のものと思われる[3]」とあるだけでいっこうに要領をえない。

そのほか、多少なりとも古代の風祭のありように言及した注釈には、次のように書かれている。

「秋の収穫期における暴風をおそれ、風を静め、豊作を祈るために、二百十日の頃、風の神を祭る祭が行われた。古来朝儀として行われ、大和の竜田神社の風神祭は著名であるが、全国各地で風祈禱・風日待として今日でもさまざまの祈禱と行事がなされている[4]。」

「風を鎮め、豊作を祈る祭。万葉集に出る大和の竜田の風祭（四月および七月の四日）は特に有名だが、各地で古来行われ、祭日は二百十日頃、または八朔とする所が多い[5]。」

ここに見られるように、風鎮めのための祭祀として古来有名なものが竜田神社のそれで、周知のとおりその文献的初見では天武四年四月までさかのぼりうる。すなわちこの月の十日、朝廷は美濃王と佐伯連広足を遣わして風神を竜田の立野に祀らせたとある[6]。また同日、広瀬の河曲に大忌神を祀らせたともあって、こののち竜田・広瀬の二神は毎年四月・七月に定期的に祀られ、奈良盆地の西の境を扼する風神・水神として朝野の尊崇をあつめたのであった。ちなみに竜田大社は『延喜式』で名神大社に列せられ、また同書所載の「竜田風神祭の祝詞」によれば、崇神朝の折り連年の不凶で五穀が実らなかったとき、天皇の夢に天の御柱の命・国の御柱の命と名乗る神があらわれて、竜田の地に吾が前を斎き祀れば天下のすみずみまで五穀は豊かに実るだろうと告げたのが起源だとされる。

ついでに言えば、この祝詞が述べている竜田の神の鎮座の経緯は、いったんは風害によって農作に甚大な被害を及ぼした神であっても、ひとたび鄭重に奉斎されるならば今度は反対に風害を防除する神として威力を発するということを意味しており、私見によればこれも、〈祟り神〉が祀られることによって〈守り神〉に転じるという日本古来の神のありかたの基本モデル[7]たりうるはずである。

また、竜田の神は『万葉集』では「竜田彦」の名で呼ばれ花を散らす風の神とされており（巻九・一七四八）、これが『延喜式』神名で「竜田比古竜田比女神社」と記されているものに相当すると考えられているが、このようなことからも竜田の風神信仰が大和盆地の風土に自生し、ひろく古代大和の人びとの心情に根づいたものであったことがわかる。そのようにして育まれてきた風神信仰が、天武朝においてその国家的政策の一部に組み込まれていったわけで、その後の律令祭祀において、国家の側が竜田の風神祭たいして期待した効験のほどは並み大抵のものでなくなっていく。

そのことは、たとえば『延喜式』四時祭に記されている竜田風神祭への祭料にかんして、同日に並行して行なわれる広瀬の大忌祭の祭料には見られない鹿角二頭・鹿皮四張が献納されている事実からも予想されよう。というのは、祈念祭や大祓のほか伊勢大神宮や斎宮など律令国家にとっての重要祭儀においては鹿角や鹿皮がもちいられるという特徴があり、しかもそれは奈良・平安期に創始された春日祭・賀茂祭などには見られない古式の祭儀にのみ献納された祭具であると考えられるからである。[8]もちろんこれをもってただちに、竜田の風神祭において鹿などの獣がイケニヘ（生け贄）として使用されていたと見ることはできないにしても、それが古代王権下に行なわれた儀礼的狩猟、およびその狩猟の獲物を神前にそなえる獦贄《かつにえ》[9]の名残りではないかと想像することは不可能ではない。

また、先に引いた天武四年四月の竜田・広瀬二神にたいする祭祀の記事が、後続の有名な天武朝の肉食禁止令と同月であることも気にかかるところである。周知のとおりこの肉食禁止令は、四月から九月までという期限つきながら牛・馬・犬・猨・鶏の肉を食うことを禁じており、一般にこれが日本における肉食禁止の初見であると言われているものだが、実態としては牛馬などの農耕用役畜がふくまれている一方、鹿・猪など古来の食肉獣が対象からはずされていること、また禁止期間が四月から九月までという農耕作業期間にかぎられるという点で、この禁令は仏教的な不殺生戒の精神にもとづくものではなく、むしろ肉食が農耕の障害となるという呪術的な観念によるものと思われる。言い換えれば、この時期の天武政権は国をあげての稲作農耕の振興策を推進していたのであり、その政策の一つのあらわれが竜田・広瀬の風神・水神を国家的規模の祭祀対象に組み入れていくことであったし、それと並行する施策として農耕期に牛馬などの家畜を食うことを禁じる肉食禁止令が発令されたと見なすことができよう(10)。

ところで、大江定基が三河で遭遇した風祭を、上記のような古代律令祭祀下の風神祭と同列に論じるわけにいかないのは言うまでもない。一方またおそらく、大江氏という文章道を家職とする家に生まれて国史や神祇祭祀について該博な知識をたくわえていたに相違ない定基にすれば、三河で見た風祭が畿内にながく伝わる竜田の風神祭などとはまったく性質を異にする蛮風に映ったからこそ、強烈なカルチャーショックを受けたのだろう。おなじ風の神にたいする祭祀とはいえ、畿内のそれと三河のそれとではほとんど共通するところなどなかっただろうと考えられ、おそらく前者は、よく言えば祭儀として洗練されてはいたものの、その分よけいに本来の風神祭がもっていたであろう粗野でエネルギッシュな要素を失っていたにちがいない。そのような中央の風神祭に慣れた定基であったからこそ、片田舎の里びとが何ら臆する気配もなく繰り拡げるイケニへ祭祀のむごたらしさに度肝を抜かれたということだろう。

　では、都出身の貴族の目にそれほど奇異に映った三河国とは、どのようなところであったのか。

　そこで、律令制下の三河国の性格について、とくに中央政府にたいする貢納品のありかたを概観すると、まず『延喜式』内膳司条には、節日の朝儀のための貢進物、すなわち節料《せちりょう》を山城・大和を初めとする諸国から献納させる規定が記されているが、そのうち三河国だけが特別扱いになっていることが注目される。すなわち、山城・大和など他の諸国の貢進品目は「雑鮮味物」とされて品目に限定がないのにたいし、三河国だけが「雉（キジ）」を進ずべきことと特定されているのである。三河の雉は朝廷にとって格別のブランド品だと認められていたわけだ。

　またそのことは、式の規定の別の部分からも傍証される。というのは、『延喜式』主計条に載せられる国別の中男《ちゅうなん》作物（令の規定では十七歳から二十歳までの男子を少丁あるいは中男と呼び、彼らに課す調を中男作物と称した）の品目では、尾張・三河・信濃の三国にたいして「雉腊《きじきたひ》」(11)が課されているからだ。節料のようなハレの日の貴顕の食べ物として生きたキジが賞味されていたばかりでなく、中央官人のための日常的な保存食品としても乾燥させたキジ肉が重用されており、それらいずれもの特産地として三河国は際立った地位にあったのである。

　また一方、中央政府への貢進品のうちで鹿が特別の意味をもっていたことはすでに指摘されているとおりだが、そうした鹿の加工品の一つである鹿革の納入数量において、三河は武蔵・上野と並んで第一位をしめている。(12)ちなみに、竜田の風神祭においては特別に鹿の角と皮が祭料として献じられていたのは先述のとおりで、三河地方の特産品が中央の神祇祭祀に無くてはならぬものであった事情がうかがわれる。総じて三河地方は、古代社会において、とりわけ律令国家による収税品目のなかで格別に珍重されていた鳥獣の豊富な生息地域、捕獲地域として、抜きんでた役割を負っていたことがわかる。

諏訪信仰と風祭

そこで、今度はやや範囲をひろげ、「風祭」についての事典的解説を見ていくと、たとえば『年中行事辞典』などでは以下のように諏訪信仰との関連が言及されていることに気づく。

「暴風の被害のないように祈願を行う祭。神社で行われるものでは、奈良県生駒郡三郷村、竜田神社の風神祭は歴史の古い名高いもので、4月4日・7月4日に広瀬神社の大忌祭とともに行われた国家的な祭事で、宮中では当日は廃務、祭使をつかわされた。後に廃絶し、今は竜田神社のみで6月28日から7月4日まで一週間行う。その他に風神をまつるので名高かったのは諏訪神社で、その神職を中古、風《かぜ》の祝《はおり》(風神をまつる神主)と称した。同社には薙鎌《なぎかま》と称する神宝があって、これを立てて風の祭を行い、各地の末社にも鎌をもって風祭を行う例が多かった[13]。(以下略)」

このように、古代における竜田の風神祭と並んで、中世以降の諏訪の祭祀が風の神を鎮め、作物の豊かな実りを期するものであったことが知られている。そもそもこうした諏訪の神の風神的な性格は、周知のとおり、すでに正史における諏訪神の初見記事である『日本書紀』持統五年八月条において、次のように諏訪の祭祀が大和竜田の祭祀とセットになって登場する事実によって裏書きされていよう。

「辛酉に、使者を遣《まだ》して竜田風神、信濃の須波《すは》、水内《みぬち》等の神を祭らしむ[14]。」

しかもこの持統五年という年は、「陰雨《ながあめ》」のために農作物に深刻な被害が予想されており、政府は貴族・官人らにたいして酒を飲むこと、肉を食うことを禁じただけでなく、心をひそめて仏前に悔過せよと命じ、諸寺における経典読誦と天下の大赦を行なっているのである[15]。

すなわち、四月から降りつづいた陰雨が六月になっても止む気配を見せず、そのため上述のような飲酒肉食禁止令と仏教的攘災呪術がこころみられた。ところがこののちも天候不順はいっこうに収束しなかったと見え、天武四年以降恒例となっていた竜田・広瀬の祭祀を七月に行なったのに屋上屋を架すかのごとく、翌八月、竜田と諏訪（須波）の臨時祭祀が敢行されたのであった。おそらく、竜田という中央の風害防除の神がさしたる効験を見せず、そのため遠く諏訪の神にまで同様の風鎮めを期待するにいたったのであろう。ちなみに、諏訪と並んで祀られたとある水内の神は、通説的には同国水内郡所在の式内社である健御名方富命彦神・別神社のこととされるが、これを地名とは見なさず「諏訪のミヅチ（蛟）の神」と解して、そこから諏訪の蛇神的性格を読み込む論も行なわれている。[16]

また、偶然の一致として無視すべきことかもしれないが、この持統紀でも肉食禁止令の発布と竜田・諏訪の祭祀が連続して記されているのが気にかかる。先述したとおり、天武四年四月の肉食禁止令は同月の竜田・広瀬の祭祀開始記事を受けるかたちで書かれていたが、これは、持統五年の竜田・諏訪の祭祀が前々年の飲酒肉食禁止令との関連で実行されているのと無関係でないように思えるのである。風神にたいする祭祀と肉食を忌避する観念とが、どこか古代的な感性において通じ合うものをもっていたのかもしれない。

なお、諏訪の神の風神的性格については、たとえば諏訪の代表的狩猟神事である御射山《みさやま》祭の由来を語る『神道集』においても暗示されている。[17]

すなわちそこでは、諏訪の神が出現した目的は殺生するものを利益し有情の畜類を助けるためであって、その理由は、仏に出会って仏法にみちびかれる機会をもたない動物たちが、わが神前に贄としてそなえられればそれが機縁となって最後には成仏することができるからだと説明しているが、[18]その神のために行なう狩りの祀りでは必ず大風が吹き大雨が降るとされているからである。『神道集』はこのことを解説して、この日が諏訪神のめぐみによって畜類が成仏する日だから、それに感動した諸天が風雨をもたらすのだと言っているが、八朔をひかえた七月末に行なわれる御射山祭が、時節がら予想される台風を防除する目的をもっていたのはまちがいない。また、この御射山祭を描いた古図には「風祝御庵《かぜのはふりのみいを》」の記載があって、これが諏訪の大祝《おおほうり》をさしていたであろうとも言われている。(19)

ことさら付け加えるまでもないことだが、ちなみに諏訪の大祝とは祭神タケミナカタの裔として諏訪社の最高司祭職を世襲してきた神氏《みわ》をさし、その大祝とみずからとの関係について、諏訪の神が、「我ニ於テ躰ナシ、祝ヲ以テ躰トス」(『諏訪大明神画詞』)と神託したとされるのは有名な話だ。

ところで、三河地方ではふるくから諏訪信仰の影響は根強いものがあって、現在においても三河各地の諏訪神社では諏訪本社の狩猟神信仰の影響下にある民俗儀礼が多数残っている。ことに現在「三信遠」と総称される愛知・長野・静岡の県境地域にシカウチ・シシウチなどの名称で狩猟儀礼的色彩の濃厚な民俗儀礼が伝承されているのは注目に値しよう。(20)このように、天竜川の水源に位置する信州諏訪の信仰が天竜川の水系に沿って南下し、中流地域である三信遠の各地に定着していることを念頭におくと、定基の見た三河の風祭が諏訪信仰圏内に特徴的な現象だったのではないかと考えることも、あながち不自然ではないように思える。

ところが、この三河国の風祭を現代に伝えているとするのは、シカウチ・シシウチ行事の分布地域である奥三河ではなく、三河湾の海岸部に位置する小坂井町の菟足《うたり》神社なのである。ここは葛城襲津彦の四世の孫とされる菟上足尼命《うかみすくね》を祭神とする式内社だが、ここでの四月の例祭が風祭と言われ、そのさい十二羽の雀を射てイケニへにそなえたという。そしてこの風祭こそが、かつて大江定基の見た風祭だと土地の人びとは考えていたということが、伴信友の『神名帳考証』に書かれているのである。(21)

ただし、ここの風祭と『今昔物語集』や『宇治拾遺物語』が記す風祭とがおなじであるとの理解は、少なくとも文献的には近世中葉以前にはさかのぼれないようで、同社に伝わる元禄期の縁起にも雀をイケニへとする神事の由来や、ましてや今昔や宇治拾遺の風祭との関連などはふれられていないし、また、同社と信州諏訪大社とのつながりをしめす資料も存在しないという。[22] もっとも、この神事に関連して人身御供伝説がかつてあり、[23] それを古代のイケニへ祭祀にむすびつける考えもあるようだが、むしろそれは同社の御田植神事(御田祭)に出る昼食持《ひるきもち》との関連で理解すべきであって、[24] 総じて同社の風祭を大江定基の見た風祭と同一視するには難点が多いように思われる。

イケニへ説話の構造

これまで見てきたように、大江定基が三河で実見した風祭なる土俗の祭祀からは、どうやら古代社会における狩猟祭祀やそれにまつわる獣肉食慣行との結びつきが読みとれそうである。しかもそれは、中央ではとうに失われた古層の信仰に属しており、したがって、三河ないし信濃という東国の山間地域にのみ残存する特異な風習としてそれらが受けとめられていたものと想像される。

ところで本説話は、周知のように『今昔物語集』と『宇治拾遺物語』がともに採録しているものだ。そしてそれら二つの説話集のあいだには、前者から後者への書承関係が認められている。しかし、小論の関心から言って見逃すことのできない違いが両者のあいだに存在していることも事実である。それは、ほかならぬ風祭のくだりにおいてであるが、『今昔物語集』では、

「而ル間、其ノ国ニシテ国ノ者共風祭ト云フ事ヲシテ、猪ヲ捕リ、生ケ乍ラ下ロシテケルヲ見テ、弥ヨ道心ヲ起シテ、速ニ此ノ国ヲ去リナムト思フ心付キテ[25](後略)」

とあるのにたいし、一方の『宇治拾遺物語』では、並行する部分が、

「（前略）三川国に風祭といふ事をしけるに、いけにゑ《ママ》といふ事に、猪を生けながらおろしけるを見て、「この国、のきなん」と思ふ心付てけり。」[26]

となっている点である。つまり後者の『宇治拾遺物語』は『今昔物語集』の表現をほぼ忠実になぞりながらも、この猪を「生けながらに下ろす」行為そのものについては、これを「いけにゑ（生贄）」であると明記するのである。

これは簡単に見過ごしていい問題ではない。なぜなら、『宇治拾遺物語』作者が『今昔物語集』のこの行為をさしてとくにイケニヘと呼んだのはなぜか、また、彼があえてそのような命名を行なった背景には、どんな認識が込められていたのか――、言い換えれば、古代の神と人とのあいだに設定されたイケニヘという祭祀習俗にはいったいどのような儀礼的役割が課されていたのか、という根本的な問いがそこから浮上してくるからにほかならない。

しかし、ここではそうした難問に正面から立ち向かうよりも、さしあたっては上述してきた説話集記載の祭祀習俗に沿って、彼らのいだいたイケニヘのイメージにできるかぎり接近していくことから始めよう。

そこでまず最初に、『今昔物語集』ではイケニヘなる用語がどんなコンテクストでもちいられているかを検討してみなければならない。三河国の風祭で猪を生けながらに下ろす行為については、それを『今昔物語集』作者はイケニヘとは呼ばなかった。しかし、「生贄」の語を使用して語る他の説話がないわけではない。というより、むしろイケニヘなることばは『今昔物語集』において初めて明示的なしかたで使用され[27]、その後の方向を決定づけるほどの力をもったと見るべきだろう。

なにはともあれ次には、日本におけるイケニヘ説話の典型例としてしばしば引用されてきた巻二十六所収の、イケニヘをめぐっての猿神と猟師の戦いの話を見ておこう。題して「美作ノ国ノ神、猟師ノ謀ニ依リテ生贄ヲ止メタル語」第七。

今は昔、ところは美作の国の中参神社（『延喜式』神名の中山神社にあたる）の猿神をめぐってのこと。この神は毎年一度、祀りのときに国内の未婚の娘を生贄としてそなえることを要求し、里人たちはこの掟をずっと守りつづけてきた。ある年、例のごとくに十六、七ばかりの娘が生贄に指定され、翌年の祀りに向けて一年のあいだ養い育てることとなったが、月日が過ぎるほどに父母の嘆きはいやますばかりであった。

そこにあらわれたのが東国からやって来た猟師。多くの犬を引きつれて山に入っては猪や鹿を獲るのを職業とし、心は猛々しく、ものに恐れるということなどない男であった。そして、偶然この男は生贄の娘を見初め、事情を親たちから聞き出すと、どうせ死ぬと決まった娘ならいっそ自分にその命を預けてみよ、と男は両親を口説きおとし、とうとう娘を妻として貰いうけてしまった。男は自分が身代わりになって生贄になる計画を妻に打ち明け、そのとき猿神と闘わせるために、自分の飼い犬に山から捕えてきた猿を咬み殺すよう訓練を始めた。

さて、いよいよ祀りの当日、宮司と里人たちが長櫃を持って迎えに来ると、男は狩衣と袴を付けただけで刀をたずさえ、二匹の犬を脇に臥せて長櫃に入った。鉾・榊・鈴・鏡などをささげた行列とともに、男を入れた長櫃を神社の瑞籬の内に運び入れると、櫃を結わえた緒を切って宮司らは外に去って息をひそめて控えている。一方、男が長櫃の隙間から覗いて見ると、七、八尺はあろうかという大猿が百匹ほどの猿どもを左右に従えつつ、歯をむきだし、顔を真っ赤にして吠えたてている。しかもその前には、俎と大きな刀が置かれているばかりか、酢・塩・酒などまで準備されていて、まるで人が鹿などを下ろして食おうとしているのと変わらぬ有様であった。

しばらくあって大猿が長櫃の蓋を開けようとするや否や、男は躍り出て二匹の犬に「喰らいつけ！　おのれ！」とけしかけ、犬に咬みつかれた大猿にみずからも刀を突きつけて俎の上に引き据え、「おまえが人を殺してその肉を喰らってきたように、今度はおまえの肉をこの犬どもに喰らわしてやる」と脅す。猿は涙を流し手をすって命乞いをするが、男はいっこうに聞く耳ももたず、犬どもはほかの猿をおおかた食い殺してしまい、木に登り山に隠れて助かった猿は数えるばかりだった。

そうこうするうちに外に控えていた宮司に猿神の霊が憑《よ》りつき、「今後はいっさい生贄を取るのを止めるから自分を助けてくれ」と助命を申し出る。このことは即座に男に伝えられたが、男はいっこうに取りあわず、かたくなに助命を拒んでいたものの、ついには折れ、こののち決してこのような所行はさせぬと猿神に厳命したうえで、山に逃してやったのである。またこのあと、男と女は末ながく夫婦として暮らし、猿神は生贄をとることもなくなり、国のうちは平穏になったという[28]。

以上やや詳細に、美作国における猟師の猿神退治譚を眺めてきたが、ここにはイケニへ譚を構成する必須要件の数々が提示されている。

まず、イケニへをとる神は、人里離れた山奥[29]に祀られている蛇神や猿神のような邪神であり、年ごとの祀りの折りに彼らは定期的にイケニへを要求する。しかもそのイケニへに指定されるのは、そこに住む未婚の処女にかぎられる[30]。そして、もし神の要求を容れないなら村には途方もない災いが起こるため、里人はやむなくイケニへを出しつづけている。あるとき旅人がこの村を訪れ、みずからがイエニへの身代わりとなってこの悪習を絶とうと申し出る。この旅人は、猟師であったり僧であったりというように、特別の技量のもちぬしであるか霊的な力の所有者であることが多い。そのような異能を駆使して彼らは邪神との戦いに勝利し、以後イケニへをとることを止めさせたうえ、イケニへになるべきところを救出した娘と結婚して、その土地で末ながく暮らすことになる。

あらまし以上のような諸要素が、イケニヘ譚を構成する語りの要素として取り出せるだろう。そして、『古事記』に語られるスサノヲのヤマタノヲロチ退治の話に始まって、このような類型的なイケニヘ譚は各種の説話集にとどまらず、寺社縁起、御伽草子、説経節など、多くのジャンルにおいてとりあげられ、再生産されてきたのであった。また、全国各地で採集される口承の昔話としては、これらの類話がいわゆる本格昔話のうちの「愚かな動物」型に属するものとされているのも周知のところである。(31)

立ち入って論ずることはひかえるが、これら古今のイケニヘ譚を通じて明らかになるのは、生きた人間をイケニヘに要求するような〈自然〉の神が新来の異能のもちぬしに退治され、今度はそのような古い神に代わって、これを倒した来訪者が新しい〈文化〉の神として祀られていくというプロセスである。古くからの在地の神であるヤマタノヲロチは、新しい外来の英雄神であるスサノヲに屈服し、もともとはイケニヘとして自分が手に入れるはずであったクシナダヒメをスサノヲに譲渡し退場していくのであったし、ぐっと時代を下げて『神道集』に登場するイケニヘ譚を例にとって言うなら、兄弟たちに殺されたのを恨んで蛇神となった那波八郎満胤は、尾幡権守の娘である海津姫《わたつひめ》を生贄に要求するものの、都から下って来た宮内判官宗光が姫の身代わりに立ち、法華経の威力によって蛇神を鎮め、助けた姫とめでたく夫婦になったとされ、最後には、古い神である那波八郎満胤が那波八郎大明神として、新しい神である宮内判官宗光が辛科大明神としてあらわれたと結ぶのである。(32)

ここにあらわれる古い神は、私の言い方にしたがえば〈祟り神〉であって、彼の保持する祟りの破壊力は、里人が彼にイケニヘをそなえることによってかろうじて顕在化せずにいるだけである。ここでは人びとは〈自然〉の無定型のカオスの力に翻弄されるばかりで、それと正面切ってわたりあうことはできない。ただ一方的にイケニヘという服従のあかしを提供することで、〈自然〉の災いをまぬかれようと願うだけである。

しかもそこで要求されるイケニへの選定は、もっぱら〈自然〉の側にゆだねられており、里人の目からすればその選定は文字どおり〈祟り神〉の恣意であって、里人側の判断はいっさい斟酌されないのである。

だがそこに、この〈自然〉に対抗する力の所有者が〈外部〉からやって来る。彼は、これまで里人たちが目にしたこともない技量や霊力をそなえた〈文化〉の保持者である。彼はそのような〈文化〉の力を駆使して、〈自然〉のカオスを圧倒する。それと同時に、彼はイケニへたる土地の娘と結婚し、その土地の言わば「入り聟」となることによって、里人との安定的で継続的な関係に入っていくのである。

こうして〈外部〉の文化の力が内部化され、里人は〈自然〉の生まの力に素手で向き合うことをまぬかれ、〈文化〉の力を介して〈自然〉を慰撫するすべを知ることになる。古い〈自然〉の神は遠くに去り、彼らは新しい〈文化〉の神を所有したのである。[33]〈祟り神〉が去り、〈守り神〉が登場したのだ。こうして〈守り神〉となった新しい〈文化〉の神は、同時にまた、「入り聟」として土地の娘とのあいだに子孫をもうけることにより、里人たちにとって〈祖神〉の役割をもになっていくだろう。[34]

また、土地の娘をイケニへとして差し出す里人の立場からすれば、古い神と新しい神はともに「贈与の受け手 gift taker」としては同等の位置をしめる。女の贈与という観点に立って言えば、こうして土地の精霊(古い〈自然〉の神)と里人との関係は、来訪神(新しい〈文化〉の神)と里人との関係へと置き替わることになろう。[35]古い神のもとへイケニへとして差し出された土地の娘は、今度は新しい来訪神のもとに差し出され、折口信夫の言い方にならえば〈神の嫁〉になるのである。

〈生ケ乍ラ〉ということ

さて、話を『今昔物語集』のイケニへ譚へ戻すと、ここには上述のような説話モチーフ上の要素が見事に顔をそろえ、本邦イケニヘ譚の基本的枠組を明示していることは疑いない。しかもまた、小論の関心に沿って細部を検討してみるとき、そこにはイケニヘ祭祀の本質を推測させるに十分なフレーズが随所に挟み込まれていることにも気づく。

その一つは、その年の祀りの当日に翌年のイケニヘが選ばれることになるが、そこで決定された娘は、「其ノ日ヨリ一年ノ間ニ養ヒ肥シテゾ、次ノ年ノ祭ニハ立テケリ」と記されていることである。

この点については、すでに西郷信綱氏の指摘があり、それによればイケニヘの本義は生かしておいたニヘを神にささげることにあったとされ、本話での「養ヒ肥シテ」の語句はそのようなイケニヘの性格にかなっているというのである。(36) 氏も指摘するとおり、通説のようにイケニヘを「生き物を生きたまま神にそなえること」と解するのは誤りであって、イケニヘのもとの意味は、イケス（生け簀）、イケバナ（生け花）、イケビ（埋《い》け火）とおなじく、生きたままのニヘではなく生かしておいたニヘをさしていたと考えるべきだろう。また、そうした見解ははやくに折口信夫が「信太妻の話」でイケニヘのイケは「活け飼ひする意」であり、したがってイケニヘは「何時でも、神の贄に供へる事の出来る様に飼うて居る動物を言ふ」と明言していた(37)し、さらに柳田国男が片目の魚にまつわる伝承を考察していく道筋で、八幡社などの放生会の原型はイケニヘに供すべき魚類を一定期間飼っておいたところに源をもっていると論じていたことでもあった。(38)

このような考え方を参照するならば、小論の冒頭で見ておいた大江定基の風祭体験の一件が、『今昔物語集』では猪を「生ケ乍ラ下ロシテケルヲ見テ」と書かれ、またそれにつづく定基のパフォーマンスではキジを「生ケ乍ラ造リテ食ハム」と書かれていたことの意味が、あらためて鮮明な輪郭をもって浮上してこよう。つまり、三河の風祭とそれにつづく猪とキジの扱いは、生きたままの猪やキジを下ろす点もさることながら、むしろ、生きたまま下ろすために生かしておくところにさらに重要な意義が求められていたのではないかということである。そうであるからこそ、この一節を再録するときの『宇治拾遺物語』作者は、この行為をさして躊躇することなく「いけにゑ」だと断定することができたと考えるべきだろう。

また美作の猿神の話では、猿神を倒すための予行演習として、猟師は捕えて来た山猿をダミーにして猟犬を訓練するが、ここでも「山ヨリ密カニ猿ヲ生ケ乍ラ捕ヘ持テ来リテ」と書かれていて、訓練用に生かしておくことを強調した言い回しになっていることが注意される。これらの類例を参考に考えると、少なくとも『今昔物語集』においては「生ケ乍ラ」というフレーズに並々ならぬ意味合いが込められているのは疑いなく、またそうした「生ケ乍ラ」の語法がイケニへなることばと深く響き合ったものであることも容易に推測がつくところである。

さらに、イケニへの本義が「生ケ乍ラ」と不可分のものであるという認識が決して『今昔物語集』に特有のものではなく、より一般的なものであったらしい事情は、たとえば[39]『大言海』がイケニへの意味を「生類ヲ生ケナガラ神ニ贄トシテ神ニ供フルモノ」(傍点引用者)と記しているところにもあらわれていよう。

そしてもう一つ、さらに注目すべき箇所は実際のイケニへの取扱いを描写した部分である。すなわち、くだんの猟師が大刀をたずさえ犬を脇に据えて長櫃の中に潜み、神社の瑞籬の内で待ち構えているとき、手下の猿どもを従えた猿神が歯をむき眉をいからして登場して来るが、これからいよいよ猿神たちがイケニへを食おうとするその場のさまが、次のようにリアルに[40]記されているのだ。

「前ニ俎ニ大キナル刀置キタリ。酢・塩・酒・塩ナド皆居《す》ヘタリ。人ノ、鹿ナドヲ下ロシテ食ハムズル様也。」

これを聴衆の興味をそそるための説話的常套句であるとか、イケニへ譚につきものの過剰なグロテスク趣向と見たのでは、とんでもない誤読を犯すことになろう。また反対に、猿神の浅はかな「猿知恵」を嘲笑した表現ととることもまちがっている。
　この一節の要点は、私見によれば後半の「人ノ、鹿ナドヲ下ロシテ食ハムズル様也」の部分にこそあるのであって、そこには、猿神がイケニヘをとって食うことと人間が鹿などの野獣を捕えて食うこととのあいだの、言わば構造的な対応関係が表現されているのである。つまり、のちほどあらためて述べるつもりだが、ここには神がそなえられたイケニヘを食べることは、同時に人もそれを食べることを前提にしているという、いわゆる〈神人共食〉の原理が反映しているのである。なぜなら、神がそなえられた動物の肉を下ろして食うことと、人が神にそなえるためにその肉を下ろすこととは、儀礼的には一体のものとして表現されるしかないからである。

　またそのような、神が食うことと人が食うことの対応関係をよくしめしているのが、本話の類話として『今昔物語集』が載せている飛驒の猿神退治説話のうちの次のような一段ではないだろうか。そこでは猿神を退治する外来の英雄神を演ずるのは一人の僧なのであるが、いつしか彼と娘はともに暮らす仲になり、ついにあるとき娘は、男が自分の身代わりにイケニヘに立てられる運命にあることを話してしまう。すると、これを聞いた男は動じるふうもなく、「其ヲバ何《いか》ニ嘆キ給フ。イト安キ事ナナリ。然《さ》テ、生贄ヲバ人造リテ神ニハ備フルカ」と問うと、これにたいして娘は、「然《さ》ニハ非ズ。生贄ヲバ裸ニ成シテ、俎ノ上ニ直《ただし》ク臥セテ、瑞籬ノ内ニ掻入テ、人ハ皆去リヌレバ、神ノ造リテ食フトナム聞ク」と応じたというのである。[41]

　見てのとおり、ここではイケニヘを造る（下ろす）当事者が人であるか神であるかが問われている。そして、説話の筋書きから言えば、男は自分を殺すのが人ではなく神であることを聞き出してホッとし、神ならば——ということは猿か大蛇かはともかく所詮、畜生にすぎないと見抜いてのことだが——こちらにも打つ手はあると計略をめぐらすことになる。

しかし一方、イケニヘの取扱いにかんする認識としてはまったく別個の見解が読み取れる。すなわち、ここでの僧と娘の会話においては、そもそもイケニヘは神が造る（下ろす）こともあれば人が造る（下ろす）こともあって、そのどちらの場合であっても、祭祀の意義や効果に本質的な差異は生じないという理解がしめされているのである。あるいは、こう言ってもいいだろう。すなわち、祭祀におけるイケニヘの取扱いにおいて重要なのは、そのイケニヘを誰が造る（下ろす）かではなく、もっぱらそれが神のあらわれ出る祀りのさなかに造られる（下ろされる）かどうかが重要なのだ、と。

また、のちにもふれることになるが、この飛騨の猿神退治の場合においてもイケニヘを調理する俎にことさら注意が喚起されていることを記憶しておきたい。

神人共食されるイケニヘ

ところで、前段の三河の風祭の例で述べたように、形式化して原初のまがまがしさを失った畿内の大社の祭祀とはちがって、地方の土俗の祭祀は残酷で血塗られたものであったらしい。しかも、猪をイケニヘとしてそなえる風祭において、そのクライマックスはそうした野獣を「生ケ乍ラ下ロス」ところにあったと想定できる。むろん実際の風祭の具体的場面において、猪を生けながらに下ろすのは神であるはずもなく、祭祀の執行者たる神官などであったのはもちろんである。

ちなみに言い添えておくなら、原初の神の祀り手が祝（ハフリ）と呼ばれていたのは、彼らがこうして神の面前でイケニヘを屠《はふ》っていたからだと考えることが可能であろう。[42] 風祭で猪を「生ケ乍ラ下ロ」したのは、鳥獣を屠って神前にそなえることを務めとしていた古代の祝《はふり》の裔であったにちがいない。そしてまた、祝と言えばすぐさま思い出されるのが、先にも一言したとおり諏訪のタケミナカタの末裔として大祝《おおはふり》職を世襲してきた神氏であるが、かつて彼らの居館であったとされる上社前宮の十間廊において血のしたたる鹿の頭を七十五も神前にそなえる御頭祭（酉の祭）が行なわれてきた事実も、祝の務めがイケニへ献供と不可分であった経緯をしめしているだろう。(43)

ところが、これまで見てきたイケニへ説話の説くところによれば、娘や猪など生きたニへを刀で下ろして食おうとするのは神じしんにほかならない。しかし、三河の風祭のような土俗の祭祀においては、言うまでもなく人が神前で猪を刀で下ろしていたわけで、その場合、本来は神が手ずから行なうべき行為を神の代理人たる祝《はふり》が神になりかわって行なっていたことになる。それゆえ、美作の猿退治譚の例で言えば、俎と刀、および酢などの調味料の準備が獣肉を食おうとする場合のそれと寸分たがわないというのは、イケニへを生けながらに下ろして食うのが、理念的には神でありながら、実態としては神の代理人としての祝であったということ、儀礼上の事実を背景にしているのである。

またこのことを、先に述べた〈自然〉の神（=〈祟り神〉）から〈文化〉の神（=〈守り神〉）への交替劇という視点で考えれば、次のように言えるだろうか。

すなわち、〈祟り神〉はこのようにイケニへを要求し、それを手ずから下ろして食おうとする。里人が自分たちの娘をそうした〈祟り神〉のイケニへに供することは、彼らにしてみればみずからの一部を神に食われてしまうことを意味している。〈祟り神〉なる存在は、このように里人の一部を次々に食いつづけるという途方もない災厄の与え手として、人びとと関係をむすんでいると言えるだろう。だが、そのような関係は新しい来訪神の登場によってピリオドを打たれる。なぜなら、人はみずからの一部をイケニへに差し出さずとも、神の祟りを回避するすべを手に入れることになるからだ。

人びとは、その方法を、娘をイケニへとして〈祟り神〉にそなえるのではなく、嫁として新しい来訪神に差し出す、という物語によって描き出そうとした。つまり里人の一部である娘は、イケニへとして〈祟り神〉に食い尽くされ、消費されてしまうのではなく、来訪神の妻となってその子どもを生んだ、という共同体の始原の物語が構想されるのだ。このことは、神と里人との関係が、里人が一方的に神の消費の対象になる関係から、神と里人とのあいだに結婚と出産という再生産のメカニズムが機能する関係へと転換したことを意味している。先に述べた〈自然〉の神から〈文化〉の神への転換という局面は、里人のこのような認識と対応したものにほかならない。

そして一方、儀礼的なレヴェルにおいて神と里人とのあいだの再生産メカニズムを具体化したものが、神祀りにおける〈神人共食〉という形式なのではないだろうか。言うまでもなく〈神人共食〉とは、神祀りにおいて神の食べ物として献供された神饌が、同時に祀り手の食べ物にもなるということを意味している。そして、一般に「直会《なおらい》」と称されるこのような形式をとおして神と人との一体化がはかられるのが日本的な祭祀の特徴だというのは、柳田国男を引くまでもなく、(44)これまでひろく承認されてきたところだ。もちろんこの〈神人共食〉に供される神饌として、共同体が生産しうるもっとも貴重な食べ物が選ばれたのは想像にかたくない。

つまり、共同体の側は神のカオスの力にたいしてなすすべもなく屈服するのではなく、神と対抗し、慰撫する方法を獲得しようとした。そのためには、娘のイケニへに象徴されるような、神によって共同体が一方的に消費され、最終的には自滅するのではない関係、すなわち共同体の存在が神との新しいむすびつきをとおして維持・強化されていく手立てが不可欠となる。そしてその手立てとして、一方の物語レヴェルにおいては、娘がイケニへとしてではなく妻として神に差し出されるという神話的モチーフが選ばれ、またもう一方の儀礼レヴェルにおいては、〈神人共食〉という形式を通じて神と人との一体的な関係が確認されていったということではなかろうか。

一見するところ、結婚・出産という前者の神話的モチーフと〈神人共食〉という後者の儀礼上の形式のあいだには何のつながりもないように思えるが、じつはそうではない。なぜなら、いずれの場合でも、共同体は神とのかかわりを通じて己れの側の維持・強化をはかっていることに変わりはないからで、前者の場合はそれが種の再生産を通じて行なわれ、後者の場合はそれが個の再生産を通じて行なわれているという相違があるだけなのである。言い換えれば、前者は〈性〉を通じて実現される共同体の再生産であり、後者は〈食〉を通じて実現される共同体の再生産にほかならない。

かつて〈自然〉の神に一方的におびやかされていた共同体は、このような物語と儀礼をとおして新しい〈文化〉の神との関係に入っていく。〈神人通婚〉と〈神人共食〉という〈性〉と〈食〉の関係概念は、神と共同体との安定的・持続的な関係を成立させるための一つのユニットだったと考えてよかろう。その結果、人びとは自分たちの一部である娘をイケニへに差し出すことをまぬかれ、言わばその代わりに、共同体内の貴重財である女性を〈神の嫁〉という名目で神に仕える巫女となし[45]、そのかたわら、やはり共同体の産出する最優秀品目を、神の食べ物として〈生ケ乍ラニ〉提供することになろう。

そして、このような娘のイケニへから鳥獣のイケニへへの転換の経緯が、説話の末尾に欠くことのできない情報として記録される。

たとえば『今昔物語集』の猿神退治譚の末尾は、「其ノ後、其ノ生贄ヲ立ツル事无クシテ、国平ラカ也ケリトナム語リ伝ヘタルトヤ」と結ばれていて、イケニへ祭祀の廃絶のみが語られる。それにたいし、やはり本話をほぼ忠実に再録している『宇治拾遺物語』では、このくだりが「その後は、かの国に、猪、鹿をなん生贄にし侍りけるとぞ[46]」と記されていて、娘のイケニへから鹿・猪のイケニへへの転換が明記されるのである。神前に獣をそなえる通常のイケニヘ祭祀が、じつのところは土地の娘をイケニヘとして奉納したもとものとの形態の近代的な変更であるとの認識がしめされているのだ[47]。

今しがた考えたように、〈神人共食〉という神祀りの形式は、人が〈自然〉の神に食われる（と想定された）原初のイケニヘへの形態が、人が〈文化〉の神とともにおなじ動物をイケニヘとして食べる形態へ、と移行することによって登場した。つまり、それまでは人をイケニヘとして食っていた（と想定された）〈自然〉の神が、新参の〈文化〉の神の威力に屈し、里人のまえから姿を消すことによって、人身供犠という残酷で野蛮な習俗は終わりを告げたと語られるのであった。そして今度は、新しい〈文化〉の神が人との共食の相手となり、かつての娘のイケニヘの代わりに「生ケ乍ラ」の鹿や猪などの動物をそなえられ、それを人と共食することになる。

なおこのとき忘れてならないのは、〈自然〉の神にたいする人身供犠が〈文化〉の神にたいする動物供犠に変化したと説明されるときも、それはたんに供犠の内容が人から動物に変化したことだけが語られているのではないということだ。ここで新たにイケニヘとして使用される動物は、かつての里人の娘の代用であるとともに、退治された〈自然〉の神の象徴でもあったはずである。つまり、新しい〈文化〉の神が古い〈自然〉の神を打ち滅ぼした（と想定される）事実が、前者が後者の象徴である動物をイケニヘとして食うという〈神人共食〉儀礼のなかで確認されるのである[48]。

言い換えれば〈神人共食〉とは、新しい〈文化〉の神と同盟した共同体が、その同盟の成果である古い〈自然〉の神の身体を新しい神と分け合いつつ食ってしまうという、言わば〈祟り神〉にたいする勝利の確認作業だったのではなかろうか。したがって、動物供犠として新しい神にそなえられるイケニヘは、イェンゼンにならって言えば、〈殺された神[49]〉のからだがイケニヘにされることでもあったにちがいない。

特殊神饌と俎の呪力

ところで、最後にもう一度強調しておきたいのは、上記の猿神にたいするイケニへ奉納の場面で、猿神があたかも、人が狩りで獲た獣を俎に載せて解体し、酢や塩で味付けして食うかのようにして、供されたイケニへに対しているところだ。ほかでもない、『今昔物語集』が「人ノ、鹿ナドヲ下ロシテ食ハムズル様」と解説している部分のことだが、ここには、先に述べたような〈神人共食〉の必須の要件として、神の食膳にそなえるべく神の面前で生きた獲物を調理するという行為があったと推定できるのではなかろうか。

ちなみに、そのようなプロセスをことさら重要視する祭祀の方式は決して近代になって消えてしまったわけではなく、たとえば柳田国男が『日本の祭』の一節に引いている丹波篠山の鱧《はも》切祭(50)などが、そうした性格を濃厚に残した事例として念頭にのぼってくるし、また南九州の焼畑地域に残る動物供犠的要素を濃厚にふくんだ椎葉神楽の「板起こし(51)」や、銀鏡《しろみ》神楽において猪頭が「オニエ」として神前にささげられる例(52)などに、神の面前で鹿や猪などの獣を屠って調理する始原の神祀りの面影を想像することは容易である。

とりわけ椎葉神楽における「板起こし」の神事は注目すべきものであって、そこでは「猟師」と呼ばれる人物のまえには俎、包丁、竹串、猪肉、塩などが置かれ、「板起こし」の祭文がうたわれたあと彼は俎の上で榊の葉を切り、さらに猪肉に塩をふりかけ、包丁で下ろし始めるというから、先に見た猿神のイケニへの場面の道具だてを地で行っているといっても過言ではないほどだ。またこのときうたわれる「板起こし」の祭文には「板ぼめ」の意味が強く、総じて南九州の狩猟儀礼においては俎の呪力がことさら重要視されているようで(53)、銀鏡神楽において祀りの終了後に、奉納された猪頭の肉を俎の上で切る「俎板おろし(54)」という神事も、このような俎の呪力を背景にしたものだと考えられている(55)。

なお、丹波篠山の體切祭においても丈の長い體を調理できるほどの細長い俎が準備されるし、またこの特殊神饌の起源を語る物語には大蛇による人身御供譚があるとのことだから、獣肉や魚を俎に乗せ調理したうえで神前にそなえるというような特殊神饌の形態を通じて、始原のイケニヘ祭祀の具体相を復元することも不可能ではなかろうが、詳細は他日を期すほかない。

注

（1）『今昔物語集』巻一九第二「参河守大江定基出家語」（『今昔物語集』四〈日本古典文学大系〉岩波書店、一九六二年、五七―六〇頁）、『宇治拾遺物語』「三川入道遁世の事」（『宇治拾遺物語　古本説話集』〈新日本古典文学大系〉岩波書店、一九九〇年、一二〇―一二二頁）参照。
（2）いずれも『今昔物語集』巻一九に収録。
（3）『今昔物語集』四、五八頁、頭註。ただし、新刊の『今昔物語集』四〈新日本古典文学大系〉岩波書店、一九九四年）の註では、後述の「諏訪の祝」についての言及がある。
（4）『宇治拾遺物語』（日本古典文学大系）岩波書店、一九六〇年、一六五頁、頭註。
（5）『宇治拾遺物語　古本説話集』一二〇―一二一頁、脚註。
（6）『日本書紀』天武四年四月十日条。
（7）この点ついては、拙著『日本の神と王権』（法蔵館、一九九四年）に収録した「祟り神と始祖神」の章を参照されたい。
（8）岡田精司「古代伝承の鹿」、『古代祭祀の史的研究』塙書房、一九九二年、四二一頁以下、参照。
（9）平林章仁『鹿と鳥の文化史』白水社、一九九二年、一〇五頁以下、参照。
（10）原田信男『歴史のなかの米と肉』平凡社、一九九三年、七六頁。
（11）「腊《きたひ》」は鳥獣の干し肉のうち一匹をまるごと干したものをいい、おなじ干し肉でも肉を薄く切り裂いた「脯《ほじし》」と区別していたらしい。

(12) 平林章仁『鹿と鳥の文化史』一〇八頁。
(13) 西角井正慶編『年中行事辞典』東京堂出版、一九五八年、一八五―一八六頁。
(14) 『日本書紀』下〈日本古典文学大系〉岩波書店、一九六五年、五一〇頁。
(15) 『日本書紀』持統五年六月条。
(16) 金井典美『諏訪信仰史』名著出版、一九八二年、五―六頁。
(17) 『神道集』巻四「信濃国鎮守諏方大明神秋山祭事」参照。
(18) 言うまでもなく、このように諏訪の神は鳥獣を贄とすることによって彼らを成仏させるのだと宣言したフレーズが、ひろく喧伝された諏訪の勘文(「業尽有情、雖放不生、故宿人天、同証仏果」)にほかならない。
(19) 金井典美『諏訪信仰史』五九―六〇頁。
(20) 千葉徳爾『狩猟伝承研究』風間書房、一九六九年、三九〇頁以下、野本寛一『焼畑民俗文化論』雄山閣出版、一九八四年、四七二頁以下、石川純一郎「山岳斜面集落の農耕文化複合」、『国学院雑誌』八三巻一一号、一九八二年、などを参照。
(21) 川村二郎『神々の魅惑』小沢書店、一九九四年、九頁以下、参照。
また柳田国男は、『三河官社考集説』にもとづいて菟足社の雀のイケニへについてふれ、さらに『宇治拾遺物語』の風祭と同社のイケニへ行事との関連に言及している(柳田国男「掛神の信仰について」、『柳田国男全集』第五巻、ちくま文庫、一九八九年、四八九頁)。
(22) 菟足神社現宮司・川出良彦氏の教示による。
(23) 『菟足神社略記』(前宮司・川出清彦執筆)、一九七九年、参照。
(24) 田植えのさいの早乙女の一人である「ひるまもち」は田の神に食べものをたてまつる役目を負うが、この女性は田の神にたいするイケニへと解することもできる、と折口信夫は考えている(折口信夫「石に出で入るもの」、『折口信夫全集』第一五巻、中央公論社、一九六七年、二五一頁以下)。また、これよりはやく柳田国男は、田植えの日にオナリ女(昼飯持)が死んだという伝承があるのは原始の農神への犠牲が記憶されたものではないか、と言っている(柳田国男「農に関する土俗」、『柳田国男全集』第二七巻、一一一頁以下)。

(25)『今昔物語集』四、五七頁。

(26)『宇治拾遺物語　古本説話集』一二〇頁。

(27)「イケニへ」ということばは『和名抄』(一〇世紀前半成立)で「犠牲」の訓としてもちいられたのが最初だが、地の文で使用されたのは『今昔物語集』が初めてであろうという(西郷信綱「イケニへについて」、『神話と国家』平凡社、一九七七年、一五三頁)。

(28)『今昔物語集』四、四二七—四三〇頁。

(29)『今昔物語集』に本話でつづけて採録されている飛驒国の猿神退治の話(巻二六第八話)では、物語の舞台が山中の滝の彼方にあるいわゆる「隠れ里」に設定されている。後述するように、こうしたイケニへ説話は「原初における人身供犠」という神話的概念を語るものであるから、その舞台として「隠れ里」のようなフィクショナルな空間が選ばれるのはきわめて自然のなりゆきである。

この点について赤坂憲雄氏は、それらの話が例外なしに「過去の遺習」あるいは「異界の奇習」として語られていることに注意を喚起しつつ、人身御供譚の本質は、共同体の秩序創出のための「第三項排除」のメカニズム、すなわち「原初の供犠」を再現しつつ隠蔽するところにあると述べている(赤坂憲雄「人身御供譚の構造」、『境界の発生』砂子屋書房、一九八九年、所収)。

(30)イケニへの対象が未婚の処女であるという特徴を敷衍して考えた場合には、このようなイケニへ説話と三輪山説話のような神人通婚譚、および蛇聟入りなどの異類婚姻譚との構造的な関連が予想されるだけでなく、蟹満多寺縁起に代表される仏教的な動物報恩譚との影響関係も見逃すことができないはずである(拙稿「神々の霊異とは何か」、『日本の神』1、平凡社、一九九五年、所収)。

また小松和彦氏は、一連のイケニへ譚と「蛇聟入・水乞型」昔話における異類婚姻との形態論的類似を指摘し、前者の「生贄」のモチーフと後者の「嫁入り」のモチーフとの差異は、「大蛇が娘を実際に食べるか、性交のメタファーとしての〝食べる〟か、という違い」にすぎないと述べている(小松和彦「雨乞いと生贄」、『説話の宇宙』人文書院、一九八七年、所収、九一—九二頁)。

(31)関敬吾編『日本昔話大成』第七巻、角川書店、一九七九年、参照。

なお昔話における「猿神退治」は、有名な竹篦太郎の場合のように猿神には特定の犬に弱いなどのウィークポイントがあって、それを旅人などに盗み聞きされて退治されてしまうという筋書きを共有している。

(32)『神道集』巻八「上野国那波八郎大明神事」参照。

(33)三浦佑之「イケニヘ譚の発生」(赤坂憲雄編『供犠の深層へ』〈「史層を掘る」4〉新曜社、一九九二年、所収)は、スサノヲのヤマタノヲロチ退治神話を例にあげて、こうした現象を自然神から文化神(人文神)への転換として位置づけている。またその場合、スサノヲのもつ〈文化〉の力は、イナダ(稲田)の神、つまり農耕神を祀る巫女であるクシ(イ)ナダヒメの存在とあいまって、稲作を中心とする農耕の力という意味をもっていたという。さらに氏は、そもそも稲作という営為そのものが自然神の領域を侵犯することで初めて可能になるものであって、動物供犠はその場合の自然神にたいする慰撫を目的としていたと考え、そのうえで、農耕の開始と動物供犠の開始とが同一の出来事であることを予想している。注目すべき問題喚起であろう。

(34)〈祟り神〉の〈祖神〉化という現象についての詳細は、すでに拙著『日本の神と王権』の「祟り神と始祖神」の章であきらかにしておいた。

(35)スサノヲ神話を素材とし、M・サーリンズの「外来王」理論と折口信夫の「あるじ・まれびと・土地の霊」の三極関係論を援用して、このへんの事情に鋭い考察を加えたものに、上野千鶴子「異人・まれびと・外来王」(『構造主義の冒険』勁草書房、一九八五年、所収)がある。

(36)西郷信綱「イケニヘについて」一五〇―一五一頁、参照。

(37)折口信夫「信太妻の話」、『折口信夫全集』第二巻、中央公論社、一九六五年、二九八頁。

(38)柳田国男「一目小僧」、『柳田国男全集』第六巻、二五二頁。

(39)大槻文彦『大言海』第一巻、冨山房、一九三二年

(40)「塩」が二度にわたってあらわれるのは『今昔物語集』の諸本に共通しているようだが、これを「醤」の誤りと見る説もある(『今昔物語集』四、四二九頁、頭註)。

(41)『今昔物語集』四、四三四頁。

(42)西郷信綱「イケニヘについて」には、「村々の神をいつくハフリは、イケニヘを屠り、神を饗し、神と交わる巫者で

あり、時にはそのことによって土酋でもあったのではなかろうか。彼を中心に人びとがイケニヘを共食する図柄も、おのずと思い浮ぶ」（前掲書、一六九頁）とあって、神人共食の場面における祝とイケニヘとの切っても切れない関係が指摘されている。

(43) 諏訪の御頭祭については、天明四年（一七八四）にこれを見た菅江真澄が記録にとどめているが、そこには「前宮といふ処に十間の直会殿ありて、鹿の頭七十五、真名板のうへにならぶ」とある（『菅江真澄全集』第一巻、未来社、一九七一年、一二三頁）。後述するイケニヘと俎の関係がうかがえ、興味深い。

(44) たとえば、『日本の祭』の「物忌と精進」で柳田は、「本来は酒食をもって神を御もてなし申す間、一同が御前に侍座することがマツリであった。そうしてその神にさし上げたのと同じ食物を、末座においてともどもにたまわるのが、直会であったろうと私は思っている」と述べる（『柳田国男全集』第一三巻、三〇〇頁）。

(45) 拙稿「折口信夫の戦後天皇論」（『思想』七九七号、一九九〇年）において私は、神と人の始原の関係を〈神の嫁〉のイメージによって語り、その歴史的原型を古代宮廷の高級巫女のうちに見ようとした折口信夫の理論的枠組を整理しておいたが、ここで言う「巫女」はそこでの議論を踏まえている。

(46) 『宇治拾遺物語　古本説話集』二五六頁。

(47) 近世以降の中山神社には猿田彦命を祭神とする猿神社という末社が存在し、その社に関係のある伝説では、乙丸という長者が贄賂猖狼《しろごろう》なる神の怒りをこうむり、それをなだめるために毎年二頭ずつ鹿をそなえることを誓ったといい、しかもそれはかつて行なわれていた人贄《ひとにえ》の代わりであったと語られている（「中山神社縁由」、『神道大系』神社編・美作国、所収、池上絢一『『今昔物語集』の世界』筑摩書房、一九八三年、七四頁以下、参照）。人身供犠から動物供犠への転換という主題がここにもあらわれているが、これは前述した菟足神社の場合にも見られたように、動物供犠の起源を説明するさいのきわめて常套的な語り口だったのである。なお、中山神社の古式祭としてかつて神鹿祭と呼ばれるものがあり、これは正月十五日に住人が鹿二頭を狩り、翌日これをイケニヘとして奉奠するものであったという（宮地直一・佐伯有義監修『神道大辞典』「中山神社」の項）。

ちなみに、このような人身供犠と動物供犠との関係について言えば、西郷信綱「イケニヘについて」は人身御供譚の成立を動物供犠という現実の「説話的・想像的飛躍」と解し、それにたいして赤坂憲雄「人身御供譚の構造」が、先述のように「第三項排除」理論を援用しながら反論を加えている。しかし、文化人類学者W・アレンズが『人喰いの神話』(折島正司訳、岩波書店、一九八二年)で述べるように、西洋社会(=文明)が新世界の原住民(=未開)のカニバリズムを記録するとき、それをごく最近まであったけれどもキリスト教文明の浸透とともに消失した蛮行だと記すのが常套であったことを見れば、日本におけるイケニへ説話の人身供犠から動物供犠への転換という語り口には、やはり未開/文明を識別する記号としての役割が濃厚であったことは明白である。今のところ、これらの問題にこれ以上立ち入る準備はないが、いずれ稿を改めて考えねばならない課題である。

ただ一言だけ印象的な見通しを述べるなら、ユダヤ教・バラモン教の聖典類、および未開社会の民族誌を材料に組み立てられてきた今日までの民族学・宗教学の供犠理論は、おしなべて犠牲獣の聖化と破壊を必須の要素として強調しているが、そのままでは日本における供犠儀礼(イケニへ祭祀)に適用するのは困難だろうということである。日本における供犠儀礼では、これまで見てきたとおり犠牲獣の聖化と破壊が重要ではなく、むしを犠牲獣の聖化と神人共食が必須であったと考えるべきだろう。

(48) このような新しい神(=外来の神)と古い神(=土地の神)との対立、および前者による後者の圧伏という事態は、折口信夫が「神(=まれびと)」と「精霊(=土地の霊)」の対立というパラダイムのもとに歌や芸能の発生を考えていたことを想起させる(拙稿「神と精霊の対立というパラダイム」、赤坂憲雄編『漂白する眼差し』〈史層を掘る5〉新曜社、一九九二年、参照)。

(49) A・E・イェンゼン『殺された女神』(大林太良他訳)弘文堂、一九七七年、参照。

(50) 柳田国男『日本の祭』、『柳田国男全集』第一三巻、三七〇頁。

(51) 野本寛一『焼畑民俗文化論』四六八頁以下、永松敦『狩猟民俗と修験道』白水社、一九九三年、九三頁以下、参照。

(52) 須藤功『山の標的』未来社、一九九一年、三〇一頁。

(53) 野本寛一『焼畑民俗文化論』四七〇頁。

(54) 千葉徳爾『狩猟伝承研究』や須藤功『山の標的』の説明によると、「俎板おろし」の名称は神楽の「ししとぎり」で使った俎を台所に吊るしておき、大祭後にそれを降ろしてもちいるところに由来すると考えられているらしい。しかし、これまで見てきたところを勘案するならば、俎で獣の肉を「生けながらに下ろす」からこそ「俎板おろし」と呼ばれたのではあるまいか。

(55) 蛇足ながら付け加えておくなら、通説では「まないた」の語源は「真魚《まな》板」で、魚を料理するための板であるとされているが、これまで見てきたような説話上、あるいは民俗儀礼上の用法を考慮してみると、もともとは魚の調理ではなく獣を「生ケ乍ラ二下ロス」ための板だったのではないかと考えたくなる。ちなみに前述の『今昔物語集』の飛驒の猿神退治説話においても、猿神がイケニヘに近づくとき持っていたのが「莫箸《まなばし》」で、この「まなばし」は「まないた」とセットになってイケニヘを「生ケ乍ラ二下ロス」ために使われているのである。

なお、『北野天神縁起絵巻』巻七の地獄の描写のうち、焦熱地獄の場面では青鬼が罪人を素裸にして俎の上に据え、左手に持った金具で罪人の腰のあたりを固定し、右手の刀で肩の辺を切りつけ、血がほとばしっている(『続日本の絵巻』15、中央公論社、一九九一年、34頁)。『往生要集』にはそのような描写は存在しないから、おそらくこれは日本におけるイケニヘ祭祀の実態から転用された描写ではなかろうか。

II

異人の民俗学

遍路や六部などの持ち金を盗んだ家筋の話

桂井和雄

1

土佐へおじゃるなら　わらじはいておじゃれ　土佐は石原小石原

これは古く高知県でうたわれたよさこい節の一節であるが、かつて四国八十八カ所を歩きとおした遍路たちにとって、交通不便な四国の山野をめぐる旅が、いかに苦難に満ちたものであったかが想像できる。寛延二年（一七四九）の土佐藩の定め書では、藩内住民の四国遍路は百日と決められているが、それが寛政のころの「他国往来日数定め」では、四国遍路六十日と決まっていたという。以前第二十六番札所金剛頂寺（通称西寺）である行当崎《ぎょうどうざき》のふもとで、一基の遍路石を調べたことがある。その碑面には、「二百七十一度記念周防国大島郡椋野村　願主中務茂兵衛義○」（一字不明）とだけあって、建立の年月はなかった。大島郡椋《むく》野《の》村といえば現在の山口県大島郡久賀《くか》町椋野のあたりのことであろうか。この人が願主になって建立した遍路石は、高知市大手筋の一角や吾川《あがわ》郡春野町秋山の第三十四番札所種間《たねま》寺への道筋にもあった。仮に一回の四国遍路の旅を寛政のころの日数定めにしたがって六十日と計算してみると、二百七十一度の四国に費した日数は、実に一万六千二百六十日、年数にして四十五年余の歳月を四国路の風雪とたたかい、酷暑にあえぎ、辺地の住民の薄情さに泣く旅に暮れたことになる。それは日差しの暖かい古里で平凡に過ごしたとしても、一生といえるほどの長い歳月であったことがわかる。中務茂兵衛という人物がどんな身分の人で、どんな悲願を胸に秘めていたかは不明であるが、ただ故郷に帰ることのできない何か特別な事情がありながら、金銭には比較的に恵まれていたことだけは想像できる。四国の村や町の人里離れた荒れ地の一角には、遍歴の旅の途中で倒れた名もない遍路や六部たちの無縁墓が、今も無数に残っている。それらの中には、長い旅路の心用意のために大金を隠し持っていたばっかりに、辺地の貧しい住民たちにねらわれ、殺害の運命をたどり、密葬の過程をたどったものも少なくなかったにちがいない。その一面を物語るものが、表題に示すような家筋を設定する心意の中に隠されているように思われる。それも村人のすべてが貧しい暮らしに耐えていた時代には、富裕になった家筋を羨望するあまり、この真実みを帯びた話の筋がひそやかな人気を持たれ、平生は頭の上がらない分限者の家筋をさげすむたった一つの快感のために取っておかれたような気がする。しかし、この無実な噂話を真実あったことのように維持しつづけた村落共同体の中の古い体質は、同和部落や犬神統の家筋に対する差別の温存とともに許されるべきものではなかった。

この噂の家筋に対し、実際に通婚の自由をはばむ差別を構成する場合があることを知ったのは、実に三十年も前のことであった。あるとき、西部幡多《はた》郡の青年から突然一通の封書をもらい、読んでみるとだいたい次のようなことが書かれていた。自分の家は現在造り酒屋を営み、その祖先は近世末期東の安芸《あき》郡から移り住んだものだが、とくに忌まれる家筋ではない。青年はある村娘と懇意な仲となり、当然この婚姻は先方の家族にも喜ばれるものと自負していたが、なぜか娘の男親がかたくなに意地を張って、娘の結婚を承諾しようとしない。やがて当の娘も青年を避けるようになった。無理にその理由を問いただしてみると、村に移ってきた先祖に表題に示すような噂話があり、そのために青年の家は殺害された遍路の霊にたたられているというのであった。このような不可解な噂話が、どのような過程でわが家に定着してしまったのかその根拠がわからない。もしかすると民俗学という学問の方法がこの謎を解く鍵になりはしないだろうか、研究していただきたいというのであった。

始めて耳にする話の内容に驚き、その後高知県の町や村を採訪して歩くたびに、それとなく類例を求めてみたが、何分他聞をはばかる話題のために、たやすく耳にはいる仕組になっていない。町や村の古い人たちの間では、ひそやかに語り継がれ、ときには実話めいた感受のしかたで話されていることなど、ようやく実態をつかめるようになったのは最近のことである。それらの話の筋を総合してみると、話の性質から伝説とよばれる範囲にはいるものではなく、もちろん昔話でもない。どちらかというと、民俗学でいう世間話の部類にはいるものであることが考えられる。その話のしかたにも、一定の形式があり、それを箇条書きにしてみると、だいたい次のような内容で構成されていることがわかってきた。

1　殺されるものがつねに多額の金銭を持つ遍歴中の遍路や六部などであること。
2　その持ち金を盗み取った家筋が、それを元手にしてしだいにのし上がり、村や町の分限者、素封家になっていること。
3　殺された遍路や六部などのたたりが、持ち金を盗んだと噂される家筋のものにあらわれること。
4　以上の中で2の条件の後半、3の条件のいずれかが欠如したものが、現在伝説として語られていること。

さて、話がいかに無実な世間話とはいえ、ここで話題の家筋やその家筋の現存する部落名を明らかにすることは、新しく緊張を招く恐れや、世間話特有の話し替えや誇張がつけ加えられる心配があるので、以下の事例紹介にはつとめてこの点を避けることにしたい。

2

高知市の南部太平洋岸に近いある部落のPという家は、白壁の倉が象徴しているようにこの地区きっての素封家で、各種の名誉職にも選ばれた事業家でもあったが、このP家の祖先というのは古く湾戸湾内の貧しい渡しもりであったといわれている。ある時、その船に乗った他国ものの遍路が船上の油断から持ち金を渡しもりに見られ、だまされて殺害されることになる。その持ち金がP家の家運を好転させるようになったが、遍路のたたりは長くこの家筋につきまつわり、代々世継ぎのものが生まれないというのである。土地で話されるとおりに書くと、話は現実みを帯びてくるが、ここではむしろその方法を避けるのが筆者の態度である。吾川《あがわ》郡の旧M村にも類話があった。この村の物持ちのA家というのは、昔その先祖が行き倒れた遍路を連れ帰り、医者よ薬よと家族一同で看病しているうちに、遍路が思わぬ大金を所持しているのを知り、やがて元気になって旅立ったあとをつけて、これを打ち殺し、その持ち金を盗み取った。A家はそれがもとで今日の地位を築いたというのである。なお、この話にはつけ足しがあって、殺した遍路の遺品からその生国を知り、遺族にその死を知らしてやると、遠い生国からはるばるMの村までやってきた遺族は、殺された遺品から遍路杖のありかを尋ねる。これを墓場から取り寄せてやると、A家のものたちの前でその杖を割って見せ、さらに多数の黄金を取り出し、

「これだけは他人にはわからなかったろう」

と意味ありげにいい残して立ち去ったというのである。どうも話の筋がまとまり過ぎていて、脚色めいたも

のが感ぜられてならないが、これとまったく同じ筋の話が高岡郡の山村大野見《おおのみ》村のTという部落にもあった。

この大野見村のSという家は、先代が何期か村長に推されたり、郡会や県会にも選出されたほどの近郷きっての名門とされているが、やはり虚構の伝承を背負わされている家筋であった。昔、四国の六部がこの部落に迷い込み、病を得て行き倒れになっていた。S家の祖先はその六部をわが家に引き取り、看病をしてやっているうちに大金を所持しているのに誘惑され、六部を人知れず殺害し、その持ち金を奪い取った。それがSの家の暮らしを豊かにする元手になったというのである。その後、この六部の霊のたたりが子孫のものに出るために、昔の往還の一つ六部峠の杉の木立ちのもとに碑を建立したというのである。それが今に残る六部さまの碑で、その碑面には、

元文二年巳二月二十四日、但州七美郡村岡町　行者　中屋吉平　廿五とあり、今も毎年二月二十四日に六部の霊を祭り、この六部さまに願をかけると、どんな病気でも治るといわれているという。しかし、昭和三十一年に刊行された『大野見村史』では、この内容について詳細な記述を避けており、最近に出版されたこの村の『おらが村だよ』の伝説の項では、意図あってのことであろう次のように書き換えられている。今から二百四十年も昔、この村の桑ノ又を経てTの部落にはいってきた遍路があった。部落に着くや日が暮れ、一民家に一夜の宿を乞うた。遍路は安心して旅装を解いたが、その夜激しい腹痛と下痢に襲われ、ついにその民家で寝込んでしまい、やがて手厚い看病のかいもなく他界してしまう。その息を引き取る直前、遍路杖と枕を形見として残すように遺言する。その生国へ連絡してやると、やがて死者の兄と名乗るものが遺品を引き取りにきて、形見の枕と杖のありかを尋ねる。枕を出してやると、これを懐刀で引き裂き目もくらむばかりの黄金を引き出してみせた。さらに杖のありかを尋ね、山の墓にあることを告げると、墓場をたずねてそこで杖を打ち割って見せた。その杖の中からも黄金が出てきた。兄は村人や世話になったS家にも充分の

黄金を置き、後日墓碑建立を願って去ったというのである。これらの文中遍歴の途中にあるものを六部としたり遍路にしたりする混乱はおかしいが、近郷にまで流布しているこの噂話をこれほどまでに変化させたのは、村の中にこれを実在の話に感受する心意と、これを公にするのをはばかる緊張があったためにほかならぬ。それにしても虚構の話に元文二年（一七三七）という時代を設定したり、但馬の国七美《しつみ》郡村岡《むらおか》町《ちょう》などという歴史的に実在する地名や姓名、年齢までもまことしやかに語られているほうがかえって奇妙に思われる。旅の遍路や六部の中の口寄せなどをよすぎとするものが、この世間話を脚色したように思われてならない。

同じように口寄せの関与した事例に、高岡郡の奥地檮原《ゆすはら》町四万川《しまがわ》の話がある。この話を教えてくれた人が実在の部落の公表を避けたのは、ここでも当の部落にそうとはっきり口にすることのできないためらいがあったためである。そのために単に某部落の百姓のうちの話として紹介するよりほかに発表のてだてがない。某部落にたびたび不思議なことが起こる。部落のものが仏づけ（口寄せ）をやとい、霊媒を通して語らせてみると、何回呼び出しても村人たちの知らない六部の霊が出てきて次のようなことをしゃべったという。某部落の百姓のうちに一夜の宿を乞うた六部が、その夜百姓夫婦の手にかかって殺され、持ち金のすべてを盗み取られ、畑の中の柿の木につるされて首つり自殺に見せかけられた。その百姓のうちはその金がもとで運が開け、今も部落の素封家で通っているが、非業の死を遂げた六部の霊のたたりを受け、その一統のものに不具者が生まれるという。念のために六部の墓の所在を尋ねると、某家の柿の木の下に埋められてあったが山津波で谷に押し流されたと語ったというのである。村の人たちはそうと聞いただけで、特定の家を暗黙のうちに知ったのはいうまでもないことであった。幡多《はた》郡西土佐村のHという部落の某家というのは、商家として栄えている家柄で、五指のうちに数えられているほどの素封家であるが、ここにも同じような形の世間話が定着していて、今なお旅行者たちにそれとはっきり告げることのできない雰囲気がある。それも事件の発端を明治初年のことと設定しているのがいかにも異常だが、話の筋は既述のものとまったく変わりはない。あるとき、その家に大金を所持した旅の遍路が一泊し、大金を懐中にしていることを見られる。翌朝旅立った遍路のあとをつけ、村はずれの何とか谷で追いつき、これを殺害して思わぬ大金を手に入れる。某家が隆盛を誇るようになったのはそれがもとであるが、遍路のたたりはこの家筋にまつわりつき、一族に不幸があったり、不具者が出たりするという。太平洋岸の幡多郡大月《おおつき》町小才角《こさいつの》という小浦での聞き書きでは、隣村に実際あった話という前置きで次のような話を採集した。断崖から突き落として殺害し、その持ち金を仲間で分けあったという。けれども殺された遍路が白がったいと呼ばれるレプラ患者であったために、そのたたりで隣村に白がったいが出て困ったことがあったという。特定の家のない話だがこれも表題に示す世間話の類型といえる。その他の資料は割愛したい。

3

高知県の北辺四国山脈の屋根の南面に、土佐郡本川《ほんがわ》村という山村がある。吉野川の最上流にある寒村で、全村に水田わずかに六反、山林はあってもその大半を村外資本に収奪されているという貧しい村がらである。ここにこの村を特に引用したのは、その村の百姓たちの貧富によって一升百姓、五合百姓、二合半百姓の格づけがあることを説明したいためであった。一升百姓というのは人地《ひとじ》(他人の土地)を借りることなく一応一家を支えていける百姓の意味で、五合百姓というのは自作小作半々の百姓をいい、二合半百姓は他人の畑地を借りて最低生活を維持する百姓の意味でもあった。この貧富の差を示す格差の中でも、外見は平和に見える山里に意外に根強い競争心を秘めていることが、次の生活信条をみるとはっきりしてくる。これはこの村の中堅の百姓から聞いたものである。

1　競争心がなければならない。それは他人に負けないことである。

2　そうかといって意地わるい根性では暮らしは立たない。部落の家と家との間で折れ合うところは折れ合っていくことが大切である。

3　ぜいたくはしないことだ。そうはいいながら隣家がテレビや電気器具を買い込めば、自分のうちでも買えるだけのかいしょ（世渡りの手腕）がなければならぬ。

4　一年中の折り目をさかいにして、つねに仕事をする心がけが必要である。

5　できるだけいそがしくすることが大切である。畑に草をはやしてほうっておいたり、種播きや収穫の時期におくれないように、いつも心がけていることが肝要である。

6　世《よ》（暮らし）を守る心がけが大切である。しかも、自分の代で畑や山を買い込み、植林をふやすぐらいの気持ちがなければならぬ。

7　家族は常に仲よくすることである。祖先の祭りを絶やすようなことのないように、みんなで精出して働くことが大切である。

8　子どもはよい後継者にすること。

これらの信条は、決してこの山村の百姓たちに限ったことではなく、どんな村へはいっても採集できるものである。尋常平凡を尊しとする村がらの中で、わずかに前進を試みようとする心算のほどをうかがうことができる。しかし、そうした周囲の目のとどく時間と地域の中で、急激に一群をぬいて富み栄えるということは決してよい評判をとるものではない。過去の庶民生活の中で、衆人瞠目の分限者になりおおせたということからには、村づきあいや性格にも村人たちと不調和を強行しなければならなかった時代のあったことが想像される。問題の世間話がこの種の家筋を選んで定着する理由もそこにある。

問題はなぜ離れあった村や町に同じ型《タイプ》の話が流布したかという疑問と、さらに殺されて持ち金を盗まれたものが、つねに旅の途中の遍路や六部であったかという疑問である。それらの疑問を解くためには、平和な村や町の住民の無知につけ込んで、この種の世間話を持ち運んだもののあったことを考える必要がある。それが住民を説得できるだけの信仰を持ち、口寄せなどを口すぎとして歩いた遍路や六部の輩《やから》であったことはもう説明するまでもない。彼らであったればこそ、殺されるものを遍路や六部に限定して語ることができ、その霊のたたりなどをまことしやかに口にできたものと思われる。それにしてもこの種の世間話が今なお実話と信じられ、その家筋と一族のものが差別の対象となっているのは、人権問題として放置することができない。急逝された瀬川さんも、佐渡で類似の世間話を採集されたという。全国各地には、内容を変えながらも不名誉な世間話に泣いてきた家筋は少なくないと思う。

よそ者・来訪者の観念

吉田禎吾

一　憑き者筋の起源とよそ者性

日本の社会は閉鎖的だという意見が、しばらく日本に滞在した外国の留学生からよく聞かれる。その一方、日本人は外国人にきわめて親切だともいわれる。また、われわれが日本の辺鄙な村を訪れると、たいへんな歓待を受けることがある。ここでは、日本人の異邦人、よそ者、他国者、来訪者などに対する伝統的な村びとの観念をさぐってみたい。

日本の村では、狐、犬神、オサキ狐などを持っている（あるいは飼っている）という家があって、こういう動物が人に憑くと信じられていることがある。たとえば群馬県多野郡などの山村ではオサキとかオーサキといわれる動物に憑かれると狂乱状態になって、油揚が欲しいとか、すしが食べたいなどと口走る。この地方ではオサキを何匹も飼っているという家々があり、こういう家の人から憎まれると、オサキが主人の代りに復讐して憑き、憑かれた者は時には腹を食い破られて死ぬこともあるという。こういう憑きものを所有しているとされる家々のことを狐持、オサキ持、犬神持といい、あるいは、「筋《すじ》」の家、「悪いほう」、「黒《くろ》」ともいう[1]。

これら憑きもの持、筋の家々の創設者は、一般に、村の草分けといわれる最も古くからいる家の先祖ではなく、たとえば江戸中期などの比較的後の入植者であることが多い。このことはすでに石塚尊俊氏が指摘しているが[2]、私自身の一九六一年以来の憑きものに関する調査によっても、ほぼ確認された。中には筋の家の入植時期が不明な事例があるにしても、憑きもの筋が当初は村の「よそ者」「他国者」であったという考えは憑きもの筋のある地域に一般的に認められる。

島根県安来市T部落の村田家は狐持の家筋とされており、隣の部落から寛永―慶安期（一六二四―一六五一年）にこの部落に分家し、入村してきたことが明らかである。村田家が入村分家してくる以前からあった家で現在続いている家は二戸に過ぎないが、絶家した家、転出した家が少なくとも六戸はあり、その当時すでにT部落が存在していたことは他の資料からも明らかである。この村田家は藩政時代庄屋をしており、この部落の地主の筆頭であったし、親方でもあった。そしてこの家の二戸の分家はいずれも親方＝地主であり、本家の村田家と同様に狐持とされている。なお、この部落の昔からの四軒の親方＝地主のうち三軒までが狐持であった。

そして狐持の家筋のいわば「よそ者性」はさらに強化される。この村田家の三代目か四代目の頃（享保―安永期）に「素性の分らない女」を妾として家にいれたが、この女が狐持であったことが後で分り、この時から村田家は狐持になったと伝えられている。

島根県能義郡里部落の中尾家の本家は狐持とされているが、中尾家の先祖は兄弟二人で元禄時代（一六八八―一七〇四年）によそから里部落に入村した。兄の方が中尾家の本家に当り、弟が分家した。本家は、恐らく入村後二代目ごろに、備前から来た「鍛冶屋者《かじやもの》」(この地方では他国人、よそ者、また狐持の意味に用いられる)の人妻を横取りした。当時中尾本家は庄屋をしており、権力にものをいわせて人妻であった美女を後妻として迎えたといわれる。この時以来、中尾本家は狐持の家になった。このために中尾分家は本家と縁切りを行ない、本家分家のつきあいをやめたので、本家の方は狐持だが分家の方は狐持ではない。(3)

群馬県多野郡U村K部落三十八戸のうちもと狐持が一戸あった。この地方にはオサキ持といわれる家と狐持といわれる家とがあるが、K部落には昔からオサキ持はいない代りに狐持がいたという。この家の狐が同じ部落のN婆さんに憑いて、「とっ殺した」ことがあるといわれている。ここの一老人によると、この狐持の先祖はよそからきた行者であった。行者がK部落のある娘と結婚してこの部落に家をかまえた。この地方には狐を使って呪術を行なうという「エズナ使い」といわれる行者がよくいたようであり、今から五、六十年前にもまだいたらしい。この行者がK部落に家をかまえたのは、戦後転出した世帯主の四代前のことだというからそれほど古いことではない。初代に子がなく、養子をもらい、二代目にも、三代目にも、四代目にも子どもがなく、すべて養子をもらっており、四代目と五代目は他部落から養子にきた。二代目の吉蔵は畳屋をしており、この地域には他に同業者がなかったので、大変繁昌していたといわれる。

同じU村のN部落の狐持についても、その先祖がよそからきた行者であったといわれているが、詳細は不明である。

群馬県多野郡Y部落では持筋の起源について明確な資料がえられなかったが、以上の例にみられるように、持筋がよそ者に由来するということ、またそのように表象されていることがしばしばあることは明らかである。山陰地方の憑きもの筋の家は、その部落で最古の家ではなく、といってもっとも新しい家でもなく、第二期くらいに入村して前者を凌駕しようとした家系であろうと石塚尊俊氏も述べている。(4)また速水保孝氏によれば、島根県大原郡加茂町内の十八の部落の狐持の家々百十一軒中最も古い家で十三代であり、十四代以上経過している家には持筋はない。「狐持ち家筋に指定される家が、近世初頭の検地によってうち出された本百姓ではなく、このように、新来者であって土着者でないこと」を速水氏も力説している。[5]

日本の村落では、他国の者、よそ者に対しては恐怖感、猜疑心が強く、これを警戒する態度があった。新潟県蒲原地方では自村以外の世界を「セケン」といい、鹿児島県の村や長崎の対馬その他九州各地などでは自村の者でない者がすべて「タビ」あるいは「タビの人」であった。よそ者が村に来住する場合、一人前の村人としてつきあいするまでに種々の条件を課する制度は日本の村落の各地に見られる。これがいわゆる「村入り慣行」である。[6]

筆者が一九七〇年の夏に訪れた宮城県田代島では、よそ者がそこで定着するために「たのみ本家」として、村の有力者に「本家」になってもらい、その分家という形で入村して生活するという習慣があった。各地の村において、村入りのさいには米一俵と酒一升を持って部落長の処にあいさつに行き、一定の期間、共同労働としての村仕事をとどこおりなく一定期間実施しなければ村の一員とは認められなかった。共有林などの共有財産のあるところでは、このような「閉鎖性」はいっそう強かった。こういうムラでは、部落の住民の中に共有財産の株をまだ持っていない家がたいてい数軒はあった。

自村の仲間は何代も前から相互に知られているのに対して、他村の者、旅の者はえたいのしれない未知の存在であった。したがって、こういうよそ者が、神秘的に邪悪な資質を付与されても不思議ではない。

日本の伝統的な〈よそ者〉の観念と憑きもの筋との結合は、日本の村びとの〈内〉に対する〈外〉ないし〈よそ〉の対置にも由来すると思われる。〈内〉は固定したものではない。自分の家はそれ以外の人たちに対しては〈内〉であり、親族が〈内〉となる時はそれ以外の人たちが〈外〉になるように、〈内〉は状況によって異なり、相対的なものである。〈内〉としてのムラに属す人びとは幼い時からの顔見知りであり、種々のカテゴリーに分けられているのに対して、〈よそ〉の人は未知の世界に属し、したがって信頼のおけない、危険な存在とされ、神秘的にも災いをもたらす可能性のあるものとされやすい。〈内〉の中の関係が緊密で（必ずしも親密であるとは限らないが）あればある程、〈外〉との接触が少ない程、〈よそ者〉は〈われわれ〉、〈仲間〉たちにとって潜在的な敵であり、加害者たりうる。〈よそ〉からきた者が神秘的に危険視されるのは日本に限ったことではなく、世界各地の民族誌的資料にも同様な現象がしばしば見られる。たとえばアフリカのルグバラ族でも、素性の分らないよそ者や単独で入ってきたよそ者の鍛冶屋は、妖術師の嫌疑を受けやすいという。また、ヨーロッパ、アフリカ、インド、中東、中米などに広くみられる邪視（evil eye 人を見ただけでその人を災いにおとしいれるという信仰）も、しばしば〈よそ者〉の観念に結びついており、〈よそ者〉や素性の明らかでない者は〈邪視者〉として疑われやすい。たとえば、現代ギリシャの村落、チュニジア、中東地方、エチオピアなどで、邪視とよそ者の観念との結合が見られる。(7)

二　幸をもたらす来訪者

ところで、日本の「よそ者」「異人」「来住者」という観念は、前述のように、神秘的な邪悪な力に結びついているだけでなく、善なる力、幸《さいわい》をもたらすものとも結びついている。異人、来訪者、乞食など「よそ」の世界からやってくるものが人びとに幸いをもたらすという観念が古来から存在している。

いうまでもなく「よそ者」の中にもさまざまな種類があり、職業的な分化の進んでいない伝統的な村落にとって、来訪する職人、芸人、商人の中には、鍛冶屋・桶屋・箕直し・屋根職・大工・石工・井戸掘などの旅職人、薬屋・小間物商・博労《ばくろう》など諸種の行商人、巫女・山伏・御師などの宗教者、万歳・春駒・神楽などの祝言人、浪花節・芝居などの諸芸人などがいた。そしてこのような宗教者、鍛冶屋、特殊技術者が一種の呪力を持つとされるために畏敬されたらしいが、このような特殊技術者でなくとも、来訪するよそ者が呪力の持主とされることを知れば、特殊技術ということのみが呪力の源泉であるとは断定できない。たまたま大漁の時に来あわせたよその来訪者をエビスとして歓待する習慣が漁村などにみられる。(8) またまれに訪れる人を特殊技術の人に限らず丁重にもてなすことも日本の村に決して珍しいことではない。いわゆる「異郷人款待説話」(宿を拒んだ者が後に不幸になり、旅人に宿を提供した者が後に幸に恵まれるという説話)にも、よそから訪れる者が時には幸をもたらす呪力を持つという観念が表われている。

日本の漁村には、よそから訪れてくる来訪者だけでなく、海のかなたからくる漂流物さえも幸をもたらすという観念があり、中には海上にただよう水死人でもこれを大漁をもたらす呪物とし、崇敬する観念があり、これは穢《けが》れを嫌う漁民の態度と矛盾しながら共存している。これは一種の「体系内矛盾」(intra-system contradiction) といえる。(9)

われわれの調査資料から一例をあげる。長崎県壱岐島北部の勝本浦という漁村の人たちには、穢れという観念が強く、これについて非常に神経を使う。漁師は妻の出産後三日から七日のあいだは漁に出ないし、妻が妊娠したことがわかると、氏神である聖母神社の神主にお祓いをしてもらってから出漁する。葬式に行ったさい、その帰りには行きとは違う道を通って帰り、お堂で「不浄ばらい」をする。さかずきを「さかまわり」(左まわり) にして酒を飲み、海岸に出て、身体に海水を降りかけ、あるいは海水につかって身体を清める。親が死んだ時は四十九日間、子どもの時は三十日間、父方のオジ、オバの時は二十日間、母方の時は十日間出漁しないのがならいである。一九七二年、七三年と続いた遭難は、いずれも、漁船の乗組員の中に四十九日の忌明けのすまない者がいたせいだと言われている。

また女性は穢れているとされているために、漁船に乗ることはタブーとされている。現在のように、労力の不足に悩んでいても、婦人が夫と共に出漁することは稀れである。

最も強く穢れをおこすものは死であるが、それにも拘らず、漁師は海上で漂流する死体をみつけると、これを拾いあげ、帰途後自家の墓地に埋葬する習慣である。海上で水死人に出会うと、大漁にめぐまれると信じられているからである。

きわめて死の穢れを嫌う勝本浦の漁民が、海上の漂流死体を拾いあげると「幸いがよい」というのは、そこに何か矛盾したものがあるように思われ、これは私たちの調査中一つの謎のように思われた。

ある年寄りの漁師によれば、過去に二年続けて水死人を海上で拾い上げたことがあり、この二年とも大漁であったという。勝本浦の人たちは漂流死体のことを「おえべっさん」（エビス様）と言っている。水死体を拾いあげることによって船が穢れることに変りはない。水死体を運んだ後、死体をのせたところを塩で清め、漁師は酒を飲んで身体を清め、神主に船霊《ふなだま》さまのお祓いをしてもらう。しかしそれにしても、死の穢れを忌む漁師がなぜ水死体を拾いあげると「幸がよい」と考えているのだろうか。それは一つには、彼らのエビス信仰に由来している。つまり漂流する水死体をエビスとして捉える信念のために、水死体を拾いあげるといえるように思われる(10)。

海上の漂流死体をエビス様と考えるのは決して勝本浦に限らない。これはかなり広く日本の漁村に分布しているようである。たとえば、徳島県日和佐では水死人をひきあげて供養することをオエビスサンを拾うといい、こうすると漁獲が多いと信じられている。長崎県五島の漁村でも、縁者不明の水死体をエビスといい、これを拾いあげると大漁があるというらしい。五島の奈良尾では、ある水死人がその故郷の人の枕もとに立って、自分は今エビス様に祀られて忙しくてたまらぬから早く引取りに来てくれと頼んだので、故郷の人が遺体を受取りにくると、もうエビス様に祀っているから渡すことはできないといって、その死骸の引渡しを承知しなかったという話もある。[11]

鹿児島県甑《こしき》島では水死人を「流れ人」といい、これを拾うと漁があると伝えており、舟へこれをあげるには必ず取舵（左舷）の側からするそうである。福岡県の北岸各地でも、水死人を「流れ仏」といい、これを拾いあげることを喜ぶという。[12] なお地方によっては（岩手普代、千葉千倉、東京三宅島、高知沖の島などでは）これをオモカジ（右舷）からあげることになっている。[13] 流れ仏を拾ってくると漁の縁起がよいというところは、牧田茂氏によると、岩手県吉浜、同重茂、宮城県大島、伊豆三宅島、和歌山県太地、三重県須賀利、高知県鵜来島、島根県都万村、佐渡内海府など各地に及んでいる。[14] 中には八丈島のように流れ仏をひきあげることを嫌う例もある。そこでは乙姫が抱きついているからだといい、引きあげた人は必ず水で死ぬといわれ、近親者でないと引きあげに行かないという報告もある。[15] しかし前述のように、水死体を幸いをもたらすエビス神としてこれをひきあげ埋葬するという慣行がかなり広く日本の漁村にみられることは否定できない。

このように、よそからやってくる漂着死体が幸をもたらすという観念がエビス信仰、寄神信仰に由来することは明らかだろう。エビス神は、中世以降は七福神の一つとして、福神の代表格として大黒とともに民間に祀られてきたし、当初は漁民の中で後には商人の間でも福神とされてきた。エビス神の「エビス」は、竹内利美氏によれば、辺境の人、異民族、外人などを意味するエビスの語と関連するもので、本来は異郷からやってきて幸を人びとにもたらすと信じられる神霊の一種であったようである。[16] これは各地に伝えられるエビス神に関連する習俗に表われている。

鹿児島県下甑《こしき》島の瀬々浦では、毎年漁期の口明けにさいして、一家評判よく、両親のそろった若者が新しい手拭で目隠しをして海に飛びこみ、海底の石を拾いあげ、それをエビス神に祀る。同島片野浦では出漁のさいに船主自ら目隠しをして海に入って拾いあげた石をエビス神にあげる。大隅肝属地方でも、同じように海から拾いあげた石を祀っているエビス社がいくつかある。(17)

島根県平田市では竜ゴン講の頭屋が好きな石を海から四つ拾いあげたものをエビス祠に祀り、鹿児島県大隅半島の内之浦では、網場でエビスさまの御神体をきめるのに、網子が目隠しして海にもぐり、石を拾ってきてこれを御神体にしたという。(18) 宮崎県福島町では、海中から拾いあげた石をエビス神として祀っているが、そこでは不漁の場合に神体をとりかえる習わしである。(19)

エビス神の御神体は時には海中から拾いあげた一種の貝であったり、徳利のような漂流物、岸辺にうち上った見なれぬ石などでもある。嵐の時にうち上った珍しい石や、網にかかった異形の石などを祀って大漁をえたという話もある。(20)

また鯨のことをエビスと称するのも全国の漁村にかなり広くみられ、イルカやサメをエビスと呼んで尊ぶ風も各地にある。これらの生物はいずれも豊漁をもたらす神として崇拝されたのである。

異人が幸をもたらすという観念は、古代日本のマレビト（客人）信仰にさかのぼることができるらしい。ここで折口信夫のマレビト研究の当否を論ずる必要はなく、古代にもそういう観念のあったことを指摘できれば充分である。(21) 折口信夫氏によれば「まれびととは古くは、神を斥《さ》す語であって、とこよから時を定めて来り訪ふことがあると思はれて居た……」のであって、マレビトは「古代の村村に、海のあなたから時あつて来り臨んで、其村人どもの生活を幸福にして還る霊物を意味して居た」。折口は「常世《とこよ》」は「妣《はは》の国」であると共に「死の国」「祖霊のいます国」と述べている。常世は人が死ねばそこに行くところであり、老いることも飢えることもない楽土であり、魂のふるさとである。これは沖縄でニライカナイとかニルヤカルヤと称している、海のあなたにあるという世界である。マレビトのマレは稀という意味と尊いという意味を含み、ヒトは「人にして神なるもの」で神に扮した人であるからヒトといった。マレビトの来臨は一年に一度（初春）、ときには二度（春と秋）にきまっており、古代人は現実にマレビトの「おとずれ」を聞いた。新嘗の夜、村の若者か旅人が扮する「神」を家々に迎えた。その後にはホカヒビト（乞食）をマレビトとみなし、これを神として歓待することもあった。[22]『岩波古語辞典』によると、ホカヒ（寿ひ）というのは「よい結果の出るように、祝い言をいう」ことで、寿詞（ほかひごと）を言って人の戸口に立ち、「物を占う人」をホカヒビトと言った。

特定の祭の日に家々を訪れる神として、祝言を述べて、食を供されるという習慣は各地にみられるし、正月などにひろく村々をまわって祝言の芸能をしながら、モノゴイする農民集団があり、三河万歳やホイトカグラがその例である。こういうホカイビトの形態は上代からあり、旅をしてまわる宗教者の団体が、社寺豪族の保護の下に発達した。上代末以後はそれが分化し、複雑な様相を呈し、一種の賤民層をつくったが、竹内利美氏によれば、本質的にはやはり「祝言の芸能・唱言を持って、諸人の幸福を祝うものであった[23]」。

正月十五日の小正月に、村の青少年が仮装して、集団となって各家を訪れる慣習も、同様な観念に基づいているのであろう。ナマハゲは、秋田県男鹿半島で用いられている名称で、これは小正月に若者が鬼の面、蓑、藁靴をつけ、庖丁、棒などを持って民家をおとずれ、主人と年賀をかわした後、子供や嫁の非行をただしたりする。そして主人に酒を饗せられ、餅をもらって帰る。こういう慣習は、異なる名称のもとに殆んど全国的に分布しているが、東日本では鬼の面や蓑をつけ、凶器や、音を出す器をたずさえ、妖怪の姿をしている。霊的存在に扮した人間が饗応を受ける一方、作物の豊饒、子孫の繁栄を祝福する点はこの慣習に共通している。関敬吾氏によれば、こういう客神《まろうどがみ》信仰は、伝説・昔話としても表現され、乞食坊主を宿にとめなかった長者が貧乏になり、または猿や赤子になってしまうが、食物もないのにその旅僧を泊めた貧乏人が富をえ、または若返るといった説話の基盤になっている。「正月に門に立ち、来る春の幸福を予言し、祝福しに訪れる神人・門芸人・節季候・乞食者のごとき類はすべてこの信仰にもとづくもの」であろう[24]。

なお、海のかなたから人びとに幸いをもたらすために訪れてくる来訪神の観念は、奄美群島から八重山諸島にいたる琉球列島の島々に現在でも見出すことができることは多くの報告が示している。たとえば八重山諸島のアカマタ・クロマタと呼ばれる仮面仮装習俗には、五穀豊穣をもたらす来訪神の観念がみられ[25]、石垣島北西部諸部落のマヤガミ、マユンガナシの儀礼にも海の向うからやってくる神の観念が表われている[26]。宮古諸島来間《くるま》島のユーノス神は豊作の神であると共に海の底からくる来訪神的性格を持っているという[27]。住谷一彦氏によれば、奄美の諸部落の旧アラウバナ祭における一つの神観念は明瞭に来訪神の形をとっている[28]。

奄美でネリヤといい、沖縄でニライといわれるものは、遠い海のむこうの国、海の底の国、地の底の国、いずれにしても極楽であり、豊かな国である。

このニライは豊作物の種その他よきものを生む国であり、そこからやってくる神は幸いをもたらしにくるのだが、ある説話によると、海のかなたからやってくる神は病をもたらすとされている。人間に害を及ぼすのを防ぐための祭が今でも波照間島などで行なわれているという。柳田国男と伊波普猷両氏は、ニライの極楽観が古いか、ニライを邪悪とするのが古いかを論じたが、このような専ら単系的な歴史的変遷を臆測するよりも、むしろ同一の神格が状況に応じて異なる性格を帯びるとみる方が適切ではなかろうか[29]。同一の神でも、表象される状況により、また対置されるものとの関係に応じて全く異なる性格のものになることはよくみられる現象だからである[30]。

ところで沖縄県八重山地方の一部の村々に残っているアカマタ・クロマタ祭儀は、異界からの来訪神を明瞭に表現しているが、村武精一氏はこれを次のように要約している。まず村の若者が男神であるアカマタと女神であるクロマタに扮し、それぞれ赤と黒の衣裳をつける。そして日没ごろ村はずれの洞穴から現われ、村の家々をまわって祝福をさずけ、未明になるとふたたび洞穴に去っていく。若者の扮する男女二神は「ニイルピト」といわれ、ニイルは、海の彼方にあるという永遠の楽土、常世、死者の国、あの世、異界であり、したがってこれはニイルという異郷他界の人の意である。二神のもどっていく洞穴ははるかな海の底につながっていると信じられている。この二神は人間が扮している意味で、いわば半神半人ということもできよう。[31]

三　寄りきたるものの神性

このように見てくると、大漁の時、たまたま来あわせたよそ者をエビス神として歓待したり、海から寄った石をエビスとして祀ったり、あるいは徳利のような漂流物や、海上をただよう水死人までもエビスとして拾ってくるといった習俗が、基本的には異郷から来臨して幸を人びとにもたらすという信仰に基づいていることが明らかである。その意味でエビス神は、寄神、客神（まろうどがみ）、来訪神、マレビトなどの観念と同種のものといえる。したがって、エビスの神体は本来鯨であったとする中山太郎氏の説は適当でない。たしかに鯨のことをエビスと呼び、あるいはエビス神として崇拝することは全国にみられる。伊豆、新潟県佐渡郡両津、宮城県荻浜村、石川県宇出津町、石川県金石その他において鯨をエビスといい、あるいはエビスとして敬ったことは確かである。そして鯨を神として崇拝したことが、石川県石川郡、高知県幡多郡、安芸郡室戸などの漁村でみられたことは事実であろう。中山太郎氏はエビス神の信仰が本質的には鯨の崇拝に始まったという説をとなえ、鯨の霊魂を崇拝した理由として、形態の巨大さ、その獰猛さ、一定の期間に鯨の去来するのを不思議としたこと、鯨を殺したことによる怨霊の恐怖を挙げている。[32]鯨を神あるいはとくにエビス神と考えてこれを崇拝したことは事実であろう。しかし、それならなぜ、鱶、鮫、いるかなどもエビスというのか、なぜ海中の石、漂流物、水死人までも「エビス様」としてうやまうのかということがわからなくなる。鯨、鮫、いるかなどをエビス神と考えたのは、それらが、水死人や漂流物のように海の彼方の異郷からくるものを表象されたからではなかろうか。

ところで沖縄県に残っているニライという異郷の国が楽土と共に、他方災いを与えるものとも考えられているように、エビス神も祟《たた》ることがあった。京都八坂祇園社の摂社に北向夷《えびす》というのがあり、この社に神体が二つある。元は一体だったが、ある者がこれを盗み出したので、また作って安置した。ところが盗んだ者に祟りがあって苦悩したので、夜ひそかにこれを返した。このために二体祀るようになったという。(33)

阿波鷲敷町大字和食へ、阿州家が築城するので、そこに祀られていたエビス社を取り除けたが、一国一城の制が定まったため、城を廃し、そのままにしておいた。すると岡作兵衛という者の下男にエビス神が憑いて、築城のためなら是非もないが、廃城したならなぜふたたび我を祀らないのかと大いに荒れ、これを疑うなら三日のうちに竹林を枯らすと言った。果して大竹藪が枯れたという。(34) 現在、海上の妖怪も「エベス」といっている地方がある。(35) エビス神がもとは祟る神であってそれが後に福神となったという単系的・直線的変化が認められるかどうかは不明であるが、エビス神ももともと両義的性格をそなえていたのかもしれない。

この点で想起されるのは、エビス神に関する記録の中に鹿児島県始良郡のある石祠にエビス神が祀られ、その神体は木像男女二柱で珠（円い石）を持っていたという記録であり、(36) さらに宇治山田市八百市場魚の店のエビス社は、陰陽中間のエビスであるという記事である。(37) エビス神の両性的・両性具有的性格は、民俗資料ではもっと調査が進まないと分らないが、エビス神の両義的な側面として注目すべきことだろう。

要するに柳田国男のいうように、エビス神は「大体のところは異郷から訪れて来て獲物をもたらす神と信じていたことがわかる」(38)。なおエビス神が片目とかつんぼとか左利きだという伝えが福島県石城郡内郷村平

（現在内郷市）にあるという。[39] また異相のエビスを崇拝していたという記録もある。[40] 異郷、異界、霊界に属する者が、この世の通常の人間と種々な点でさかさまであったり、部分的に異なっているという集合表象は、世界の各地に見られる。[41] さらにエビスという語は、異国人、外人という意味のほかに、異常、異形という意味をも含んでいることも興味深い。たとえば「エビス膳」とは常の式と置き方を全く変えたもののことであるし、「エビス紙」とは紙を重ねて裁つ時、角が折れこんで裁ち残しになったものをいい、これはすべて物の異なるのを指してエビスというところからきているという説もある。「エビスぶな（鮒）」は脊椎骨が癒着して寸詰まりになった奇形のフナのことである。[42]

上述のように、遠くからやってきた〈よそ者〉は危険視される一方、幸をもたらす福神として歓待を受けることもあり、海からの漂着物や石、海をただよう水死体なども幸をもたらすエビスとして崇敬される。よそ者、異人、来訪者は、特定のコンテクストにおいて、またマレビト、客神、寄神などの観念との関連において幸いをもたらす神秘な力をそなえているとされる。地上の死体は穢れであるが、海上における漂流死体はエビス様として大漁をもたらす呪力を持つとされる。

遠くから訪れてくるよそ者、渡り者が実は神であり、あるいは福祉をもたらすという観念はインド・ヨーロッパ諸民族にもある。古代ギリシャにおいても、ホメーロスの『オデュッセイアー』などによれば、神々が他国からの渡り者に姿を似せて諸国をまわると考えられていたし、古代インドにおいても、『マヌの法典』によれば、賓客をもてなすと、富、名声、長寿、天上の福祉を招くといわれた。

日本の村にかぎらず、世界各地の伝統性の強い社会では、〈内〉と〈外〉、〈村〉と〈叢林〉、〈村〉と〈森〉という二元的分類が顕著にみられることが多いが、〈外〉・〈よそ〉・〈叢林〉・〈森〉は危険な恐ろしい空間とみなされていると共に、また神秘的な良い力に満ちた場所とされていることもある。こういう両義的な〈よそ〉の世界からやってくる異人は、危険視されると共に、コンテクストの違いに応じて幸をもたらす呪術宗教的性格をそなえた者と考えられやすいといえるのではなかろうか。[43] 浄と不浄、善と悪、幸と不幸、神性と魔性は一方において互いに対立するが、コンテクストに応じて、つまり別の対立物との関係では、これが互いに転換し、魔性は神性に変ることがある。インドネシアのバリ島の南部の村々で恐れられている魔神ムチャリンは、海のかなたの小島から毎年一年に一度バリ島にわたってきて疫病をまき散らしにくるとされているが、私の調査したところでは、巫女が病気を治療する状況では、この悪神は人間を病苦から解き放つ善神として崇敬されている。

このように、よそ者、来訪者、漂着物、漂流物などは、すべて両義的な〈あの世〉〈異界〉〈異郷〉（〈この世〉に対する別の世界）に由来するだけでなく、〈この世〉と〈あの世〉、〈内〉と〈外〉、〈こちら〉と〈かなた〉、〈人間の世界〉と〈神々の世界〉との橋渡しをする〈媒介者〉〈媒介物〉でもある。ここで扱ってきた外者、異人、よそ者は、〈内〉なる〈われわれ〉や〈仲間〉と無関係な存在ではなく、〈こちら〉である〈われわれ〉と関係・接触を持っている中間的存在である。その意味でここでいう〈よそ者〉は〈異界〉との媒介者なのである。大漁の時に訪れてきたよそ者、鯨、なぎさの漂着物、水死体、海岸の石はすべて幸をもたらすエビス神でもあり、〈異郷〉からやってきた存在であり、〈異郷〉と〈人間の世界〉との媒体でもある。したがって、それらは人間や物であると同時にまた（エビス）神であり、なかば人間・物であってなかば神でもある。二つの対立する世界（神と人間、人間と動物、文化と自然、この世とあの世など）を媒介するとされるものが神秘性を付与されるのは他の文化にもしばしば見出される。[43] このように、日本の〈異人〉〈よそ者〉の観念にみられる両義的側面を捉えるには、マレビト、寄神、客神、エビス神などの歴史的に由来する信仰や観念を知ることが重要であるが、それと同時に二項対立における両者の媒体は神秘性を帯びるという仮説が役立つように思える。つまり、〈よそ者〉〈異人〉〈漂着物〉は、〈内〉と〈外（よそ）〉、〈この世〉と〈あの世〉との二項対立の〈媒介者〉〈媒介物〉であることの認識が重要であろう。

なお〈よそ者〉の神秘的価値は、決して過去のものではなく、現代社会の文学・映画・演劇などの世界に脈々と生き続いているように思える。映画やテレビの時代劇などに、よそからきた浪人者や渡り者などが悪人を倒し、人びとを救い、また去っていくという筋が少なくない。黒澤明監督の映画『七人の侍』がそうだし、これに類似のテーマは日本に限らず西洋にもあり、アメリカの西部劇などにもよくみられる。よそ者の神秘的価値は日本固有のものでも、過去の遺物でもなく、かなり世界に広く見出されるものであろう。

注

（1）拙著『日本の憑きもの』（中公新書、一九七二年）および『魔性の文化誌』（研究社出版、一九七六年）。

（2）石塚尊俊『日本の憑きもの』、未来社、一九五九年。

（3）吉田禎吾・上田将「憑きもの現象と社会構造」、『九州大学教育学部紀要』十四、一九六九年。拙著『日本の憑きもの』参照。これらの村の人名は仮名《かめい》にした。以下の人名も仮名である。

（4）石塚尊俊、前掲書、一五八頁。

（5）速水保孝『憑きもの持ち迷信』、柏林書店、一九五六年、一五二頁。

（6）柳田国男『日本民俗学辞典』、東京堂、一九五一年、六五九―七〇頁。

（7）J. Middleton, Lugbara Religion. London : Oxford University Press, 1960. p. 242 ; C. Maloney, (ed.) The Evil Eye. New York : Columbia University Press, 1976, pp. 53, 78-79, et al.

（8）竹内利美「よそもの」、日本民族学協会編『日本社会民俗辞典』第四巻、誠文堂新光社、一九六〇年、一五四二―三頁。同「えびす」、同第一巻。

（9）Jonathan Friedman, 'Marxism, Structuralism and Vulgar Materialism.' Man. (N. S.) 9 (3), 1974 : pp. 444-469.

(10) 上田将、上田冨士子、丸山孝一、波平恵美子らとの共同調査に基づく。また波平恵美子の単独調査による資料も参照した。
(11) 柳田国男・倉田一郎『分類漁村語彙』、国書刊行会、一九七五年、三三九頁。
(12) 同前書、三四四―五頁。
(13) 牧田茂『海の民俗学』、岩崎美術社、一九六六年、八五頁。
(14) 同前書、八七頁。
(15) 同前書、八七頁。
(16) 竹内利美「えびす」、『日本社会民俗辞典』第一巻、九一頁。
(17) 柳田国男・倉田一郎『分類漁村語彙』、国書刊行会、一九七五年、三三九―四〇頁。
(18) 牧田茂『海の民俗学』、岩崎美術社、一九六六年(一九七三年)、二六五頁。
(19) 竹内利美、前掲書、九一頁。
(20) 同前書、大藤時彦「海より流れるもの」、柳田国男編『海村生活の研究』、日本民俗学会、一九四九年。
(21) 折口信夫のマレビト研究の批判的考察としては、鈴木満男『マレビトの構造』、三一書房がある。
(22) 折口信夫『折口信夫全集』第一巻、第二巻、第七巻、中央公論社。牧田茂、前掲書、二六四頁。
(23) 竹内利美「こじき」、『日本社会民俗辞典』第一巻、四一五頁。
(24) 関敬吾「なまはげ」、『日本社会民俗辞典』第三巻、一〇七一―三頁。
(25) 宮良高弘「八重山群島」、『沖縄の民族学的研究』、日本民族学会編集、一九七三年、一三三頁。
(26) 中村たかお「なまはげ覚書」、『民族学研究』、一六―三・四、一九五二年。
(27) 比嘉政夫「琉球の祭祀と世界観をめぐる諸問題――ニルヤとオボツの分析――」、牛島巌「琉球宮古諸島の祭祀構造の問題点――来間島の祭祀組織を中心に――」、『史潮』一〇六、一九六九年。
(28) 住谷一彦「奄美大島国直の神祭」、『社会と伝承』七―1、一九六三年。ヨーゼフ・クライナー「南西諸島における神観念・他界観の一考察」、大藤時彦・小川徹編『沖縄文化論叢』2、民俗編1、平凡社、一九七一年。
(29) 住谷一彦、前掲論文、クライナー、前掲論文。

（30） Louis Dumont, 'A Strural Definition of a Folk Deity of Tamil Nad : Aiyanar, the Lord.', In L. Dumont, Religion, Politics and History in India : Collected Papers in Indian Sociology. Paris & The Hague : Mouton, 1970.

（31） 村武精一『神・共同体・豊穣』、未来社、一九七五年、二二八—三七頁。村武精一「解説」柳田国男『海南小記』、旺文社文庫、一九七六年、二七一—六頁参照。植松明石「八重山・黒島と新城島における祭祀と親族」、東京都立大学南西諸島研究委員会『沖縄の社会と宗教』、平凡社、一九六五年。宮良賢貞「小浜島のニロー神」、大藤時彦・小川徹編、前掲書。宮良高弘「八重山群島におけるいわゆる秘密結社について」、『民族学研究』二七、一九六二年。

（32） 中山太郎『日本民俗学』三巻、大和書房、一九七六年、二二九—三三六頁。

（33） 同前書、二八五—六頁。および中山太郎『日本民俗学辞典』、梧桐書院、一九四一年、二八八頁。

（34） 中山太郎『日本民俗学辞典』、梧桐書院、一九四一年、二八八頁「新著聞集」より。

（35） 柳田国男『分類祭祀習俗語彙』、角川書店、一九六三年、四〇六頁。

（36） 中山太郎『日本民俗学』第三巻、二五七頁。

（37） 中山太郎『日本民俗学辞典』、二八六頁。

（38） 柳田国男『分類祭祀習俗語彙』、角川書店、一九六三年、四〇六頁。

（39）『日本国語大辞典』第一巻。

（40） 中山太郎『日本民俗学辞典』、梧桐書院、一九三三年、二八六頁。

（41） 拙著『魔性の文化誌』、一一二—二七頁。

（42）『日本国語大辞典』第一巻。

（43） この論理については E. Leach, Anthrpological Aspects of Language : Animal Categories and Verbal Abuse, In E. H. Lenneberg (ed.) New Directions in the Study of Language. The M. I. T. Press, 1964 および M. Douglas, Purity and Danger. Harmondsworth : Penguin Books, 1970. Victor W. Turner, The Foreest of Symbol, Ithaca : Cornell University Press, 1967 (1970) ; V. W. Turner, The Ritual Process : Structure and Anti-Structure, Chicago : Aldine, 1969. 参照。

異人殺しのフォークロア
——その構造と変容——

小松和彦

民話とはエンツェンスベルガーの言う〈つぎつぎと語り伝えられるものに向いたもの〉としての歴史の一つの存在形式なのである。民衆はその中に記憶すべき何かを、その素朴な想像力を羽ばたかせて刻みつける。こうした民衆の歴史意識の依代は、民話の他にも、伝説、歌謡、絵画、謎々、信仰、祭祀、等々、数知れず開発されている。民間伝承と呼ばれるものは、総じて一種の再話、つまり民衆の記憶装置である。それ故、民話を研究するという作業の最終的な目的は、民話という依代に憑依し隠れ潜んでいる民衆の歴史の記憶を、そこから解放し活性化させることにある……

——『神々の精神史』

……むかし立間尻浦ニ久右衛門といふもの五七代以前に、高野ひじり一人商売のため此浦に来て宿をとる、亭主かの聖の荷物に心を掛夜中聖を殺害し畢ぬ。夫より亭主並ニ村内の諸人にうらみをなし人々身心悩乱し、口ばしりていはく、無仏躰我を害し、其上財宝悉く奪取事無念妄執の止事を不得とて、人々に苦痛せしめ、或ハ狂気せしめ、又ハ死するもの多し、殊に毎度在家火難しきり也。依レ之浦のものとも及ニ難儀一。則此山上に彼の霊をいはひ、小社を建立し、聖大明神とあがめ祭礼をなす……

——『宇和旧記』

一　異人の両義性について

現象学的にみれば、「他者」は「われわれ」に排除された者として人間の意識のさまざまな位相に現われるという。[1]しかし、私がここで検討しようとしているのは、こうした「他者」についての一般論ではなく、さまざまな位相の一つに出現する、民俗社会にとっての「他者」つまり「異人」についてである。

民俗社会の外部に住み、さまざまな機会を通じて定住民と接触する人びとを、ここでは「異人」と総称するわけであるが、その内訳は多種多様であって、とてもここでその詳細なリストを示せそうにない。私が取り上げようと考えているのは、そのほんの一部、すなわち、定期的もしくは不定期的に定住民の社会を訪れる旅する者たち、とくに六部や座頭、山伏、巫女などである。

誤解を避けるために、最初に断わっておくと、以下の考察は、右に掲げた異人たちの生態や定住民との具体的な交流史を描き出すことを目指したものではなく、そうした異人に対して定住民がどのようなイメージをいだいていたのか、異人についての観念が民俗社会のなかでどのような形で機能していたのか、といったことを、伝説や昔話の分析を介して垣間みようとしたものである。つまり、私が解明したいと思っているのは、民俗社会の心性の方なのである。異人の問題はそれに至る一つの入口にすぎない。

ところで、異人に対して民俗社会の人びとがいだいていたイメージが両義的なものであったことは、これまで多くの研究者によって指摘されてきた。たとえば、岡正雄は次のように述べている。「自分の属する社会以外の者を異人視して様々な呼称を与え、畏敬と侮蔑との混合した心態をもって、これを表象し、これに接触することは、吾が国民間伝承に極めて豊富に見受けられる事実である」[2]。

山口昌男は、記号論や現象学などの成果を縦横に駆使しつつ、異人についての原初的イメージをいっそう論理的に引き出している。彼の説くところによれば、いかなる文化であれ、いかなる時代であれ、人間の思考というものは二項対立の組合せとして世界を分節化していくので、社会の外側から周縁に現われる正体の定かでない異人には、「中心」と「周縁」、「日常」と「非日常」、「秩序」と「無秩序」といった対立項のうちの後者の項目が託されざるをえず、したがって、必然的に異人についての原初的イメージは両義的・多義的なものになってしまうという。(3)

たしかに、社会の周辺に姿を現わしたときの異人についての人びとのイメージは、山口昌男の説く通りであろう。その異人が人びとに「富」をもたらしてくれるのか、それとも「災厄」をもたらしにきたのか、見当がつかないからである。

しかし、実際には、接触を求めて来た異人に対して、人びとはそれなりの対応をしなければならない。異人を畏れ敬う気持ちの方が強い社会では、異人は人びとに歓待されることになるが、忌み嫌う気持ちの方が強い社会では逆に排除されることになるであろう。といっても、これも文化の傾向としていえることであって、同じ社会にあっても時と場合に応じて、異人を歓待したり、排除したりしていたにちがいない。すなわち、山口昌男の異人論は、異人論のいわば原論に相当するものなのである。とすれば、それに引き続いてなされねばならないのは、それぞれの社会において異人はどう処遇されたかという問題の検討、つまり各論ではないだろうか。

日本の民俗社会（ムラ社会）における異人観や異人との交渉の研究を行なってきたのは、民俗学であった。簡単に述べると、民俗学は、日本では古くは異人を歓待するという面が強かったが、次第にそれが忌避・虐待（排除）の面の方が前面に出てくるようになったという異人観の一般的傾向を見出した。(4) たしかに、古代においては異人を歓待する習俗が目立っており、折口信夫や高取正男などが指摘するように、それが人びとを祝福するために他界から来訪する神霊への信仰と関係していることも否定しえないであろう。そして時代の変化とともにそうした信仰が衰え、異人に対する忌避の念が強まったのもたしかであろう。しかしながら、忘れてはならないのは、程度の差こそあれ、といっても統計があるわけではないので数値的実態はどうだったのか知りようがないのだが、いつの時代でも、異人は時と場合に応じて歓待されもしたし排除されもしたにちがいない、ということである。民俗学では、どちらかといえば、民俗社会の異人関係史のうちの好ましい側面の方を取り上げる傾向があるが、忌わしい側面もあるのだ、ということを私たちはつねに想起する必要があろう。民俗社会は、現代の都市社会がそうであるように、きれいごとだけで成り立っているわけではないのだ。

もっとも、本稿はそうした異人関係史の忌わしい側面を直接論じているわけではない。しかし、民俗社会の人びとが異人を虐待したという事実もしくは虐待したとしても不思議はないという観念が存在しなければとうてい成立しえないような伝承を扱っているので、まったく無関係ともいえないであろう。すなわち、私が以下で論じることは、伝説や昔話に現われた「異人殺し」についてである。

二 「異人殺し」の伝説

井上ひさしのエッセイに、藪原検校という人物の一生を面白おかしく書いた「藪原検校」というのがある。その冒頭に次のようなことが書かれている。

> 小学生時代、ある事情があって、東北の、山形、岩手、宮城、青森の各県を転々としたが、私の転出先には、どういうわけか必ず、小さいが深い、暗緑色の腐ったような水を湛えた沼や池があって、それらの陰気な沼や池は、これまたどういうわけか、必ずそれぞれ「座頭池」「琵琶ヶ淵」「盲沼」「キンギ

ヨ池」など、盲人と因縁の深そうな名で呼ばれていたので、子ども心にも、不思議だなと思った記憶がある……これらの沼や池の名の由来を聞くと「昔、座頭や琵琶法師が誤って転落し、溺死したからだよ」というのが、いずれにも共通した、それぞれの土地の人たちの答だったが、今度、藪原検校について書くために、いろいろの資料に当ってみると、盲人たちは誤って沼や池に転落したのではなく、どうやら目明きたちの手で、沼や池に突き落され、溺死を強いられた、というのが真実らしいのである。(5)

奥浄瑠璃などを語り聞かせ、そのお礼として飯や銭をもらう旅芸人の座頭たちが、訪れた先の村びとによって瞞し殺される。なんとも悲惨な話だ。井上ひさしが小学生時代に移り住んだ先々にあったという沼や池のそれぞれに、座頭殺しの伝説がついていたのかはわからない。たとえそうだとしても、座頭殺しがそこで実際に行なわれたかどうかといったことになると調べようがない。座頭殺しの伝説はまったくの作り話なのかもしれないのである。しかし、次のようなことはいえるであろう。

それぞれの沼や池で座頭殺しが実際に行なわれた、行なわれない、そのいずれであったにせよ、土地の人びとにとってこの座頭殺しの伝説が、外部の人には知られたくないと思うほどに、そしてそれを語らねばならないときには、伝説のなかから座頭殺しの要素を抜き取り、当り障りのないように話を変形して語るほどに、真実味をもっていたということである。すなわち、座頭殺しの伝説は、しばしば座頭たちが村びとたちによって殺されたという事実、もしくは殺されることがあったとしても不思議はないという村びとの意識のなかから成立し、そしてそれに支えられていたのである。つまり、こうした伝説を信じている人びとにとって、そこで語られている座頭殺しは〝歴史的事実〟なのだ。

それにしても、娯楽の提供者であった座頭たちがどうして殺されることになったのだろうか。井上ひさしは、不作・凶作にもかかわらず、遠慮なく村々を訪れては奥浄瑠璃を語り、当然のこととして飯を要求する座頭たちに困り果てた村びとたちが、思い余って彼らの排除に及んだのだろう、と述べたのちに、「それしか喰う方法のない座頭たちも不憫であるが、二度と座頭どもが来ぬようにと、沼や池で待ち伏せし、とは露知らずやって来た座頭を水の中に突き落した百姓の胸中もわかるような気がする」と、殺す側にも殺される側にも同情を示している。

しかしながら、各地に残る「異人殺し」の伝説をみてみると、村びとたちは自分たちの喰う飯にすらこと欠く生活をしているにもかかわらず、村を訪れては飯や金品を要求する異人たちをうとんで殺人に及んだというだけではなく、さまざまな理由から異人殺しを行なったようである。そのなかでもひときわ目立っているのが、異人たちの所持する金品の強奪を目的とした殺人である。また、殺された異人たちも、座頭に限らず、山伏や六部（正しくは、六十六部）、巡礼、巫女、その他の旅人など、さまざまである。

こうした「異人殺し」の多様さを知るために、手元にある柳田国男監修『日本伝説名彙』から、いくつか事例を引いてみよう。(6)

事例1　七人座頭――七人の座頭が草刈に路を訊ね、偽られて琵琶淵という淵に落ちて死んだといい、教えた男の子孫はことごとく眼を病むという。

（愛知県北設楽郡下津具村）

この事例で殺されているのは、「座頭」である。やはり淵の名の由来を語る伝説という形をとっている。殺害の理由はわからない。井上ひさしがいうような理由だったのか、それとも座頭の所持する金品を狙ってだったのか。ここで注目しておきたいのは、そののち、この座頭の霊が殺人者の家に祟りをもたらしたということである。草刈の子孫が眼を病むということに、座頭を殺したのだという事実や殺人者たちを自分と同じ立場にすることで恨みを晴らそうとする座頭たちの怨念が刻み込まれている。つまり、この伝説は、草刈の子孫に発生する眼病の原因を、殺した座頭たちの呪《のろ》いによるのだ、と説明する伝説でもあるわけである。

事例2　順礼坂——親子三人の順礼が坂の頂で野宿して、カネは木の枝に掛けたと親子が話しているのを聞いて、馬子が大石を転がして圧殺し、行ってみると鈴であったので、馬子も腰を抜かして死んだ。鈴をかけた木を順礼木といって残っている。

（京都府南桑田郡千歳村——現亀岡市）

この事例では「巡礼」がその所持金を狙われて殺される。もっとも、カネといってもカネ違いで、お金ではなく鈴であったというのだから、笑い話みたいである。鈴のために殺人を犯してしまったと知ってビックリしてしまったのだろうか、この馬子もショック死してしまったという。これには巡礼の祟りがそののちにあったという話は記されていない。

事例3　比丘尼塚——この辺の九頭竜川堤防は氾濫ごとに切れたので、村人は占者の言に従って通りかかった尼を捕えて人柱として生埋めにしたという。

（福井県吉田郡東藤島中ノ郷——現福井市）

殺されたのは「比丘尼」である。村びとの誰かが所持金を狙っての殺人というのではなく、水害から村を守るための「人柱」としての殺人である。この殺人は村びと全員の合意のもとでなされただろうから、井上ひさしのいう異人殺しの理由に近い。通りがかりの者を人柱にするという話は全国各地に残っているので、そのために殺されることになった者は多かったにちがいない。

事例4　六部塚——昔、庄屋の家へ六部が来て無礼を働いたので非常召集の笛を吹くと、隣村の椋岡の人まで応じて来て挟み討ちにして生捕り、生埋めにした。六部は椋岡の人を恨み、「椋岡の戸数は将来永久に二十五以上はふやさないぞ」といって死んだという。

（愛知県知多郡阿久比村――現阿久比町）

事例5　経塚――昔、池田町中町の入山という家へ六部が来て、主人が下れと言うのに床の上まで入ってきたので、遂に横町の西南の地で切り合いをして六部は切られた。その後、入山には不運が続いたのでこの地に経塚を建てて祀ったという。

（長野県北安曇郡池田町）

事例6　山伏塚――滝沢の七五三掛神社の宮下畠中にある。昔、どこからか山伏が来て神社の森に潜み、付近の婦女子に悪戯をしたので、村人がこれを生埋めにしたという。この塚に触れると病気になるという。

（長野県北安曇郡会染村――現池田町）

事例7　七人塚――立岩付近、三川道の途中にある。昔、三峰山から来た七人の行者が中島のある宿屋で待遇を云々し悪戯をしたので、主人が後を追ってついに七人を共斬にした。その後、祟りがあったので、殺した場所に塚を造り、その上に七つの石像を建てて供養した処という。

（長野県南佐久郡南相木村）

これら四つの事例の内容は大同小異で、殺された異人は「六部」「山伏」「行者」となっている。いずれも異人の側に非があったと述べ、殺人の正当性をほのめかしている。もちろん、村びとと異人との間にささいなことからトラブルが生じたこともあっただろうし、婦女子に悪戯をしたり盗みをするような異人もなかにはいたであろう。異人の目に余る悪行に怒って殺人に及んだということもあったであろう。しかし、異人殺しののちに祟りがあったことや、殺されるときに呪いの言葉を吐いていること、「異人殺し」の伝説が外部の者に語られるとき、しばしば話の内容に変形が加えられること、殺された異人の怨霊を鎮めるために（つまり、神仏に祀り上げるために）塚が建てられたらしいことなどから推測すれば、これらの伝説の背後に罪のない異人に対する〈殺意〉が隠されているように私には思われてならないのだ。村びとたちの間で語られた伝説は、これとはもう少し違ったものであったのではないだろうか。

ところで、いかなる理由があったにせよ、「異人殺し」が公然と語りうる事柄ではないことはいうまでもなかろう。井上ひさしも述べているように、このため民俗社会は「異人殺し」という〝事実〟を外部の者に隠蔽する努力を試みることになる。つまり、村びとはそれを語ることをタブーとしたり、〝事実〟を変形させた外部向けの伝説を作り出すわけである。とするならば、右の事例は「異人殺し」の〝事実〟を外部にもらした例であって、表向きは「異人殺し」ではないように装って語られているけれども、村びとの間では「異人殺し」として語られている伝説が数多く伝えられているのではないだろうか。

そう思うと、当然のことながら、たとえば、『日本伝説名彙』にみられる次のような事例も、村びとの間では「異人殺し」伝説として存在していたのではないかと疑ってみたくなる。

事例8　琵琶淵——昔、座頭が通行中、持った琵琶を川の中に落し、これを拾おうとして入り溺死した。その霊魂が今も川に留っていて、水中に琵琶の音がするので琵琶淵と名づけられたという。

（島根県美濃郡豊田村本俣賀——現益田市）

事例9　山伏塚——昔、荷物を盗まれた山伏が歎いて死んだ。盗んだ若者は心細くなって山伏の屍と荷物を埋めて供養した。

（新潟県西頸城郡西海村坂之沢——現糸魚川市）

事例10　七人塚——七人の敗兵が山伏に扮装して佐野村に逃がれて来たが、ついに経巻を相谷に埋め、ここで自害を遂げた。経塚、七人塚を築いて祀ったという。

（徳島県三好郡馬路村五軒——現池田町）

これらの伝説を読むと、その背後に「異人殺し」の伝承が伝えられていそうな気がしてくる。しかし、これらが外部向けの伝説であるかどうかは、その土地に赴いて調査してみなければわからないことである。また、たとえ「異人殺し」が伝えられていたとしても、よそ者である調査者の前にその伝説が姿を現わすまでにはかなりの時間を要するであろう。さらにまた、かつて「異人殺し」の伝説が伝えられていたとしても、現在そこに住む人びとの記憶から「異人殺し」も、そして右に掲げた伝説さえも消え去ってしまっているかもしれないのである。

とはいうものの、断片的ながらも、悲惨なしかし興味深いこれらの事例を前にしてあれこれと想像を巡らしている私たちは、さらに詳細な、つまり民俗社会の内部にもっと身を沈めた形での「異人殺し」伝説の事例に、言いかえれば、「異人殺し」伝説を村びとの立場から眺めるような報告に触れたい、という欲求を抑えがたいにちがいない。しかしながら、残念なことに、私の知る限り、そうした報告や研究は数えるほどしかないようである。

そこで、私が採集した「異人殺し」伝承の事例を最初に紹介し、それを手懸りにしつつ、そうした伝承を保持する民俗社会の心性に多少なりとも触れてみることから、この考察を始めることにしよう。

三　「異人殺し」伝説のメカニズム

信州の遠山谷にある此田《このた》という集落で調査を行なっていたとき、次のような話を採集した。

事例11　昭和の初めの頃、此田で原因不明の事故や病気のために次々に人が死ぬということが続いた。困り果てた村びとは、山を越えた隣村の西浦から禰宜（巫者）を招いて、此田の氏神である「大野田《おんた》権現」に尋ねることにした。しかし、禰宜に降りて来た神は、氏神の大野田権現ではなく、「白倉権現」と名乗る神であった。白倉権現は、此田にある小祠に祀られている神である。白倉権現が依坐《よりまし》を通じて語るところによれば、大野田権現は社領の神木を氏子が勝手に切ったことがあったのに怒って依坐の体に降りるのを拒んでいるので、同情した白倉権現が代りに降神した、というのであった。

白倉権現は次のような託宣を行なった。「この村のなかに人の恨みのこもっている鉦がある。その鉦を叩くたびに怨念が発現して祟りをなし、そのために次々と人の命が取られるのだ。怨念を鎮めるには、怨念のこもった鉦の音を神として祀らねばならない」。これを聞いて驚いた村びとたちが、さっそくそのような鉦が村内にあるかを調べたところ、某のところに「妙悟の鉦」という念仏用の鉦があることが判明した。そこで、村びとたちは村をあげてその鉦にこもった怨霊の供養をし、鉦の音を神として祀り上げることにした。盛大な供養の祭りを行なったのちに鉦を御輿に乗せて村外に住む元の持ち主に送り返し、鉦の音は「妙悟霊神」として大野田神社の社殿内に小祠を作り、そこに祀り上げた。白倉権現の託宣によれば、この鉦はかつて六部が所持していたものだったという。

それほど遠くない昔のこと、遠山谷の入口に位置する平岡村の庄屋の家に、七人の旅の六部が宿をとった。ところが、この六部が大金をもっているのを知った庄屋が、欲にくらんでこの六部を人里離れた山のなかに誘い込み、殺してしまったのである。六部を殺した庄屋は、奪った金で一時は羽振りがよかったが、六部の祟りのせいであろう、子孫に不幸が続いてやがて衰えたという。

妙悟の鉦とは、殺されたこの六部が持っていたもので、それが巡り巡って此田の村びとの手に渡ったというわけであった。殺された六部の恨みがこの鉦にこもり、普通ならば念仏供養のありがたい鉦の音となるのであるが、この鉦の場合には叩くたびに六部の怨念が祟りとなって発現するという恐ろしい呪いの鉦の音であったのだ(7)。

この集落で起きた「祟り事件」が事実であったことは、大野田神社の社殿内にある「妙悟霊神」の小祠に納められている板木に書かれた記録、いうならば〃妙悟霊神縁起〃によって確認することができる。参考のためにその全文を掲げよう。

奉鎮座妙悟霊神

此神ノ生レタ由来中ニ在

霊ハ　平岡村熊谷長蔵氏ノ所有シタル妙悟ノ鉦ヲ　当区越下菊市氏が買ヒ受ケ　区内ニ於ケル念仏ノ具ニ供シタルニ　連年瀕リニ死亡者続出シ　最近ニ至リ一層甚シク　鎮守ノ祭日ニ対シ忌服ノ不祥事往々有之　区民恐懼ノ余リ神託ヲ請ヒシニ　全ク其鉦ノ祟リナル事判明シタリ　依テ其鉦ヲ旧主ニ返シ　鉦音ノ霊ヲ茲ニ勧請シ奉ルモノナリ

昭和四年弐月拾五日

すなわち、この霊神が祀られたのは昭和四年二月十五日のことで、六部殺しのことには触れていないが、村内に持ち込まれた念仏用の鉦が祟りをなして村びとの命を次々に奪い取ったので、その鉦音の霊を「妙悟霊神」として神に祀り上げることで祟りを鎮めた、とはっきり記されているのである。

ところで、これと同様の事例報告を民俗学者の桂井和雄が行なっている。採集された場所は、高知県高岡郡檮原《ゆすはら》町四万川《しま》である。

事例12　某部落にたびたび不思議なことが起こる。部落のものが仏づけ(口寄せ)をやとい、霊媒を通じて語らせてみると、何回呼び出しても村人たちの知らない六部の霊が出てきて次のようなことをしゃべったという。某部落の百姓のうちに一夜の宿を乞うた六部が、その夜百姓夫婦の手にかかって殺され、持ち金のすべてを盗み取られ、畑の中の柿の木につるされて首つり自殺に見せかけられた。その百姓のうちはその金がもとで運が開け、今も部落の素封家で通っているが、非業の死を遂げた六部の霊のたたりを受け、その一統のものに不具者が生まれるという(8)（傍点、引用者)。

さて、この二つの事例を比較したとき、私たちがなによりもまず注目するのは、「禰宜」とか「仏づけ」といったいわゆるシャーマンが登場し、しかもきわめて重要な役割をそこで果しているということである。それでは、なぜシャーマンが登場するのだろうか。この点に関して多少詳細な検討を加えてみよう。

民俗社会におけるシャーマンの役割は多様であるが、ひと言で述べれば、他界もしくは他界の神霊たちと直接的交渉をもつこと、つまり他界と社会、神霊と人間とを媒介するのがシャーマンの基本的役割であって、そのための手段として、日本では「神降し」(=コントロールされた「憑霊」)ということがなされるわけである。右の事例でも、たしかにそれが行なわれている。しかし、事例11と事例12とでは多少の違いが認められる。

シャーマンはいずれの事例においても、一般の村びとには説明できない村内に生じた「異常」の原因探索者として村びとにやとわれる。そこで彼は、「神降し」=「憑霊」の儀礼を行なうことになる。つまり、原因を知っている神霊を呼び招いて託宣させるわけである。事例11では氏神の代理のような役目をする「白倉権現」が、事例12では「殺された六部」が示現するが、この相違は、「異常」の真の原因が民俗社会の内部で起きた「出来事」に由来するかどうかということに関係していると考えられる。

ところで、事例12の場合、シャーマンは、「異常」の原因となっている殺された六部の怨霊を直接呼び出しているが、そうではなく、事例11のように、その集落の氏神を呼び出し、その氏神に村に生じている「異常」の原因を尋ねることも可能だったはずである。そうしたならば、その氏神は、必ずや（霊験あらたかならばの話だが）「昔、村内に住む某に殺されて大金を奪われた六部の霊の祟りのせいだ」との託宣を行なうであろう。すでに六部の霊の祟りは〝殺人者〟の一統に身体上の障害をもつものが続出しているという形で現われているのだ。だが、怨霊はそれに満足せずに、村びとたちの前にも「異常」（資料には「不思議」とあるだけで、その内容は記されていない）を送りつけているのである。これは「怨霊」がまともな供養を求めているのであるとも受け取れるであろう。

ところが、この事例12に対して、事例11の場合はもっと話が複雑になっているのだ。というのは、六部を殺した犯人およびその子孫も、殺害現場も、此田という集落の外部に存在しており、この集落と平岡村での「異人殺し」とは直接的な関係がないからである。つまり、此田に生じている「異常」の原因を直接的に「異人殺し」に結びつけることはできないわけである。もしもこの六部の霊が怨念を晴らすために、まったく関係のない村びとの命を奪うということはとても考えられないことである。そこで、事例11では、民俗社会内部の「異常」とその外部の「異人殺し」とを結びつけるものとして、村外から村内へと持ち込まれた「妙悟の鉦」が登場してきているわけなのである。したがって、もしシャーマンが「白倉権現」に代えて、祟りをなしている霊そのものを呼び出すとすれば、妙悟の鉦の霊つまり「鉦音の霊」もしくはその鉦にこもっている七人の六部の怨霊ということになる。

それでは、「鉦音の霊」はどのような言葉で託宣をするのだろうか。しかし、日本の文化において、音の霊を人格化した例を私は知らない。「鉦音の霊」の言葉・声はやはり鉦の音以外にないのではなかろうか。とすれば、出て来る可能性があるのは、やはり鉦および鉦にこもった六部の怨霊で、此田の村びとに犯人の名を述べたところで仕方がないから、鉦を祀って供養してくれ、と村びとに要求することになるであろう。しかしながら、このシャーマンは鉦にこもっているであろう六部の怨霊を呼び出さずに、此田の氏神を呼び出す方を選びとったのであった。

このように、氏神が呼び出されるにせよ、六部の怨霊が呼び出されるにせよ、その託宣は、村内に生じた「異常」の原因が村内にある、ということを告げるのを主たる内容としている。要するに、村内に「原因」があるがゆえに、村びとは村内に生じている「異常」に操作を加え、それを解消しうるのである。「妙悟の鉦」はそのために登場してきているといえるはずである。

ところで、民俗社会内部に生じた「異常」の原因を探るためにやとわれたシャーマンは「憑霊」という手段を通じて、その原因が、事例11では鉦音の霊の祟り、事例12では殺された六部の霊の祟りということを明らかにする。しかしながら、シャーマンが、それとは別の霊の祟りを「異常」の原因として探し出してきたとしても、それが村びとが納得のできるものであったら、よかったはずである。たとえば、村びとが山の神や水神、氏神といった神霊を怒らせるようなことをしたので、その祟りとして「異常」が生じているとすることも可能だったであろう。すなわち、シャーマンは、というよりもシャーマンに憑依した民俗社会の心性は、そこに生じている「異常」の原因として、このときはその社会が所有する多くの原因のなかから異人の怨霊を選び出したにすぎないのである。

私はこれまでに書いたいくつかの論文のなかで、民俗社会内部に生じた「異常」——たとえば、社会全体やその内部の特定の集団にふりかかった災厄や個人にふりかかった病気や死など——の説明体系として憑霊があり祟りがあると説いてきたが、殺された異人の怨霊もそうした民俗社会の所有する説明体系の一部を構成するものなのである。したがって、シャーマンが病気の原因を特定の人物の呪いに求めたり、いわゆる「憑きもの筋」の特定の霊的動物（「犬神」「オサキ狐」など）の憑依に求めたりして説明するとき、私たちにとってとりわけ重要なことは、呪いが実際に行なわれたかどうか、そうした動物が実在するかどうか、といったことを確認することではなく、病気の原因の説明のためにそうした信仰が人びとに説得力あるものとして受容されている、ということなのである。

これと同様に、右の二つの事例においても、「異人殺し」がかつてそれらの村で託宣通りに実際に行なわれたかどうかといったことは、ここではそれほど重要なことではない。実際、此田の村びとも四万川の村びとも、シャーマンによる託宣を聞くまで、祟りの原因となった「異人殺し」の〝出来事〟を知らなかったのである。すなわち、この託宣を〝真実〟と村びとが信じたそのとき、村びとの意識のなかに、〝歴史的事実〟としての「異人殺害事件」が発生したといえるであろう。私たち研究者には、「異人殺し」は、いまつまりシャーマンの語りによって発生したのであって、かつて発生したものではないのだ。しかし、民俗社会ではこのときから、「妙悟霊神」の小祠や「六部塚」を記憶の依代としつつ、あるいは異人に呪われたという者の子孫に生じた社会的・身体的「異常」を依代としつつ、「異人殺し」が〝歴史的事実〟として人びとの間に語り続けられることになるはずである。『日本伝説名彙』から紹介した「異人殺し」伝説のほとんどが、右のような形で発生した「異人殺し」を書き留めたものであったのではないだろうか。私にはそう思われてならないのだ。

しかし、だからといって、「異人殺し」が実際にはまったく行なわれていなかったということを意味するものではない。いや、むしろ全国各地で、その多くは人知れずに行なわれていたにちがいない。そして殺人者たちは秘かに異人の怨霊におびえていたことであろう。民俗社会の人びとは、異人殺しが行なわれていることを知っていた。少なくともそういうことが行なわれても不思議はないという意識を共有していた。だからこそ、村に生じた「異常」の原因として、人びとの記憶にないような「異人殺し」が選び出されても、「なるほど」と受け容れることができたのである。

ある意味で、民俗社会における〝歴史的事実〟としての「異人殺し」伝承は、日本民俗社会における〝歴史的事実〟としての「異人殺し」を告白しているのだといえるかもしれない。シャーマンは、民俗社会の深層のコスモロジーに語りかけることで、二重の意味での〝歴史家〟の役割を果していたというわけである。吉本隆明風に述べれば、シャーマンは、実際には「民俗社会」のいだく「共同幻想」を呼び出しそれに憑かれたのである。(9)

それにしても、なぜ村内の「異常」の原因をほかの神霊ではなく、異人の怨霊に求めたのだろうか。「異人殺し」を発生させなければ説明がつかないような特別の事情が、こうした民俗社会に存在していたのであろうか。私は、右の二つの事例から考えて、どうしても「異人殺し」でなければならないというわけではないが、「異人殺し」を発生させる特別の事情があったと考える。すなわち、「異人殺し」をその原因とするとでうまく説明がつく、もう一つの「異常」が村内に存在していたのである。そしてむしろ、村びとたちが切実に説明を求めていたのは、このもう一つの「異常」の方だったと私には思われるのだ。

では、その、もう一つの「異常」とはなんなのだろうか。

それは、村内に急速に金持ちになった家があったり、金持ちの家が急速に没落したり、あるいはまたたくまに金持ちになり、数世代も経つと没落した家があるという事実、そしてそれが本当なのか私には確かめようがないのだが、多くの場合、そうした家の子孫に身体的もしくは精神的障害をもった者が続出したという事実であろう。こうした事実に対して村びとたちは、なぜそうなったかの合理的な説明をそれに与えることができなかったのである。

したがって、民俗社会の人びとは、その事実に「異常」を認め、神秘の作用を感じ取ったとしても不思議はない。一体、あの家にはなにが起こったのだろうか。そう思った村びとたちは、いかなる神秘が作用したかを想像し、噂話として秘かに語りあう。金持ちであるということはそれだけで、そうではない人びとの嫉妬をかうはずである。まして今までは自分たちとそれほど大差のない生活をしていた家が、これといったはっきりわかる理由がないのに急速に金持ちになったならば、取り残された人びとの胸中がどんなものかは想像がつくであろう。当然、この家に関する噂話は妬みの念のこもった話になり、さらには悪口になるはずである。こうした人びとの嫉妬の念をいやすために語られる悪口の一つとして、まことしやかに「異人殺し」がどこからともなく語られ始められたとも考えられる。あるいは事例12のように、村内に生じた「異常」にこと寄せて、シャーマンに「異人殺し」を語らせたともいえるであろう。あの家は異人を殺して奪い取った金で金持ちになり、さらに、その家が不幸にも没落したり障害者が生まれたりしたならば、その祟りで没落したとか子孫に障害をもった者が生まれるのだ、と。

すなわち、村びとたちが、「異人殺し」とその異人の「祟り」を発生させたのである。「異人殺し」を発生させることで、人びとはその家の盛衰という「異常」、子孫に生じた肉体的・精神的「異常」をうまく説明することができ、自分たちの嫉妬の念をいやすことができたわけである。いや、それだけではない。その家は、罪のない「異人」を殺した邪悪な犯人の家であり、殺した「異人」に呪われ祟られている家なのだとすることで、その家をさまざまな形で忌避し排除し差別することさえ可能となるであろう。そして実際、悲しむべきことだが、桂井和雄はこうした伝承の付された家との婚姻を、呪われた家という理由で忌避するところさえあることを報告している。(10)

四　家の盛衰とその民俗的説明

さて、「異人殺し」が特定の家の盛衰の民俗的説明として用いられているということを述べたので、少し脇道にそれるが、民俗社会には家の盛衰について、このほかにどのような説明の仕方があるのかをみておこう。

実は、この問題に関して「憑きもの」信仰を論じた論文のなかで、私自身次のように書いたことがある。

家の盛衰と神霊の関係軸を考えてみると、「憑きもの」は、家の盛衰と関連づけられるさまざまな神霊群のなかに含めて考えることができる。すなわち、多くの社会では、家の盛衰を神秘と考え、その神秘を説明するとき、神秘的力や神霊の作用に原因を求めるのである。したがって、ある家が長者になったのは、神秘的作用(神や妖怪の介入・援助)によると考える。屋敷神や屋内神として一括しうるさまざまな神霊、座敷ワラシや河童、山姥などの妖怪類、そして「憑きもの」と総称される動物霊などが、ことさら家の盛衰の原因とされる。

こうした信仰の根底を流れる思考は、病気の原因についてなされる人びとの説明体系と同じものと言える。すなわち、村落内のある家が急速に裕福になったとする。その結果、今まで同じ程度の生活レベルにあった人びとや、その家に追い抜かれた家の人びとにとって、その家の急上昇は異常なこととして認知される。しかし、その異常を充分には日常的思考・科学的な仕方で理解できない。つまり、その家の上昇は人びとの日常的思考を乗り越えた現象として現前するわけである。人びとはそのために、仮の説明として「マナ」つまり「もの」という概念を用いてその説明とするのである。民俗社会の伝統に従って、その空虚な説明概念の「もの」に、人びとは特定の神霊をあてはめる。(11)

すなわち、右の引用を一読しただけでも、「憑きもの」研究を押し進めていく過程で、「異人殺し」伝説が私の視界のなかに入ってきたということがわかるにちがいない。

ところで、民俗社会全体や特定の家の盛衰を説明するために、民俗社会はさまざまな神霊を用意している。

これを整理してみると、次頁〔左〕の上の表のようになるであろう。

しかしながら、とりわけ急速な家の盛衰にかかわる神霊に焦点を絞ると、二つの側面から分類することができそうである。次頁〔左〕の下の図はこれにしたがって作製したものである。

垂直軸は、家の盛衰を支配する神秘的力が民俗社会の内部にあるか、それとも外部にあるかを区分したものであり、これに対して、水平軸は、盛衰した特定の家を、他の家の人びとが忌避し差別するか、しないかを区分したものである。この二つの軸による区分によって、四つのタイプの民俗的説明が現われることになる。

順次、その典型霊を示しながら説明していこう。

家の盛衰をめぐる民俗的・超越的説明の体系

家の隆盛	家の衰退
来訪神の訪れ・祝福	来訪神の虐待・祟り
異人の歓待・祝福	異人の虐待・呪詛・祟り
異人殺し・金品強奪	異人殺しの祟り
〝憑きもの〟の祭祀	〝憑きもの〟の廃棄・祟り
〝座敷ワラシ〟の来訪	〝座敷ワラシ〟の退去
(村びとの祝福?)	村びとの呪詛・祟り
古い家の神の祭祀	古い家の神の廃棄・祟り
新しい家の神の祭祀	(新しい家の神の廃棄・祟り)

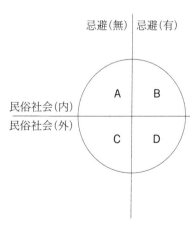

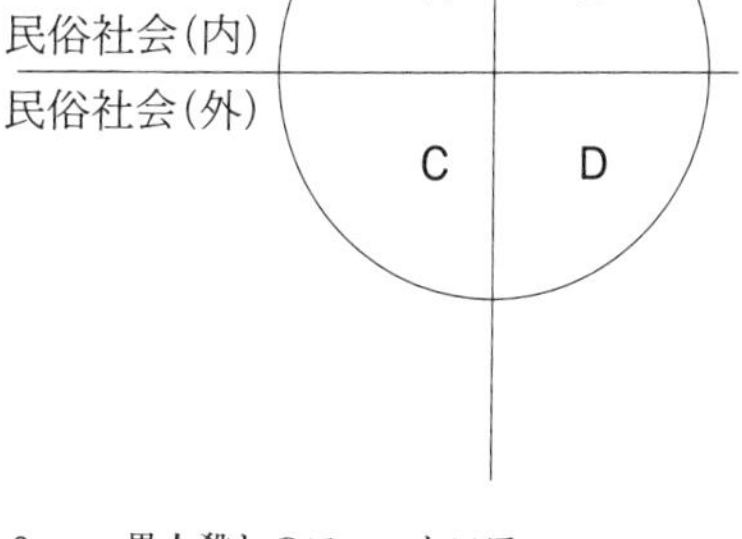

まず、民俗社会内部に神秘力を求め、かつ忌避・差別されないAのタイプをみてみよう。このようなタイプの家の盛衰の説明は、東北地方の「座敷ワラシ」伝承にみられるものである。

「座敷ワラシ」は民俗社会の内部にあって、ある家から別の家へと移動して廻る神と考えられており、その神が住む家は富み栄えるが、それが去ると没落するという。柳田国男と佐々木喜善が採集した遠野地方の資料から例を拾い出すと、[12]たとえば土淵村栃内のある家に座敷ワラシが住んでいた。この家の縁者の某がその家の座敷に泊ると、夜中に何物かに両脇から手を入れて掻き抱かれ、あるいは畳の上を転がされなどして、とても寝られず、別室へ逃げ出したという。この家も座敷ワラシのいる間は繁昌したが、座敷に枕返しもなくなると、だんだんと家運も傾き、今では跡形もなくなった、と伝えている。

座敷ワラシ伝承の報告のなかで、柳田国男が気になる話を書きとめている。[13]すなわち、附馬村の某という家では、先代に一人の六部が来て泊り、そのまま出て行く姿を見た者が無かったなどという話があり、近頃になってからこの家に、十歳になるかならぬ位の女の児が、紅い振袖を着て紅い扇を手に持って現われ、踊りながら出て行き、同じ村の某の家に入ったという噂がたち、それからこの両家の貧富が逆になった。女の児の移った家を急にたずねると、神棚の下に座敷ワラシがうずくまっていた、などといわれた。

ここで語られている「六部」はどうなったのだろうか。殺されたのだろうか。消えた六部とその家を立ち去った女児の座敷ワラシとはどのような関係があるのか。あれこれと想像を掻き立てられるのだが、それに答えを出せる遠野からの資料がないのが残念である。

Bのタイプは、民俗社会内部に神秘の源泉があり、盛衰した家が他の家の人びとから忌避されるというタイプである。こうしたタイプに属する民俗的説明の典型が「憑きもの」と総称される動物霊によって家の盛衰を説明しようとするものである。「憑きもの」に関しては、私の研究も含めこれまで多くの研究があり、よく知られていることなのでとくに具体例を挙げる必要もないであろう。[14] 要するに、地方によってその名称や伝承形態に差異はあるが、民俗社会内部に特定の動物霊を祀る家が存在すると信じられており、そしてそれを祀る家はその動物霊の力を借りて急速に金持ちになることができるが、何世代もしないうちに没落するというのである。

注目すべきは、こうした動物霊は民俗社会の外部から「富」を運んでくるというよりも、民俗社会の内部から「富」を調達してくるとするイメージが強いということであろう。すなわち、他の家の「富」を秘かに奪い取ってきたり、あるいは破壊したりすることで、それを祀る家の上昇を可能にするというのである。その家の経済的・社会的上昇は、他の村びとたちを犠牲にしての上昇なのだ。そうした観念に導かれて(もちろん、それが唯一の理由ではないが)、成功した家に「憑きもの持ち」といういうしるしづけを賦与し、さまざまな形の忌避・差別を行なうことで嫉妬の念をいやしていたわけである。

もっとも、こうした動物霊それ自体は、外部から社会の内部に持ち込まれたものであるということを忘れてはならない。

さらに、庄屋・名本など古くから社会的・経済的上位にあった家の没落の説明としては、しばしば支配―被支配の関係を背景にした民俗社会内部に住む人物による「呪い」つまり「祟り」が利用される。たとえば、私が調査した高知県物部村の、ある土居(名本)の本家筋の没落についても、そうした伝説が語られている。

事例13 昔、名本のところに奉公に出ていた若い女が、乳飲み児がいるにもかかわらず、名本に容赦なくコキ使われていた。あるとき、山に薪を取りに行くように言われ、「赤子がいるのでとても言われただけの薪を取って来られない、別の仕事をすることで許して欲しい」と懇願するが許されず、やむなく赤子を背負って山に入った。木に赤子をくくりつけて仕事をしていたとき、突然、赤子の激しい泣き声が聞こえた。戻ってみると赤子が消え去っていた。山に棲む魔物が連れ去ってしまったらしいのだ。驚いた女は、泣き叫びながら赤子を探し求めて山をさ迷ったがついに再び自分の子の姿を見出すことができなかった。何日かの後、女は嘆き悲しみ「こうなったのも、もとはといえば情をもたぬ名本様のせいだ、家が絶えるまで呪ってやる」と呪詛して自害した。これを伝え聞いた名本は太夫（占い師・巫者）をやとい、呪いから免れる方法として「この家に生まれた男に家を継がせず、女に養子を取ってそれを当主とするように、生まれた男は他家に呉れてやるか、殺さねばならない」ということを学び、それを守ることで存続してきた。ところが、三代前の当主が「文明開化の世の中に、そんな迷信を信じることができるか」と言って、生まれた男の子を次々に育てた。しかし、それ以後、子孫のなかに精神的・肉体的障害のある者が生まれたり、バクチや酒・女に狂う者が出たりして急激に家運が傾き、それから三代経った今日では昔日の面影がないほどに没落してしまっている。村びとの話では、三代前の当主がその家に課せられていたタブーを破ったので昔の女の呪いが蘇り、祟りとなって現われたのだろうという。

名本の横暴な支配に苦しめられていた村びとたちの怨念がよく表われている伝説である。「異人殺し」伝説との類似をあげると、いずれの場合も、特定の家に現われた「異常」を説明するのに、その家に正当な恨みをいだく者の呪い・祟りを持ち出していることである。しかし、「異人殺し」が民俗社会の外部の者の呪いであるのに対して、右の話は内部の者の呪いだという点で異なっている。

さて、三番目のCタイプの説明に移ろう。これは、民俗社会の外部に家の盛衰を支配する力の源泉を求め、しかもそうした力によって富み栄えた家をあるいはその後没落した家を、忌避・排除することがないというものである。この種の民俗的説明を簡単に述べると、貧乏ではあるが信仰心が厚かったとか、民俗社会の外部に棲む神霊に贈り物をするとか、窮地にある神霊を助けたといった契機を通じてその者（の家）に「富」

を授けてくれるようになるが、そのために富み栄えるようになった人間の側に驕りの気持ちが生じ、守護神＝福神の役割を果していた神霊に対して不敬・虐待を働いたことを契機にして没落したという形で語られる。これは昔話の話型でいう「竜宮童子」型の伝承が伝説という形態をとったものと考えてよいであろう。こうした伝承は古くからみられ、『山城国風土記逸文』にみえる「稲荷起源」伝説や『聖誉鈔』所収の「信貴山縁起」伝説にみえる山崎長者の盛衰など数多くの例を拾い出すことができる。物部村で採集された次のような伝説も、やはり神霊を最後に虐殺してしまうという点で興味深い。

事例14 年の暮れも近い寒い晩に物部村の某家に一人の見知らぬ老婆（「山姥」だとされている）が訪れてきて「私の家のじいさんに餅をたらふく食べさせてくれないだろうか、そうしたら、この家を金持ちにしてやろう」という。「暮れじまいもろくろくできない貧乏な家に、どうして人にたらふく食わせる餅が搗けようか」と家族一同思案したが、なんとか餅を用意しようということになった。老婆は、そのお礼として高きびの穂を一穂、家の者に贈った。いよいよ暮れも押し迫った約束の二十八日の晩に、一人の老人が訪れてきて、用意されていた餅をたらふく食べて、「来年もまた来るぞ」といって満足気にどこかへと帰っていった。年が明け、播きつけのときに老婆が置いていった高きびの穂をまくと、大豊作であった。翌年の暮れも、その翌年の暮れも、その老人は訪ねてきては餅をたくさん食べて帰っていった。こうして年が経つにつれ、老婆の言葉通り、だんだんと暮しが豊かになった。ところが、ある年のこと、暮れの忙しいときに訪れてくる老人をうるさく思って、もう二度と来ないように、この老人を殺してしまおう、ということになった。いつものようにやって来た老人に、餅の形をした焼石を食わせ、お茶だといつわって油を飲ませて、この老人を送り出した。やがて、その老人は体が焼け始め、臼のような骨になってしまった。今そこをウスノクボという。それ以来、その家の運が傾き出したので、暮れ

の二十八日は餅をつかないのを家例とすることになった。(15)

この話は、某家の家では暮れの二十八日になぜ餅を搗かないのかの理由を説明する伝説として語られているが、同時に、某家が昔は裕福な家であったのにどうして貧乏になってしまったのかを説いた伝説でもある。この土地ではこの老婆を「山姥」と考えているが、年の暮れに来訪してくるところをみると、この家の歳神のイメージをも帯びている。いずれにせよ、特定の家に棲みついているのではなく、年の暮れになると来訪するこの神霊（＝異人）を歓待している間は家が豊かになっていったのであるが、それをうるさく思って虐待・虐殺したのちはまた家運が衰えてしまったというのである。これと同様の性格をもった民俗社会に伝わる神霊は河童をはじめ数多いが、その紹介はここでは省略しよう。

最後のDタイプの説明は、言うまでもなく「異人殺し」伝説にみられるような説明である。民俗社会の外部に特定の家の盛衰を支配する神秘の源泉があり、しかもそうした家は忌避され差別されるというもので、「異人殺し」伝説では、特定の家が富裕になった理由は異人を殺害して強奪した「お金」であり、衰退した理由は殺された異人の「祟り」である、としている。この「異人殺し」については本稿で詳しく論じてきたので、もうこれ以上述べる必要はないであろう。

ただ、次のような「異人殺し」伝承もあることは、すでに紹介した物部村の名本の没落に関する伝承との比較の意味で留意しておいてよいかもしれない。それは、古くから経済的・社会的に上位の家が、ふとしたことから異人を殺害してしまい、その祟りのために家運が衰え、子孫も絶えていくことになった、という形の伝説である。私たちが下北半島の海村脇野沢村で採集した「異人殺し」はこうした形態を示している。

事例15　昔、その当時この村で一、二を争う廻船問屋の某家に一人の六部が泊った。翌日、六部が立ち去ったのち、某家で大金が無くなっているのに気づき、きっとあの六部が盗んだに違いないと思って

――実は、金を盗んだのは六部ではなく、女中であったことがあとになって判る――、六部を追いかけ切り殺した。その時、六部の刎ねられた首が飛び上り、岩にかみついて、「七代も経たぬうちに家を絶やしてみせる」と呪いの言葉を吐いたという。やがて某家は不幸が続き、七代もたたぬうちに家がつぶれてしまったそうである。(16)

この伝承の背後にも、殺害者による「異人」の所持金の強奪とそれによる経済的上昇ということが語られていたのかもしれない。だが、私たちが採集した伝説はそうしたモティーフを欠き、財産家の廻船問屋が過って罪のない六部を殺害し、そのために呪われて没落すると語られている。

すなわち、物部の伝説では、民俗社会内の社会的・経済的支配者を民俗社会の内部の者＝村の下層の女が呪うのに対し、この例では民俗社会の外部の者＝六部が呪っている、という大きな違いが認められるわけである。

以上で、家の盛衰に関する民俗的説明の四つの主要なタイプのすべてを説明したことになる。民俗社会の人びとは、特定の家の盛衰に神秘を感じたとき、これらのタイプのなかから、――といっても、実際の伝承は多種多様な形態を示しているわけであるが――その場にふさわしい説明の仕方を選び出してくるわけである。そうした選択を実行する者として、多くの場合にシャーマンや占い師が村びとたちから呼び招かれることは、すでにみたとおりである。

もちろん、この四つのタイプの説明は、それぞれ民俗社会の歴史のなかで成立してきたものであるから、歴史民俗学者が試みるように、これらの間に歴史的前後関係を見出すこともできるかもしれない。また、どのような説明を好むかはそれぞれの民俗社会の置かれた状況によって異なるであろうし、民俗社会のそれぞれがこの四つのタイプの説明の仕方のすべてを所有しているとは限らないであろう。しかし、それぞれの民俗社会に家の盛衰に関して、神秘的作用に基づいた複数の説明が存在したことは疑いの余地はなく、そして日本の民俗社会総体という点からみれば、これらの四つのタイプが同時に存在していたのは明らかである。

　たとえば、私の調査地である物部村では、Aタイプ、Bタイプ、Cタイプのいずれも存在している。Bタイプについてはことさら事例を紹介しなかったが、この地帯はよく知られた「犬神憑き」の信仰地帯である。残念ながら、私自身はDタイプの明確な形での「異人殺し」伝承を採集していない。しかし、ある集落に五輪塔にまつわる伝説として、旅の途中のある六部（遍路であったともいう）がこの地で死んだが、そののちこの六部の霊が供養して欲しいと近所の人びとに祟ったので、五輪塔を建てて供養してその霊を祀り鎮めたという話を採集している。もしかしたら、この伝説は「異人殺し」伝説の変形もしくは断片化したものかもしれない。桂井和雄の高知県下の報告を知る私たちには、こうした推測もそれほど的はずれとはいえないはずである。とすれば、この物部村には、右に挙げたいずれの説明の仕方も存在していたらしいということになる。

　さて、私たちは「異人殺し」という〝出来事〟が民俗社会のシステムのなかにどのように組み込まれているのかを解明する過程で、それが民俗社会の「異常」、それもとくに「家の盛衰」の原因を説明するシステムに組み込まれているということを明らかにしてきた。しかし、「異人殺し」伝説がつねに「家の盛衰」と結びつけて語り出されるわけではないし、つねに村びとの記憶にない「異人殺し」をシャーマンが初めて語り出すというわけでもない、またつねに殺害者の家が社会的な差別を受けているとは限らない、ということは留意しておくべきであろう。たまたま私がここで取り上げたいくつかの事例の場合に、そうしたことがいえたにすぎないのである。

五　変形されていく「異人殺し」伝説

民俗社会における「異人殺し」伝説のメカニズムを解明する過程で、私たちはこの伝説が家の盛衰、とくに衰退・没落の原因を説明するために利用されていることを理解した。すなわち、民俗社会には、大雑把にいうと家の急速な盛衰の原因に関して四つのタイプの説明の仕方が存在しており、その一つが「異人殺し」伝説を持ち出しての説明なのである。

ところで、これらの四つのタイプの民俗的説明は互いに無関係に存在しているのではなく、相互に影響しあう形で存在している、ということにも私たちは注意を払わねばならない。そればかりではない。それは伝説というジャンル以外のさまざまなフォークロア・ジャンルとも交感し影響しあっているのである。しかも語り手たちの意図に応じて伝説は、いや、すべてのフォークロアは変形される運命にさらされている。伝承は変形されることを通じて別の伝承へと姿を変えることになるのである。極端な場合には、もとの伝承の痕跡さえもわからぬほどに変形されてしまうことさえあるのだ。ここで検討している伝説はショッキングな「異人殺害事件」なので、とりわけ変形にさらされていると考えられる。その典型的な例が、すでに多少述べたように、異人殺しが正当な理由のもとでなされたかのように変形したり、異人の死が村びとによる殺害ではなかったかのように変形したりして、外部の者や子孫たちに語られる、というものである。とくに後者のような変形を受けると、「異人殺し」伝説がまったく主題の違った伝説になってしまう。

そこで、フォークロアの世界をダイナミックなものとして把握するために、以下では、こうした「異人殺し」伝説の変容の問題を検討してみることにしよう。

「異人殺し」伝説から非「異人殺し」伝説への変形というまことに興味深い資料を報告しているのは、やはり桂井和雄である。桂井が高知県高岡郡大野見村で採集した「異人殺し」伝承を紹介してみよう。

事例16　この大野見村のSという家は、先代が何期か村長に推されたり、郡会や県会にも選出されたほどの近郷きっての名門とされているが、やはり虚構の伝承を背負わされている家筋であった。昔、四国の六部がこの部落に迷い込み、病を得て行き倒れになっていた。S家の祖先はその六部をわが家に引き取り、看病をしてやっているうちに大金を所持しているのに誘惑され、六部を人知れず殺害し、その持ち金を奪い取った。それがSの家の暮らしを豊かにする元手になったというのである。その後、この六部の霊のたたりが子孫のものに出るために、昔の往還の一つ六部峠の杉の木立ちのもとに碑を建立したという……[17]。

桂井和雄は、この伝承の背後にシャーマンや遊行系宗教者などの姿を認めている。しかし、この「異人殺害事件」を初めて語ったのが、事例12のようにシャーマンであったかどうかを確認できなくとも、これまでの考察から、この「事件」が村内に生じたなんらかの「異常」を説明するために語り出されたことだけは確かである。その「異常」がなんだったのかはわからない。しかしながら、今に残る「六部さま」の碑に願をかけるとどんな病気でも治るといわれているから、きっと村を危機におとしいれるような流行病の発生でもあったのだろう。こうした「異常」と、村内のもう一つの「異常」つまりS家の社会的・経済的上昇とを結びつけ、その双方の「異常」を一挙に説明しうる原因として、「異人殺害事件」とその「事件」で殺害された「異人」の〝祟り＝呪い〟の発現の話が語り出されたのである。そして、そのときに「六部さま」の碑が〝殺された六部〟の怨霊を鎮めるために建立されたのではなかっただろうか。

　このように、私たちは桂井が報告する「異人殺し」伝説のカラクリを明らかにしうるわけである。しかし、桂井の報告を知らずに、この「異人殺し」伝説が次のように変形された形で私たちの前に提出されたならば、私たちは博愛精神に満ちた村びとの美談、異人歓待伝説として受け取ってしまうであろう。

事例17 今から二百四十年も昔、この村の桑ノ又を経てTの部落にはいってきた遍路があった。部落に着くや日が暮れ、一民家に一夜の宿を乞うた。遍路は安心して旅装を解いたが、その夜激しい腹痛と下痢に襲われ、ついにその民家で寝込んでしまい、やがて手厚い看病のかいもなく他界してしまう。その息を引き取る直前、遍路杖と枕を形見として残すように遺言する。その生国へ連絡してやると、やがて死者の兄と名乗るものが遺品を引き取りにきて、形見の枕と杖のありかを尋ねる。枕を出してやると、これを懐刀で引き裂き目もくらむばかりの黄金を引き出してみせた。さらに杖のありかを尋ね、山の墓にあることを告げると、墓場をたずねてそこで杖を打ち割って見せた。その杖の中からも黄金が出てきた。兄は村人や世話になったS家にも充分の黄金を置き、後日墓碑建立を願って去ったというのである。(18)

桂井和雄によれば、これはこの村で刊行された『おらが村だよ』の伝説の項に書かれていたものである。このような変形について、桂井は「近郷にまで流布している噂話をこれほどまでに変化させたのは、村の中にこれを実在の話に感受する心意と、これを公にするのをはばかる緊張があったためにほかならぬ」と述べている。その通りなのだろう。しかし、それにしても、村から刊行された、その村の民間伝承を採集して載せた本に、このような〝伝説〟があたかも村びとの間で語り伝えられているかのように収められているということに、私はひどく驚かされる。

はたして、この〝伝説〟はこの村の伝説といえるのだろうか。この〝伝説〟を読んだ村びと(この伝説に語られている、遍路を歓待したとされる家の人も含めて)のすべてが、この〝伝説〟が虚偽の話、改変された話であって、このような伝説は村には実際に伝承されていないと思うであろう。つまり、村びとにとって、この〝伝説〟はフォークロアではないのだ。

ところが、この〝伝説〟があたかもフォークロアであるかのごとく書物に書かれることによって、村内の事情を知らない外部の人たちは、昔から村びとたちに語り伝えられてきたフォークロアとして受け取ることになる。とくにこういった伝説に関心をもつ民俗学者の目に止まったならば、「異人歓待」の慣習を伝える伝説、遍路を接待する習俗が反映されている伝説として処理されることになるのではなかろうか。つまり、村びとにとってはフォークロアではない、ある一人の著者の〝作り話〟が民俗学者にとっては村びとの間で語られてきたフォークロアになってしまうわけである。

この事例は、民俗学的研究の困難さと丹念なフィールド・ワークの必要性を痛感させる事例である。たしかに、この事例は特殊な事例かもしれない。しかし、書承、口承のいずれの形式をとるにせよ、こうした変形された話が村びとたちに外部向けの話として了解された形で読み継がれ語り継がれているならば、そのときには明らかにフォークロアといいうるわけである。

右の事例は、もはやフォークロアとはいえないような、フォークロアとしての伝説の変形の例である。むしろ、私たちが知りたいのは、民俗社会内部における「異人殺し」伝説の変容、つまり変形されたフォークロアもまたフォークロアであるという事例であろう。

六　「現実」の〝表層〟と〝深層〟

この種の調査に基づいた研究は皆無に等しいが、そうした研究状況にあって、昭和の初めに桜田勝徳が簡単な報告[19]を行なった甑島の「異人殺し」伝説を再調査した中沢新一の分析は、短かいながらも示唆に富んだ貴重な研究である[20]。

この「異人殺し」伝説は、明治以前に鹿児島県薩摩郡の甑島瀬々野浦で起きたという「異人殺害事件」をめぐる伝説である。この村の背後の山の上に、「トシドン石」と呼ばれる巨石があり、その傍に「サエが松」（桜田の報告では「サイヘエが松」）と呼ばれる松が近い頃まで立っていた。「トシドン」とは、この島の多くの村で行なわれていた年の晩（大歳の晩、大晦日の晩）の行事に出現する仮面仮装の来訪神のことである。この巨石をどうしてトシドン石と呼ぶのかについてはなにも伝説めいたものは残っていないが、桜田勝徳は「年どん降臨の由緒ある地ではないかと思う」と述べている。

この可能性が高いことは、トシドンがサエが松からいつでも子どもたちの生活ぶりを見張っているのだという、トシドンに扮した者たちの子どもたちに対する脅しの言葉からも推測しうるであろう。昔、このサエが松とトシドン石の傍にサヘエという男の家があったという。問題の「異人殺し」伝説は、このサヘエの子サデエのもとに、毎年、年の晩になるとどこからともなくやって来る大男を殺害したという伝説である。

中沢新一も分析のために引用している、桜田勝徳の採集した伝説がもっとも村びとたちの語る標準的な伝説と思われるので、それをまず紹介しよう。

事例18　昔此松の下に一軒家があった。年の晩になると、見馴れぬどてらをきた大男が何処からともなく此家を訪れ来て、無遠慮に横座に坐り込んだ。之が数年続いたので大いに評判になり、手打の手練者《テヅマモノ》が之を聞きつけて、斬殺しようと計画した。そうとは知らぬ大男は或年の年の夜になると、例の如くやって来て横座に坐った。その時一人の者が怪人に茶をすすめ、それを受取ろうとする際に、茶釜を炉の中に覆し、大男の狼狽する所をすかさず抜討ちに斬り殺してしまった。それから間もなく一軒家の夫婦は盲になり、不幸が重なって家は絶えてしまった。今でも彼処に家を建てぬのはその祟りを恐れるからだと、如何にも事実譚らしく一老人が語ってくれた。(21)

ところで、中沢新一はこの「異人殺し」伝説の類話《ヴァリアント》のいくつかを採集・分析することを通じて、この伝説が民俗社会のなかで相反する二つの方向に向かって変形を受けていると述べている。すなわち、「村の普通の語り手達はこの伝説を更に幻想的で両義的な物語に仕立て上げようとする傾向をもっていて、大男の異様さを一層強調するように他の伝承的テーマである天狗や山の神と同一化したり、年の晩という時期も他の伝承と交錯して山の講の晩であったのだというぐあいに語ろうとする」。ところが、これに対して、「こうした伝承が標的とする家系ではこれに対抗してよりドキュメンタリー風の、隠喩の力が極力働かないような『零度』に近づけた伝説の方を保持し続けようとしてきた」。

中沢が紹介する「零度」に近い伝説は、サデエの娘おせんのもとに養子に入った男の弟で、サエが松の土地を管理している老人によって語られる。

事例19　サデエの時代に山伏のような男が毎晩のように（年の晩だけではなく）やってきては何やかやと強要するものだから困って手打の士族をよんでこの男の首を切ってもらった。さてのちになって語り手であるこの老人には男の子が三人生まれたのに、皆早死してしまうという不幸にみまわれた。そこで今から二十年ほど前、鹿児島から祈禱師をよび占ってもらったところ、抜け目ない祈禱師は村で伝えている方のサエが松伝説をよそで聞き知って、首を切られたのは天神という偉い修験者で、年の晩に訪れたものである、人を殺すと七代たたるので天神の祠を立て霊を鎮めるようにと託宣を与えたものである。そこで老人は今の場所に祠を立てたのだ。(22)

さて、この事例を読んだ読者は、これがすでに紹介した事例11と事例12に、とくに事例11に酷似した構造をもつ伝説であることに気づかれたはずである。この事例にみえる祈禱師がシャーマンであって、〝天神〟という名の修験者の怨霊を降ろして「不幸」の原因を語ったのかどうかは定かではないが、おそらくそれに近いことがなされたのであろう。この修験者の怨霊を鎮めるために、二十年ほど前に語り手である老人によって「天神」の祠が建立されたわけである。伝説の構造（筋立て）からみると、この事例が事例11の「妙悟霊神」の祠の建立に対応するのは明らかである。

ところで、事例11では、「妙悟霊神」の小祠の建立のときに、それ以前の〝出来事〟として、平岡村の庄屋の没落を説明する伝説としての「六部殺し」伝説が語られていた。同様に、この事例でも、老人が祈禱師を呼び招いたときに、それ以前の〝出来事〟として、サヘエ一家の没落を説明する伝説としての「異人（山伏？）殺し」伝説が語り伝えられていた。中沢の報告するこの事例19の内容から判断すると、桜田が事例18の伝説を採集したときにはまだ〝天神〟の祠は無く、しかもそのときすでに幻想的性格を強く帯びた「異人殺し」伝説が語られていたのである。事例11とこの事例19との間にみられる大きな相違は、前者が民俗社会の外部に伝承される「異人殺し」に、村びとが直面している「不幸」の説明を求め、殺害の動機が金品の強奪であるのに対して、後者の場合は民俗社会の内部の〝歴史〟、それも「不幸」の原因を先祖の犯した「異人殺し」に求めており、殺害の動機が毎晩のように来訪する山伏をわずらわしく思ったので殺害した、ということにある。しかし、伝説の組立てられ方にはほとんど差異はないといってよいであろう。

もちろん、いつ、どのような形で、こうした「異人殺し」伝説が語り出されたのかを知ることはできない。実際にかつて異人殺しが行なわれたか、もしくはそれに近いスキャンダルがあって、それがこうした伝説の発生源なのかもしれない。あるいは、事例12の示すように、平岡村の庄屋に生じた不幸やサデエ家の子孫の不幸の原因を説明するために、シャーマンが語った〝異人殺し事件〟を、伝説の発生源としているのかもしれない。だが、そのいずれにせよ、ここで後者のようなこともあった可能性に留意しておくのは、それほど無意味ではないであろう。

ところで、中沢新一によれば、「一般の村人は物語を両義的にしようと待ちかまえている」という。「スキャンダルが求めているのは、物質と意識の区切りや、様々な関係性に混乱をもたらすような意識の境界侵犯であり、うわさが伝染していくにつれ事件そのものの『読みとり』よりも、意識の惑乱の方に強調がおかれることになり、こうして聞く者に驚きや惑いをもたらす幻想物語が成長してゆく」。

この指摘は正しい。しかし、一面的であるといわざるをえないであろう。たしかに、実際に行なわれた異人殺害事件もしくはそれに類するスキャンダルを村びとたちが語り伝えていくとき、あるいはまたシャーマンが語り出した「異人殺害事件」を語り伝えていくとき、その伝承が村びとが語るのに向いた物語、別の言い方をすれば、聴かれるのに向いた物語へと変形されていく。つまり中沢の言葉を借りれば、メタファーに満ちた「両義的テキスト」へと成長する。しかし、民俗社会はその一方で、絶えずメタファーの効かない「零度のテキスト」を産出・保持し続けている。中沢は、こうした「テキスト」を語るのは伝説に語られた家筋の者である、すなわち、一般の村びと＝両義的テキストの産出／家筋の者＝零度のテキスト、という対立的枠組みを提出しているが、これまでの私たちの考察からも明らかなように、民俗社会それ自体が必要に応じてこれら二つのタイプのテキストを巧みに使い分けながら絶えず産出しているのである。

中沢は注意深く、私たちがこれまで行なってきた事柄にも言及している。「サエが松の下にあったサヘエとサデエの家は実際に不幸が重なり絶えてしまった。こうしたとき共同体は、原因のよくわからない因果の系列に空隙をもつ現実を説明するのに、この両義性のテキストをよび出し、この空隙を埋め合わせるのである」（傍点、引用者）。そうなのだろうか。共同体が呼び出すのは、ここでは「零度に近いテキスト」であって、「両義性のテキスト」ではないのだ。というのは、「両義性のテキスト」では表層の現実を説明しえないからである。もしこれが利用されるとすれば、「零度のテキスト」へと変形されねばならない。すなわち、過去に起きた実際の出来事であるかのようなリアリティを与えるように語られねばならないのだ。

要するに、民俗社会では、「異人殺し」伝説は、伝説というジャンルの内部においても、相反する二つの極の間を揺れ動きながら、つまり相互に変形しあいながら伝承されているのである。民俗社会は、表層の現実に意味を賦与していくときには「零度に近いテキスト」を産出するが、深層の現実に意味を賦与していくときは両義的テキストを利用するといってよいかもしれない。

七 「異人殺し」伝説から「神霊虐待」伝説へ

さて、中沢新一は慎重に「異人殺し」伝説の分析を「伝説」というジャンルを踏み越えないところで留めている。つまり、彼のいう「両義的テキスト」とは伝説という性格を失わない程度に幻想化された物語である。それ以上の変形を行なえば、そのテキストは伝説のテキストではなくなるからだ。しかし、ここでは「異人殺し」伝説の変形した姿を追って、こうした伝説の枠を超えた領域にまで踏み込んでいこうと思う。

事例18と事例19とを比較すれば明らかなように、事例18の方が幻想的処理を施されている。中沢も述べているように、その社会の他の伝説や伝承の影響を受けて、さまざまな方向に変形される可能性があるわけであるが、事例18の伝説は明らかに「トシドン」の儀礼の影響を受け、その伝承の方へと「異人殺し」伝説がたぐり寄せられている。

トシドンは年に一度、年の晩に子どものいる家に来訪する仮面仮装の神である。簑を着たり、毛布をつけたり、顔には鼻の尖った鬼のような面を被ってくる。入口でホイホイ、ガタガタと足音高く入ってくる。トシドンは首切れ馬に乗ってくるといわれる。家に入ってきて、子どもたちを脅したり、説教したりしたあと、大きな年餅（年魂）を子どもに与える。この年餅を食べないと年をとることができないという。こうしてトシドンは次の家に移動する。[23]

事例19の毎晩のように訪れる修験者を、事例18のように年の二九日の晩に訪れる異形の大男に変化させることで、この異人のイメージは、〝殺人事件〟が起こった場所の特殊性つまりトシドンが出現する地とされていたトシドン石とサエが松のイメージと交感し、トシドンのイメージと重ねあわされることになる。「ひょっとしたら、殺害されたのは、人間ではなくサデエの家を年魂をもって祝福しにやってきたトシドンであったのではないか。それを殺してしまったので、サデエの家が没落してしまったのではないか」。こうした思いをいだかせるかのように、いや、そう思おうとする民俗社会の心性がどこかで働いたがために、語り手たちは事例18のような伝説を語ったのではなかっただろうか。しかし、桜田も中沢も、その可能性があることをトシドン儀礼に触れることでほのめかすが、断定を避けている。

しかしながら、伝説の変形が進めば、来訪する異人が来訪する神に変換してしまうということは充分に考えられることである。たとえば、すでに紹介した事例14はそのような事例であった。すなわち、これは年の二十八日に来訪する翁（老婆の夫？）は歳神のイメージを帯びており、これを虐殺することによってその家は没落することになるという伝説であった。ということは、甑島の「異人殺し」伝説（事例18）は、異人が人間から神へと変化しつつあるテキストであって、〝殺人〟を犯した家筋が特別視され排除されたかは定かでないが、Dのタイプもしくはそれに近いタイプの伝承から、Cのタイプの伝承への移行期にある伝承であると考えられるのである。とすれば、私たちは、中沢新一の考えとは異なった立場から、すなわち、事例18の「伝説テキスト」はCタイプとDタイプの境界域にあるがゆえに両義的なのだといえるにちがいない。「異形の大男」の両義性は、彼が人間とも神とも決めかねるようなイメージに包まれていることから発しているのである。このCタイプの伝承が、折口信夫のいう「マレビト」伝承のヴァリエーションであることは、いまさら念を押すまでもないであろう。

〝人間としての異人〟と〝異人に扮した神霊〟という二重のイメージを託された「異人」の来訪とその「異人」の虐待による没落を見事に語り示しているのが、『聖誉鈔』所収の「信貴山縁起」伝説（山崎長者伝説）である。古い時代のものであるが、参考のためにこれを紹介しておこう。

事例20　昔、山崎に住む男が信貴山に参じて、富裕の身になりたいと祈願した。すると夢告があり、「福分を与えよう。ただし、毎朝一人の僧が鉢をもってお前の家をたずねる。必ず供養せよ」と告げる。やがてこの男は富裕となり、山崎長者と呼ばれた。夢告どおり、毎朝一人の僧が鉢を持って来たので、怠ることなくその僧に供養を施した。ところが、年久しくこの状態が続いたので、ある朝、長者の家の者がめんどうがって、鉢の中に黒米を入れ、あまつさえ魚の肉を投げ入れて返した。その僧は帰る途中の川で鉢を洗い、魚肉を捨ててしまった。その時、長者の家の倉が信貴山に飛び去ってしまった。以後、長者の家は衰えて元の貧乏生活に戻ってしまった。この僧は、信貴山の命蓮上人が使役していた二人の護法、つまり剣蓋護法と空鉢護法のうちの空鉢護法が変じたもので、その本体は蛇であるという。

「異人」つまり「托鉢僧」への虐待が長者の没落を招くというこの伝説は、この僧が長者の「富」を支配しているという観念と結びついている。この伝説の僧の冷遇を〝虐殺〟に変えれば、そのときには「異人殺し」伝説にして「神殺し」伝説、つまりCタイプの伝承となるわけである。ただ、ここで扱ってきた「異人殺し」伝説の「異人」には「神霊」のイメージが希薄であるが、これはやはり折口信夫や高取正男など多くの民俗学者が説くように、来訪する「異人」たちを「来訪する神」と重ね合わせて考える観念の衰退と関係があるのだろう。

ところで、いまから三十年ほど前の一九五〇年代の中頃、民俗社会における家の盛衰についての伝承が一部の民俗学者の関心をひいたらしく、これを扱った論文がいくつか発表されている。当時の民俗学は、もっとも今日なおその主流はそうなのであるが、民俗変遷史の復元とその祖型の発見に専心していたため、おおむねこれらの論文もこうした伝承を来訪する神や家の守護霊に対する信仰の衰退と関係させつつその先行形態を推測するといった内容なのである。しかし、そのなかの一つ「家の盛衰と伝説」と題する郷田（現姓、坪井）洋文の論文は、ここで議論している「異人殺し」伝説を扱っているという点で見逃せない研究である。[24]とはいうものの、同じ素材を扱いながらも、私たちの関心が民俗社会の「異人殺し」伝承の共時的な側面からの考察にあるのに対し、残念ながら、彼の考察の目的はやはり民俗変遷史の復元に向けられている。しかも柳田国男の文体を意識的に模した文章であるがために彼の主張・意図がなかなか摑みにくい。

私なりに要約すると、㈠「異人殺し」伝説には特定の家（とくに旧家で財産家）の管理する伝説と村の伝説の二つの型があって、前者が古い型の伝説である、つまり前者の型から後者の型が生じた、㈡異人（彼は「廻国宗教者」「宗教的旅人」「遊行者」といった言葉を用いている）を殺害してその所持金を奪ったことによって家が栄えるようになったのだという伝説は新しいものであって、その古い型の伝説は異人殺しを不道徳・不名誉と考えていないような伝説である、㈢殺害された異人の霊が祟ったとかいった理由で祀られているのは、祖霊信仰を基盤としている、㈣家の盛衰理由の説明を異人に求め、また異人たちは幾年か前その家の祖先の悪業のために死んだ仲間の弔いの祈禱をすると説くことでその家との交渉を持ち続けた、㈤祈禱や占いによってもたらす禍福は神霊の力によるものであり、さらに異人自体を神霊と考えた時代があり、したがって異人の冷遇は神霊の冷遇に等しく、それによって家の没落を説明した、㈥家の守護神の追放・虐待の伝説が、やがて異人の殺害というように語り伝えられるようになった、ということになるであろう。

正直なところを述べると、この結論には納得がいかない点が多い。異人虐待の伝説や家の守護神虐待の伝説は古代から連綿と語られており、家の守護神の虐待の伝説の歴史的な変形として「異人殺し」伝説が作り出されたとは考えがたいのだ。ここで彼の研究に言及したのは、民俗学者たちの「異人殺し」伝説をも含む家の盛衰をめぐる一般的な考え方を知るためであって、彼の論文の内容を吟味し批判するためではないのでその詳細な検討は避けるが、これまでの私たちの議論からも推測できるように、「異人殺し」伝説の発生（流行?）は「異人観」の変化による村びとたちの「異人」に対する具体的行動の変化と対応している。いま少し具体的にいえば、「異人殺し」伝説は、異人＝神という信仰の衰退や異人は大金を所持しているという観念の浸透、異人はしばしば忌避され、ときには殺されることもあったという事実、もしくは殺されても不思議はないという意識などがあって成立しうるものであり、そう簡単には神霊の虐待から異人の虐待へと変貌はしえないのである。

むしろ個々の民俗社会では、「異人殺し」伝説は逆に非「異人殺し」伝説や「異人歓待」伝説へと変形されることの方が多いのではないか、というのがここでは私たちの推測なのである。つまり、「異人殺し」伝説は「富」をもたらすために来訪する神＝異人という信仰の影響を受けているが、そうした信仰伝承の後代の読み換えに尽きるものではないのだ。

いずれにしても、私たちとしてはここでは民俗社会の心性の一つの傾向として、「異人殺し」伝説を「神霊虐待」伝説の方へと変形していくという傾向があるということ、そしてまたその逆の場合もあるということが確認できれば充分である。

八　「こんな晩」――「異人殺し」の昔話

さて、右において私たちは「異人殺し」伝説と「来訪神虐待・虐殺」伝説との間の相互の変形可能性を検討してきた。そこでこれを踏まえて、次に「異人殺し」伝説が別のフォークロア・ジャンル、つまり「昔話」へと変形されたものをみてみようと思う。

伝説の特徴は民俗社会の具体的な事物や人物、家に結びつけられて語られることになる。したがって、伝説は具象的な事柄を語る「語りもの」、いわば表層の現実を語る民俗社会の〝歴史叙述〟である。これに対して、昔話は個々の民俗社会に存在する個別的・具体的事物との結合から切り離された抽象的・普遍的事柄を語る「語りもの」、つまり民俗社会の人びとの深層の現実を語る〝歴史叙述〟であるといえる。すなわち、昔話には伝説よりもいっそう明瞭な形で民俗社会の深層に潜む心性が刻み込まれていると考えられるわけである。

「異人殺し」をテーマにした昔話にはいろいろな話型があるが、ここでは「異人殺し」伝説の昔話への直截な変形である「こんな晩」型の昔話を取り上げるのがもっとも適当であろう。

「こんな晩」型の昔話は、これまで行なわれた柳田国男監修『日本昔話名彙』、関敬吾編『日本昔話集成』、関敬吾編『日本昔話大成』の三度にわたり日本の昔話の分類作業のうち、『大成』においてようやく「本格新話型」として承認されるに至った話型である。

野村純一はこの昔話に注目し、おびただしい数にのぼる昔話集を丹念に検索することによって、その全国における分布状況や伝承状況を調べ上げるという、まことに貴重な研究を行なっている。野村はこれに関して二つの重要な論文を発表しているが、第一論文の「世間話と『こんな晩』」[25]は、全国からの報告例を詳しく紹介することに力点を置き、それを通じて「こんな晩」の話が昔話とも伝説とも判断しがたい、つまり「世間話」的な色彩が強い伝承であって、「現に認められる口承の文芸を神話・伝説・昔話に大別してかかった場合には、いま汎く行なわれる一連のこうした類の話はそっくりそのまま置き去りにしてしまう」という危惧の念を表明するのに留まっていたのに対し、最近発表された第二論文「昔話と民俗社会」ではさらに考察を進め、その分布・伝承状況を評して次のように述べている。

「こんな晩」一篇は、あいかわらず不安定な位相にあり、したがってそれはなお〝未成〟としての面を多々擁しているとも認められる。何故にそうなのか。これへの解釈はいかにもむずかしく、またその結論は必ずしも容易に下しがたいとはいうものの、如上のありよう、あるいは実態から推して、ひとまず筆者はこれを「噂」もしくは「噂話」、つまり俗に称するところの世間話の類がようやく身づくろいを整えつつ、ひとつの昔話への生成、あるいは形成への途次にある、そのなまのありようだと見なしたい。(26)

すなわち、野村は「異人殺し」伝承が「こんな晩」型の昔話として流布しているのと同程度に、いやそれ以上に伝説として、世間話(噂話)として流布しているという状況から判断して、「こんな晩」型の昔話は「異人殺し」伝説が成長して(私の言葉を用いれば変形して)できたものであって、その伝承をみれば、まだ伝説の尻尾を断ち切ってはいない、つまりまだ充分に成熟していない昔話であろうとみなしているわけである。野村は昔話の生成ということに興味をもち、それを考える典型的な例として「こんな晩」型の昔話とそれ以前に興味を示したわけであるが、私たちのここでの関心はそういったことにはない。極言すれば、わずか数例であれ、「異人殺し」伝説の変形の一つの姿として「こんな晩」型の昔話があることが確認できれば充分なのである。さらにいえば、私たちは「異人殺し」伝説からこの小文を説き始めたがためにそうなっているが、「こんな晩」型の昔話の変形として(成長として)「異人殺し」伝説が発生したといっても、いっこうにかまわないのである。おそらく、個々の事例についていえば、どちらが先でどちらが後だとは決めかねるのではないか、というのが私の考えである。さらにまた、確認のために述べておくと、「異人殺し」伝説は、「こんな晩」型の昔話の方向にのみ変形されるのではなく、すでにみたように、語り手によって異人歓待伝説へと変形されたり、来訪神伝説の方へと変形されたりする可能性を秘めているのである。さて、肝心の「異人殺し」の昔話である「こんな晩」型の昔話を紹介しないまま議論を進めてきたが、この昔話とは次のようなものである。

事例21 むかしむかしなあ、一人の六部が、晩方、ある百姓家さやって来て、「どうぞ、一晩泊めでけらえん」て言ったんだと。草鞋《わらじ》の切れあんべえみだら、どっさり金持ってそうなんで、欲たがりおやんつぁんが、「さあさ、どうぞ、お泊まんなえん」て、喜んで泊めだんだと。ほうして、夜中に「坊さん、坊さん、枕がはずれですたど（はずれてますよ）」て言って、六部が頭をもじゃげだどき（持ち上げたとき）、押し切りあででくぴた（首）を切ってしまったんだと。ほうして、六部を殺して取った金で、立派な家を建でだんだと。

それがらまもなく、男の子どもが生まれだんだと。生まれつぎのおっし（おし）で、一言も口ただねえんだと（口をきかないんだと）。その子どもが十二、三になったあるお名月つぁんの夜、子どもが気むずかしい顔をしてんで、おがっつぁんが「なんだ、小便でも出んのが。どれ、行ってすけっから、えべ（歩め＝行こう）」て言ったら、立っぺどもすねえんだど。おやんつぁんが、「なんだ、この餓鬼《がき》、親の言うごども聞かねで。どれ、おれが行ってすけっから、えべ」て言ったら、すくっと立って、そどさ出だんだと。ほうして、「おどっつぁん、ちょうど今夜のような晩だったね」て言うんで、おやんつぁんがハッと思って子どもの顔を見だら、六部の顔どそっくりな顔で、じいっと睨んでだんだと。

こんで、えんつこ、もんつこ、さげだどや。

（宮城県登米郡南方町）[27]

この事例は、時代を「むかしむかし」と語り、場所を明らかにせず、異人（＝六部）を殺した者も「ある百姓」とし、また殺したときも一年のうちのいつとは語らず、ただ「晩方」とすることによって、典型的な昔話化がなされている事例であるが、参考のために、昔話と伝説との中間型の例も示しておこう。

事例22 昔あったと。輪島の椀売りが、まいとし、福山の村へ売りにきいきいして、越山《こしやま》の一けんやに、いつもとまっていた。そこのうちは、子持たずの夫婦で、かかが、火のはたで、「椀売りさん、ことしの売れ行きは、なじだだい（どうだね）」「よく売れて、いいかった。ずいぶん、金もうけさしてもろた」「それは、よかった」なんて話して、椀売りは寝た。かかが、悪気（わるぎ）起こして、「とと、ととと、あの椀売りを殺して、かねをとればいいねかい」というが「ばかいうな。そっけなことは、おら、いやだ」というども、かかがきかねぇんだんが、とともその気になった。ミンジョ（台所の流し）へいって、魚ぼうちょうをといできて、座敷に寝ていた椀売りののどをさして、殺して、かねをとった。それが、トシトリの雪の降る晩だった。

それから、かかが身重になって、男っ子が生まれた。三つぐらいのときに、ととが、外へ、子どもを小便しにつれていった。トシトリの晩だった。ととが「おう、雪が降っているな」というたれば、その子が、「輪島の椀売りを殺した、トシトリの晩と同じだのし」というたってや。

それからまた、六つくらいになって、トシトリがきて、トシトリサカナを、サカナ棒にぶらさげておいたれば、その子が、「おう、輪島の椀売りなんか、ぶらさげて」というた。あんまり、気味が悪くて、その子を殺してしもたと。

いちごさけ申した。

（新潟県北魚沼郡守門村福山）[28]

これが「こんな晩」と呼ばれる昔話である。いくつかのヴァリエーションはあるものの、その多くは「こんな晩」という話型名が採用されたことからもわかるとおり、ある晩、その所持金を狙って異人を殺した家の子どもが小便したいと言い出したので親が外に連れ出すと、その子どもが「こんな晩だったなあ」と忌わしい異人殺しのことを口にするという場面を話のクライマックスにしている。知るはずのない子どもがあの事件のことを突然に口にするというところに、この昔話の話としてのユニークさがあるとともに、これによって殺された異人の怨念の深さや祟りの発現を、昔話の聴き手は読み取るのだ。

この「異人殺し」の昔話と私たちが議論してきた「異人殺し」の伝説が密接な関係をもっていることは、両者を読み比べれば一目瞭然であるが、同じ「異人殺し」を扱いながらもジャンル＝語りの形式の変化によって、あるいはジャンルの変更にともなって生じている、両者の間の差異にも留意しておく必要がある。

零度に近い「異人殺し」伝説は個々の民俗社会に生じているいくつかの「異常」を説明するために語り出され、語り継がれる。そしてそうした伝説の最初の語り手としてシャーマンの姿が見え隠れしている。つまり、「異人殺し」伝説は表層の現実に足をおろそうとしているのである。

これに対して「異人殺し」の昔話はそうした足が見えなくなっている。いや、むしろ「異人殺し」の昔話は昔話としての姿をはっきりとろうとすればするほど、個々の民俗社会の表層の現実から離陸しようとするのである。実際、「こんな晩」型の昔話の世界は、名も明らかでない殺人者の家の親子間の〝出来事〟を描いているにすぎない。そこにはこの家族を取り巻いているはずの民俗社会の具体的状況が片鱗さえも描かれていないのである。話の仕組みはまことに単純である。単純であるということが昔話の本質なのだ。というのは、単純化することを通じて主題つまりメッセージの純化がはかられているからである。そうした純化を行なうことによって、昔話は民俗社会の多くに通底している「異人観」をものの見事に描き出すことに成功するのである。[29] それは民俗社会の人びとが「異人」を潜在的に怖れており、「異人」を虐待したならば神秘的制裁を受けるであろうと考えていた、ということを明らかにしている。

ということは、裏返してみれば、人びとは彼らに〈敵意〉を、さらにいえば〈殺意〉さえいだいていたということを意味しているのである。すなわち、こうした昔話は表層の現実を説明するために語られるのではなく、民俗社会の深層にある「異人観」に働きかけるために語られるのである。別の言い方をすれば、単純化された形で民俗社会の深層の現実が描き込まれているがゆえに、この昔話が聴き手に生き生きとした物語として受け容れられるわけなのである。

「こんな晩」型の昔話には「異人殺し」伝説の主な要素が圧縮され変形されて詰め込まれている。「異人殺し」伝説におけるかつて人知れず行なわれた「異人殺害」については、ほとんど同じように「こんな晩」型の昔話でも語られる。そのとき奪った金で家が栄えるようになったということも語られる。しかも、殺された「異人」の呪いのためにその家の子孫に精神的・肉体的障害が現われることになったということも、昔話では殺人者の子どもが口や目が不自由であったとすることで描き込まれている。そしてそれが「異人」の祟りなのだということをはっきりと語る、「異人殺し」伝説におけるシャーマンの役目に対応するのが、ある晩の子どもの言動なのである。したがって、その晩の子どもには殺された「異人」の「怨霊」が憑いたのだといえるはずである。そして、その子どもを怖しさのあまり殺してしまうことで、その殺人者の一族の没落が語り示されるわけである。

九　「大歳の客」――「異人殺し」の昔話の変容

ところで、これで私たちの考察のすべてが終ったわけではない。さらに「異人殺し」伝説が、この「こんな晩」型の昔話を介して読み直すとよくわかるのだが、いま少し複雑に変形されている昔話にも言及しておくべきだろう。その昔話は、甑島の「異人殺し」伝説がトシドンつまり年に一度村を来訪する歳神の伝承の方へと引き寄せられる形で変形されたのと同様に、「こんな晩」型の昔話が「富」をもたらす来訪神＝歳神を扱った昔話の方へとたぐり寄せられることによって作られたような昔話である。まず、「こんな晩」型昔話が変形を始めたときに目指す目的地の一つである、来訪神＝歳神の昔話から紹介することにしよう。

事例23 昔肥後の国に一人の爺があり、山に行つて薪を伐りそれを町へ売りに出て暮して居た。ある日薪はどうしても売れず、くたびれてしまつたので町の中の橋まで来てその薪を一把づゝ川の淵へ投げ込み竜神様を拝んで帰らうとした。すると淵の中から美しい女が小さい子供を一人抱いて出て来て、竜神様から薪のお礼にとて子供を呉れた。そしてこの御子ははなたれ小僧様と云つて何でも願ひをきいて下さるがその代りに、毎日三度づゝ海老の膾を拵へて御供へ申さねばならぬと云つて、女は水の底へ帰つて行つた。

爺様はその小僧様を抱いて来て神棚のわきにするゑて、大切に育てた。何でも欲しいものを頼めば、ふうんと鼻をかむやうな音をさせて出して下さるので、少しの間に見ちがえる様な大金持になつてしまつた。

爺様は毎日町へ出て海老を買ひ膾を拵へて供へて居たがしまひにはそれも面倒になつて、はなたれ小僧様に向つて「もう貴方に何も御願ひする事はありませんからどうぞ竜宮へ御帰り下さい。そして竜神様へよろしく御伝え下さい」と云つた。すると小僧様は黙つて外へ出て、しばらくの間家の外で鼻をすゝる音をさせて居たが、そのうちに段々と倉も家もなくなつて以前のあばら家だけが残つた。爺様はこれは大変と急いで小僧様を引留めようとしたがもう姿は見えなかつた。

（熊本県玉名郡(30)）

これは柳田国男監修『日本昔話名彙』の話例を引用したものであるが、関敬吾編『日本昔話大成』の「竜宮童子」の項をみればわかるように、この昔話は全国各地に広く分布しており、しかも興味深いことに、主人公の爺が薪を淵などに投げ入れたのは年の暮れも迫った頃とする話が圧倒的に多いのである。つまり、竜宮童子は歳神＝竜神からの贈り物＝年玉（年魂）とも読み取れるわけである。この昔話にもいろいろなヴァリエーションがあり、「童子」の代わりに「犬」や「打出の小槌」となっている話も多い。この「竜宮童子」型の昔話と密接な対応関係にあるのは、すでに触れたように、家の盛衰をめぐる四つのタイプの説明のうちのCタイプの伝説である。しかし、「異人殺し」伝説、つまりDタイプの伝承ともっとも直接的な対応関係にある「こんな晩」型の昔話とも影響しあっているのである。

　それを如実に物語るのが、「こんな晩」型の昔話と「竜宮童子」型の中間に位置すると思われる昔話の一つ「大歳の客」である。ただ、ここでとくに注意を促しておきたいのは、この変形がたんに右に述べた二つの昔話の話型の素直な中間・移行型であるというのではなく、いま一つ別の方向への変形を誘う力の影響をも受けている、ということである。

　それは、事例17がその典型的な例である「異人殺し」という要素を抹消しようとする力である。すなわち、民俗社会は「こんな晩」型の昔話から「異人殺し」という要素を抜き去りつつ「竜宮童子」型の昔話へと近づけていくことで「大歳の客」型の昔話を創り出すのである。「大歳の客」の昔話とは次のような話である。

事例24　とんとん、むがし、あったでん。ある村へ歳夜《としや》の晩げ、ぼんさま（座頭）が、泊めでくれできたど。そうしたでばね、そごの家《うぢ》の衆《しょ》、「おらごなだ、何でもねで泊めらんね」で、いうだでども、「ニワの隅でも、どごでもいいしか、泊めでくれ」でで、矢理無理《やりむり》、まず、泊めでもろだでん。

　そしてぼんさま、「元日の朝げ、俺をば、年男させでくれ」でで、頼んだど。「お前みだいな眼《め》の見いね者、そんなこどいわねで、飯《まま》炊げるまで、とっくど（ゆっくりと）寝でれ」で。「いや、どうしても、俺ば年男させでくれ」でで、いうだでね。

ところが、元日の朝げ、家《うぢ》の衆《しょ》起きで、若《わが》水くみに行ったでがね。そしたら、ぼんさま、井戸へ若水くみに行って、ガボーンと、はぁ、井戸の中もげ落ったでがね。「大変だ。そんだこどしねで、寝てでくれでいうだのに、風ふごんだら大変だ」でで、釣瓶《つるべ》おどして「ちゃっちゃっど、上《あ》がれや」でいうだでは、「いやいや、俺らなだ、唯な上がらねどや。『身上《しんしょう》がや』て、掛声かげで、釣瓶上げでくれ。俺、そせば上がる」というだど。

家《うぢ》の衆《しょ》「身上がや」て、釣瓶上げると、「上がるどや」で、そういうで上がってきたどいす。

そごの衆、ぼんさま、寒《さあ》びがどもで、一所懸命、藁火《わらび》たいで、あだらせだで。布団の中、寝ごしても、いいだい起ぎて来ねし、起ごしに行ったど。何度、起ごしても起ぎねで。どうしたどもで、布団はいで見たでば、なじょねが、一杯こど（沢山）光り輝ぐ金《かね》に、なってだでぁね。

そしたでば、隣りの衆がきたんでん。「今朝、ひどい音たでだが、お前ごの衆《しょ》、何したんだねす」。「こうこうのこどで、ぼんさまがきて、泊めねでがね、泊めでくれでで、きかねで、泊まったった。朝げになって、若水くむでで、井戸ながもげ落った。釣瓶にあげで、ここ寝せで置いだでば、金になってだった」で。

「俺もしたら泊めろう」で、隣りの爺さ翌朝だけやら、ぼんさまきたでけが、泊まらんだの、泊まってくれでで、矢理無理泊めだど。そして、矢理無理でで、足つかめで、井戸ながも、落《お》どしてしもだど。そして、ただあがらねで、「身上《しんしょ》がやぁ」て、いうさが、「上がるどや」て、いうでくれでで、上げだども、寒むではあ、死んでしまもだでがね。これではあ、いっつがむがし、つったったった。

（新潟県新発田市）[31]

事例24は大歳の晩のこととなっていて、宿を求めた「座頭」が井戸に落ちたので、助け出して布団に寝かせると翌朝お金になっている。それを聞いた隣の欲ばり者が、強引に座頭を家に泊めて井戸に落として死なせてしまう。すなわち、この昔話は「隣の爺」型の構造をとっており、「異人歓待」と「異人虐待」の二つのモティーフが、親切な者と欲ばりな者の二人の主人公を通じて語られているわけである。大歳の晩とすることで、急死した「異人」に来訪神＝歳神のイメージを重ねあわせようとしているかにみえる。すなわち、この事例は考えようによっては、「竜宮童子」型の変形と「こんな晩」型の変形とを折衷したような話ともいえるであろう。

「大歳の客」型の昔話は、筋立てや主題のゆれが大きく、昔話としての完成度が低いといえる。このことは、それを取り巻く昔話や伝説の影響を強く受けて内容が変動しているためだとも考えられる。そこで『日本昔話大成』に掲げられた類話から、この話型に属する昔話の筋立て、主題のゆれをよく語り示している話をいくつか紹介してみよう。(32)

事例25　節分の晩、子供を負うた乞食が泊めてほしいといって来る。妻は泊めるのに反対する。しかし、主人は家の中に入れてやる。囲炉裏の傍に乞食を寝させてやるが、夜中、乞食の子供が腹痛を訴えるので、主人は火を焚いて温めてやるとよいという。しばらくするとその子供が死んだので、囲炉裏で死体を燃やしたいと乞食の母が頼むので主人は承知する。あくる朝、囲炉裏に灰が高く盛られているので主人が火箸でさわると、小判がたくさん出てくる。

（京都府南桑田郡）

節分の夜のことになっている。事例24の親切な者の方の話と同様の筋立てで、宿を求めた「異人」は母子の「乞食」である。その子が急死し、母の依頼に応じて死体を囲炉裏で焼き、それが黄金に変わるのである。

事例26　吹雪の夜、五人の六部が来て宿を乞う。貧乏で着せるものはないから隣の金持ちの家に行ってくれという。六部は「泊めるのがいやか」とたずねる。「食物がない」と答えたが六部たちは家に上がり込む。主人は火を焚いてあたらせ、筵をかけてやる。翌朝、飯を食わせようと隣に米を借りに行くが、断わられる。六部たちに稗飯を食わせようと思って揺り起こすと、筵の下から木箱が転がり出る。五人とも同じ箱になって大判小判が入っていた。貧乏人はこれで長者になった。

（岩手県紫波郡）

この事例では、事例24や事例25と異なり、大歳の晩とか節分の晩といった特別な日のこととしては語られていない。したがって、宿を求めた「六部」に託されているメタファー効果つまり来訪神＝歳神性は事例24や事例25の「異人」より低いといえるであろう。しかし、その一方では、事例24と同様に、泊った六部が翌朝になると大判小判のつまった木箱（千両箱）に変わっていたというモティーフはしっかりと語られている。

それにしても座頭（事例24）や六部たち（事例26）はどこに消えてしまったのだろうか。事例24のように、本当に彼らが死んで大判小判に変わったのだろうか。だとすると、どうして大判小判になれたのだろうか。彼らは六部に身をやつした神だったのだろうか。この謎めいたモティーフは、こうした疑問を聴き手の側に生じさせるきわめて効果的なモティーフである。

事例27　爺が門松を売り行く。いつも途中で竜神に上げるといっては一本投げ込む。ある日、松を売った金で酒を飲んで帰ると汚い座頭に呼び止められ酒を飲まされる。座頭を連れ帰ると「米も買わないで座頭を連れてきた」といわれる。にわの隅に筵を敷いて寝かせておくと、翌朝銭になっている。

（青森県三戸郡）

この事例も大歳の晩のことではない。しかし主人公が門松を売りに出ているので、年の暮れも迫った頃であることがわかる。その点では事例24や事例25に似ている。また、家に泊った「座頭」が翌朝銭になっているという点では事例24や事例26の方に近いともいえるであろう。しかし、この話の特徴は、これまでの事例と異なり、「異人」が直接主人公の家を訪れて一夜の宿を乞うというのではなく、門松を売り歩いている途中で呼び止められて知り合いになった座頭を主人公が家に連れ帰って泊める、この座頭の出現が竜神様に薪を毎日一本差し出していたという主人公の行動と関係があるらしい、というところにある。すなわち、座頭のイメージは、よりいっそう「竜宮童子」型の昔話にみえる竜神の使いに近づいているわけである。

さて、こうした「大歳の客」型の昔話群を前にして、これらをどのように理解したらよいのであろうか。もちろん、それ自体がフォークロアとしての独自の意義をもっているわけであるから、それを無視しない形での考察であらねばならない。したがって、この話型の中心的なモティーフである「異人」が大判小判や黄金に変わるというモティーフについては充分な吟味が必要であるが、ここでは何人かの研究者によって金属を扱う鍛冶師や鋳物師の習俗や他界観と関係があるらしいと指摘されているということを述べておくに留め、これまでの考察の展開に沿った側面からの解釈を行なうことにしよう。

すでに述べたように、「大歳の客」型の昔話とは「こんな晩」型の昔話と「竜宮童子」型の昔話との中間・移行型であり、かつこの双方に認められる異人虐待のモティーフが抹消されて異人歓待譚へと変形がされつつある昔話だということになる。すなわち、表面上は大歳の客がもたらした「富」はその異人を歓待したがためにもたらされたものであり、その異人は異人に扮した神であったのではないかというメタファーが働くように語られているが、その一方では、実際には大歳の客は殺されたのではないかというメタファーも働くのである。たとえば、比較的早い時期に「大歳の客」型の昔話とこれに隣接するその変形譚である「大歳の火」型の昔話の解読の多様な方向を探った鈴木正彦は、「こんな晩」型の昔話には触れていないが、この「大歳の客」型の昔話の背景の一つに「異人殺し」伝説があっただろうと、徳島県に伝わる「六部殺し」伝説を引きながら的確な指摘を行なっている。

　こうした廻国の宗教家――六部、山伏、巡礼など――を殺して、その金を奪った結果金持になったとか、すでに長者でありながら、宝物の隠匿場所を下僕に知られたために、これを殺したという中野長者の姿不見橋（『郷土研究』二巻十号、六〇三頁）など、人殺し長者の伝説は多い。当事者の家では嫌いながらも、土地では公然の秘密として語り伝えているこの不道徳ともいうべき忌まわしい話が、何ゆえにかくも広く行き渡っているかは、それが死と富との関係を物語っていることからしても、やはり「大歳の客」「大歳の火」と一連の話であったことが考えられる。(33)

　要するに、こういうことなのだ。事例16と事例17を具体例として挙げた桂井和雄の報告を想起してもらうとわかるように、「異人殺し」という忌わしい要素を伝説や昔話から抹殺しようとしつつ、しかしなおかつその記憶を伝承に留めようとしたとき、異人殺しは異人歓待に変えられ、殺害された異人の所持金は、急死した異人の黄金化、もしくは死という描写を欠いた謎めいた異人の黄金化へと変形されるのである。したがって「こんな晩」型の昔話の方からこの昔話群を眺めると、大歳の客は殺害された「異人」であり、黄金化した死体はその「所持金」であったということになる。少なくともその面影を「大歳の客」は留めているといえるわけである。

　とすれば、「座敷ワラシ」伝承の一つとしてすでに紹介した、某家に宿をとった六部が出て行く姿を見たことが無かったという者があり、その後、その家に座敷ワラシが出没するようになったという謎めいた伝承の背後にも、六部から奪った金で栄えることになったという「異人殺し」伝説が語られていて、その変形もしくは外部向けの伝承が座敷ワラシ伝承であったのではなかろうか。少なくとも、そう考えれば辻褄があうことだけはたしかである。

ところで、「大歳の客」型の昔話は二重の形の変形を受けつつ、もう一つの話型である「大歳の火」に向かっていく（あるいは、「大歳の火」の方から「こんな晩」の方へと二重にねじれつつ変形していっているともいえる）。「大歳の火」型の昔話は、大歳の晩に火種を消してしまった嫁が、火を求めて外を歩き回ったときに火種を貰う代りに「鬼神」や「異人」から死体を預かり、それが黄金に変わっていた、という内容の話である。参考のために、『日本昔話大成』に掲げられている代表話例を引いておくことにしよう。

事例28　昔、あるところに、決して火種を絶やしたことのない家があった。ある朝、どうしたことか女房が起き出して火を焚きつけようと思って、付け木で灰の上をなすってみたがつかない。火箸で灰をかき回してみたところ、蛍の尻ほども火がなかった。「困った。どうしよう」と女房はいろいろと思案してみたがいい考えもない。「仕方がねえ、家の人に気づかれないように、そうっと隣の家から火種を借りよう」。そう決心して、静かに表戸を開けて外の方をのぞくと、向うの方から灯を持って、ぼつぼつとこちらへ向いて歩いてくるものがある。「これはまあ、ちょうどよいことに」と女房はその提灯の近づくのを待っていた。けれども、とぼとぼ歩くものだから、なかなか近くへは来ない。やきもきしながらも待っていると、ようよう家の前までやって来た。

見ると、乞食のような汚いおじいさんで、なにか重たいものを風呂敷包にひっちょって尻たくりをしている。女房はおじいさんを呼びとめて「提灯の火を貸してくれ」と頼んだ。するとそのおじいさんは「貸してもいいが、いったいなにに使うのでごいす」と尋ねた。「今まで火種を絶やしたことがねえが、今朝に限ってどうしたわけか大事な火種がちょっともなくなって弱っているのでごいす」とわけを話すと、「そりゃ火を貸してもいいが、その代りにこの風呂敷のなかの物を貰ってくれるか」と言った。「貰いやす。何でございますけ」。「実はこれは死人だが重くて重くて」とおじいさんは言った。女房は大事な火種には代えられないと思い、その死人を貰って、やっとくどを焚きつけた。そして、おじいさんから貰った風呂敷に包んだままの死人を納戸のなかに入れて隠しておいた。

日が出てすっかり明るくなったので、女房は「あの死人をどうしよう」と思案しながら納戸へ入り、おそるおそる風呂敷包を開けてみると、どうしたものか、それは死人ではなく重たい黄金の仏像であった。

（山梨県南巨摩郡）(34)

これらは明らかに「大歳の客」型の昔話の変形である。しかし、「大歳の客」型の昔話にみえる大歳の日の来客とは違って、「大歳の火」型の昔話における大歳の客は、最初から死体として家を訪問するがために、「こんな晩」や「大歳の客」にみることのできた、宿乞いをする異人たちの姿が話のなかから消え去ってしまっているのである。

「大歳の火」型の昔話もたいへん興味深い昔話である。そこでは「異人殺し」伝承にみられる人間としての「異人」とはやや異なった形ではあるが、「竜宮童子」型の昔話などとも関係をもっているような「異人」、たとえば山人や鬼たちが死体つまり黄金の授与者として登場している。私たちの考察は、当然そこにも説き及んでいかねばならないわけであるが、「大歳の客」から「大歳の火」への変形の過程で、人間の姿をした異人たちが物語の舞台から去ってしまったので、この昔話については、ここで議論することは控えたいと思う。(35)

一〇 「異人殺し」のフォークロアとはなにか

以上で、私が予定したすべての事柄を不充分ながら検討し終えたことになる。私たちは、この小文で扱った「異人殺し」のフォークロアの世界へ踏み込む糸口として井上ひさしの戯曲『藪原検校』のダイジェスト版ともいうべきエッセイ「藪原検校」に触れたわけであるが、そのいずれかを読んだことのある読者は、この考察を読み終えたいま、思い当ることがあるにちがいない。

そうである。藪原検校の出生には、異人殺しが絡んでいたのである。彼の父である魚商人の七兵衛は、まもなく生まれる子のために座頭の熊の市に借金を申し込むが断わられる。そこで、七兵衛は熊の市を殺して金を奪い取り、その金を出産の費用にあてる。だが、生れた子どもはなんの因果か盲目であった。成長したその子は江戸に出て、悪事を重ねて権力の座をのぼりつめる。すなわち、戯曲『藪原検校』の物語は、盲目であるがゆえに排除された者の、排除する側に対する復讐の物語なのである。しかし、その彼も最終的には、江戸幕府を支えるための〝いけにえ〟として処刑されてしまうということも忘れるわけにはいかないであろう。

それにしても、民俗社会における「異人殺し」のフォークロアの存在意義とはなんなのであろうか。それはひと言でいえば、民俗社会内部の矛盾の辻褄合せのために語り出されるものであって、「異人」に対する潜在的な民俗社会の人びとの恐怖心と〝排除〟の思想によって支えられているフォークロアである。「異人」とは民俗社会の人びとからしるしづけを賦与された者である。そして「異人」は社会のシステムを運営していくために、具体的行動のレヴェルでもその〝暴力〟と〝排除〟の犠牲になり、また象徴的・思弁的レヴェルでもその〝暴力〟と〝排除〟の犠牲にされていたわけである。つまり、民俗社会は外部の存在たる「異人」に対して門戸を閉ざして交通を拒絶しているのではなく、社会の生命を維持するために「異人」をいったん吸収したのちに、社会の外に吐き出すのである。しかもその結果として社会の内部にもしるしづけを受けた家が、社会的な差別を受けるような家が生み出されることさえあるわけである。もっとはっきり述べれば、民俗社会の内部の特定の家を〝殺害〟するために、その外部の存在たる「異人」が〝殺害〟されたのだといえるのではないだろうか。いずれにせよ、民俗の研究者たちが民俗社会の真の姿を、フォークロアの真の意味を理解しようと考えているならば、こうした民俗の忌わしい側面をも直視していかなければならない。つまり、私たちは現代人にとって失われつつあるフォークロアの心地よい側面の称賛ばかりしているわけにはいかないのである。[36]

「異人殺し」伝承はきわめて裾野の広い伝承であると思われる。私たちはこのことを繰り返し思い起こさねばならない。たとえば、この小文で扱った特定の個人による金品を狙っての「異人殺し」と、村びとの総意に基づく「人柱」を求めての「異人殺し」とでは、同じ「異人殺し」でも性格がとても違っており、したがって、民俗社会の殺された霊に対する対応の仕方も当然異なってくるはずである。

これまでの私たちの考察が「異人殺し」伝承のきわめて限られた側面についての考察であることは明らかである。しかしながら、民俗社会の心性の奥底へと分け入るためには、もはや総論では充分ではなく、こうした限定された側面からの具体的な接近の積み重ねこそが必要だと思うのである。そして、そうした試みのなかからこそ、これまでとは違った伝説や昔話などについてのより説得的な理解や解釈を見出すことができるようになるのではないだろうか。

その意味で、これまでの考察は、「異人殺し」伝承についての、さらには「異人」の登場するさまざまな伝承についての私なりの研究のプロローグにすぎない。

注

（1） たとえば、新田義弘・宇野昌人編『他者の現象学』（北斗出版、一九八二年）や山口昌男『文化と両義性』（岩波書店、一九七五年）などを参照のこと。

（2） 岡正雄「異人その他」（『民族』第三巻第六号、一九二八年）。

（3） 山口昌男、前掲書。この点については、赤坂憲雄「琵琶法師――異人論の視座から――」（『日本文学』第三二巻第四号、一九八三年）も参照のこと。

（4） たとえば、折口信夫「国文学の発生（第三稿）」（『折口信夫全集』第一巻、中央公論社、一九五四年）、高取正男「村を訪れる人と神」（『高取正男著作集』第一巻、法蔵館、一九八二年）、網野善彦「遍歴と定住の諸相」（『日本民俗文化大系』第六巻、小学館、一九八四年）、などを参照。

（5） 井上ひさし「藪原検校」（『風景はなみだにゆすれ』、中央公論社、一九七九年）。ただし、井上ひさしがどこまで本当のことを書いているかはよくわからない。というのは、このエッセイで彼が描く藪原検校の一生はまったくのフィクションだからである。このことは、井上ひさしの戯曲『藪原検校』（新潮社、一九七四年）を一読すればわかるであろう。

（6） 柳田国男監修『日本伝説名彙』（日本放送出版協会、一九七一年）。

（7） この話は、『南信濃村史　遠山』（南信濃村教育委員会、一九七六年）の作製のために組織された東京学芸大学民俗研究会を中心とする調査団に参加したときに採集した伝承を手懸りにして、その後再調査したさいに得たデータに基づいている。これらのデータを採集するにあたって、菊池健策（福島県立博物館準備室学芸員）と南真治（大阪大学文学部研究生）の両氏の協力を得た。

（8） 桂井和雄「遍路や六部などの持ち金を盗んだ家筋の話」（『季刊民話』第七号、一九七六年）。

（9） 吉本隆明『共同幻想論』（河出書房新社、一九六八年）。

(10) 桂井和雄、前掲論文。
(11) 小松和彦「説明体系としての『憑きもの』」(『憑霊信仰論』、ありな書房、一九八四年)。
(12) 佐々木喜善『奥州のザシキワラシの話』(『日本民俗誌大系』第九巻、角川書店、一九七四年)。
(13) 柳田国男『遠野物語』(『定本柳田国男集』第四巻、筑摩書房 一九六三年)。
(14) たとえば、石塚尊俊『日本の憑きもの』(未来社、一九五九年)、吉田禎吾『日本の憑きもの』(中央公論社、一九七二年)、小松和彦『憑霊信仰論』などを参照。
(15) 松本実『村のあれこれ』(物部村教育委員会、一九七一年)。
(16) 小松和彦・南真治「伝説と世間話」(『脇野沢村史民俗篇』、脇野沢教育委員会、一九八三年)。
(17) 桂井和雄「遍路や六部などの持ち金を盗んだ家筋の話」。
(18) 桂井和雄、前掲論文。
(19) 桜田勝徳「炉のほとり・甑島の年の神」(『民俗学』第五巻第七号、一九三三年)。
(20) 中沢新一「斬り殺された異人」(『伝統と現代』第三八号、一九七六年)。
(21) 桜田勝徳、前掲論文。
(22) 中沢新一、前掲論文。
(23) 小野重朗「正月と盆」(『暦と祭事』『日本民俗文化大系』第九巻、小学館、一九八四年)。
(24) 郷田洋文「家の盛衰と伝説」(『日本民俗学』第一巻第四号、一九五四年)。
(25) 野村純一「世間話と『こんな晩』」(『昔話伝承の研究』、同朋舎、一九八四年)。
(26) 野村純一「昔話と民俗社会」(野村純一編『昔話と民俗』、『日本昔話研究集成』第三巻、名著出版、一九八四年)。
(27) 佐々木徳夫『永浦誠喜翁の昔話』(日本放送出版協会、一九七五年)。
(28) 水沢謙一『雪国の炉ばた語り』(名著刊行会、一九八三年)。
(29) この点については、小松和彦「猿婿への殺意――昔話における『主題』と民俗社会」(福田晃編『昔話の形態』、『日本昔話研究集成』第四巻、名著出版、一九八四年、本書に所収)を参照のこと。
(30) 柳田国男監修『日本昔話名彙』(日本放送出版協会、一九四八年)。

(31) 佐久間惇一『絵姿女房』(桜楓社、一九七三年)。
(32) 関敬吾『日本昔話大成』第七巻(角川書店、一九七九年)。
(33) 鈴木正彦「大歳の訪客」(『国学院雑誌』第五四巻第一号、一九五三年)。
(34) 関敬吾『日本昔話大成』第五巻(角川書店、一九七八年)。
(35) この昔話に関しては、たとえば横山登美子「死骸黄金譚の展開」(『国学院雑誌』第五九巻一号、一九五八年)や黄地百合子「『大歳の火』の伝承」(『伝承文学研究』第三十号、一九八四年)などを参照のこと。
(36) ここで紹介した「異人殺し」のフォークロアは、古代から連綿と続く怨霊信仰のヴァリエーションの一つであるが、金品強奪と特定の家の盛衰と結びついているという点で、きわめて近世的なものだと私は考える。そのことは、殺される異人の多くが六部であり、座頭であり、山伏であるということに示されている。しかし、彼を殺すことで、どうして富裕になれたのか、つまりどうして彼らは「富」をもっていたのか。こうした点について、詳細な検討が必要であるが、これらについては機会を改めて検討したい。なお、引用した事例には、私なりに要約もしくは読みやすくしたものもある。

異人殺し伝承の創造——若者たちの語る怪談と「こんな晩」——

常光徹

一　はじめに

激しく移り変わる現代社会のなかで、かつての共同体の語りの場を母体として、育まれ成長してきた口承文芸は、今日、抜き差しならぬ転換期にさしかかっていると言ってよいだろう。伝統的な民俗社会が変質・消滅をよぎなくされる状況に直面して、今まさに、それらを語ることの意味が問い直されている。「語ることとは何か」といった、これまで自明のように受けとめてきたテーマを、意識的に討議や実践活動の場に引き出してきたのも、現代との関わりを模索する作業の一齣と見てよい。

しかし、他方では昨今のこうした動向とはまったく別の次元で、若者たちを中心に新たな〈はなし〉が次々に創造され、現代との伝承のネットワークを張りめぐらしているのも事実である。

本稿では、中高生が好んで話題にするはなしのなかから、現代の異人殺しをテーマとしたタクシーの怪談「奪った指輪」(1)に注目し、その歴史的な広がりと、話の底流に貫かれている因果応報思想の諸相について考えてみたい。

二　二つの「こんな晩」

次に紹介する話は、一九八六年の夏に都内の女子中学生から筆者が直接聞いたものである。[2]

〔資料一〕　奪った指輪

あるタクシーの運転手の話なんだけど。夜中の十二時を過ぎたから、もう仕事やめようかと思って、車庫に帰る途中に若い女の人が立ってて。そんで、手を上げたから、車を止めたら「お願いします」って乗ったんだって。「これで最後ですよ」ということで乗せて、「どこまでですか」って聞いたら「B町の商店街までつれてってください」って。そこでB町まで着いたら、料金払ってもらう時に、その女の人が「お金を持っていない」というふうに言って「現金の代りに指輪ではいけませんか」と言ったんだって。でも、運転手さんとしては現金の方がいいから「指輪じゃ困る。なるべく現金がいい」って言って。あとで払ってもらおうと思って、電話番号と名前を聞いて帰ろうとしたんだけど、よく考えてみたら、女の人の指輪の宝石がすごくきれいで、そのタクシーの運転手さんが宝石が欲しくなって。後ろから石を投げたら、女のひとの頭に当たって気を失ったんだって。その間に指輪を取ろうとしたけど、指輪がなかなか取れなくて、取れなくなっちゃって。それで、手を切って指輪を自分の物にしたんだって。その死体は草原に埋めて、そういうふうにして。

その事件は警察も気がつかなくて、犯人は見つからないまま十年の月日が流れて。で、ある日、同じ日の同じ時刻に、同じ場所に、こんどは小さい子が立っていて、「お願いします」って言うんだって。ほんで

「じゃ、最後ですよ」って。その時もそう言って道を聞いたら、やっぱり「B町の商店街までお願いします」って。「はい」って言ってそこまで乗せてって。その途中の車の中で、運転手さんが、その子どもに「お父さんはいるの」と聞いたら「いない。小さい頃に死んじゃった」って言った。で、「お母さんはいるの」と言ったら、「お前に殺されたんだ」って言ったんだって。

（大川綾子）

彼女はこの話を中学一年の時に高校生の姉から聞いている。学校では、放課後などに親しい友人に話して聞かせたらしく、筆者が教室で本話を紹介したところ、彼女から聴いたことがあるという反応を示した生徒が数名いた。

彼女の話しぶりは全体に淡々とした調子で、どちらかというと感情を抑えぎみに筋を運ぶが、最後の場面で、突然「お前に殺されたんだ」と大声で叫ぶ。瞬間、聴き手はギクッとした表情を見せ、ため息とも驚きともつかぬ声がもれる。その時、あたかも、自らの犯罪を暴露されたような不安と恐怖がはしるらしい。多分、その理由のひとつは、物語りのなかにおける聴き手の視線と心情が、殺人を犯した運転手の行動と重なり合いながら進行していくためであろう。話の後半で、過去に殺人を犯した時の情況が二重写しのように描き出されるにつれて、漠然とした不安と一種の戦きのような感情が聴き手の側に生じ、最後の思いがけない一言で、それが一挙に増幅される。なかなか巧みな仕掛けが用意されていて、子どもたちには、最後の驚きを演出する面白さがうけているようだ。

ここでは、都市の子どもたちが日常的に接する生活場面が話の世界として描かれている。随所に現代社会を投影した舞台設定がほどこされていて、その意味では、実際にどこかで起ったとしても不思議でないような現実味が、話にある種のリアリティを漂わせている。

類話は、今のところ手許に五例ほど確認しているにすぎないが、資料の乏しさはこの分野の調査が手薄なためで、今後報告数の増加は期待できそうである。

ところで、「奪った指輪」にみられるような現代の物語りには、それらを話す子どもたちのどのようなメッセージが隠されているのだろうか。創造し、話し伝え、共鳴していく過程で形成される彼らの口承の世界を読み解くには、子どもたちを取りまく社会的背景や人間関係の内部に想いを馳せねばならない。と同時に、多様な意味を内在し、状況に則して柔軟に語りの表情を変えながらも、それが、ある一定の類型的な口承の枠組に依拠して機能している面も見逃せない。「奪った指輪」を話型として捉えたばあい、どういった話の系譜に位置づけられるのか、いくつかの資料をもとに検討してみよう。

〔資料二〕 旅の薬屋

昔あったであな。あるところに、旅の薬屋、ある村い、薬売りに行っていたところが、日が暮れてしまって、「はて〳〵、今日は薬も売れてしまったし、またどうしても家さ帰らねばなんねえな。金も置いて来ねばなんねえし。」そう思って、舟場い来たところが、船頭さん家さ帰るところであったでな。

「ああ、船頭さん〳〵、悪《わ》りども、どうか船越してくんなかいや。」

「おれ、もうはや、家さあがって行がねばなんねあんだ。夕飯だがな。」

「いや、そんなこと言わねで、一つ頼むわね。おれ、今日どうしても金置いて来ねばなんねがな。」

「そうがね。それは困ったな。しかたねえから、そうせば越してやるで。」

「ああ、よかった〳〵。そうせば頼むわね。」

それから船頭さん船出したところが、その父ちゃ考いたでな。

「おれは貧乏で金持たねえから、そうせば、この薬屋殺して金盗るか。そうして、川い投げれば誰もわかんねから。」父ちゃそう思ってこんだ竿で力いっぱい殴ったところが、薬屋死んだから、財布盗って川い落して、ぐん〱と家さ帰って来て、

「嬶さ〱、今日は薬やば残して、金盗って来たわい。」

「お前また、どうして金盗って来たば。」

「おれ、薬屋ば竿で叩いて、川い落して来たわい。」

「それ、わかんねばいいがな。」

「それ、誰もわかんねえわい。」

「そうせばいいども。」

そうして、その財布出して中見たところが、銭いっぱい入っていたでな。父ちゃ、

「あれ買って来い。これも買って来い。」

と言って、大変な騒ぎだでな。ちょうど薬屋ば殺した晩、月夜であったでな。またその明日船越しに行って、夕方暗くなって帰って来たところが、道端で三つぐらいの子供いであったでな。

「ただ置かんねえわい。気の毒で、おれもそうせば子供いねから、拾って行って育てるか。」

そう思って、父ちゃその子供拾って来て、

「嬶〱、今日は子供道端でいたから、おれ、気の毒だから拾って来たわい。」

「おら家《い》で、子供いねから、ちょうどよかったな。」

そうして二人が喜んでいたでな。ところが、その子供、三日もいたども、一っちも口聞《き》かねえでなあ。二人が、「はてな。具合い悪りいだべかな。」と思っててていたところが、その晩寝ていたところが、口聞いて話

し出したでな。

「しっこ出る、〳〵。」

と、父ちゃに言ったから、父ちゃも大変喜んで、

「嬶〳〵、しゃべったがな、しっこ出るて。」「あ、そうげ〳〵、それよかったな。」

そうして、二人がその子供つれて行って、しっこ出していたところが、その子供しゃべったでな。ちょうどまた月夜の晩であったでな。その子供お月さま眺めて、

「今晩はいい月夜の晩だ。おれ殺された晩と同じだわい。」

そう言ったところが、父ちゃと嬶さ青くなって、家さ逃げこんでしまったでな。それからこの家は、悪い事ばっかり続いて、碌な事ねかったという話だ。昔さがった。

表 1

	旅の薬屋	奪った指輪
輸送手段	渡し船	タクシー
加害者	船頭	運転手
被害者	薬屋	女性の乗客
目的物	所持金	指輪
報復者	三つ位の子	小さな子
状況	同じ月夜の晩	同日同時刻
結果	殺害の暴露	殺害の暴露

大東文化大学民俗学研究会編『新潟の昔話』[3]に拠った。東蒲原郡津川町の清野一太氏の語りである。いわゆる異人殺し伝承と呼ばれる話群に属す話で「こんな晩」という話名でよく知られている。先の「奪った指輪」とちがって、このほうは伝統的な民俗社会を舞台に語られていて、登場人物や個々の道具立て一つをとっても違いは明瞭である。しかし、双方の構成要素の配列と機能を比較してみると（表1）、まったく異なるイメージを放つ両話が、実は形態上は同じ構造を有していると判断できる。「渡し船」を「タクシー」に、「船頭」を「運転手」に、

「金」を「指輪」にと置き換えていくだけで話の印象は一変するが、モチーフとその並びからみて同じタイプと認めてよいであろう。

各要素間の機能にも対応関係が認められる。船は渡し場と対岸を結ぶ交通手段だが、目的地に着くまでは川という境界領域を横切らねばならない。船の一歩外は危険な水域であり、そこでの主導権は当然船頭がにぎっている。貧しい船頭と金を所持する旅人、見ず知らずの者同士という組合せは不安に満ちた緊張を生み出す。一方、タクシーの場合も、たえず境界をすりぬけ、未知の空間を横切りながら乗客を目的地に運ぶ。深夜の街を移動する狭い車内には、高価な指輪をはめた女性と運転手しかいない。殺人事件発生の現場として、二つの話には共通の空間と心理的状況がセットされている。ただし、現実の社会では、タクシーの運転手が乗客に殺される事件はまれに発生しても、その逆のケースは聞かない。にもかかわらず、運転手を怖い犯人にイメージする背景には、女子中学生くらいの年齢層がいだく不安と結びついているのかもしれない。つまり、深夜、女性がひとりでタクシーに乗るとどこかに連れ去られるのではないだろうか、という心理が働いているように思う。また、強奪の目的物が指輪であるのも、宝石のもつ高い価値と地位、それに女性のあこがれを象徴しているようで面白い。

三　近世の異人殺し譚の諸相

まったく異なる印象を放つ二つの「こんな晩」型の話を取りあげて若干の比較を試みた。ここで少し注意を要するのは「こんな晩」と言った場合、一般的には大凡つぎのような内容の話を指していうことが多い、という点である。

〔要約一〕　ある家で旅の六部（座頭）を泊める。家の主は六部の所持金に目をつけ密かに殺害する。奪った金で家は豊かになり、やがて一人の子供が生まれるが口がきけない。ところが、ある晩「しっこ」と言う。初めてしゃべったというので外に連れ出して小便をさせていると、子供が突然ふり向いて「お前が俺を殺したのもこんな晩だったなぁ」と言う。

先に掲げた資料二との顕著な相違点は、六部を殺す場所のちがい、つまり水上での殺害ではなく、六部を泊めた宿の主が密かに殺して金品を強奪する屋内での殺害となっている部分である。現在までに報告された資料では、この「屋内殺害」のモチーフが圧倒的に多い。ほとんどの被害者は家の中で殺害されるが、しかし「水上殺害」のモチーフが例外的ケースだという訳ではない。数こそ少ないが類話は資料二の他に、岡山県真庭郡川上村[4]、新潟県三島郡越路町[5]、同佐渡郡相川町[6]から報告されている。この点に関して野村純一氏は「世間話とこんな晩[7]」の中で「旅の途中で川を渡ろうとする者が所持する大金を狙われて、水の中に突き落とされる。こうした筋書きは何もここでの新趣向ではなく、これもひとつの語り口のようであった」と述べている。類型性を具えた話として分布している実態を見通した発言で、野村氏の指摘は遡って近世の資料からも裏づけることが可能である。寛延三（一七五〇）年刊の『怪談登志男』巻第二には、「水上殺害」のモチーフをもつ座頭殺しが載っている。

〔要約二〕　芸州厳島のあたり、大阪町という所に田沢屋という廻船問屋があった。永禄年中のこと、一人の座頭が官金数百両を身につけて田沢屋の船に乗りこんだ。ところが、海上一里も出たかと思う頃、突然、座頭が「金が無くなった」と騒ぎはじめ、船内が騒然となる。死に物狂いで捜し回る座頭を、船頭がとどめようとするうち、誤って二人とも海に落ちる。そんな事件があって後、ある日、田沢屋の主人のもとに座頭の亡霊があらわれて、船頭に官金を盗られた上に命までも奪われたと怨みをのべる。実は、船頭は座頭をとどめると見せかけて海に突き落とし、自らも海中に飛び込んだのだった。うまく逃げ出した船頭は、その金を田沢屋の若旦那と山分けしていた。しかし、悪事が露見したあと、船頭たちは目がつぶれて狂い死ぬ。田沢屋は没落して荒れ果て、化物屋敷と呼ばれたという。

大船を扱う廻船問屋の没落にまつわる世間話である。異人殺し伝承は、しばしば特定の家の盛衰、とりわけ凋落の原因を説明する機能を帯びているが、これもその一例であろう。殺害の場所が海の上で、ストーリーもやや複雑だが基本的には同じ系列の話と考えてよい。

つぎにもう一例、宝暦十二（一七六二）年四月に芸州広島の町中で、廻国中の六部が語った懺悔話(8)に耳を傾けてみたい。

〔資料三〕 江戸の者の由、六十六部番町を通り京橋町友屋の所にて懺悔咄し致し候、今より以前の事とぞ、この者包躰大井川の川越にて、或る時川越に出で候ところ、一人の男来たり急に相渡り申したき者なり、速く渡してくれ候やうにと申す、川も水増し居り候へども金子余程所持致し、全く盗み取り遁れ候者と相見へ候ゆへ、成程と受合ひ中ノ瀬迄渡り、ここがよき金取り場と存じ、増銀ねだり取り、また先の瀬にても金二歩取る、金は望み次第遣はし申すべく間、早々渡してくれ候やうに申す、跡より追手もかかり候ものと申し候に付き、悪心起り深みにて直ぐになげ、下へ流し命を取り、金子を奪ひ直ちに江戸へ立ち退き候て、店を借り当分暮し、その後小家を求め妻を呼び三年以前男子出生致し候へども、一向声出申さず、泣き候事も無く、この夫婦これのみ歎き候ところ、或る時その子に向ひ、いかが致し候故もの云はぬやと申し候へば、その子ふと一声発し、大井川の事忘れ給ふな、と初めて申し候に付き、甚だ以つて気にこたへ、さては右の因果にて候と存じ、妻に暇を遣はし、この子を存分大切に育てくれと申し、我は思ふ子細あれば廻国に出づるなり、万一命ながらへたれば帰りてまたも逢ふべしと、金子相渡し罷り出で、これより九州廻り候と咄し申し候。(傍線、稿者)

「こんな晩」の話名は、おそらく、最後に子どもが発する「俺を殺したのもこんな晩だったなぁ」という不気味な一言からの命名であろう。この言葉がいつの頃からあったものか、判断の手掛りを持ち合せていないが、右の資料には「その子ふと一声発し、大井川の事忘れ給ふな」と、決定的なせりふを吐く場面が描かれていて興味深い。唖の子が、ある日突然口をきいて、父の秘密を暴露するという筋立がすでに成立していたことがわかる。川越人足が肩にかついだ男の金を目当てに殺す内容は、すでに述べてきた「水上殺害」のモチーフと軌を一にしている。さらに示唆深いのは、この話を語った人物が事件の当事者であるということだろう。つまり、自らの体験談の中に異人殺しを取り込み、懺悔話として語っているわけで、ここには、この種の異人殺し譚を携えて、諸国を巡り歩いた六部自身の姿が彷彿として浮かび上がってくる。因果応報を説きつつも、その実、話の裏側には、漂泊の旅に明け暮れる危うい身の上に対する自己防衛の意図がにじみでている。

今日、子どもたちが好んで話題にする「奪った指輪」は、以上みてきたような話の広がりの中で把握しておくことが肝要だろう。「奪った指輪」が新潟の「旅の薬屋」を直接の素材として創られたのかどうかという問題は別にして、少なくとも、水上殺害のモチーフをもつ異人殺し伝承の構造に依拠しつつ、現代のはな、しとして創造[9]されたのではないか、との予想は成り立つと思われる。

さて、ここで、先に一般的であると言った、座頭を屋内で殺害するモチーフの話について触れておきたい。この型の話は、日本海側に沿って濃密な分布を示しながら、北は東北地方から西は中国・四国地方に至る広い範囲に及んでいる。

文献の上からは、享保十一（一七二六）年刊の『諸仏感応見好書』[10]に次のように出ている。

〔資料四〕 座頭ヲ殺シテ子ト生ル

勢州ニ凶男有リ。座頭宿ス。凶男官金ヲ持スルヲ見テ、夜ル殺シ金ヲ取リ衣ヲ剝《ハ》グ。俄ニ家富ム。妻男ヲ生ス、取リ上ゲ之ヲ見レバ盲目也。然モ好ク殺セシ座頭ニ似リ。愛憐シテ成長ス。五歳ヨリ十四歳マデニ悉ク父ガ財ヲ費シテ云ク、吾ハ父ガ殺セシ座頭ナリ、吾ガ官金遣《ツカ》ヒ尽ミスト雖ドモ未ダ命ヲ取ラズ。父聞《キ》キ怖《ヲヂ》シテ口ヲ開カズ。盲人或夜父ヲ殺シテ恨ミヲ報ジ、又吾モ自害ス。誠ニ因果ハ遁レ難キ者也。

最後の「因果ハ遁レ難キ者也」と、念を押すような一言に、まさに因果応報の思想が色濃く打ち出されている。文章そのものは短いが、今日の「こんな晩」と基本的に変わるところはない。旅の宗教者を対象とする異人殺しは、近世には広く人口に膾炙していて、それぞれの状況に応じた多様な語られ方をしていたと考えて間違いないだろう。因みに、数多くの奇談を収録していることで知られる『新著聞集』（寛延二年）にも「殺害の僧子となって家をほろぼす」という話が記録されている。

〔要約三〕 江戸に住む岩間勘左衛門という侍が、息子の博奕狂いから一家崩壊の責任をとって切腹を命ぜられた。いざ切腹という時、検使にむかって過去に犯した過ちを話し始める。それによれば、若い頃部屋に泊めた聖を殺して金子三百両を奪い取ったという。その後、何不足なく生活し妻を迎え、やがて、八十郎が生まれたが、この子は殺した聖にそっくりであった。八十郎は成長ののち博奕におぼれ、一家を破滅に導いただけでなく、ついに親を切腹にまで追いつめたのである。

博奕狂いの息子は座頭の生まれ変わりであり、父親は一家離散・切腹という形で過去の報いを受ける。父子の名前まで明らかにされていて、いかにも事実を書き留めたかのような記述である。当時、博奕がもとで一家離散の末切腹という出来事が実際にあったかどうかは別として、話の顚末は異人殺し譚の域を出るものではない。

このように見てくると、現代の「奪った指輪」も、話型としては目新しいものではなく、先行する口承文芸の骨格をむしろ忠実に受け継いでいるといってよいだろう。

四　現代の異人殺し

異人殺しに関する事例をいくつか紹介してきたが、ここで、それらを話型という概念で一括し、その類似性を指摘するだけでは充分でない。見落してならないのは、異人殺しが新たな意味と表現をまといながら、現代を呼吸する物語として鼓動している、そのことへの眼差しであろう。

ただ、そうは言ってみても、私には少々手にあまる課題なのだが、ひとつのきっかけとして、因果応報の思想を手掛りにその変容の一端を探ってみたい。

まず、資料四の「座頭ヲ殺シテ子ト生ル」を取り上げてみる。話の展開に従って、加害者（凶男）と被害者（座頭）の関係を図式化すれば図A（次頁）のように表わすことができよう。

①凶男が座頭を殺す。

②座頭の金・衣を奪いとり、家が富む。

③座頭によく似た盲目の子が生まれ、家の財を消費する。

④ある時、子どもが父の旧悪を暴露し、殺害する。

他の事例と照らし合せてもう少しくわしく解説すると、加害者と被害者の関係では、欲に目が眩んだ男と旅の宗教者という組合せが一般的だが、必ずしも固定してはいない。殺害の方法も事情に応じて変化するが、殺すという行為はいずれにも共通しており、その目的が金品の強奪にある点も一致する。盗った金で豊かな生活を手に入れたのち、ひとりの障害児が生まれるが、この子は明らかに殺された座頭の生まれ変わりである。資料四では自ら「父ガ殺セシ座頭ナリ」とはっきり名乗っているが、話によっては「殺した人物によく似た子」という表現で、その因果関係を暗示するケースも多い。とくに盲目の子であったと語るのは、すでにその時点で過去の犯罪を想起させる薄気味悪さを帯びている。生まれた子がきまって障害を負っているのは、もとは、その障害がもたらす経済的損失が、父親の財の減少をまねく原因として機能していた点は押えておきたい。たとえば『善悪報ばなし』[11]（元禄年間）の「前世にて、人の物をかり取り、返さざる報により、子と生れ来て取りて返る事」は「こんな晩」とよく似た因果応報譚で、百姓家に生まれた足の不自由な子が、のちに前世の報を果す話である。親は「さまざま医薬をつくし、或は薬ぐひなどさせ」療治するが一向によくならない。ところがある時、米と銭をつかんで立ちあがり「我を子と思ふて、今まで育てつるこそ愚か也。汝に前世にて銭米を貸しけるが、終に済まさず。是を取らんがため、我れ汝が子となり、廿一まで汝が物を喰ひつくし……」と言い残して去る。明らかに、不自由な足は親の財を食いつぶす原因として語られている。

つまり、図Aにおいて③の障害児の誕生は②の金品強奪と対応関係にあり、被害者が、奪われた富を治療費の支出という形で奪い返す手段だと判断できる。当然、④の父親殺害は①の座頭殺害とつり合っている。いうならば「殺して金品を盗る」という手順（①→②）が、入れ替って「金を盗られて殺される」という手順（③→④）で相殺される。加害者の犯した罰と奪った富は、時間の経過とともに、そっくり裏返した格好で自らの子によって奪われてゆく。ここでは、因果応報のバランスが見事に保たれていると言ってよい。

　では、目を転じて、今日の「こんな晩」では両者の関係はどう語られているだろうか。それを示したものが図Bである。これで見ると①②の行為はほぼ同じだが、③④に変化がみられる。まず③の場面では、障害児の誕生を説くが、ところがそれに伴って生じる財の減少は語られない。④でも最後に旧悪を暴露するのみで、父親の殺害にまで及ぶ例は極めて少ない。また、子どもの障害の多くが「口がきけない」というのも特

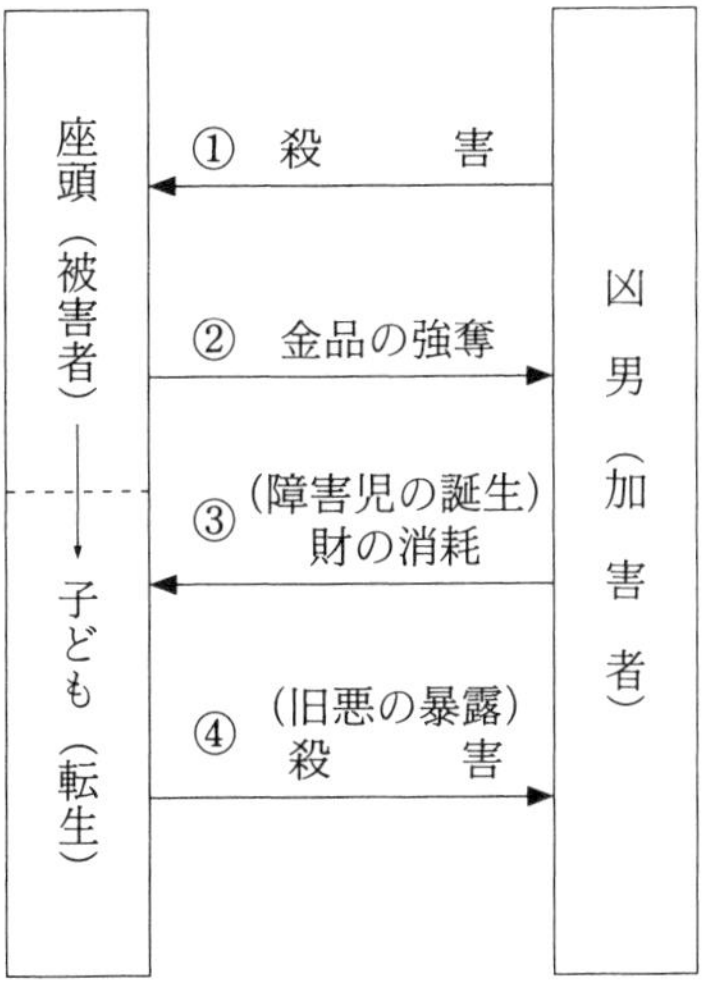

図 A

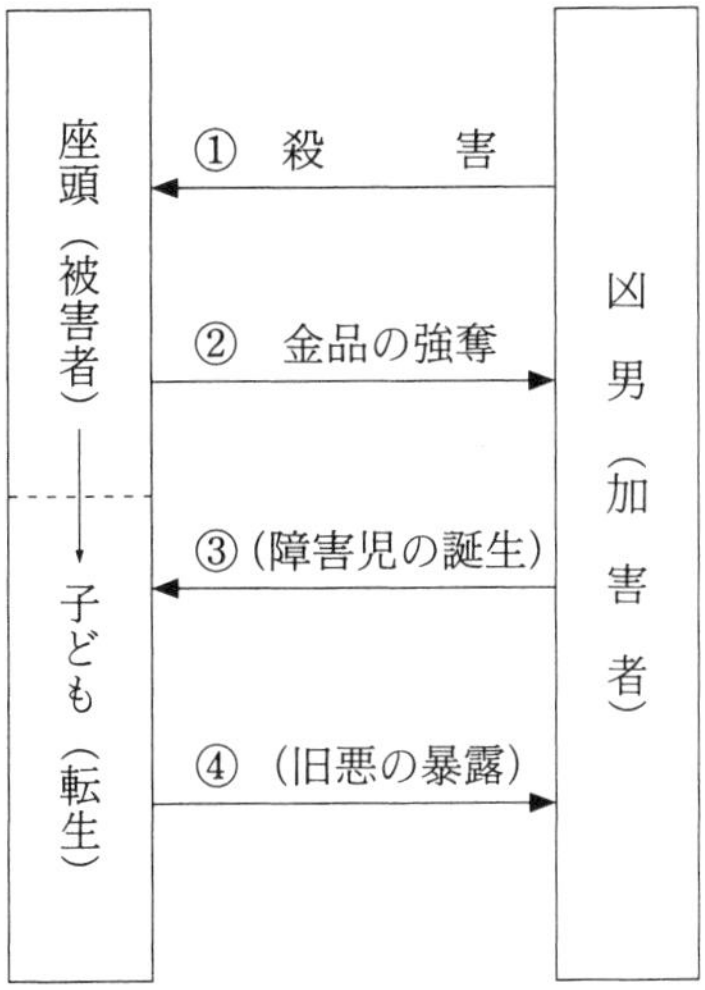

図 B

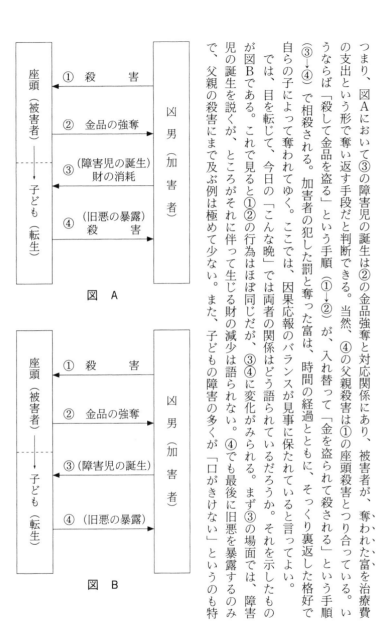

徴的だが、そのことは最後の思いがけない一言が引き起こす効果を高める伏線として働いている。その意味では、もっぱら秘密の暴露という点に話の興味が傾斜していて、「座頭ヲ殺シテ子ト生ル」にくらべ因果応報のトーンがよわいといえよう。ただし、見方によっては、最後のぞっとするような不気味な迫力は、「財の減少」や「父の殺害」を文脈の底に沈めて、ひたすら、悲惨な末路を聴手の想像力に委ねているところから生まれてくる語りの文芸的効果と解釈することもできる。ところで、現代の「奪った指輪」では、この障害児の要素が見当らない。代って、深夜の路上にぽつんと正体不明の子どもが立っているだけである。

さて次に、図AとBの違いをどう解釈すべきかという問題が残る。ごく大雑把にAからBへの変化、つまり因果応報の希薄化に伴って生じた話の変容と考えたいところだが、しかし、単純にそうした道筋を想定できないのは、資料三（宝暦十二年）の六部の懺悔話が、すでにBに近い形態を示していることからも言える。一つには、資料四は因果応報の理を説く仏教説話集に収められている話という条件を考慮しなければならないと思われる。ＡＢの差異は、一つの物語の先後関係を示すものではなく、この種の異人殺し譚が同時並行的に多様な語られ方をしていた、その現われかたのちがいと理解すべきであろう。

因果応報の思想をつねに基調にしつつも、話にこめられた意味と、語り出された話が呼びおこす波紋は、それが語られる状況のなかでの人間関係の複雑な思惑に彩られている。民俗社会の文脈から異人殺し伝承を読み解く作業は、小松和彦氏ら(12)によって精力的にすすめられ多大の成果をあげている。

以上、タクシーの怪談にまつわる「奪った指輪」を出発点にして論をすすめてきたが、再び視線を現代に移して「こんな晩」型の異人殺しが、若者たちの間に今どのような姿で息づいているのか、その新たな創造力の行方を示す話を紹介してみよう。

〔資料五〕　母と子

美男美女の若い夫婦がいました。本当にお似合いのカップルで、みんながうらやましがりました。その夫婦に子どもが生まれましたが、その子はとてもみにくい顔をしていたので、プライドの高い妻はその子を一歩も家から出さずに、まわりの人には流産したと言っていました。

三年後、子どもを遊園地につれて行きました。遊んでいるうちに子どもが、

「トイレに行きたい」

と言ったので、母さんは崖のふちにつれて行き、そこでさせました。そのとき、後ろから押して、子どもを崖に落として殺してしまいました。

それから何年か後、また子どもが生まれました。それはかわいい子どもで、とてもかわいがりました。三年後、子どもをつれて遊園地に行きました。そして、子どもが、

「トイレに行きたい」

と言ったので、崖につれて行き、そこでさせました。

するとと子どもがふりかえり、殺した子どもの顔になり、

「お母さん、こんどはつき落とさないでね」と言いました。

（真下弘美）

この話は、大島広志氏が「民話と文学の会・かいほう48[13]」に載せたもので、報告者は都内の専門学校に通う学生である。

加害者と被害者の関係が母と子というショッキングな内容となっているのが目をひく。これまで登場してきた座頭・六部・薬売りなどは、家や共同体の外から訪れ来る存在で、事件はそうした異人を標的にして物

語られてきた。ところが、ここでは親子という世間的には一心同体とみられる肉親の絆に生じた亀裂がテーマとして語られている。母親にとって、みにくい顔の子は排除すべき存在として映ったのだろうか。はからずも、異人はみにくい顔の我が子であった。容姿の美醜が殺人の動機として浮上しているが、これについて大島氏が「現代人はもちろん金にも心を動かされるが、同時に、美醜にも多大な神経を使っている。（中略）現代人が自らの顔や容姿の美醜にたいそう鋭敏になった証拠だ。こうした日本人の意識の変容が、「母と子」の話の中に表われているのではないかと思う(14)」と述べているのは示唆に富む。

実の子の殺害と引換えに母親が手に入れようとしたものは何か。醜い子をもつ精神的な負担からの解放か、それとも、好奇にみちた周囲の視線からの逃避か。ここには、まるで人形に対するようなイメージで、醜い子・かわいい子を選別し、忌避と溺愛のはざまで翻弄される軽薄な愛情への痛烈な批判がこめられているように感じられる。類話は、他にも、育児を投げだした母親が駅のコインロッカーに子どもを捨てる話など数多くある。

＊

伝統的な村落共同体のなかで取沙汰されてきた異人は、今やその機能を失いつつあると言ってよいだろう。しかし、異人たちはさまざまに相対化されながら、私たちの眼前に立ち現われる。対象を、あえて口承文芸に絞らなくとも、近年社会問題化している帰国子女をめぐるいじめと排斥の問題や、校内暴力にともなって注目されるツッパリ少年の現状などは、異人論をとりまく視野の内から発言すべき課題のように思われる。

注

(1) この話名は私が仮につけたものである。
(2) 東京都東久留米市下里中学校。話してくれた大川綾子さんは当時二年生。
(3) 大東文化大学民俗学研究会編『新潟の昔話』(桜楓社・一九八一年)
(4) 稲田浩二・福田晃編『蒜山盆地の昔話』(三弥井書店・一九七〇年)
(5) 水沢謙一編『瞽女のごめんなんしょ昔』(講談社・一九七六年)
(6) 野村純一『昔話伝承の研究』(同朋舎・一九八四年)
(7) 注(6)に同じ。
(8) 進藤寿伯稿・金指正一校註『近世風聞・耳の垢』(青蛙房・一九七二年)
(9) 現代のはなしの創造・伝播には、マスメディアの関与が大きい。ただ、この話自体がどのような経緯で誕生したにしろ、現在、子供たちの口承の世界で語りつがれているのは事実である。
(10) 壺陽猷山『諸仏感応見好書』(享保十一年刊・原文は漢文、句読点を補い書き下し文にした)
(11) 高田衛編・校注『江戸怪談集上』(岩波書店・一九八九年)
(12) 小松和彦『悪霊論』(青土社・一九八九年)、飯島吉晴「異人歓待・殺戮の伝説」(『日本伝説大系』別巻1・みずうみ書房・一九八九年)参照。
(13) 「民話と文学の会・かいほう48」(民話と文学の会・一九八七年)
(14) 大島広志「母の子殺し」(『民話と文学』第20号・一九八八年)

「家」の盛衰——「異人殺し」のフォークロア——

矢野敬一

一　「家」の盛衰という問題設定

現在、「家」の盛衰という問題を設定した場合、その対象として想起されるのは、たとえば座敷童の話であり、「異人殺し」譚であり、憑きものであろう。神霊にことよせた超越的な説明体系が、まず問題となる。(1)これは近年に限ったことではない。戦後しばらく経た段階での次のような言葉が、現在の研究段階まで根本的に規定していることをあらためて確認したい。

「家盛衰の事情を知り得る民間の伝承は少くない。（中略）現代人の知識からは程遠い、神秘的伝承がそれである。（中略）なお家の存続と栄枯には、人間の力をもっては如何ともなし難い、無形の力が働いていると信じた時代が、かつては久しく続いたのである。家盛衰の伝説とは、そういう常民の家に対する信仰的通念を指して呼ぶ」（郷田　一九五四　二五）。

むろん、「家」の盛衰への説明として「超自然的存在の作用とする伝説的・信仰的レベルの理解」に加え、新事業の失敗、博打への熱中といった「現実レベルの理解」へも注意を喚起する論もある〔宮本　一九九〇二一五〕。だが「家」の盛衰に関しての研究は、千葉徳爾等の例外的な仕事を除外すれば〔千葉一九五二〕、おおむね「民間信仰」という脈絡に関連させる形で展開されてきたといってよい。

しかし、ことあらためて言うまでもなく、なんらかの神霊に原因を求めた説明は、幾通りもある「家」の盛衰の原因の説明の一つにしかすぎない。実際問題として、調査地で話に出てくる説明は、先に触れた「現実レベルの理解」であるほうが、むしろ多いといってよいはずだ。超越的な説明体系のみが突出しているわけでは、けっしてない。こうした説明を特権化しているのは、なによりも研究者の側の思考の枠組の問題なのである。

振り返って「家」の盛衰という問題が、どのような形で認識すべき対象として浮上してきたか、みてみよう。こうした問題設定がある程度まで共有されることになった契機は、おそらく昭和九年から柳田国男を中心として開始された、いわゆる「山村調査」の実施であろう。全一〇〇に及ぶ質問項目の第五番として「家の盛衰ということはあまりありませんか」という質問が、『郷土研究採集手帖』の初年度昭和九年版から、最終年度一一年版まで通じて取りあげられているのだ〔比嘉春潮他編　一九八四〕。

その成果の経過報告として守随一の執筆になる「家の盛衰について」が、昭和一一年刊の『山村調査第二回報告書』に掲載されている。注意したいのは、こうした主題を取りあげる意義についての守随の認識だ。その指摘する三点を順に取りあげると、まず家は村を構成する重要な単位であり、その盛衰は社会の発展衰微の一要素に関するものとして重要な意義を持つということが第一点。次にこの問題は貧富の原因についての解答を与えるものであって「村の階級構成を緯糸に家の盛衰を経糸にして織りなされたものが、山村の貧富の問題である」ということが二点目。最後に「山村に於ける家の盛衰は比較的に単純化された本質的な姿をとって現われる」ため、この問題の究明は「より広いより複雑な社会における同問題の解明に好材料を提供する」ということが三点目だ（守随 一九三六 九六）。三点に共通するのは、農村における貧富の問題が社会全体の貧富の問題に解答を与えるための手掛かりとしての重要性を持っている、ということである。いずれも、「民間信仰」という問題設定の脈絡とは直接、結び付いてはいないことに注意しよう。その意味で現在、「家」の盛衰を問題とするときの認識と、大きな隔たりを見せているといってよいはずだ。

したがって守随が挙げる「家」の盛衰の原因も、神霊と関連したものに限定されてはいない。六点あるうちの最初の指摘は「新時代の波に乗り積極的に家産を投じ、ただその結果において蕩尽に終ったもの」、具体的には新事業の失敗、相場熱による没落。第二には政治運動が帰結した没落。以上の二点は「主として村外との接触交通に」よるものである。次いで「村内の出来事」に目が転じられ、頼母子講や無尽による家財の散財が指摘される。四点目は自然の災害もしくは家内労働力の欠落がもたらす家の衰滅。五点目は「酒・女・博打」に表現される浪費、道楽が帰結する家の衰亡となる。そして最後の指摘が座敷童や犬神に触れた「家衰亡についての俗信」だ。この配列の順序は「大体外部的なものから内部的のものへ、新しい原因から旧来の原因へと遡るようにした」と守随自身述べ、とくに「家衰亡についての俗信」だけが重要視されているわけではない。一定の基準に依拠してはいるものの、この配列はけっして研究すべき重点のヒエラルキーを構成しているわけではなかったことに注意しておこう。

とはいえこうした問題意識が「山村調査」全体を規定していたわけではない。この調査の最終報告書『山村生活の研究』で、「家の盛衰」の項目を執筆している大間知篤三は守随と同様の問題意識を共有しつつも、決定的な乖離を見せる。大間知篤三は「村の経済生活が資本主義経済に編入される程度が強くなった場合、ことに村の生業が外界変動に著しく支配される種類のものとなって来て居る場合、被害は多数者に及び、個人的性質を離れて、全般的性質を帯びて来るのである」〔大間知 一九三七 二二〕と、村外の資本の影響に論を及ぼしながらも、最終的には家盛衰の調査の主眼となる対象が、座敷童や犬神筋といった「心意的無形的俗信的なもの」にあることを述べているのである〔大間知 一九三七 二五〕。大間知の問題意識が、昭和九年に刊行され心意現象の解明の重要性を説いた、柳田の『民間伝承論』に強く規定されてのものであることは間違いあるまい。現在、家の盛衰を対象とするにあたっての問題意識の所在は、さかのぼればこの時点にまで達する、そういってよいはずだ。

だがあらためて強調しておこう。このように研究対象として「心意現象」が重視されるとすれば、それはあくまでもある一定の問題意識の入射角によるのであって、アプリオリに特権化しうるものではけっしてないのだ、ということを。「家」の盛衰という問題を、外的な要因によるむらの経済変動という問題設定のなかで位置付けし、「家」盛衰への「現実レベルの理解」であれ超越的な説明体系であれ、いずれも等価のものとして対象化する守随の問題意識を本稿では念頭に置きつつ、論を展開したい。

本稿ではむらを越えた世界の拡がりが及ぼす力のなかで、ある特定の「家」をめぐってその盛衰にまつわる語りがどのように展開されたのか、「異人殺し」の話をも含めて論述しようとするものである。明治から大正といった社会的、経済的に大きくむらが変動していった時代のなかで、「家」の盛衰という問題を「心意現象」「民間信仰」という脈絡に還元させることなく、さらにむらをアプリオリに自己完結した小宇宙とみなすことなく問題に迫ること、本稿の目的はそこにある。(2)

二 調査地の概要

本稿では、「家」の盛衰をめぐる解釈の一つとして「異人殺し」の話が具体的にどのような脈絡のもとに語られているのか、また当の「家」では自家の盛衰をどう語っているのかを、具体的に一つの「家」を対象にして論述する。「異人殺し」の話をめぐる研究では、ある「家」が異人を殺害して経済的な面での上昇をみたという、周囲の側の超越的な次元での説明のみを取りあげることが多い。だが、当然のことながら、どのようにして蓄財をしていったのか、「異人殺し」の話をする側と、その当の「家」の説明とでは、大きな隔たりを見せている。さらに経済面での上昇過程は、全国的な経済動向とも関連する側面を持つ。それゆえ、むらを越えた拡がりの及ぼす力によってむらの生活が再編される過程で、個々の家々が置かれた状況の微妙な反映を「異人殺し」の話を通じてよみ取ることができるはずだ。一つの拮抗する力学の場を「異人殺し」をめぐる話は構成しているといってよい。だが、その論述の前にこの「家」およびその属しているむらの概況について論じねばなるまい。

内容がプライヴァシーに属することゆえ、屋号等は仮名とし、むらも本州中部地方に属するとのみ記し、明示は避けたい。仮名で中田沢としよう。そこは海岸からやや離れ、狭小な平地が川を挟んでいる他は、すぐに山が迫っているという地形で、山村といったほうが近い。この地域一帯の山には明治中期以降、杉がかなりの規模で植林され、昭和四〇年代以降、大量の外材が輸入されるまで、林業がこの地域の経済に大きな位置を占めていた。したがって、生業は田畑の耕作作業だけに限らず、大雑把に言って男は杉の伐採や運搬、植林といった山仕事や、大工などの出稼ぎ、女は主に田畑や焼き畑での農作業といった分担のもとに構成されていた。農作業の構成は、たとえば昭和初期までならば養蚕が組み込まれていることもあったように、時代によってその構成要素は変動している。しかし田畑の面積それ自体が非常に限定されたものであったので、農業だけで生計を維持しえた場合はほとんどないというのが実情であった。いずれにせよ、明治後期から何らかの形で林業に関与させて生業が編成されていたといってよい。

この地域一帯では、財の有無の指標として山林の所有面積を挙げるのが、林業衰退以前までの通念であった。そこで「異人殺し」を語られている「家」の山林所有面積を、昭和六三年現在の名寄帳で調べると、およそ九町歩となる。この地域一番のダンナ様（山林地主）とされる「家」の所有面積が約二五町歩ほどなので、その半分以下である。しかし同じ中田沢の他の家々の平均山林所有面積が約半町歩ほど、「異人殺し」を語られるこの「家」――仮に屋号を平助とする――に次ぐ山林の所有者を見ても一町歩強たらずであることを考えると、やはり平助の財産は相対的に見れば、かなりのものとみなすことができるはずだ。また、土地台帳上の記載面積と実際の所有面積との間には相当、ずれがあることがこの地では普通で、現実的にはその所有する面積はもっと大きなものとなろう。後述するように、平助の財は山林が商品的価値を帯びるようになった後、明治末期以降に、主に蓄積されたものである。

三　「家」の盛衰をめぐる話――二つの語られ方

山林の所有面積を見ると「異人殺し」を語られる平助の「家」と、その他の家々との平均との間には二〇倍近くもの差がある。経済的な格差という面からいえば、大きな開きがあるということになろう。平助が何ゆえ蓄財することが可能だったのか、その解釈は様々だ。その一つとして「異人殺し」の話がある。こうした話が語られる脈絡に加え、当の「家」自体の説明にも注意しなければなるまい。そこにはある種、決定的な違いが存する。その対比がむらを越えた拡がりが及ぼす力のなかで、個々の家々が差異化されてゆく力学の所在を明確化してゆくことになろう。

まず、平助の蓄財の理由を他の側から「異人殺し」の話もまじえ、二例、紹介する。最初のは、大正初年に生まれ、尋常小学校を卒業後、山仕事、主に杉の伐採夫の仕事に従事し、戦後は出稼ぎ等に従事してきた人の話だ。財産の指標となる山林の所有面積は一町歩もない。この人自身は平助とは異なったむらに住むが、後述するように平助の婿と一緒に山で働いた経験を持ち、その経験が話の方向を規定していることに注意を喚起しておきたい。

話はこの地域で名をなす金持ちたちの蓄財のやり口への批判から始まる。没落したものたちの多くは多額の借金を抱え、結局、返済できずに山や田畑を手放さざるをえなかった。その一方で金を貸した側は高利ということもあって、土地を担保として取って自己の財を次々と殖やすものも少なくなった。「だから今になってもあそこの衆は暴利をむさぼって、ようけ、いい金満家になったっていう噂も流れているし、憎まれるあれもあるわけだ。ほれ、うちが貧乏なときに金を貸して、そして高い利息を取って払えのうなれば財産取ったりしたわけだ」、こう、批判の目が向けられる。そうした話の流れのなかで出たのが平助の「異人殺し」の話だ。

「大口には言われねぇけど、その平助さんのな、前に座頭だかなんだかを殺したとかあったというので、あそこでほれ、不幸が続いたでしょ。だからそういう祟りが出てという、そういう噂もある。ま、何十年も何百年も前の話だから、それは信じていいか知らんけどもね。そういう祟りがあるとかないとかいうことはの、結局人が優勢になれば、それをなんとか非難してぇというのが世の中だからな。だからそれがどこまでほんとだか、そんなことはわからねぇんさ。」

旅の座頭を殺したという話自体、はるか昔のことなので、その真偽は曖昧だ、むしろ平助の「家」の経済力への妬みが、こうした噂の背景にあるというのが、その説明だ。「家」の経済的上昇に対して、祟りと結びつけられた超自然的な解釈を行なうことに、どちらかというと否定的ではある。たしかに超自然的な説明だけでは、現実的な「家」の経済的上昇は説明し切れるものではない。こうした解釈にすべてことよせること自体、およそ不合理であるという認識がここにはある。にもかかわらず、一方で平助の財力が他の「家」以上にあることは、疑いようなく確かである。そこで持ち出されてくるのが、自己の経験のなかから説明しうる原因を探し出し、物語る話だ。かつて山での伐採作業に、この平助の婿と一緒に従事していたときのことである。

「話のついでだけれども、おれはその当時、杉の木を切る商売をしていたんだが、そのとき、平助さんの婿さんと一緒に働いたもんだ。その人は婿入りして一生懸命働いたんだ。朝も（家の）他の衆が寝ているときも、自分が山に行くために早く起きて飯を炊いて、そして出るんだども、出る時んなると他の衆が起きてくる。そして木のマゲワッパに御飯をよそってもらってテゴ（藁で編んだかご）に入れてくんだ。

だども山へ行ってみれば、われわれ貧乏人はそのワッパの中に箸を立てて引っ張りあげても、ワッパの御飯が落ちねぇってほど、しっかりおっ詰めてたくさん詰めてあるけれども、その人のは、そういっちゃ悪いけれども、山に行く間に片一方に寄せられて三分の一ぐらいのものによか、なっていねぇって。それは事実、おれも目で見ている。それは全部が見届けているわけだ。みんな、中間に食べたり、昼に食べてまた残しておいて、後から午後からでもまた食べるだけの飯をぎっしりと詰めていったもんだ。ところがこの人のだけはすっかり寄せられていてのう。

それが貧乏人でなくして、金満家の家の配慮だな、そういうことだったってことは。だから現在の金持ちってものは、そういうふうにして貯めたといえばそうかもしれないけれど、そんな仕打ちまでしても、情にはずれたことをしている。」

話題それ自体としては、激しい労働に従事するにもかかわらず、充分な量の御飯を婿の弁当箱に詰めてやらないという、ひどい仕打ちへの批判と見ることのできるものだから、話の流れによってはたんにありふれた嫁いじめ、婿いじめといった脈絡に則したものとなっていたかもしれない。だがここでは、自分の目で見た平助の「家」の蓄財の手段は、やはりありきたりの方法によってではない、情にはずれた道徳的に見ても批判の対象となるものだったという脈絡のなかでの話となっていることに注意したい。さらにこの話をまとめる形で、こう、続く。

「だから一代で名をなしたものは何かが、の。並大抵では金というものは貯まらないということは、これは誰でもわかることだしね。」

並大抵のことでは蓄財は不可能であり、そこに何か特別の事情が作用していた、という方向へと話は収斂する。戸塚ひろみは、こうした話では「『何かあるに違いない』と思い込みたい人の深層が、〔六部などを殺したといった形で……引用者〕批判されるような噂話を信じ、受け入れている根本になっている」〔戸塚 一九七九 七九〕と指摘しているが、ここでも事情は同様といってよい。こうした話の流れのもとに「異人殺し」の話も一定の留保が付されながらも、信憑性を獲得してゆく。「並大抵のことでは金は貯まらない」というときの「並大抵」の内容は、座頭を殺し、その祟りがあらわれるといった検証不可能な次元のものから、弁当に詰める御飯の過度の倹約といった現実的な次元のものまで両者併せ含み、そしてこの両者の説明が互いに補完する形で、信憑性が構築されていることにここで注目しておきたい。

日常の生活規範の範囲内で急速な蓄財を果たすことは不可能であるという説明は、次に挙げる例でも同じだ。この話は昭和初年に生まれ、中学校を卒業後、やはり山の伐採夫を経験した後、現在、出稼ぎをなりわいとしている人からのものである。平助のある中田沢とはすぐ隣りのむらに住み、この近在でもかなりの来歴の古さを持つ「家」である。ただし財産という点からいうと、山林の所有面積は前の例と同じく一町歩もない。というのも、現在の主人の二代前の者が酒好きで、その酒代がとうとう払いきれなくなり、山林の大半を人手に渡さざるをえなくなったからである。「異人殺し」の話は、祖父が酒で身代をつぶしたという話に続く形で語られた。

「与蔵さん（山林地主の一つでかつて大きな酒屋を営んでいた）は、酒屋やって儲けたんさ。おれのうちは酒飲みで、酒、みんな飲んだんさ、あそこで。おれのうち、財宝で金の鶏あったしょ。それ、与蔵さん持ってって飲んだんだ。一番最後はうちの戸、持ってって飲んだんだ。それくらい酒屋でみんな儲けたんさ。あのあたりは借りねば飲めない不景気な時代だから、そういうことなったんさ。それ、つけ込んでしたから、タイショウ方はみんなもうかったんさ。景気いいときは誰も借金出さないもの。なにもサマ付くもの（この地域全体を見れば、経済的に上層にある「家」でサマ付けで呼称される「家」が何軒かある）、いなかではろくなもんがいないんだよ。真面目した人はみんな、貧乏なってくんさ。」

真面目なことでは、蓄財はできない、貧乏になるばかりである、こうした脈絡のもとで「異人殺し」の話は語られてゆく。

「おお、いいことして金儲けたなんてねぇ。会社つくって、人使ってね、そうやったんなら別もんだけど、個人のうちじゃ、みんなそういうもんだんだ。

だからの、平助とか作太郎様だのへの、そけぇ、薬局屋、薬売りが昔は歩いてきたんだが、それが泊まっての、現金をかっぱろうたという話、そういうわれがあっけども、わからんさ、誰も（その現場を）見たことねぇからの。まごじいさん（祖父）からそういうこと、聞いたことある。何にも、人間っての、悪いことせねば、金、貯まらねぇんだ。」

個人ではなく、会社であるならば、大きな利益を得ることができるのだという考え自体、注意しなければなるまい。だがここで重要なのは、先程の例と同じく、「悪いことをしなければ金はたまらない」といったように「並大抵のこと」では蓄財は不可能であるという認識がある点だ。そして酒の貸し売りによる蓄財といった、自らの体験の範囲からも納得できる話とあわせて、「異人殺し」の話―この場合は殺害の部分は欠落し、その代替として薬売りからの窃盗行為が語られている―が、実際にあったかどうかの真偽に関しては保留付きながらも、なされる。現実に「異人殺し」の話が展開される場では、超越的な説明だけが特権化されているわけではない。現実的、日常的な説明と相互に語られ、その信憑性を補完しあって「家」の盛衰の説明を構成していることは、以上の例からも明らかであろう。

ところで、「異人殺し」を噂される当の家では、自家の財の蓄積に関して、どのように説明しているのであろうか。この家の主人自身の説明でも財の蓄積は、「並大抵のこと」ではなかったという。だが、むろんそれは前記の二つの「異人殺し」の話での脈絡とは異なったものとなっている。明治四〇年代に生まれた主人によると、主として山林の集積と植林が果たされたのは、祖父の代で、明治の終り頃からであるという。たしかに山林が商品価値として、この地でも認められるようになった時期にこれは符合する。当初、祖父は木挽き職人をし、いつ乞食になって一家揃って出ていってもおかしくないような、そんな貧窮にあえぐ境遇にあった。その言葉どおり、平助が古くからの勢力を誇る「家」ではなかったことは、その屋号からも傍証されうる。というのもこの近在一帯では、古くからの来歴を持つ「家」の屋号には「右衛門」もしくは「左衛門」が付くことが共通認識となっているからである。

貧しかった境遇から、一代で財をなした祖父への記憶は、まず、木挽き職をしていたとき、村会議員に本人の知らぬ間に選ばれたという話から始まる。山でいつものように鋸で木を挽いて製材していたとき、役場の人間が議員の当選状を持参してきた。

「（祖父は）いやいや、おれみてぇような貧乏人が、そんだとけぇ、村会議員なんて出るようなもんじゃないから、こんなん（当選状）、おめぇ方持ってけって言ったば、いや、私らは持ってけって、使いしらってきただけだと。そして役場へ行ったらちゃんと当選していたと。村民の投票でしたならやむを得ないと、うちの爺さん、よく言うたもんだ。」

当時の議員は立候補なしでの投票だったから、こうした事態もあったという。だが、議員になったこの時期が、同時に平助の「家」にとって経済的に一番苦しいときであった、そう語られる。数多くの子ども、そして年老いた両親あわせて一〇人近くの家族を、祖父一人で養っていかねばならず、いつ子ども達の首に袋を掛けて乞食になって出ていってもおかしくない、そう近所の者に見られていたのがこのときだったと主人はいう。現実問題として考えれば、子どもがある程度成長すれば、子守りといった形で口減らしをすることができ、さらに成長すれば子どももなんらかの形で労働力として転化しうる。祖父一人が家族全員を養ったという時期は、あったとしてもごく短期間のことであったにすぎないだろう。だが、後の蓄財過程との対比ならびに祖父の生活規範を示すうえでも、こうした語られ方がここでは要請されるのである。それが次のような語りにつながる。

祖父は、貧しいからといって自分の意見を曲げるような人間ではなかった。経済的、政治的にも力のあるダンナ衆が数多く集う村会の場でもそれは同じだ。たとえダンナの言うことであれ、おかしいと思うことには堂々と反対意見を述べ、けっしてその場しのぎの応対をしない、そんな人物だったと主人は言う。

「ダンナ様な人がの、鶴平さん（祖父の名）、あんた、このおれに楯突く気かって言わってね、悔しかったと。だどもね、（村会で）しゃべっているときは貧乏、ダンナ様関係ねぇ。今度、いざ宴会となると、今のようなね、議席があるわけでなし、おれは貧乏だから一番バツザ（末席）にいたと。それが悔しかったと。そして人が、今年はおれは三千本、杉植えたとか、あの人が五千本植えたとか言うことを、それこそ爪をくわえての、聞いていたんだと。悔しい思いをして、おれだって一万本分の杉は植えねばねぇと思うて、奥地だけれども開墾して、人から安く買っては植えたんだと。それが今、みんな立派になっている。」

ダンナ衆のなかに混じって、貧しいがゆえに悔しい思いをした祖父はまず、人の嫌がる奥地の山林を買って植林をし、次第にその面積を殖やしてゆく。ここに提示される祖父像は、困窮に屈せずに自らの努力によって次第に財を殖やしてゆく、「勤倹力行」という言葉に集約される形でのものだ。そしてその姿は当初、貧しければ貧しいほどより克明に浮び上がってくるものである。さらに祖父は酒も煙草も嗜まず、何につけ無駄を嫌い、質素・倹約を尊んだと規範意識の高さも併せて語られる。

蓄財をめぐる話は、当の「家」と他の側から見たのとでは、当然のことながら大きく異なっている。いずれもが「並大抵のことでは金はたまらない」という認識を持ちつつも一方では生活規範に反した形で、他方はそれに則した形で話が展開されているのである。とはいえ、当の「家」でも単純に「勤倹力行」「質素・倹約」という形でのみ、蓄財の理由を語っているわけではない。こうした規範が生活規範としての力をかつては持っていた以上、ある意味で「勤倹力行」「質素・倹約」だけでは「家」の経済的上昇の説明としては不十分になるはずだからである。それ以外の要因もあわせて語らねばなるまい。むろん、それは他の側が語るような超自然的な次元での説明でないことは言うまでもない。

四　生業の再編過程のなかでの話の差異

平助の主人の祖父は当初、木挽き職をなりわいとしていた。しかし、その後杉の立木を買い、伐採した後に製材所や県庁所在地の木材市場などに売却する山師に仕事を転じる。杉の売買に携わる山師の仕事は、直接、相場に左右されるため、利益が高く上がる場合もあれば、場合によっては大きな損益を蒙る危険も高い。したがって市場の相場の動向に気を配っていなければならない。だが、当時は山の立木を山林所有者から買い上げた後、製材所などに売却するまでに一年近くの時間が必要だった。というのも雪解け後の三月、四月に伐採し、その場に積んで乾燥した後、冬場に運搬をするといったように伐採後の作業過程は、ほぼ一年近くの長さにわたっていたからである。その間に材木の価格が下落すれば、当然のことながら山師の損失となる。かつ、大正時代中期まで、この地には鉄道も開通しておらず、新聞も購入している人がほとんどないといった状況で、市場の動向もあまりわからないまま取引をせざるをえないのがごく普通だった。結果として大きな損害を出し、財産を手放して没落の道をたどった者も生じることとなる。当時の山師は、こうした困難な状況のなかで自らの判断を行なわなければならなかったのである。

平助の主人がまだ幼かった頃の祖父は、一六年ほど勤めた村会議員の職も退き、山師として木材の商いに専心していた。その祖父は毎日弁当を持参しては、近在の港の問屋に通っていたという。ここには毎日一回、海岸沿いに一日一往復する蒸気船が寄港し、物資の積み降ろしを行なっていた。祖父がこの問屋に通ったのは、明確な目的があってのことである。毎日訪れる蒸気船が運ぶ、県庁所在地からの様々な情報を得ることがそれだ。鉄道もまだ開通していないこの時点では、相場に限らず様々な情報を入手するためには、これが一番の方法であると、祖父は語ったことがある。実際、いち早い情報の入手によって、大きな損害を免れたこともあった。山の買いつけには資金が必要だ。そのため、祖父は仲間とあわせて五人でいつも入札をしていた。ある山を入札しようとした際、祖父の提示した額が他の四人と比較して半額にすぎないときがあった。仲間四人はその意図が理解できずに反発したものの、結局祖父はその額を変えず、落札には至らずに終わった。だが、この一件があった後まもなく木材価格は暴落し、その山を落札した山師は財産の大半を失ってしまうことになる。木材価格の暴落の情報を、祖父はいち早く蒸気船から入手していたのだった。独自の情報ルートを持ち、機敏に現状を把握して状況に対応するだけの機転と才覚、それが祖父の財の蓄積を可能にした条件だったといっていい。「勤倹力行」「質素・倹約」だけでは推し測ることのできぬ一面がここにはある。「並大抵のこと」では蓄財は不可能だ、という認識は「異人殺し」の噂をする側もされる側も共通して持つ。だが、その内実は全く異なったものだ。一方では座頭を殺す、薬売りの所持金を奪うといった、話す側自身も真偽の程を疑問視するようなことが、たとえば弁当に詰める御飯を過度に倹約するといったような、自己の立証可能な見聞の話と相互補完的に語られるなかで、「並大抵ではない」ということの現実性を獲得してゆく。だが、当の「家」では「勤倹力行」「質素・倹約」という言葉に集約しうるような苦難に満ちた体験の記憶と、かつ、情報をいち早く入手し機敏に応対するだけの才覚、積極性とを立証する話とが「並大抵ではない」ということの意味を形成している。「異人殺し」の話を語った側と語られる側との間にある差異は、たんに「家」の経済的な落差としてのみ、還元されるものではおそらくない。市場経済の全国的な動向へもまなざしを向けて身を処していくようなあり方が一方の側の語りの視野からは欠落し、他方では蓄財を可能にする条件として語られているという差のはらむ問題は、自らを取り巻く世界の拡がりへの関わり方の差異の問題としての射程をも、持つはずだ。

あらためて、平助の財を築いた祖父が山師の仕事をしていたということと、一方では「異人殺し」を語った者がともに伐採夫の仕事をしていたことに注目したい。「家」の盛衰をめぐる話の差異を、こうした山に関わる仕事のありようからここで検討しよう。

林業をめぐる状況は明治に入ってから大きく変動する。明治三〇年代に入ると、全国的な規模で国産の木材の供給のあり方に大きな変化が生じることになった。具体的には木材輸送条件の変化、新開地開発の進展による木材供給圏の拡大、製材工業の発展による木材供給の拡大といったような、国産材の供給の著しい拡大の進展化がそれである〔赤井　一九六八　五五〕。熊本県の小国地域、徳島県木頭地域、山形県金山地域、静岡県天竜川流域をはじめ、この時期に林産地として成立したところも多い〔藤田　一九七七　二八六〕。本稿の対象となるこの地域でも杉の植林、造林が本格的に着手されるようになったのは明治三〇年代後半になってからのこととなる。そして次第にこの地の基幹産業としての重要性を増してゆく。

林業地としての成立という事態は、同時に林業に関する労働がそこに付随して発生してくるということをも意味しよう。林業は男女差に応じた、また熟練・非熟練という差にも応じた職種を生み出す。男の場合、小学校を卒業して伐採夫として山仕事に従事すると、たとえ技術が未熟であれ、ハンチョウマエ、ロクブといったようにイッチョウマエには及ばぬものの、その熟練度に応じて一定の賃金が保証される。また女の場合であれば、男のような過酷な肉体労働ではなくとも、伐採した杉から剝いた樹皮を束ねて麓まで運び出す「杉皮担ぎ」、あるいは薪にする木を搬出する「ショッキ担ぎ」という仕事があった。さらに杉の植林の隆盛は、焼き畑を植林と組み合わせるという形で農業形態にも変化を促す。杉を伐採した跡地を焼き畑地として利用するあり方は、その性格から「林業の地拵えを目的とする焼き畑」で、「林業前作農業」として位置付けられるものだ〔佐々木　一九七二　一四七〕。こうした林業を中心とする生業構造の再編のなかに、明治末期以降、この地に住む人々は多かれ少なかれ巻き込まれてゆくことになる。

山師の仕事も林業地としての成立に付随してのものだ。だが、これは杉の伐採夫や運搬に携わる仕事とは、ある一点で決定的に異なる。それは山師としての仕事では、杉を市場における商品というまなざしのもとに見なければならないという点だ。伐採や運搬という仕事は直接的には市場の動向とは関わりなくなされる。

支払われる賃金も木材市場の動向によって大きな目で見れば左右されるとはいうものの、基本的には一定である。ところが山師の場合は自ら杉の立木の売買を行なう以上、その判断は市場の動向に大きく左右されざるをえない。そしてその市場も、すでに見たように、木材の輸送条件の進展、その結果としての木材供給圏の拡大といった事態に対応した、全国的な規模の流通範囲を想定しなければならないものである。さらには大正九年以降、アメリカ材の輸入の本格的な増加にともない、国内木材価格が暴落したように〔赤井　一九六八　一三四〕、対外的な動向をも視野に収めねばならない性格を、木材の取引では要求される。

近代的輸送活動によって影響を受けた、このような商品としてのあり方についてシベルブシュは、こう、指摘する。生産と消費とが同じ場所に結び付いているかぎり、商品はそれが生産され、消費される場所の特色を維持し、そのたどる流通経過の見渡しもきく。ところが生産地と消費地とが、近代輸送活動により空間的に分断されると、商品はその地方の特色、地方との一体性を失う。生産地での具体的感覚的な特性は、遠く離れた市場では、経済的価値として、同時に感覚的には消費の対象として理解されるのだ、と〔シベルブシュ　一九八二　五八〕。

山での多様な仕事も、杉のこうした商品としての特性に大きく規定されているといってよい。生産地で、たとえば伐採、運搬という仕事の場で認知される杉の具体的身体的な特性は、市場での杉に対する認知とは、また異なったものである。一方、山師は生産地に居住しながら、同時に市場での杉の商品としてのあり方にも意識的でなければならない。そうした違いが端的に表われるのが、杉の立木を山林所有者から売買する場だ。全国的な木林市場の動向を展望した場合、第一次大戦前までは森林所有者が木材の価格動向などに関する市場知識が乏しく、価格が山元素材業者によって決定されることが多かったとされる〔赤井　一九六八　六八〕。だが、こうした状況は中田沢一帯では昭和初期まで見られる。この時期まで山林所有者は、山の売買の基本的知識である立木の石数計算もなしえず、山師の計算に任せる場合が少なくなかったという。杉を市場での商品としてみるまなざしが、ここには大きく欠落している。林業地として成立したとはいえ、個々の山林所有者の持つ山の面積自体、大規模な林業地とは比較にならぬ程度であったという事情もそこには作用していたのかもしれない。

いずれにせよ、林業従事者や、さらには山林所有者でさえも、杉を自らの住む生産地という限られた拡がりのなかで具体的身体的にのみ把握していたのに対し、山師としての仕事は、それを越えて遠隔の消費地をも視野に収めねばならぬものだったことは確かである。平助主人祖父の情報収集に対する姿勢も、こうした視野の拡がりのなかで身につけたものであっただろう。そして自らの住む場を越えた視野自体、市場経済の動向に規定されて形成されたのと同時に、明治から大正にかけた情報流通のあり方の変動と対応したものであったことに注意しておきたい。

柳田国男の『明治大正史世相篇』の第六章「新交通と文化輸送者」末尾を引用しつつ、山室信一はこの時期の情報流通の変容を「村と村とがいわば水平に次々と循環的に連なっていた知識の回路が、村々をつっって走る鉄道や道路によって断ち切られ、いわば面は点と化し、それらの点にむけて唯一の情報の水源地となった中央からの画一化された、それゆえむらやむらびとの生活から切り離されたどこかよそよそしい装いをもった情報が急激に一方的に降り注」ぐようになった、と記す。むろん、これはけっしてマイナス面のみをもたらしたわけではない。「新たな交通は、それに相ふさわしい人と人との交わり方を生み、知識の流れもまた新しい通い路と担い手と媒体とを見い出す」〔山室　一九八四　九八〕。蒸気船という新しい交通機関がもたらす、県庁所在地さらに首都東京からの情報を機敏に入手し、自らの商売に役立てようとする姿勢は、従来の情報の流通への対応とは異なったものである。市場が中央に集権化されてゆくのと同時に、情報の流通も中央を指向して再編される。こうした動向に対応しうるだけの身のあり方が、山師という仕事を通じて形成された、そういってよいはずだ。

平助の「家」の蓄財をめぐっての、二つの相反する方向からの語りは、おそらくこうした状況を鑑みてはじめて理解されよう。一方は、自らの住む杉生産地としての限られた範囲からの体験談と相まって、「異人殺し」の話といった想像力のより作用する解釈がある程度の信憑性を持ってくだされる。他方、当の平助では山師を仕事にすることによって、具体的には情報収集といった形で、自らの住む場を越えた世界の拡がりを獲得し、その結果として蓄財が可能になったという語りをする。そしてこうした差は、全国的な規模を単位とした市場経済が成立し、具体的には林業を媒介としてこの地にも広域的な経済システムが波及してくる過程での身のあり方の差異として理解されうるものだ。

カール・シュミットは、自らを取り巻く世界の拡がりの差異について、こう述べる。人間は自分の「空間」についてある一定の意識を持っており、種々様々な生活形態には同じく種々様々な空間が対応している。同時代においてさえ、日々の生活の実践の場面を見ると個々の人間の環境はその様々な職業によって規定される。さらにこうした意識は大きな歴史的変遷に左右され、歴史上の大きな変革は空間像の変化と結び付いている、と〔シュミット　一九七一　五二〕。明治から大正という、全国的な拡がりのなかで経済システムが再編される大きな変革の時代にあって、山の仕事に従事する人々の間でも、その職種に応じた世界の拡がりが獲得されていった。だが、その範囲は職種によって大きく異なっていた。そうした落差から生じたのが、一方では「異人殺し」の話であり、(3) 他方は「勤倹力行」「質素・倹約」を旨とし、かつ機敏に状況に対応しえる人物像の記憶であった。まとめればそういうことになるはずだ。

五　「家」の盛衰をめぐる話の言葉の歴史性

ある特定の「家」の盛衰をめぐる話は、当の「家」とその周囲の側のものとでは、大きく異なっていた。その背後には、山に関わる仕事の違いに対応した世界の拡がりの差異が横たわっていたことを、すでに確認した。だが、その一方、今ひとつ見なければならないのは、それぞれの側で語られている話の担う歴史性ということだ。そして同時にこのことは情報の流通のあり方の相違としても問題にされなければならない。一言でいえば「異人殺し」の話は近世的な情報媒体に根を持つものであるのに対し、当の「家」の語る盛衰の話は近代的な情報媒体に規定されたものであるという違いだ。

「異人殺し」譚を「家」盛衰の問題として取りあげた郷田洋文は、その話の流布の背後に遊行する宗教者の存在を指摘する。そして「家」の盛衰に遊行者が関係する伝説が多いのも、遊行者の力が「家」の盛衰存続を支配することを信じる背景があったからで、その結果先祖の祭祀にも廻遊する宗教者の介入が認められるという〔郷田　一九五四　三四〜三五〕。さらに、こうした話の生成にはシャーマンが関与していることを、小松和彦が述べている〔小松　一九八九　一〇〜三五〕。また、「異人殺し」の話の流布にあたっては宗教者ではなくとも、遍歴する芸能者、たとえば瞽女がそこに関与していたことも看過しえない〔野村　一九八四　五二〇〕。

このような話に関わる遊行の宗教者や、遍歴の芸能者は、むらからむらへと順にめぐっては情報の提供を行なうという性格を持つ。それゆえ、さきに引用した山室信一の言葉を借りれば、「村と村とがいわば水平に次々と循環的に連なっていた知識の回路」を担うものとして位置付けることができよう。その意味で「異人殺し」譚を含めた「家」の盛衰の話は近世的な情報の媒体に規定された性格を持つものといってよい。

とはいえ、現在得られる「異人殺し」の話の性格を近世的とのみ、把えることは正確ではない。というのも、話の管理者である遊行の宗教者などは、近代に入るにつれ、乞食・物乞いの類にほかならないとする視点が次第に強調されるに至り、制度的な保護の対象へと転化してゆくからである〔真野　一九八〇　二二八〕。その結果として、彼らの管理していた話自体の位置も微妙な変化を被らざるをえない。本稿で挙げた例で「異人殺し」譚がいずれも「本当にあったかどうかはわからない」という疑問符付きで語られているように、話自体の真偽のほどが、現在では話し手自身にも疑われているのである。こうした話は話し手自ら立証しえる事象と相まって、はじめてある程度の信憑性を獲得しうる。逆に言えば、現在、「異人殺し」譚それ自体では、十分な信憑性を獲得しえなくなっているということだ。ここに遍歴の宗教者が「宗教者」として遇されていた時代とは異なった話の受容のあり方を見いだすことができよう。そしてその背景には、こうした話を管理する宗教者への抑圧の視線があり、それが話自体の信憑性への疑義にもつながっていると見ることができるはずだ。

一方、「異人殺し」を噂される当の「家」では、全く異なった話が展開される。自らの「家」の蓄財過程を、機敏に現状を把握して状況に対応しうるだけの機転と才覚に求める話に加え、困窮に屈せずに努力を積み重ねて次第に財を増やしてゆく姿として描く話がそれだ。とりわけ後者は「勤倹力行」「質素・倹約」という言葉に収斂されてゆくような内容を持って語られていることに注意しておきたい。というのも、勤倹力行をはじめ勤勉・倹約・謙譲・孝行といった通俗道徳的な日常生活の規範は、「民俗的習慣を変革させて広汎な民衆をあらたな生活規律――自己鍛錬へとかりたてる具体的な形態であ」り、それゆえ「近代社会成立過程にあらわれた特有の意識形態」〔安丸　一九七四　二八〕として把握することのできるものだからである。[4]自らの「家」の記憶をめぐってなされる平助の語りは、だから近代社会成立過程における意識形態に強く規定されたものとみなしうる。

　こうした通俗道徳的な生活規範は、歴史的に見ると、近世の儒教と仏教の宿命論に対する能動性・主体性の哲学の樹立として位置付けしえ、広汎な人々の自己形成・自己解放の努力が込められる歴史的・具体的な形態であった〔安丸　一九七四　八〜九〕。とはいえ、一方ではこうした規範が支配秩序の安定化の維持に連なるという点で、繰り返し教育・宣伝されたという面があったことも看過しえない。そしてその浸透のための具体的な媒体として、学校教育や様々な社会教育の場といった、国家の政策となんらかの形で結び付いた場が利用されたことに、従来とは異なった情報の流通のあり方を見いだすことができよう。ふたたび山室信一の一節を借りれば「中央からの画一化された、それゆえむらやむらびとの生活から切り離された」言葉がここに流通することになる。そして同時にそれは「中央の」という形で権威化された力を持つものであったことも忘れてはなるまい。

　通俗道徳的な規範に強く規定された平助の「家」の記憶の語り自体、一面ではこうした教育・宣伝によって方向付けられたものと見ることができる。具体的にどのように通俗道徳的な言説の流布がなされたのか、平助の主人の場合を、大正期から昭和初期にかけて時代をとると、まず「善心会」というこの地域一帯での民間教化団体の存在が注意される。この県に広く購読層を持つ地方新聞によれば会の発足は大正九年。近隣四か村の寺院が連合し「正義人道に基き社会の公安を維持し刑余の同胞及釈放者を保護し更に犯罪を未然に防止する目的を以て組織」し、その発会式には警察署長が開会の辞を述べ、さらに「陛下の聖祝を奉修」するといったものだった。「出獄人または窮民保護及び思想善導」を目的としてその事業は様々行なわれたものの、発会から半年ほど経た時点では、特に講演会を四四回と、数多く開催していることが目を引く。中でも大正一〇年五月に小学校を会場とした「思想上に関する熱誠なる講演」会では聴衆者の数は七〇〇名にも達したと、その盛況を新聞は伝える。平助の主人自身、こうした講演会に何度も足を運び、今でもその内容を脳裏に刻みこむ。

「陛下の聖祝を奉修」し警察署長も関与するといった形で権威付けられた善心会が、民間の教化団体であったのに対し、学校教育の場でも繰り返し通俗道徳的な規範が教化されていたことはいうまでもない。全国一律の教化内容に加え、さらに地域的色彩を色濃くした教材も編纂されている。本稿での調査地で言えば、郡単位の教員協議会が編集に携わった『修身例話集』がそれだ。昭和六年に刊行されたこの書は、緒言に「隠れた善行者を顕彰して後世に伝える事は後人の義務である。而して其の高風を追慕し、私淑することによって如何に人心が鼓舞されるかは今更呶々するまでもない。況や其の郷土を同じうする事に於て更に深いものがあると信ずる」と述べ、具体的な人物を媒体とした教化をここで目的としていることが端的にうかがえる。掲載された総計四六名はそれぞれ名前と町村名に加え、その徳目が冒頭に紹介されている。徳目の内容は多岐にわたるが、質素・勤勉・質実剛健・努力・孝行といった通俗道徳的な規範に則したものが多く、目に付く。

　講演や演説といった「多数の聴衆を前にした身体的表現をも含めた、モノローグ的表現という、それまで我が国の表現領域には存在しなかった、新しいメディア」〔小森　一九八六　二五一〕を積極的に利用しつつ善心会が教化活動を展開し、また学校教育という場では文字メディア、具体的には教科書が通俗道徳的な生活規範の浸透を図る手段として活用されていた。従来にない形で新たなメディアがここに用いられていたのである。それゆえ、通俗道徳的規範は意識形態として見た場合、安丸が述べるように「近代社会成立過程にあらわれた特有の」ものであると同時に、その流布の形態を見ても近代的な媒体に大きく依拠したものと見ることができる。そしてこうした言葉の状況のもとに、平助の「家」の過去が通俗道徳的な言説に則した方向性で語られていることは注意に価しよう。その意味で平助での自己の「家」にまつわる語りは、近代的な言葉の状況と対応したものとみなすことができると言ってよいはずだ。

「異人殺し」の話は近世的な言葉の状況に根を持つがゆえに、時代の変化にともなって一層ネガティヴなものたらざるをえないことになる。反面、通俗道徳的規範に則した形で展開される言説は、近代的な言葉の状況に対応し、秩序の安定化に機能するという点で正の価値を担わされることになろう。ただし注意しておきたい。後者の言説が支配秩序によって強制される、一方向的なものだと単純に断定はできないということを。というのも、こうした言説を展開することによって自らの「家」の独自性・優位性を、他の「家」に対して示すことができるからである。しかもそれは様々な近代的なメディアによって、その正当性・権威性を保証されたものである。他方、「異人殺し」の話といったような形でなされる「家」の評価はかつてはむらのなかでの秩序維持の機能を果たしえていたとしても、通俗道徳的な言説とは異なり、積極的な正当性を主張しうるだけの権威の裏付けを持たない。その意味で具体的には勤勉や質実剛健といったような形で表出される言説は、個々の家々を村落的な限られた世界の拡がりのなかでの評価基準から解き放ち、国家的な拡がりを持つ場のなかに位置付けてゆく方向性をも内包していたということになろう。前節で述べたような、自らある世界の拡がりの差異に根ざす、蓄財の理由を示す語りの差異は、また、こうした言葉自体のはらむ歴史性の文脈のもとにも読み解かれねばならない。「家」の盛衰をめぐる様々な話から浮び上がるのは、大きな時代の転換のもとで人々がどのような身のあり方、世界の拡がりを獲得していったのかといったダイナミズムの構造であるといってよい。

注

（1）たとえば小松和彦の「異人殺し」に関する研究が、その代表的なものだ。小松は「家」の盛衰を支配する神秘的な力が「民俗社会」の内部にあるか、それとも外部にあるかという側面と、一方盛衰した特定の「家」に対しての忌避、差別の有無という側面との二つの面から、「家」の盛衰にまつわる神霊を四つに分類している〔小松　一九八五　三四〜四六〕。

（2）「山村調査」の位置付けに関しては拙稿「『山村調査』の学史的再検討」（『日本民俗学』一九一号、平成四年）を参照のこと。

（3）さらにいえば、明治時代に支配していた「立身出世」という物語が全くの夢物語になり、一代で財をなすということ自体、自らのまっとうな努力だけでは到底かなわない、というどこか閉塞した今の社会状況が、ここでの「異人殺し」の話にも反映していると見ることができるかもしれない。

（4）むろん、ここで語られている二つの側面、すなわち状況を的確に判断する機敏さと「勤倹力行」との二つは、矛盾するような性格を持つのではない。通俗道徳が新たな生活規律へと駆り立てる過程は、自らを従来の規範から解き放つという積極性の獲得をも一方では意味するはずだからである。

引用文献

赤井英夫
一九六八　『木材市場の展開過程』
大間知篤三
一九三七　「家の盛衰」『山村生活の研究』（昭和一三年刊の再版本の昭和五〇年国書刊行会復刻本を使用）
郷田洋文
一九五四　「家の盛衰と伝説」『日本民俗学』一―四
小松和彦
一九八五　『異人論』

一九八九　『悪霊論』
小森陽一
一九八六　「解説〈思想〉としての〈文体〉、〈文体〉としての〈思想〉」『近代文学の成立　思想と文体の模索』小森陽一編
佐々木高明
一九七二　『日本の焼畑』
守随一
一九三六　「家の盛衰について」『山村生活調査第二回報告書』（『山村海村民俗の研究』として名著出版からの復刊本を使用）
真野俊和
一九八〇　『旅のなかの宗教　巡礼の民俗誌』
千葉徳爾
一九五二　「家の盛衰に関する民間伝承を通じてみた北上地方の経済的変遷」『地理学評論』二五―九
戸塚ひろみ
一九七九　「『六部殺し』の深層」『民話と文学』第六号
野村純一
一九八四　「世間話と『こんな晩』」『昔話伝承の研究』
比嘉春潮他編
一九八四　『郷土研究採集手帖』（『山村海村民俗の研究』として名著出版からの復刊本を使用）
藤田佳久
一九七七　「林業――育成林業の地域形成とその分析」『新訂経済地理Ⅰ』伊藤郷平他編
宮本袈裟雄
一九九〇　「家の衰退・没落伝承と祟り」『民俗学の進展と課題』竹田旦編

安丸良夫
一九七四『日本の近代化と民衆思想』
山室信一
一九八四「知識循環のメディアと場」『日本文化研究序研究報告』第二〇集　東北大学日本文化研究施設
シベルブシュ、ヴォルフガング
一九八二『鉄道旅行の歴史』加藤二郎訳
シュミット、カール
一九七一『陸と海と——世界史的一考察——』生松敬三、前野光弘訳

収録論文解題

中本剛二

柳田國男「人柱と松浦佐用媛」『民族』第二巻第三号、一九二七年、及び『妹の力』創元社　一九四〇年、及び『定本柳田國男集』第九巻　筑摩書房　一九六九年

柳田國男の供犠・生贄に関する論考は数多く、本論以外に代表的なものだけでも、「掛神の信仰に就て」（『仏教史学』第一篇第八号　一九一一年及び『定本柳田國男集』第二七巻、筑摩書房、一九七〇年）、「一目小僧」（「東京日日新聞」一九一七年、『一つ目小僧その他』一九三四年及び『定本柳田國男集』第五巻　筑摩書房　一九六二年）、「人を神に祀る風習」（『民族』二巻一号一九二六、及び『定本柳田國男集』第一〇巻　筑摩書房　一九六二年）、「松王健児の物語」（『妹の力』創元社　一九四〇及び『定本柳田國男集』第九巻　筑摩書房　一九六二年）などがある。その変遷をここで詳しく追うことはできないが、例えば「一目小僧」には、「ずつと昔の大昔には、祭りの度ごとにひとりづゝの神主を殺す風習があつて、その用に宛てられるべき神主は前年度の祭りの時から、籤または神託によつて定まつてをり、これを常の人と弁別せしむるために、片目だけ傷つけておいたのではないか」とあるように、初期には、人を贄とする風習が実在したことを確信していたように思われる。だが時代が下るにつれ、興味の重点は説話の中の供犠と、それらを支える「日本人」の心性へと移行していったように思われる。本論文の興味は人身御供の話がいかにして伝えられ、またどのように根付いたのかというところにある。

柳田の人柱や人身御供に関する興味の変遷については、赤坂憲雄『柳田國男の読み方』（ちくま新書、一九九四）において触れられている。また、本論文と南方熊楠の「人柱の話」（『変態心理』一六巻三号、及び『南方熊楠全集』第二巻　平凡社　一九七一年）の比較のもとに、柳田と熊楠の人柱に対するスタンスの違いを論じたものとして、中沢新一「南方民俗学入門」（『森のバロック』せりか書房　一九九二年）などがある。

肥後和男「八岐の大蛇（抄）」『古代伝承研究』河出書房　一九三八年及びアジア図書センター　一九八五年

筆者は古代史を専門とする歴史学者であるが、考古学や民俗学的方法にも長じ、それらの分野でも優れた業績を残している。

本論は素戔嗚尊に関する伝承を中心として論じた、『古代伝承研究』に収録されている「八岐の大蛇　下」に当たる部分である。前半部は近畿地方と出雲における蛇にまつわる儀礼や信仰の事例を列挙している。『古代伝承研究』の「序文」に、「地方村落の間には、古代がそのままに残存してゐるといつても良いのであつて」、「古代の社会生活は確かに現代社会の中にその儘保存されてゐるのであつて民俗学が歴史学の一の方法として十分に成立することはいかにしても之を否定し得ないのである」とあるように、筆者は古代の残存として民俗、特に祭儀を捉えている。それらの事例から蛇が神、とくに山の神あるいは水神や穀神であったことを確認する。それらの神は自然の表象としての荒ぶる神であり、それらとの宥和の為に生贄が差し出されていた。しかし、素戔嗚尊伝承においては八岐の大蛇は素戔嗚尊に退治されるのであり、それは人間自覚の発達による、人間による動物神の否定であり、八岐の大蛇から素戔嗚尊へ、という動物神から人格神への変化を秩序の発生と関連させて論じている。また、さらなる解釈の可能性として穀霊を殺すことにより豊穣を祈る、というフレーザー的な呪術的意味の可能性も示唆している。いずれにせよ、資料的にも充実しており、また後の「自然から文化への移行」や「カオスからコスモスへ」、といった議論に通じるものがあり、生贄について考える際に欠かすことのできない論考である。

宮田登「献身のフォルク」『献身』（ふぉるく選書五）弘文堂　一九七五年

本論は『献身』（富倉光雄他著、弘文堂　一九七五年）の第二章である。本章の執筆は宮田登氏によるものである。一冊の著作の一部であるため、他の章と関連する部分など本論だけでは分かりにくい部分もある。しかし日本における人身供犠、つまり人身御供や人柱の伝説について、その代表的なテクストや伝説について網羅的に紹介し、またそれまでの南方熊楠、高木敏雄、柳田國男などから一九七〇年代までの論客それぞれの解釈とスタンスについて整理、解説がなされている。特に柳田民俗学を、実際の有無という関心ではなく、人身御供、人柱の伝説を時代や社会の反映と認識し、記憶としてのそれらを重視するものであり、そこから日本人の精神構造に焦点を当てるものとして評価しつつ、論を進めている。

西郷信綱「イケニヘについて——神話と象徴——」『神話と国家』(平凡社選書五三)平凡社　一九七七年

本論においてはイケニヘとは「生きたまま」の意ではなく、「活かしておいたものを」神に供えるのが原義ではないか、という疑問からはじまる。祭礼のために獣類を活け飼いにすることは、その動物を自然の状態から文化の状態に移行させることであり、ニエとされる獣類は共同体の象徴となる。その象徴の死を通して共同体はひとたび死に、そして再生する。そのような過程でイケニへである獣類は人間と等価となるのであり、獣類を神に供えるニヘマツリが説話的に転調したものが人を神に捧げる人身御供譚である、と論じる。

若尾五雄「人柱と築堤工法」『金属、鬼、人柱その他』堺屋図書　一九八五年

本稿は人柱に関する伝説を、それらに登場する用語やモチーフと土木・技術用語や工法との照合のもとに読み解こうとするきわめて斬新な視点から記された論文である。マツラ、袴(の横継ぎ)、勢子(背子)といった人柱伝説にはおなじみの言葉が、いずれも築堤に関する土木用語に存在するものであることを示し、またそれらが新しい技術として伝播する際に道祖神信仰に結びつくなどして擬人化されたものが人柱伝説ではないか、と論じる。柳田民俗学が主たる対象としたのは農業であり、それらから漏れる土木業などとの関連で伝説が論じられることは少なかった、という指摘ももっともであり、柳田民俗学の功罪から現在の民俗学における課題に至るまで、様々な意味で示唆に富む論文となっている。

赤坂憲雄「人身御供譚への序章」『物語・差別・天皇制』五月社　一九八五年

本論は人身御供、供犠の物語は高木敏雄のように実際にはなかった「空想的産物」として史実を否定するために読み解かれるべきでもなく、また前出の西郷信綱のように獣類のイケニエを神に供えるニエマツリを核として、それが説話化されることで人身御供譚が成立したことを推測させるものでもないことを指摘する。今村仁司の第

三項排除論やルネ・ジラールの「贖罪のいけにえ」(共同体内部)と「儀礼のいけにえ」(共同体外部)といった区別を援用しながら、人身御供譚とは、カオスからコスモスへと、人間/神、内部/外部、聖/俗の間の境界の確定を物語るものであり、また、それらの過程は排除と同時に内面化の作業を伴い、否認と同時に再認をおこなう逆説をはらんだものであることを論じる。

なお、本論の続編的性格の論文として「人身御供譚の構造」(『境界の発生』砂子屋書房　一九八九)がある。

三浦佑之「イケニヘ譚の発生――縄文と弥生のはざまに――」『供犠の深層へ』(叢書・史層を掘るIV)新曜社　一九九二年

本論はイケニヘ譚の発生を縄文時代から弥生時代への変化における隔たりと連続性から読み解こうとするものである。縄文から弥生へと、狩猟社会から農耕社会へと変化する中で、自然(神)との関係性/契約は変容する。稲作は自然を破壊するものであり、また神の世界から「盗み」もたらされたものであるといった〈負性〉のために、イケニヘを必然的に要請するものであるとし、そこにイケニヘ譚の発生を読み解く。

なお、本論文は加筆・修正の後、筆者の単著『神話と歴史叙述』(若草書房、一九九八年)のなかの、III〈起源神話と神々の大地〉第二章「イケニヘ譚の発生――農耕と縄文と」として収録。〔のち、講談社学術文庫〕

中村生雄「イケニヘ祭祀の起源――供犠論の日本的展開のために――」静岡県立大学国際関係学部編『課題としての日本』一九九五年

筆者は日本思想史、宗教学を専門とする研究者であり、王権から肉食、殺生、そして贄(ニエ)の問題などについて、幅広い視点から「日本」を捉えなおす研究を行なっている。

本論は前出の西郷、赤坂、三浦論文をふまえ、イケニヘ祭祀の起源について二つの視点からの分析を試みている。第一の視点は、自然の神(祟り神)から文化の神(守り神)への交替、つまりは祟り神によるイケニヘの消費から来訪神に妻を差し出すという共同体の再生産へ、という神々との関係性の転換という視点であり、第二の視点は儀礼的なレヴェルでの神人共食という視点である。それは新しい文化の神と同盟した共同体が、古い自然の神の象徴である動物を新しい神と分け合いつつ食う、という古い自然の神に対する勝利の確認作業であることを論じている。
なお、本論文は加筆・修正の後、筆者の単著『祭祀と供犠――日本人の自然観・動物観』（法藏館、二〇〇一年）に収録されている。

民俗学において生贄にまつわる議論は近年比較的活発といっていいだろう。今後の研究にも注目していきたい。なお一冊の著作として一部を取り出すことが難しいものや、かなりの長文となる論考については掲載を見送らざるを得なかった。また二〇世紀初頭の人柱、生贄に関する論考を集成した『生贄と人柱の民俗学』（礫川全次編著、批評社　一九九八年）との重複はなるべく避けた。
なお、赤坂憲雄、三浦佑之、中村生雄の各氏は、供犠について活発な議論、発表を行なっている「供犠論研究会」の発足呼びかけ人である。当会のホームページ（http://homepage1.nifty.com/kugiron/index.htm）においてもその活動の報告がなされ、熱い議論が繰り広げられている。そちらも一度ご覧頂きたい。

桂井和雄「遍路や六部などの持ち金を盗んだ家筋の話」『季刊民話』七号　一九七六年
家の盛衰との関連において異人殺し伝説を論じたものには、早くは郷田洋文「家の盛衰と伝説」（『日本民俗学』一－四　一九五四年）がある。
本論は、「異人」というタームが使用されることはないが、後の一連の異人研究に大きな影響を与えた論文であり、資料的にも興味深い。その内容は主に高知県における、特定の家筋にまつわる遍路や六部殺害に関する伝説（筆者はむしろ世間話の部類に入るもの、と指摘しているが）の事例報告である。それらに対する考察はごく短いものであるが、それらの伝説が、それらが語られる、あるいは書き記されるコンテクストにより変容する様態を示し、村落社会に「実在の話に感受する心意と、それを公にするのをはばかる緊張があったにほかならぬ」といったこと、また家の盛衰に関連付けてそれらが語られることなどを指摘している。後の一連の異人に関する論考にも多く引かれており、示唆に富む内容となっている。

吉田禎吾「よそ者・来訪者の観念」『日本人の社会』（講座比較文化六）研究社　一九七七年
筆者は社会人類学者であり、代表的な著作として、

『日本の憑きもの』（中公新書　一九七二年）や『魔性の文化誌』（研究社出版　一九七六年）などがある。

本論は文化（社会）人類学的な、人類に普遍な二項対立的思考とその仲介者の両義性といった知見に基づき、日本人の「内」と「外」、とりわけ村とその外部との関係性において、両義的な存在とみなされ歓待され、また排除される存在として、憑き物筋、異人、水死体をエビスとして祀るエビス信仰などについて、広く豊富に事例を紹介しつつ論じている。

小松和彦「異人殺しのフォークロア——その構造と変容——」『現代思想』一九八四年一一、一二月号及び『異人論』青土社　一九八五年、及び筑摩書房　一九九五年（ちくま学芸文庫）

本稿を含む『異人論』は、八〇年代の「異人ブーム」を巻き起こした著作である。異人殺し伝説は、それが語られる地域での特定の家の盛衰という「異常」を説明する際に、必要に応じて選択される説明体系のヴァリエーションの一つであり、民俗社会の外部にその力の源泉を求め、その家の忌避、差別を伴うものである。また、異人殺し伝説もそれが語られるコンテクストにより、また現実のどのレベルを説明するのかにより変容し、産出されるものであり、伝説というジャンルをも踏み越えていくものであることを論じる。本論文の示唆するところは多岐に及ぶが、「異人殺し」のフォークロアは民俗社会の人々の異人に対する恐怖と排除の思想に支えられたものであり、共同体がそれらの物語を語り出すことで特定の家を排除する機能を合わせもつものであること、「神霊の虐待」から「異人殺し」伝承へ、といった時間軸上にその変遷を配置できるものではなく、それが現実のどの層を語るのかにより様々に変形するものであること、などである。本論の続編的な性質を持つ論文として、異人殺し伝説を語り出すシャーマンの役割に注目した「異人殺し伝説の生成」や、貨幣経済の浸透に伴う共同体の変質による、また経済的な現象としての「家の盛衰」を、共同体の側から解釈する回路としての「異人殺し」伝説と、その歴史的位相を論じる「異人殺し伝説の歴史と意味」（ともに『悪霊論』青土社　一九八九年及びちくま学芸文庫　一九九七年）などがある。その他小松の手による一連の異人論は周知のところである。

常光徹「異人殺し伝承の創造——若者たちの語る怪談と

『こんな晩』――」『口承文芸研究』一三　一九九〇年

筆者は口承文芸等を専門とする研究者であり、著作に『学校の怪談――口承文芸の展開と諸相』（ミネルヴァ書房、一九九三年）などがある。現代都市社会までも射程に入れた研究を精力的に発表している。

本論は現代の若者の間で語られる物語を、村落共同体を舞台に語られる異人殺し伝承と比較することによりその歴史性や類似性と差異について検討している。現代版異人殺しの物語からは、かつての異人殺し伝承を貫く因果応報思想は希薄化しているが、それは現代に生きる人々の「内と外」の観念や、美醜に偏執的にこだわる愛情の観念などを照射するものであり、異人殺しの物語が様々に相対化されつつ新たな意味をまとい、我々の眼前に現れ来ることを指摘している。現代社会における異人論のパースペクティヴを明示する論考である。

矢野敬一「『家』の盛衰――『異人殺し』のフォークロア――」『口承文芸研究』一五　一九九二年

本論は家の盛衰にまつわる説明の研究において、これまで、異人殺し伝承を始めとする神霊にことよせた超越的な説明体系が特権化されてきた状況を指摘し、本州中部地方のとあるフィールドにおいて家の盛衰をめぐる複数の語りを丹念に追い、より広い視野のもとで論じられたものである。「異人殺し」を語る側と語られる側の語りの差異は、空間的認識、市場経済へのまなざし、言葉／話の担う歴史性等において決定的な違いを示す。近代化における、人々を取り巻く状況の変化とそれらに対する身の処し方のダイナミズムがそこから浮上することを指摘する。

さて、これまでの論考を眺めて、生贄をめぐる問題群と異人をめぐる問題群が密接な関わりを持つことは明らかであろう。ただそれぞれが排除のメカニズムの一形態というだけではなく、どちらもが内部と外部、あるいは共同体（われわれ）と他者をめぐる物語であり、そのパースペクティヴは現代社会まで開かれたものである。常光の言葉を借りれば、生贄も異人も、「様々に相対化されつつ」我々の眼前に出現しているのである。本書が異人、生贄のみならずそれらを包括する大きな問題群を考える上で一助となれば幸いである。

異人・生贄

解説

小松和彦

I 「異人」とはなにか

「異人」とはなにかといった一般的な議論に関しては、すでに赤坂憲雄の『異人論序説』(砂子屋書房、一九八五年)において、また拙稿「異人論——「異人」から「他者」へ」(『岩波講座 現代社会学』第三巻、一九九五年)などで詳しく論じられているので、ここでは簡単に述べるに留めることにしよう。

「異人」とは、一言で言えば「境界」の「向こう側の世界」(異界)に属するとみなされた人のことである。その異人が「こちら側の世界」に現れたとき、「こちら側」の人びとにとって具体的な問題となる。つまり「異人」とは、相対的概念であり、関係概念なのである。

ところで、「こちら側」の人びとが接触あるいは想像する「異人」は、おおむね次の四つのタイプに分けられる。

①ある社会集団（共同体）を訪れ、一時的に滞在するが、所用を済ませればすぐに立ち去って行く「異人」。こうした「異人」の例として、遍歴する宗教者や職人、商人、乞食、観光目的の旅行者、聖地への巡礼者などを挙げることができる。

②ある社会集団（共同体）の外部からやってきて、その社会集団に定着することになった「異人」。こうした「異人」の例として、戦争や飢饉などによって自分の故郷を追われた難民、商売や布教のために定着した商人や宗教者、共同体を追われた犯罪者、「異国」から奴隷などとして強制的に連行されてきた人々などを挙げることができる。

③ある社会集団（共同体）が、その内部からその成員をさまざまな理由から差別・排除する形で生まれてくる「異人」。前科者や障害者、金持ちや貧乏な人などが、この「異人」の位置に組み入れられることが多い。

④空間的にはるか彼方の「異界」に存在しているとされているために間接的にしか知らない、したがって想像のなかで一方的に関係を結んでいるにすぎない「異人」。海の向こうの外国人や、はるか彼方の「異界」に住むという「異神」たちが、こうした「異人」のカテゴリーを形成している。

こうした種類の「異人」たちが「異人」とみなされて社会集団の問題になってくるのは、当該集団がその集団としての「境界」を意識し、その集団の構成員とそれ以外の人びとを区別しようとするときである。人びとは「我々の集団・仲間」を作り出すために、その〈外部〉に「異人」を作り出すのである。この「異人」を媒介にして集団は結束し、その「異人」に対処する作法を編み出し、ときには歓待し、ときには差別や排除に及ぶことになる。

すでに述べたように「異人」とは関係概念である。したがって、「ある特定の集団にとって」という固定化をはかることによってしか具体的な「異人」は現れてこない。従来の異人論の多くは、いいかえれば、民俗学的な異人論はこの「特定の集団」を「民俗社会」(村落共同体)に求めてきた。すなわち、民俗社会の〈外部〉に属し、さまざまな機会を通じてその構成員と接触する人びとを、つまり定期的にあるいは不定期的に共同体を訪れる旅人たちを具体的対象としてきた。

こうした人びとは、共同体に対して「福」をもたらす存在か、それとも「災厄」をもたらす存在かをにわかには判断しがたい。このために、来訪当初は両義的なイメージを帯びている。それがやがて、共同体の異人解読装置による解読にしたがって、また両者の間になんらかの関係が作り出され、その両義性は解消してゆくことになるのである。異人論が着目したのは、この異人解読装置とその装置を運用した「異人」への対処方法であった。

異人論の先駆的研究として位置づけられる研究は、折口信夫のマレビト論であり(「国文学の発生・第三稿」『折口信夫全集』第一巻、中央公論社、一九五四年)、岡正雄の異人論(「異人その他――古代経済史研究序説草案の控へ」『民族』第三巻四号、一九二八年)であろう。

折口の「マレビト」概念は彼自身が厳密な定義をおこなっていないこともあって難解であるが、その概念は二重構造になっていると思われる。一次的マレビトは来訪神のことであり、二次的マレビトが共同体の外部から訪れる祝福芸能者のたぐいとして想定されている。共同体の人びとはこれら祝福芸能者を「神」そのものもしくはその代理人とみなすことによって歓迎し、その祝福を受けることで共同体の繁栄が期待されたものであった。すなわち、共同体の来訪神信仰との関係のなかで「異人」を理解すべきであるということを示唆したわけである。この異人歓待の習俗に着目した神話研究が、たとえば、松本信広「客人歓待説話考」

『日本神話の研究』(平凡社、東洋文庫、一九七一年)である。

折口はこうした観念が十全に機能していた時代を古代に想定し、時代が下るにつれて衰退した結果、祝福芸能者の排除や神の妖怪化が生じたと考えていた。たしかに、このような「異人」理解は、日本文化研究において有効な考え方である。たとえば、托鉢して回る僧に関して、信仰があれば彼に人びとは手を合わせ喜んで米や銭を施すが、人びとから仏教や僧に対する信仰がなくなれば米や銭を喜捨する人もなくなり、彼は乞食に等しい存在に成り果てるだろう。折口の眼差しのなかにあったヤクザやゴロツキのたぐいは、そうした聖なる異人の末裔であった。しかし、異人歓待の思想が十全に展開していた古代においては、「異人」が排除されることがなかったのか、ということになると大いに疑問である。

折口のマレビト論に刺激されて書かれた岡正雄の異人論は、副題が示すように、折口とは視点が異なり、経済的な関係つまり交易関係として把握する方向を論じている。たとえば、彼は次のように言う。「……経済史にとつて異人は第一次的概念であり、また宗教史においても神表象のある型式は、この概念を予想しなければならない。即ちこの『異人』の表象概念は文化史の様々の方面に印象もしくは型を残して居る。……原始民族が相互に異族として接触する場合、必然的に両者は争闘的関係に入るといふ提説はそのままに受容れられない。そうして多くの学者は、先ず好意的贈答が(少くとも多数の民族と場所とにおいて)一次的関係であるとした。この好意的贈答は、広く各民族間に行わるる客人款待の習俗を前提とした」。ところが、このように述べつつも、岡正雄は「客人款待の風習を、ただ単に未開人の善良なまた好意的性質(この事が已に独断であるが)をもって説明することは不充分であろう」と述べているように、その習俗の裏には、じつは異人恐怖・異人排除の念が隠されていたことにも注意を向けていた。この恐怖心が表面化すれば「異人」排除に及んだことは、古代でも変わらなかったわけである。この場合も、自分たちとは異なった、災厄をもたらすことになるであろう「人」と判断される場合と、「人」以外の邪悪な存在つまり「悪霊」のたぐいとみなされて処理される場合とがあるといえるであろう。

このあたりのことを考える手がかりとなる論考として、本巻では、吉田禎吾「よそ者・来訪者の観念」を収録した。この種の論文に紹介されている多くの事例に触れることで、問題の広がりと研究の方向性を探ることができるはずである。

しかしながら、多方面に展開してよかったはずなのに、従来の異人研究は、前者の好ましい側面に着目することによって展開してきた。したがって、そうした側面から描き出される共同体は、共同体の〈外部〉からやってくる人びとにとって「優しい」共同体ということが強調されることになった。しかし、後者の側面に着目すれば、訪れる共同体は「恐ろしい」共同体ということになるはずである。本巻で強調しようと考えたのは、後者の側面である。これに関しては、赤坂憲雄や小松和彦の異人論に刺激されて書かれた、飯島吉晴「異人歓待・殺戮の伝説」(『日本伝説大系』別巻1、みずうみ書房、一九八九年)も参考になるだろう。

Ⅱ　異人・生贄・村落共同体

さて、本巻では、「怪異」あるいは「妖怪」という大きな枠組を意識しながら、「異人」と「生贄」というテーマにそった論考を集めてみた。二つのテーマは一見したところではあまり関係がなさそうにみえるかもしれない。だが、本巻に収録した論考をいくつか読んでみればわかると思うが、じつは密接な結びつきをもったテーマであるのだ。すなわち、「異人」をめぐるテーマを検討していくと、その一角に「生贄」のテーマが現れ、逆に「生贄」のテーマをめぐって考察を進めていくと、その一角に「異人」のテーマが現れてくるからである。そして、この二つのテーマを媒介しているテーマが、「人身供犠」(人身御供)もしくは「異人殺害」という説話的・儀礼的モチーフであると言えよう。別の表現をすれば、「異人」が「村落共同体」を訪れたとき、その共同体は異人を迎え入れてその村落祭祀のための「生贄」に利用したり、難工事の橋や築堤を成功させるための「人柱」に利用することがあったのだろうか、あるいはまた共同体の特定の家を「幸せ」にする目的のために殺害されることがあったのだろうか、といった問題群が浮かび上がってくるのである。このテーマは、じつは「異人」にとっては「共同体」も両義的なものであることを明らかにするはずである。

まず最初に、この巻で問題となっているテーマの核となる物語をいくつか紹介してみよう。『今昔物語集』巻二六に、「生贄」説話の典型ともいうべき物語が二話並んで載っているが、そのうちの一つが、以下の物語である。

飛驒の山中で迷った僧が山奥の村に招き入れられる。その僧を預かった家の者が、この僧をご馳走攻めにし、さらに娘をあてがって睦ませる。しばらくの間、その娘と夫婦として過ごしていたが、あるとき、妻の様子がおかしくなり、しかも一日に何度も食事を出して「男は太っているのがよい」と言う。不思議に思ってわけを聞くと、「この国の神は生贄を食うので、年に一度村人が順番に一人の生贄を差し出すことになっている。今年はわたしが差し出されることになっていたが、あなたがやってきてくれたので身代わりにしようということになったのです」と言う。夫が「その生贄は人が料理して差し出すのか」と問うと、「そうではなく、生贄を裸にしてまな板の上に載せて差し出し、それを神が料理する。生贄がよく肥えていないと、神が怒って作物を荒らすので、太ってもらうために、このように何度も食事を出すのです」と言う。さらに「その神の姿が猿だ」と聞いた夫は、妻に用意させた刀を隠し持って、生贄の祭儀に臨み、現れた神つまり猿を捕まえて、村に戻ってくる。

この「生贄」説話と関連するのが「人柱」説話である。次の話は『神道集』所載の「長柄の人柱」の伝説で、橋を守る女神である橋姫明神の縁起を説いたものである。

ある時、長柄の橋の工事をしているときであった。そこにたまたま旅の男が幼い娘を背負った妻とともに通りかかった。一行が橋の脇で休んでいると、雉の鳴く声がした。すると人びとがこの鳥を射って捕らえてしまった。その男はこれを見て、鳴き声を出さなければ射たれなかったろう、とつぶやいた。そして橋の材料の上に腰掛け、橋を架けるには人柱を立てるのがいいだろう。その人柱には浅黄色の袴をはき膝のあたりに白い布で継ぎ当てのある者がよい、と独白した。ふとしたことから橋奉行がその言葉を耳にして、その男を見ると、その男の姿が独白のなかで述べられていたのとそっくりであった。じつは、男は妻が自分の袴の破れ目を白い布で繕ってくれていたことを知らなかったのであった。そういうわけで、男は捕らえられて人柱にされてしまった。妻も子を背負って川に入水した。そのとき、「物言へば長柄の橋の橋柱　泣ずば雉のとられざらまし」と一首詠んだ。この女性が後の橋姫明神である。

この二つの事例を一読すればわかるように、いずれも〈外部〉からやってきた者がたまたま訪れた、もしくは通りかかった「共同体」を維持・救済するために利用される。もっとはっきりいえば、「共同体」というものは、それを維持のための仕掛けとして「異人の殺人」ということを抱えもっていたのであった。その意味でこの物語は恐ろしくもまた興味深い物語なのである。

ところが、こうした「生贄」（人身供犠）やそれに含めることができると思われる「人柱」の伝承に関する研究は、意外に少ない。「生贄」に関する先駆的な研究を行った研究者として、まず挙げなければならない研究者は、高木敏雄である。高木はその著『人身御供論』（『郷土研究』第一巻六〜十号、一九一三年、『日本神話伝説の研究2』、平凡社、一九七四年、に収録）で、『仏教史学』誌上で行われた、人身供犠が実際におこなわれたと主張する藤玄智とこれに反対する柳田國男との論争をふまえ、柳田側に立って、「何故に日本の学者は考古学的微証やその他の実物的材料の有無をほとんど顧慮せぬかのように、これらを全く伴わぬ記録や口承の伝承ばかりを根拠として、鬼の首を取ったような気になるのだろうか」と、古代における人身供犠祭祀の実在を否定する論を展開した。この論文で興味深くかつ有用な点は、豊富な資料を紹介するとともに、「人身御供」と「人柱」を「食べる」という点に着目して区別して考えるべきだと主張していることであろう。

柳田國男も「生贄」や「人柱」に深い関心を注いだ研究者で、たとえば『一つ目小僧その他』（『定本柳田國男集』第五巻、筑摩書房、一九六二年）で「ずっと昔の大昔には、祭りの度ごとに一人づつの神主を殺す風習があって」と述べているように、当初は実際に人身供犠がおこなわれていたとの見解に立っていたが、やがてそれを否定する方向に向かっていった。したがって、多くの民俗学者も、実際に人を生贄にするような祭儀は存在しなかった、つまり実践としての生贄の習俗を否定し、伝説上の出来事とみなすようになっていったのであった。ほぼ同じ頃に、南方熊楠は日本をはじめ世界各地の事例を紹介した「人柱の話」（『南方熊楠全集』第二巻、平凡社、一九七一年）において、「こんなことが外国に聞こえては大きな国辱という人もあらんかなれど、そんな国辱はどの国にもある」と言い放って、人柱が実際におこなわれていたことを当然のこととして記述している。

この南方の見解を引き継ぐような論文を展開したのが、高山純の「我国の人柱に関する民間信仰の起源についての比較民族学的研究」（『民族学研究』第三七巻二号、一九七二年）で、世界各地の人柱習俗や考古学的資料などに基づいて、生贄・人柱が実際におこなわれたと主張するとともに、この習俗は大陸から入ってきたもので、その渡来には二段階あり、最初の段階は焼畑耕作文化とともに、第二段階は稲作文化とともに入ってきた、との見解を述べている。おそらく、これと関連する見解を提出していると思われるのが、生贄伝承の発生を論じた三浦佑之の「イケニヘ譚の発生——縄文と弥生のはざまに——」（本巻所収）であろう。三浦は縄文時代には生贄伝承は存在せず、縄文から弥生へ、狩猟から農耕へと社会が変化・移行する過程で物語られるようになったと考える。彼は次のように説く。「稲作は人びとに文化をもたらした。そしてそれは、自然（異境）と対立し自然を破壊することによって成り立つものであった。ヲロチもヤトの神もその犠牲となって死んだ。だから、彼らの死こそが、農耕の始まりにあたって要請されたイケニヘだったと見做すこともできるのである」。つまり、動物神が農耕神に取って代わられたとき、動物が農耕神へ供犠されることになったというわけである。じつは生贄伝承は農耕民の伝承なのである。中村生雄も「イケニヘ祭祀の起源」（本巻所収）において、生贄をとくに「祟り神」から「守り神」への転化を促すものとして把握しつつ、これとほぼ同じような視点から広く動物供犠を論じている。生贄を媒介とした共同体の死と再生を論じた西郷信綱の「イケニヘについて」（本巻所収）も、これらの研究を大いに刺激したという点で、忘れることのできない論考であろう。

柳田國男および彼の系統を継ぐ民俗学者たちは、「生贄・人柱」がおこなわれたかどうかといった議論から離れ、そうした伝承の伝播さらには日本人の神観念・信仰観やその変遷を探り出す方向へ向かっていった。それがどのような論として示されるのかを簡潔に物語っているのが、宮田登「献身のフォルク」（本巻所収）で、たとえば人柱伝説を、水神に奉仕する巫女のための聖化のプロセスに対応するとか、橋の工事で亡くなったものの鎮魂の儀礼に対応するか、スケープゴート儀礼などに対応するといったことを想定している。文学の側からもこうした傾向の研究がかなりあり、たとえば、矢代和夫『境の神々の物語——古代伝承文学私語』（新読書社、一九七二年）などはその早い時期の成果であろうか。これとはいささか趣向が異なるのが、若尾五雄の「人柱と築堤工法」（本巻所収）である。彼は、人柱伝説に登場する言葉が土木築堤工事に関する用語となっていることに着目することで、架橋工事の擬人化した表現・物語が人柱伝説であったのではないか、と推測している。

なるほど、神に捧げるために実際に人を殺したという儀礼に関するたしかな記録は存在していない。にもかかわらず、意外なことに、現在の祭りの起源もしくは説明として、人身供犠を持ち出すところが多いのである。たとえば、能登半島には、七尾の大地主神社の祭りや輪島の重蔵神社の祭りなど、そうした伝承をもつ神社が散見される。その一つである日吉山王を祀る七尾の大地主神社の青柏祭は、山犬が人身御供を要求する老猿を退治したことを記念する祭りであるという祭儀起源伝承をもっている。それによれば、山王神社に毎年娘を人身御供することになっていた。自分の家に白羽の矢が立ったので、父親が神社に隠れて見ていると、「越後のしゅんけんは、おれがここにいることはわかるまい」という声がする。山を歩いていると、「しゅんけん」という名の山犬が現れ、「悪い三匹の猿のうち二匹は退治したが、一匹がわからなくて探しているところだ。それを退治する」と約束する。父親は山犬を唐櫃に入れ神前に送った。翌日、そこで猿と山犬が死んでいるのが発見される。この三匹の猿にちなんで、三台の山車が祭礼に出るようになった。

この種の伝承は「猿神退治」として知られるもので、昔話や伝説として各地に伝わっている。この伝承の多くは、猟師や旅の僧などが、とある村に行くと、土地の神に若い娘を人身御供に出さねばならないという。不審に思って神社に行くと、「しっぺい太郎に聞かせるな」と語っているのを盗み聞きする。しっぺい太郎を恐れていることを知って、各地を歩き回ってこのしっぺい太郎という者を探すと、じつは犬の名であることがわかる。そこでこの犬を人身御供の代わりに神前に送ると、その翌日、老猿が犬に食われて死んでいるのを発見する、というものである。

したがって、上述の大地主神社の伝承もこの物語のヴァリエーションであることがわかるだろう。そこで問題になるのは、この三匹の猿を象徴するのが「山車」であるとすれば、旧来の神に代わって山王社に祀られることになったのは、いかなる「神」なのだろうか、ということである。ここでの文脈で言えば「農耕神」としての山王神ということになるだろう。「しっぺい太郎」の昔話でいえば、外部からやってきた旅の僧などの「異人」や「人間の側の犬」が、そこに祀られることになるはずである。これに関しては、たとえば、ヤマタノオロチ伝説との関係から、人身御供伝承をともなった山の神祭祀の痕跡を探った肥後和男の「八岐の大蛇」(本書所収)があり、近江の三上山の三上神社の祭礼が人身御供を象徴した祭祀であったことが報告されていることなど資料的にも貴重である。だが、残念ながら、この問題に関する本格的な研究はきわめて少ない。

こうした研究状況のなかで、赤坂憲雄の「人身御供譚への序章」(本巻所収)は、今村仁司やルネ・ジラールなどに依拠しながら、生贄(人身御供)に差し出される、あるいは身代わりとなる者が「異人」であったということに注意を払って人身御供の意味を説き明かそうとした貴重な研究である。とはいえ、「人身御供譚は〈神話〉の位相をかかえこんでいる。それは、共同体の起源に横たわる原初の供犠とそれを通じての秩序創出を、かすかな痕跡としてくりかえし物語る」というふうに結論を急いだことにはやや不満が残る。せっかく「異人」に着目したのであれば、そうした結論に至る前に、共同体の内部から提供された犠牲と〈外部〉からやってきた者を「身代わり」に立てることでできる犠牲の差異の意味についていま少しの考察が欲しいからである。というのも、「異人」を共同体の成員の身代わりに立てられると知ったとき、「異人」への共同体の眼差しが変化したと思われるからである。こうした「身代わり」の問題はさらに「身代わり」としての「人形」などとも関係しているはずである。ここから「身代わり」とはなにか、という問題が改めて浮上してくるわけである。「異人」がある共同体を訪れたとき、歓待され、そして殺される。その殺害は、共同体存続のための「生贄」の「身代わり」とするためであった。そうした物語が存在していたのであり、それに対応するような身代わりの習慣もまた存在していたのである。

すでに述べたように、「生贄・人身御供」伝承の研究は少ない。しかし、最近、ここで紹介してきた論考にみられる議論をふまえつつ、六車由実が「『人身御供』祭祀論序説――『食』と『性』、そして『暴力』」(『大阪大学　日本学報』十九号、二〇〇〇年)などいくつかの論考で、人身御供伝承をともなった祭祀の再検討に積極的に取り組んでいるのは注目してよいであろう。

Ⅲ 「異人」と「家」の盛衰

「共同体」というものが安定し、その意思がはっきりしているときには、時と場合によって「異人」は「共同体」のために犠牲となる。しかし、それが弛緩すると、それに対応するかのように、「家」の論理・意思が浮上してくる。つまり、家のために「異人」を殺すということがみられるようになってくる。もちろん、実際に「殺害」されたかどうかはわからない。だが、そうした伝承が広く見られるようになったのはたしかである。その物語の一つが最近まで民間に流布していた、次のような物語である。これをわたしは「異人殺し」伝承と名づけた。「異人殺し」伝承は、怪異・怪談そして恐怖といった要素がたっぷり詰まった伝承である。

旅人(六部や座頭、巡礼、薬売りなど)が、とあるムラのとある家に宿を求める。その家に泊めてもらった旅人が大金を所持していることに気づいた家の主人が、その金欲しさに、旅人を密かに殺して所持金を奪う。この所持金を元手にして、その家は大尽になる。だが、殺害した旅人の祟りを受ける。

この物語は明らかに「生贄・人柱」伝承とは異なった位相での「異人殺し」である。「殺害」の担い手は「家」もしくは「夫婦」にあるからである。「幸せ」を手に入れるのも、その後「祟り」を受けるのも、その対象は「家」（夫婦）なのだ。この伝承からも、「共同体」を構成する家々が抱えもっている「異人」に対する両義的イメージや「共同体」および「家々」の欲望、「異人」に対する恐怖心などいろいろなことを引き出すことができるだろう。

この伝承に関しては、すでに柳田國男や折口信夫も言及し、また桂井和雄「遍路や六部などの持ち金を盗んだ家筋の話」（本巻所収）などのまとまった報告もなされていたが、本格的な考察を試みたのは、中沢新一の「斬り殺された異人」（『伝統と現代』第三八号、一九七六年）であり、野村純一の「世間話と『こんな晩』」（『昔話伝承の研究』同朋舎、一九八四年）及び「昔話と民俗社会」（野村純一編『昔話と民俗』、名著出版、一九八四年）、戸塚ひろみ「『六部殺し』の深層」（『民話と文学』第六号、一九七九年）であった。

中沢は鹿児島県の甑島で桜田勝徳が採集した「異人（山伏）殺し」伝承の報告（「爐のほとり・甑島の年神」『民俗学』第五巻七号、一九三三年）を分析し、山伏を殺害したという当の家とそれ以外の家々で語られる伝承の違いに着目し、後者の場合において伝承が幻想化の処理が施されるという傾向が強く見られると指摘し、その幻想化の素材として「トシドンの祭り」を挙げている。つまり大晦日の日にやってくる来訪神とイメージ連関を起こすように物語化されるわけである。野村の研究は、「異人殺し」伝承の昔話版である「こんな晩」型の昔話の全国における分布・伝承状況を丹念に調べ上げ、それに基づいて「こんな晩」型の昔話は、世間話として発生した伝承が昔話化したものであるが、まだ昔話化が十分になされていない、つまりその途上にある伝承と把握したものであった。

こうした研究に刺激され、長野県での調査で得た素材を基礎にわたしなりの考察を試みたのが、拙稿「異人殺しのフォークロア」（本巻所収）であり、それを発展させた「異人殺し伝説の生成」（『悪霊論』青土社、一九八九年）および「異人殺し伝説の歴史と意味」（同上）である。これらの論文での主張は多岐にわたるが、とくに強調したかった点は、こうしたフォークロアが異人歓待と排除を併せ持った怪談・祟り話であるというだけでなく、家の盛衰が貨幣によって左右されるということを前提にしているので、村落共同体が貨幣経済に組み込まれていく過程に生み出されたものであること、そしてこうした伝承を語り出すのが宗教者であり、またその背後には来訪神その他の神観念とのイメージ連関も関わっている、というものであった。つまり前近代から近代への移行期に立ち現れてきた伝承が「異人殺し」であった。

わたしの考察は、「異人殺し」伝承の分析から、共同体の特定の家の盛衰を説明するために、異人の所持金を奪ったという理由を持ち出したり、異人の祟りを持ち出したりすることに着目して、貨幣経済の浸透による共同体の変動と神秘的説明のからまりあいを抽出したわけであるが、この論文に刺激されて書かれた矢野敬一「『家』の盛衰——『異人殺し』のフォークロア——」（本巻所収）では、本州中部地方の山村の事例を素材に、中沢新一と同様、「異人殺し」の物語を語る側と「異人殺し」をした家とされる側の物語の差異に着目する。そして、後者の側から浮かび上がってくるのは、「具体的には情報収集するといった形で、自らの住む場を越えた世界の拡がりを獲得し、その結果として蓄財が可能となったという語り」であった。ようするに、広い知見と優れた経済的能力とそれに向かっての努力（勤倹力行、質素・倹約）が、その家を豊かにしたのである。にもかかわらず、周囲に人びとはそうしたことを認めようとはせずに、神秘的な説明に基づく「異人殺し」を物語ったというわけである。しかも、こうした「異人殺し」伝承は、「共同体」によって確固として保証される伝承ではなく、その共同体自体が近代化の波を受けて大きく変貌を迫られていたがために、信憑性への疑義をともなった伝承であった。「異人殺し」伝承を伝える村落における、伝承の背後にある実態を知る上で、まことに興味深い論考である。

常光徹「異人殺し伝承の創造――若者たちの語る怪談と『こんな晩』――」（本巻所収）も、拙稿に刺激を受けて書かれたものである。矢野敬一が「異人殺し」伝承を伝える村落の内部に身を沈めてこの問題を考えようとしたのに対し、常光は「異人殺し」伝承の構成モチーフのうち、所持金を奪った夫婦にやがて生まれた子どもが、旅人を殺した晩と同じような日に、その子どもが「こんな晩だったな」と話しかける、いわゆる昔話の型でいえば「こんな晩」が近世から近代を経て現代にいたる過程で、どのような変容を遂げたのかを、「奪った指輪」と「母と子」と題された二つの現代の伝承を提示しながら探っている。「奪った指輪」とは、タクシーに乗った女性が、運転手に殺されて指輪を奪われる。やがて歳月が流れて、そのタクシーに一人の少年が乗り、会話をしているなかで、運転手に「母はお前に殺されたんだ」と告げるという話であり、「母と子」とは、美男美女の夫婦の間に生まれた子が両親に似ずに醜かったので、遊園地に遊びにでかけたとき、トイレに行きたいという子を連れ出して、崖から突き落として殺してしまう。やがてまた子供が生まれ、今度はかわいい子であったので大事に育てる。その子をつれて遊園地につれていったとき、トイレに行きたいといったので、先の子を突き落とした崖に連れていった。すると、その子が「今度は突き落とさないでね」と言ったという物語である。

もっとも、はたしてこれらが「こんな晩」の現代的バージョンなのか、それともモチーフを借用した新しい物語なのかはにわかには判断しがたい。なぜならここには、もはや「異人」を見出しがたいからである。いや、「異人」概念が大幅に変容してしまったというべきかもしれない。しかし、いずれにせよ、ここには古い物語伝承が、常光が述べるように、「新たな意味と表現をまといながら、現代を呼吸する物語として鼓動している」のはたしかである。

民俗学およびその隣接学問では、これまで「共同体」と「異人」の関係のダイナミックな相互関係、さらにこれとは水準の異なる「共同体」のなかの「家」と「異人」のダイナミックな相互関係に関する研究は、意識的なかたちではほとんどなされてこなかったといっていいだろう。しかしながら、本巻に収めた諸論考からうかがい知ることができるように、「異人」に着目することによって、「共同体」や「家」の成り立ちやその性格を理解することが容易となるのである。なぜなら、冒頭にも述べたように、「社会集団」は「異人」あるいは「異界」との関係のなかで成立するからである。「生贄・人柱」や「異人殺し」の伝承はそのことを如実に物語る伝承であろう。そしてその成果は現代社会をも照射する手がかりを与えるはずである。さらなる異人研究が求められている。

著者一覧（収録順）

柳田國男（やなぎた・くにお）1875～1962
肥後和男（ひご・かずお）1899～1981
宮田登（みやた・のぼる）1936～2000
西郷信綱（さいごう・のぶつな）1916～2008
若尾五雄（わかお・いつお）1907～1994
赤坂憲雄（あかさか・のりお）1953～　学習院大学教授
三浦佑之（みうら・すけゆき）1946～　千葉大学名誉教授
中村生雄（なかむら・いくお）1946～2010
桂井和雄（かつらい・かずお）1907～1989
吉田禎吾（よしだ・ていご）1923～2018
常光徹（つねみつ・とおる）1948～　国立歴史民俗博物館名誉教授
矢野敬一（やの・けいいち）1963～　静岡大学教育学部教授
中本剛二（なかもと・ごうじ）1971～　大阪大学大学院医学系研究科特任助教

小松和彦（こまつ・かずひこ）

1947年、東京都生まれ。国際日本文化研究センター名誉教授。専門は文化人類学、民俗学。長年、日本の怪異・妖怪文化研究を牽引してきた。『憑霊信仰論』『妖怪学新考』『異人論』『妖怪文化入門』『異界と日本人』『鬼と日本人』など著書多数。

・本書は、『怪異の民俗学　7　異人・生贄』（2001年5月、小社刊）を、内容はそのままに、ソフトカバーにして新装したものです。
・収録作品は、原則として、新字・新仮名を採用しています。
・本書中、現在の観点からは不適切と思われる表現が使用されていることがありますが、発表時期や題材、歴史的背景に鑑み、原文どおりとしました。

怪異の民俗学７
異《い》人《じん》・生《いけ》贄《にえ》

二〇〇一年 五 月三〇日　初版発行
二〇二二年一一月二〇日　新装復刻版初版印刷
二〇二二年一一月三〇日　新装復刻版初版発行

責任編集　小松和彦
装幀　松田行正＋杉本聖士
発行者　小野寺優
発行所　株式会社河出書房新社
〒一五一-〇〇五一
東京都渋谷区千駄ヶ谷二-三二-二
電話〇三-三四〇四-一二〇一（営業）
〇三-三四〇四-八六一一（編集）
https://www.kawade.co.jp/

印刷　株式会社亨有堂印刷所
製本　大口製本印刷株式会社

Printed in Japan
ISBN978-4-309-61817-3

小松和彦［責任編集］

怪異の民俗学 全8巻

来るべき怪異・妖怪研究は、ここから始まる――

古典というべき基本文献のみならず、民俗学を中心に、
文化人類学・国文学・社会学・精神病理学など幅広い分野から
重要論考を精選・集成した画期的シリーズ、待望の【新装復刻版】
日本文化の多様さ・奥深さが凝縮された、テーマ別アンソロジー

●全巻構成●

1 憑きもの
2 妖怪
3 河童
4 鬼
5 天狗と山姥
6 幽霊
7 異人・生贄
8 境界

河出書房新社